森田眞円先生 近影

刊行にあたって

森田眞円先生がこの度古稀を迎えられ、記念の論集を刊行する運びとなりました。

森田先生は、奈良県の浄土真宗本願寺派教善寺のご住職をつとめられながら、昭和五十七年に浄土真宗聖典編纂委員会専門委員・編纂委員となられて以来、長年にわたり本願寺派の教学・伝道研究の中枢を担ってこられました。とくに平成十七年から三年間は、本願寺教学伝道研究所所長の要職をつとめられ、多くの研究員を育てるとともに、現在でも布教の場で多く用いられる『拝読 浄土真宗のみ教え』の企画・制作、「浄土真宗本願寺派宗制」の全面改正という宗門の歴史に残る事業において、中心的役割を果たされました。

その後には請われて、平成二十年に京都女子大学の教授に就任され、定年退職後の令和二年には龍谷大学大学院実践真宗学研究科の教授となられ、大学教育の場でもご活躍をされました。また、平成二十八年には本願寺派の学階の最高位である勧学を拝命され、令和四年からは浄土真宗本願寺派宗学院本科講師をつとめておられます。

森田先生のご専門は善導教学であり、その成果の一部は『観念法門窺義』『観経序分義窺義』『観経玄義分窺義』という本願寺派安居の講本となっています。また、勧学寮編纂の『新編 安心論題綱要』『浄土三部経と七祖の教え』『親鸞聖人の教え』といった宗門の僧侶が拠り所とする真宗教義の解説書から、『ひらがな真宗』『ひらがな正信偈』『はじめての親鸞さま』のようなかみ砕いた一般向けの書籍に至るまで、硬軟取りまぜた多くの書籍を執筆されておられます。

善導大師は「解学」（教えを学問的に学ぶこと）と「行学」（教えを生活の中で確かめ実践すること）、「教学」と「伝道」の両方にわたって偉大な業績を遺されましたが、森田先生のこのような多方面にわたるご活躍は、まさに善導大師を彷彿とさせるものがあります。人情味のある温かなお人柄も相俟って、多くの方に頼りにされ慕われてこられました。

そんな森田先生が、この度めでたく古稀を迎えられるということで、先生の学恩に報いるため、森田先生主催の勉強会である至眞会の会員から、古稀記念論集の企画が持ち上がりました。

至眞会は、森田先生がご自身の京都のマンションを会場として始められた勉強会であり、「聖教に親しむことを第一の目的」（「至眞会提要」より）として、平成二十一年一月に発足しました。以来、令和六年八月現在に至るまでおよそ十六年間、じつに百三十回を数えています。

コロナ禍を機にオンライン形式に移行したものの、その分、京都から離れた会員も参加を継続できるようになりました。また、参加が難しくなった会員もゆるやかに繋がりつつ現在に至っています。

至眞会ではこれまで、善導大師の著された「玄義分」「序分義」を読み、さらに『往生礼讃』を読ませていただきました（今後は「定善義」を読むことが予定されています）。森田先生も順番がくると発表をご担当くださり、身をもってお聖教を学び続けることの大切さを、後進の我々に教えてくださっています。

この度の企画に賛同し、様々な形でご協力いただいた会員の皆様には、この場を借りて御礼申し上げます。そして本論集の刊行が、森田先生の日頃の学恩に僅かでも応えることになれば、会員一同これにまさる喜びはありません。森田先生には、ますますのご健勝とご活躍を念じ申し上げるとともに、これからも変わらぬご教導を賜りますようお願い申し上げます。

なお本論集の執筆者は、諸般の事情により至眞会の会員に限らせていただきました。森田先生との親交を考えれば、本来ならお声がけすべき方々が多くおられますが、このような形となりましたこと、何卒ご容赦いただきますようお願い申し上げます。

最後に、本論集の刊行にあたり、事務的な手続きを引き受けてくださった西村慶哉氏、森田先生の略歴並びに著作論文目録を作成してくださった藤原慶哉氏、そして法藏館編集部の榎屋達也氏に心より感謝の意を表したいと思います。

令和六年八月三十一日

森田眞円先生古稀記念論集刊行会　高田文英

森田眞円先生　略歴並びに著作論文目録

森田眞円先生略歴

昭和二九年一二月　奈良県に生まれる
昭和四八年　三月　東大寺学園高等学校卒業
昭和四八年　四月　龍谷大学文学部哲学科入学
昭和五二年　三月　龍谷大学文学部哲学科卒業
昭和五二年　四月　龍谷大学大学院文学研究科修士課程真宗学専攻入学
昭和五五年　三月　龍谷大学大学院文学研究科修士課程真宗学専攻修了
昭和五五年　四月　龍谷大学大学院文学研究科博士後期課程真宗学専攻入学
昭和五六年　三月　浄土真宗本願寺派奈良教区葛城中組教善寺住職に就任
昭和五七年　四月　浄土真宗聖典編纂委員会専門委員・編纂委員（至平成二〇年三月）
昭和五九年　四月　浄土真宗本願寺派宗学院入学
昭和六〇年　三月　龍谷大学大学院文学研究科博士後期課程真宗学専攻単位取得満期退学
昭和六〇年　四月　龍谷大学短期大学部非常勤講師（至平成七年三月）
昭和六二年　三月　浄土真宗本願寺派宗学院卒業
昭和六二年　四月　龍谷大学非常勤講師（至平成二〇年三月）
昭和六三年　四月　龍谷大学宗教部主事（至昭和六三年一二月）

平成　三年　四月　浄土真宗本願寺派中央仏教学院講師（至平成二〇年三月）
平成　五年　四月　浄土真宗本願寺派勧学寮調査員（至平成九年五月）
平成一一年　四月　浄土真宗教学研究所講師（至平成一三年三月）
平成一四年　四月　浄土真宗教学研究所助教授（至平成一五年三月）
平成一五年　四月　浄土真宗教学伝道研究センター常任研究員（至平成一七年三月）
平成一六年　二月　浄土真宗本願寺派学階司教を授けられる
平成一六年一〇月　浄土真宗本願寺派布教使を授けられる
平成一七年　四月　浄土真宗教学伝道研究センター本願寺教学伝道研究所所長（至平成二〇年三月）
平成一七年　七月　安居副講者を命ぜられ、『観念法門』を講義する
平成二〇年　四月　京都女子大学短期大学部教授（至平成二六年三月）
平成二〇年　七月　安居典議を命ぜられる
平成二三年　四月　京都女子大学宗教部長（至平成二八年三月）
平成二五年　四月　真宗連合学会理事
平成二五年　四月　京都女子学園評議委員（至平成二七年三月）
平成二六年　四月　京都女子大学文学部教授（至令和二年三月）
平成二六年　四月　龍谷大学真宗学会評議員
平成二七年　四月　龍谷大学大学院文学研究科真宗学専攻の特殊講義を担当（至令和五年三月）
平成二七年　四月　京都女子学園理事

平成二七年　七月　安居副講者を命ぜられ、『観経疏』「序分義」を講義する
平成二八年　五月　浄土真宗本願寺派学階勧学を授けられる
平成二九年　七月　安居本講者を命ぜられ、『観経疏』「玄義分」を講義する
平成三〇年　一月　改悔批判を与奪される
令和　二年　四月　龍谷大学大学院実践真宗学研究科教授（至令和五年三月）
令和　二年　五月　京都女子大学名誉教授
令和　三年　四月　浄土真宗本願寺派宗学院別科講師（至令和四年三月）
令和　四年　四月　浄土真宗本願寺派宗学院本科講師

著作論文目録

単　著

ひらがな真宗　本願寺出版社　平成一二年一月
ひらがな正信偈　本願寺出版社　平成一五年六月
埋み火　本願寺出版社　平成一六年四月
観念法門窺義　永田文昌堂　平成一七年七月
笑う門には念仏あり　本願寺出版社　平成一九年四月
はじめての親鸞さま　本願寺出版社　平成二四年六月
願いに生かされて　響流社　平成二七年四月
観経序分義窺義　永田文昌堂　平成二七年七月
白き蓮華のひらく刻　本願寺出版社　平成二八年一二月
観経玄義分窺義　永田文昌堂　平成二九年七月

共　著

浄土真宗現代法話大系四巻・一九巻　同朋舎　昭和六二年四月

新編　安心論題綱要	本願寺出版社	平成一四年一〇月
宗教と環境	本願寺出版社	平成一五年一〇月
浄土三部経と七祖の教え	本願寺出版社	平成二〇年七月
戒律と倫理	平楽寺書店	平成二一年七月
今、浄土を考える	本願寺出版社	平成二二年三月
やさしく語る親鸞聖人伝	本願寺出版社	平成二三年七月
顕浄土真実教行証文類（解説論集）	浄土真宗本願寺派宗務所	平成二四年八月
浄土真宗はじめの一歩	本願寺出版社	平成二四年八月
浄土真宗ホップステップ	本願寺出版社	平成二八年六月
親鸞聖人の教え	本願寺出版社	平成二九年四月

論　文

時代原理と救済の論理	龍谷大学大学院紀要第二集	昭和五五年三月
信巻三一問答設問の意義について（一）	印度学仏教学研究第三二巻一号	昭和五八年六月
Social conscious-ness and Religious Life	『アメリカの宗教を訪ねて』所収	昭和五九年五月
信巻三一問答設問の意義について（二）	印度学仏教学研究第三三巻一号	昭和五九年一一月
観経弥陀経集註の研究	印度学仏教学研究第三五巻一号	昭和六一年一二月
浄土真宗聖典七祖篇彙報「観経四帖疏」	浄土真宗聖典七祖篇彙報	平成　四年三月

善導大師具疏の研究―種々の三昧に関して―	真宗学第九〇号	平成　六年三月
善導教義とその周辺―『観経四帖疏』と浄影寺慧遠の『観経疏』との関連―	村上速水先生喜寿記念『親鸞教学論叢』	平成　九年五月
シンポジウム記録　蓮如上人をめぐって―蓮如上人のめざされたもの―	龍谷教学第三四号	平成一一年六月
親鸞における相承の問題について	石田慶和先生古稀記念『親鸞思想の諸問題』	平成一二年三月
伝道の課題	龍谷教学第三七号	平成一四年四月
観念法門研究序説	本願寺勧学寮例会研究紀要	平成一六年五月
講演録　他力の信心	京都女子大学宗教・文化研究所研究紀要第二一号	平成二〇年三月
善導における戒律と懺悔	日本仏教学会年報第七四号	平成二一年七月
シンポジウム記録　聖教研鑽の立場と方法	龍谷教学第四五号	平成二二年三月
唐初の景教と善導大師	真宗研究第五五号	平成二三年一月
『観経序分義』の諸問題	真宗研究第五八号	平成二六年一月
善導教学にみる宗祖の影響	本願寺勧学寮例会研究紀要	平成三一年二月
講演録　善導教学にみる生死観	龍谷教学第五四号	令和　二年三月
善導の宗教実践について	真宗学第一四三・一四四号	令和　三年三月
看護者による浄土教的対応についての一試論	真宗学第一四七号	令和　五年三月

講演録　法然聖人・親鸞聖人への善導大師の教学の影響　大分真宗教学第二号　令和　五年一二月

森田眞円先生古稀記念論集

真宗の教学と実践＊目次

第一部　善導教学と親鸞教学

第二部　真宗の伝道実践

森田眞円先生古稀記念論集

真宗の教学と実践

第一部　善導教学と親鸞教学

善導教学にみる宗祖への影響

森田眞円

一、『教行信証』における善導著作の引用について

『教行信証』は、『顕浄土真実教行証文類』と題される如く、「文類聚」という形態を取っているため、諸経論の引用文は極めて重要である。就中、善導の著作は、その引用回数が他の祖師方に比較しても抜きんでて多く、その重要性は言うまでもない。

その引用の概容を略述すると、文章としての引用文に加え、宗祖御自釈の中に示される短い文言、例えば「行文類」「両重因縁釈」の「以光明名号摂化十方但使信心求念」（『往生礼讃』）や「念仏成仏是真宗」（『法事讃』）などの短文や単語[1]を含めると、実に九六もの文言が引用されているのである[2]。

このように、「総序」「教文類」以外のすべてに善導の著作は引用されていることから、『教行信証』全体に亘って善導教学の影響が見られると言わざるを得ない。もちろん、引用の形式的な結果を持ち出すまでもなく、「偏依善導一師」を提唱した法然上人門下において浄土教の研鑽を積んだ宗祖にとって、善導教学が如何に重要な位置にあるかは言を待たない。

この善導教学の宗祖への影響については、従来から特に人間観において論じられることが多く、「その深刻なる人間観は、単なる理論や観念からの所産ではなく、自らの激しい実践行業の中に内観せられた」もので、「その人間観の深さは、その師道綽を超え、後の源信、源空にも過ぎて」と評され「親鸞の著述を見ても、彼の人間観のいかに多くのものが善導のそれを指南としているかを考えるとき、善導の人間観へのこのような評価は決して過大ではないであろう(3)」と述べられている。

一方、宗祖の他力回向による救済の論理については、従来から『浄土論』や『往生論註』の論理の依用が指摘されてきた。したがって、『教行信証』における善導著作引用の分類についての先行研究においても、丸山博正氏は「行文類」における善導教学の引用文言について、「親鸞の行の解釈の大前提が如来より回向された行であり、それは直接には曇鸞の往相回向の解釈に依っている(4)」ことを指摘し、「行巻」における善導大師の引用は、宗祖の「曇鸞解釈に基づく線に沿って引用されていると言えよう」としている。

しかしながら、その上で、

しかし、親鸞の求道過程をみた場合は逆で、吉水門下時代と言われる『観無量寿経・阿弥陀経集註』では善導の註が大部分を占め曇鸞は一回のみである。したがって、親鸞が善導著作を繰り返し味読するうちに後年『教行信証』で善導を解釈する方向づけとなる問題提起が親鸞の内部で出されていたと思われる。すなわち『教行信証』からすれば曇鸞解釈を基本として往相還相が如来からの回向であり、しかもそれが大乗仏教の理念と合致することが体系的に論じられ、善導の引用もその一線に沿って解釈され、敷衍されているようではあるが、親鸞の求道過程からこれを見れば善導著作味読の結果が曇鸞・世親解釈の契機となっているのである。そしてこのことは「信巻」において最もよく察知されるのである(5)。

と指摘している。この「親鸞の求道課程からこれを見れば善導著作味読の結果が曇鸞・世親解釈の契機となっている」という丸山氏の指摘は、傾聴すべきであろう。

このような視点に立てば、『教行信証』は宗祖教義が学問的体系的に纏められた「学解」の書であるにとどまらず、宗祖の宗教経験を表現されようとした「信仰」の書であることがより一層明らかになると言える。つまり、往相還相の二回向に基づく『教行信証』の構成は、宗祖の曇鸞教学理解から導き出されたことは間違いないものの、その曇鸞教学理解は善導法然両師を通して与えられた宗教経験に基づくものであったことも見逃せない事実である。法然との出会いによって決定的な浄土教的宗教経験即ち仏願力への帰順を経験された宗祖は、その法然に決定的な浄土教的宗教経験を与えた善導が、その著作の中で示される「如何にして浄土教的宗教経験の独自性を表現するか」という姿勢を踏襲されたと言えるのである。

二、六字釈にみる影響

善導教学の宗祖への影響をみる時、まず挙げられるのが所謂「六字釈」であろう。善導の「六字釈」とは、「玄義分」の「和会門」第五「会別時意」に、まず成仏別時意について述べ、続く往生別時意において、四つの問答を設ける中で釈されるものである。これらは『摂大乗論』（真諦訳）に「別時意」として説かれる二義、即ち①もし人が多宝仏の名を称えれば無上菩提を得ることが決定して退堕することがないと説かれること、②ただ発願するのみにて安楽浄土に往生すると説かれることについての理解を明らかにし、摂論家等の『観経』十念往生に対する誤った理解を楷定し、本願念仏の義を明らかにするものである。

1　四番問答

特に、四番問答では、『摂大乗論』と『観経』「下下品」の十念往生との相違を示して、経と論とを会通するのであるが、その最後に「六字釈」は説示されるのである。以下にその四番問答を挙げる。

【第一問答】

問ひていはく、いかんが行を起せるを、しかも往生を得ずといふ。

答へていはく、もし往生せんと欲せば、かならずすべからく行願具足すべし。まさに生ずることを得べし。いまこの『論』（摂大乗論）のなかには、ただ「発願」といひて、行ありと論ぜず。

【第二問答】

問ひていはく、なんがゆゑぞ論ぜざる。

答へていはく、すなはち一念に至るまでかつていまだ心を措かず。このゆゑに論ぜず。

【第三問答】

問ひていはく、願行の義になんの差別かある。

答へていはく、経のなかに説きたまふがごとし。ただその行のみあるは、行すなはち孤にしてまた至るところなし。ただその願のみあるは、願すなはち虚しくしてまた至るところなし。かならずすべからく願行あひ扶けて所為みな剋すべしと。このゆゑにいまこの『論』（同）のなかには、ただ「発願」といひて、行ありと論ぜず。このゆゑにいまだすなはち生ずることを得ず。遠生のために因となるといふは、その義実なり。

【第四問答】

問ひていはく、願の意いかんぞ、すなはち生ぜずといふ。答へていはく、他の説きて、「西方は快楽不可思議なり」といふを聞きて、すなはち願をなしていはく、「われもまた願はくは生ぜん」と。この語をいひをはりてさらに相続せず。ゆゑに願と名づく。いまこの『観経』のなかの十声の称仏は、すなはち十願十行ありて具足す。いかんが具足する。「南無」といふはすなはちこれ帰命なり、またこれ発願回向の義なり。「阿弥陀仏」といふはすなはちこれその行なり。この義をもつてのゆゑにかならず往生を得。

（七祖註釈版、三二四〜三二五頁）

まず、第一問答では、往生を得ずということについて問答する。まず「云何起行」と起行を問うのであるが、この起行とは『観経』「下下品」の十声の称名のことである。「下下品」の十念仏は行であるにもかかわらず、何故に『摂大乗論』では往生を得ないというのかと問うのである。

これは一見すると、不思議な問いに思える。何故ならば、『摂大乗論』の第二義では、発願のみでは別時意であって往生できないと述べているが、行を修めているのに往生ができないとは言っていない。にもかかわらず、どうして行を修めているのに往生ができないというのかと問うのである。これは、こういう問いを起こすことによって、往生するには行ばかりでも駄目であることを示すのである。つまりは、願行具足しなければ往生できないということを指し示す為に他ならない。おそらく後に述べる「十願十行具足」の伏線になっているのであろう。

また、『摂大乗論』では、「発願のみでは往生できない」とは説いているものの、行のあるなしについては何ら論じていないことを明らかにする為でもある。それによって、『摂大乗論』でいう内容は、十念往生のことを指していないことを示すのである。

したがって、問答の答えでは、往生しようと思うならば必ず「行願具足」すべしと答え、さらに、今この『摂大乗論』では、ただ「発願」のみを言っているのであって、行ありと論じていないと答え、行のことを論じていないのであるから、『観経』の十念往生行と『摂大乗論』の別時意説とは関係ないとするのである。

次に第二問答では、何故に『摂大乗論』では行について言及していないのかと問うのであるが、これは『摂大乗論』の第二義で示す「ただ発願のみ」とは、どのような機であるかを示すのである。そして答えでは、「至一念」まで行に心を措かない機であることを明かし、少しでも行に心を措く機であったならば、念仏する筈であるから、「ただ発願のみ」の機は、十念念仏の行者ではないことを明かにするのである。

次に第三問答では、ではその願と行とにはどのような区別があるのかを問うのである。これについて、深励師（『四帖疏講義』一三八頁下）は「十波羅蜜」を例に出し「十波羅蜜」（六度・方便・願・力・智）の「願波羅蜜」は、願であるけれども十波羅蜜という行でもある。したがって、願のことを行ということもあるからどのような区別があるかを明かにする問答であると指摘している。

そして答えでは、ただ行だけがあるならば「行即孤」であって至るべき所がなく、ただ願だけあるならばその「願即虚」しくして至るべき所がない。かならず願行の両者は「相扶」けて果を剋成することを明かすのである。したがって、「今此『論』中」において、ただ発願だけを言って行のあることは論じていないので、願のみではすぐには往生できずに、遠い未来の往生の為の因となるというのは間違いのないことであって「其義実也」といえるのである。

なお、この答えの根拠として「如経中説」する経については相応する経説は見出せないが、『大智度論』の、
独り行じて功徳成すこと能はざるが故に、要らず願力を須ゆ。譬へば牛力は能く車を挽くと雖も、要らず御者を須つて、能く至る所あるが如し。浄世界の願も亦復た是の如し。福徳は牛の如く、願は御者の如し。

（大正蔵二五、一〇八頁中）

の文等が挙げられる。これによれば、行は牛車の牛力の如くであり、願は御者の如くであって、行のみでは行き先に到着できず、願のみでは進むことができないとされ、願行相扶けて目的地に至るとされる。ただし、先哲の指摘するように、人間が行を行う時は、必ず願を持つ筈であって、牛力の如くただ進む力だけではないのである。したがって、成仏でも往生でも「唯行」ということはあり得ない。しかしながら、願だけを持って、行をしない「唯願」ということは、充分にあり得るのであって、それが次の問答となるのである。

第四問答では、どういう願であるならば往生できないかを問うのである。これは「ただ発願のみ」の機の願の内容を問うのである。その答えでは、「ただ発願のみ」というのは、他人が西方浄土は「快楽不可思議」であると言うのを聞いて、「我亦願生」と言うのであるが、それはその時だけの言葉であって、言い終わってさらに相続しないから願のみと名づけるのである。またそれは、西方浄土が快楽不思議であることを聞いて往生しようとする「為楽願生」の機であって、『往生論註』において、

もし人、無上菩提心を発さずして、ただかの国土の楽を受くること間なきを聞きて、楽のためのゆゑに生ずることを願ずるは、またまさに往生を得ざるべし。（七祖註釈版、一四四頁）

と説かれる内容に合致している。それらは、みな「唯願無行」の機なのである。

これに対して、今この『観経』中十声称仏」は、「十願十行」ありて願行具足しているからこそ往生できると示すのである。なお、この「十声称仏」は経文の「称南無阿弥陀仏」を略したものであるが、経文の「具足十念」を十声にして称名の意を明確にされたものであろう。その十声称仏に、願行が具足しているとするのである。

したがって、『摂大乗論』の「唯願無行」とは、『観経』「下下品」の十声念仏を指したものではないことを明ら

かにし、『摂大乗論』の「往生別時意説」と『観経』「下下品」の十念往生は矛盾しないことを述べて、経と論とを会通するのである。これによって、摂論学派の人々は『摂大乗論』・『観経』の両方を誤って理解していることを指摘するのである。

これに続く、「云何具足」以下は、「南無阿弥陀仏」の六字に願行がどのように具足しているかを述べる、所謂「六字釈」である。「南無」という言葉を翻訳すれば、「帰命」の意であり、そして、この「帰命」には、もう一つ「発願回向」の義意が兼ねそなわっている。よって、「南無」には、「願」の義がある。次に「阿弥陀仏」とは、「即ち其の行なり」と述べて、衆生の称える「阿弥陀仏」が、衆生が浄土往生せんとするその「行体」となることを示すのである。即ち、「南無阿弥陀仏」の六字の中には、本来的に衆生の浄土往生の願と行とが全く具足しているから、『観経』「下下品」の十声の称名念仏は、願行具足して即座に往生できるとするのである。

ここで釈される「帰命」については、すでに「釈名門」において、

「南無阿弥陀仏」といふは、またこれ西国（印度）の正音なり。また「南」はこれ帰、「無」はこれ命、「阿」はこれ無、「弥」はこれ量、「陀」はこれ寿、「仏」はこれ覚なり。ゆゑに「帰命無量寿覚」といふ。これすなはち梵漢相対するに、その義かくのごとし。いま「無量寿」といふはこれ法、「覚」とはこれ人なり。人法並べ彰す、ゆゑに阿弥陀仏と名づく。（七祖註釈版、三〇二頁）

と解釈されている如く、南無の直接的な翻訳語である。帰命について善導大師の他の記述を見れば、いずれも帰依敬順であり、教命に帰順することである。

このように、「南無」を「帰命」と翻訳した上で、その帰命を転釈すれば「発願回向」という義もあると示すのである。それは、阿弥陀仏に帰依敬順し教命に帰順する者には、当然の如く、阿弥陀仏の西方浄土に往生したいと

いう発願回向の義が生じるのである。それ故に、帰命の所には「即是」とあり、発願回向の所では「亦是」とあり、「之義」と表すのである。行者の帰命には、発願回向「之義」も「亦是」あるという意である。したがって、この場合の発願回向は衆生の発願心であることは間違いない。

2　「即是其行」の説示と願行具足

その上で善導大師は、阿弥陀仏を「即是其行」と規定するのである。それは南無阿弥陀仏の阿弥陀仏が、衆生往生の行体となることを指し示すことに他ならない。阿弥陀仏が行体となるとはどういう意味を持つのであろうか。

先の「釈名門」では、「無量寿」について梵漢相対して「南無阿弥陀仏」の訳名であることを示す。これは、「無量寿」という経題は「阿弥陀」だけでなく「南無阿弥陀仏」の六字名号の訳名であることを示して、念仏三昧の意味合いを顕している如くである。それに続いて、仏号に約して人法相対する。即ち、「無量寿覚」という仏号を、人と法とに分ければ、「無量寿」は「法」であって、「覚」とは「人」であるとしている。智顗や吉蔵は、阿弥陀仏は実は寿命に限りがあるも、人天には測り知れない寿であるから「無量寿」というとし、慧遠も仏の寿命に「真如虚空畢竟無尽」の真と「寿命有長有短」の応とがあるが、阿弥陀仏の寿命は応であって真ではないと述べている。このように、諸師の如く寿無量である故に無量寿と釈するときは、「無量寿」とは、単に仏の寿命が無量であるということだけにすぎず、「無量寿」とは仏（「人」）に属する徳でしかなく、「無量寿」は阿弥陀仏の一徳にすぎないのである。

しかしながら、「無量寿」が「法」であると釈することは、仏の上に顕れた法、阿弥陀仏に獲得された法となることを指す。「無量寿」の仏号が阿弥陀仏に獲得された法となるならば、その「無量寿仏」の仏号に阿弥陀仏の全ての功徳が集約されることを示すのであろう。法然が「名号はこれ万徳の帰するところなり」と述べる如く、その仏号とは阿弥陀仏の四智三身等仏体の万徳の功徳を全て具える名号となるのである。しかも「そもそもこの万徳は、往生正覚不二一体の誓願において積習せられたものであるから、一面においては如来自身に属するものであると共に、他面においては衆生に回施さるべきものとして成就されたはず[6]」と指摘されるように、「阿弥陀」の法は如来自身の覚体の法であると共に衆生の行体として成り立つべき性質をもともと有しているのである。

したがって、衆生の称える「南無阿弥陀仏」には、衆生の発願心が具わっており、かつまた衆生の往生の行体も具わっている故に、衆生が南無阿弥陀仏と称えるところに願行が具足することになる。

とはいえ、善導の場合は、南無阿弥陀仏そのものに願と行が具足するというものの、願は衆生の発願心であり、行は阿弥陀仏のはたらきそのものということになる。よって、『伝通記』などでは、

六字倶行。但就南無有願有行。口唱南無是行。心念南無是願。（大正蔵五七、五五六頁下）

と述べるように、南無阿弥陀仏の称名はそのまま行であるが、南無の二字に願と行とがあって、南無と心に念ずることが願であり、南無と口に唱えることが行である。行者は、心に「度我救我」の思いを以て往生を願い、口に南無阿弥陀仏と唱える行によって願行具足して往生することができるというように、全く衆生の側の願行具足と解釈するのである。

しかしながら、先の問答で示したように、願と行とは必ず相扶けて離れることなく目的地に至るとするならば、衆生の往生の行体が阿弥陀仏と示された時、つまりは阿弥陀仏のはたらきそのものが衆生の行となるのであれば、行と離れぬ願もまた、仏の側に存していることが暗示されることになるのではなかろうか。

善導が、南無阿弥陀仏そのものに衆生往生の行体を顕そうとされたことは、そこに行と離れぬ願があることにな

って、必然的に阿弥陀仏の願が南無阿弥陀仏そのものに含まれていることになる。即ち、願行が離れることがないのならば、一方が仏の行で一方が衆生の発願というのではなく、一方が仏の行ならば行と離れぬもう一方の願もまた仏の願とならざるを得ないのではなかろうか。その論理を推し進めて、南無阿弥陀仏そのものに仏の願行具足を見ていかれたのが宗祖であったと言えるのではなかろうか。

善導の「六字釈」の文は、衆生の十声称仏に願行具足することを述べたものであるから、明らかに衆生の称名の上で願行具足が語られているのであるが、しかしながら、続いて下に引く第十八願文の意を示した文に、

ただよく上一形を尽くし下十念に至るまで、仏の願力をもつてみな往かざるはなし。（七祖註釈版、三二六頁）

とあって、「仏願力」による往生が示されていることからして、やはり善導の意向には、衆生の称名そのものの中に、仏のはたらきを見る視点があるに相違ない。そこから南無阿弥陀仏そのものに衆生を往生させるはたらきを見出されたのである。これは、先哲が指摘(7)されるように、道綽や迦才や慈恩や懐感の如く、願生行者自身の能行能願の上に願行が具足するとした解釈と一線を画していると言えるであろう。そしてそのような善導の視点こそが、宗祖の「六字釈」につながっていくと言えるのである。

3　宗祖の六字釈

〈行文類〉

宗祖は、『教行信証』の「行文類」「六字釈」において、善導の「六字釈」を巧みに依用して、

しかれば「南無」の言は帰命なり。「帰」の言は、［至なり］、また帰説なり、説の字は、［悦の音なり］。また

帰説なり、説の字は、［税の音なり。悦税二つの音は告なり、述なり、人の意を宣述するなり］。「命」の言は、［業なり、招引なり、使なり、教なり、道なり、信なり、計なり、召なり］。ここをもつて「帰命」は本願招喚の勅命なり。「発願回向」といふは、如来すでに発願して衆生の行を回施したまふの心なり。「即是其行」といふは、すなはち選択本願これなり。「必得往生」といふは、不退の位に至ることを獲ることを彰すなり。

（註釈版、一七〇頁）

と述べられる。即ち、南無は帰命であるとの「玄義分」の釈を受けて、「帰命は本願招喚の勅命なり」と釈し、そして「発願回向といふは、如来すでに発願して衆生の行を回施したまふの心なり」と釈し、「即是其行といふは、すなはち選択本願これなり」と釈されている。つまり、「帰命」は衆生を招き喚び続けておられる如来の仰せとされ、「発願回向」は阿弥陀仏が因位の時に誓願を起こされて衆生に往生の行を与える慈悲の心であるとされ、「即是其行」は衆生を救う為に選び取られた本願の行であるとされるである。

したがって、善導が「南無阿弥陀仏」を解釈された「帰命」「発願回向」「即是其行」の三義を、

帰命――――能回向の相（本願招喚勅命）

発願回向―能回向の心（如来已発願廻施衆生行之心）

即是其行―所回向の行（選択本願）

といわれるように、すべて阿弥陀如来のはたらきのものと解釈されるのである。

このような宗祖の解釈は、そもそも善導が南無阿弥陀仏そのものに衆生往生の行体を顕そうとされたことにその原点がある。善導が「阿弥陀仏」が「即ち其の行なり」と釈されたことによって、南無阿弥陀仏そのものに衆生を往生せしめる仏の行があることとなり、それならば願行具足の論理からして、衆生に往生の行を与えたい・衆生を

覚りに至らせたいという仏の願も南無阿弥陀仏そのものに具わっていることになるのである。つまりは、南無阿弥陀仏自体に行も願も具わっていることとなる。したがって、衆生の為に願行ともに用意し完成された阿弥陀仏が、さらに阿弥陀仏に帰せよの勅命を回向されるのが南無阿弥陀仏であると見るのが宗祖の「行文類」「六字釈」であろう。

〈**尊号真像銘文**〉

また一方、宗祖には『尊号真像銘文』に、

「言南無者」といふは、すなはち帰命と申すみことばなり。帰命は、すなはち釈迦・弥陀の二尊の勅命にしたがひて、召しにかなふと申すことばなり。このゆゑに「即是帰命」とのたまへり。「亦是発願回向之義」といふは、二尊の召しにしたがうて、安楽浄土に生れんとねがふこころなりとのたまへるなり。「言阿弥陀仏者」と申すは、「即是其行」となり。即是其行は、これすなはち法蔵菩薩の選択本願なりとしるべしとなり。安養浄土の正定の業因なりとのたまへるこころなり。「以斯義故」といふは、正定の因なるこの義をもつてのゆゑにといへる御こころなり。「必」はかならずといふ。「得」はえしむといふ。「往生」といふは、浄土に生るといふなり。かならずといふは、自然に往生をえしむとなり。自然といふは、はじめてはからはざるこころなり。
（註釈版、六五五頁）

という解釈がある。ここでは、

帰命――――二尊の勅命にしたがひて召しにかなふ
発願回向―二尊の召しにしたがうて安楽浄土に生まれんとねがうこころなり

即是其行─法蔵菩薩の選択本願なり。安養浄土の正定の業因なり

とあるように、帰命とは弥陀釈迦二尊の帰せよの命に信順することと釈し、発願回向とは二尊の招きにしたがって安楽浄土に生まれようと願う心であると釈されている。いずれも衆生の心として解釈されているが、帰命と別に発願回向の心があるわけではなく、帰命という仏願への信順の心の義別として浄土往生を要期する心を顕したものである。したがって帰命と発願回向は衆生の信心を示したもので、即是其行は「行文類」と同じく如来のはたらきそのものをあらわしている。「行文類」では、三義すべてを如来の側で解釈していたが、『尊号真像銘文』では衆生の上にはたらいている相を示していると言えるであろう。

三、隠顕釈への影響

宗祖が『観経』について隠顕釈を施されるのは、

釈家の意によりて『無量寿仏観経』を案ずれば、顕彰隠密の義あり。（註釈版、三八一頁）

と述べられることからも、善導の釈義を承けてのことであることは明らかである。しかしながら、善導のどの釈が影響を与えたかについては、様々な議論があり、「玄義分」「序題門」の要弘二門・二尊二教の説示や「宗教門」の念観両宗の説示や「華座観」の「住立空中尊」の釈や「散善義」「流通分」の「付属」の釈などが挙げられている。それについては、先哲の指摘に(8)、『観経』全体が顕説と隠彰の重層構造になっていることを表すのは、要弘二門と念観両宗の釈が親しく、その根底に「流通分」の「付属」の釈があったとされるのが穏当であるように思える。

ここでは、宗祖が「化身土文類」で『観経』の隠顕を例示する所謂「十三文例」（註釈版、三八二頁）に注目した

い。十三文例では、以下のように『観経』の経文が例示されるが、

一、「教我観於清浄業処」――――「欣浄縁」
二、「教我思惟」――――――――「欣浄縁」
三、「教我正受」――――――――「欣浄縁」
四、「諦観彼国浄業成者」――――「散善顕行縁」
五、「広説衆譬」――――――――「散善顕行縁」
六、「汝是凡夫心想羸劣」――――「定善示観縁」
七、「諸仏如来有異方便」――――「定善示観縁」
八、「以仏力故見彼国土」――――「定善示観縁」
九、「若仏滅後諸衆生等」――――「定善示観縁」
十、「若有合者名為粗想」――――「像観」
十一、「於現身中得念仏三昧」――「像観」
十二、「発三種心即便往生」―――「上品上生」
十三、「復有三種衆生当得往生」―「上品上生」

とあるように、十三文のうち実に九文までが『観経』の「序分」からの文である。これは、善導の「序分義」に示される解釈が宗祖の隠顕釈に多くの示唆を与えたことによると考えられる。よって、「序分義」の解釈が宗祖の隠顕釈に与えた影響について考察したい。

1　釈尊教化の相状

まず、善導の「序分義」で注目すべきことは、全体を通して釈尊の懇切な教化の相状を高調せんとする意向が窺えることである。

例えば、父王の為に飛来した富楼那について、「禁父縁」では、

「世尊亦遣富楼那為王説法」といふは、これ世尊慈悲の意重くして、王の身を愍念したまふに、たちまちに囚労に遇ひて、おそらくは憂悴を生ずることを。しかるに富楼那は聖弟子のなかにおいてもつともよく説法し、よく方便ありて人の心を開発す。この因縁のために、如来発遣して王のために法を説きて、もつて憂悩を除かしめたまふことを明かす。　（七祖註釈版、三五八頁）

と示している。慧遠は、富楼那は説法第一にして巧みに人心を開く故に釈尊が遣わしたとしか説明していないが[9]、善導は、釈尊は父王が囚労によって憂悴を生じることを見越し、その憂悩を除かしめるために説法第一の富楼那を遣わせたというように、釈尊の懇切な「慈悲の意」の重さを指摘している。

また、「厭苦縁」では、「仏徳は威高し軽々しく触るるに由なし」や「仏徳は尊厳なり。小縁をもつてあへてたやすく請せず」と仏の教化を直接請うことは恐れ多いと示されている。しかしながら、にもかかわらず、釈尊は韋提希の身を案じて、耆闍崛山から王宮に出られたと釈されている。しかも、

「仏従耆山没」といふは、これ夫人宮内の禁約きはめて難し。仏もし身を現じて来赴したまはば、おそらくは闍世知聞してさらに留難を生ずることを。この因縁をもつてのゆゑに、すべからくここに没してかしこに出でたまふべきことを明かす。　（同右、三七〇頁）

とあるように、幽閉された韋提希に会うことを阿闍世が妨害するのではと危惧された釈尊が、自ら身を隠して王宮に出現されたと解釈するのである。

さらに、韋提希が何故に阿難を請じたかについても、父王の囚禁以後、釈尊がしばしば阿難を遣わしていたからであるとされ、それは、

父の王の囚禁せらるるを見るをもつて、仏、夫人の憂悩することを恐れたまふ。この因縁をもつてのゆゑに慰問せしめたまふ。（同右、三六八～三六九頁）

とあるように、父王の囚禁によって生じる韋提希憂悩の為に慰問させておられたと解釈されている。

このように、「序分義」では、父王や韋提希に対する釈尊の懇切な配慮や深い思し召しが説示され、釈尊の教化における慈悲心が高調されている。なかでも、釈尊の巧みな手立ての相状が順次明かされているのが、韋提希の要請とそれに対する釈尊の応答の場面についてである。以下に、韋提希の要請と釈尊の応対①～⑧を順次並べて検討する。

まず最初の韋提希の要請と釈尊の応答の場面は、①「厭苦縁」において、韋提希の要請を聞いた釈尊が自ら王宮に出現される場面である。続いて、②釈尊の前で「自絶瓔珞挙身投地」した韋提希が、釈尊に訴える場面であるが、この韋提希の発言について、釈尊は何らの応答もされていない。善導は、ここでの韋提希の発言を「陳訴」とし、罪の自覚がない韋提希が現実の苦悩にうち拉がれて釈尊に哀訴していると解釈している。したがって、質問ではなく「陳訴」である韋提希の発言に、釈尊は一言も答えられていないのである。

次の③「欣浄縁」では、韋提希が「無憂悩処」の説示や「清浄業処」の観想を要請する場面である。これに対して釈尊は、「放眉間光」「光台現国」されている。しかしながら、説示を求めた韋提希の要請に対して、釈尊は未だ

無言のままである。

これについて善導は、問答を設け、

問ひていはく、韋提上には「わがために広く無憂の処を説きたまへ」と請ず。仏いまなんがゆゑぞためにに広く説きたまはずして、すなはちために金台にあまねく現ずるはなんの意かあるや。

答へていはく、これ如来の意密を彰す。しかるに韋提、言を発して請を致すは、すなはちこれ広く浄土の門を開けとなり。もしこれがために総じて説かば、おそらくはかれ見ずして心なほ惑ひを致すことを。ここをもって一々に顕現してかの眼前に対して、かの所須に信せて心に随ひみづから選ばしむ。

（同右、三七六頁）

と述べて、韋提希の要請に対して、釈尊が言葉を発せず「光台現国」されるのには、深い思し召し（意密）があるとしている。それは、韋提希の惑いを案じて目前に十方諸仏の浄土を現し、韋提希に自ら選ばしめるという釈尊の教化手段であることが示される。

続いては④「欣浄縁」において釈尊から十方世界を見せられた韋提希が、自ら「極楽世界」に「生ぜんと楽ふ」場面である。

これについて善導は、

この因縁ありて、如来ひそかに夫人を遣はして、別して選ばしめたまふことを致すことを明かす。

（同右、三七七頁）

と示す。「この因縁」とは、韋提希が西方浄土を別選するに到ったすべての因縁を指すのである。それは、耆闍崛山から始まるもので、王舎城の出来事に対しては、釈尊の懇切な配慮や深い思し召しがなされ、その後王宮に現れては韋提希の陳訴を受け止め、韋提希の通請に対して言葉を発せずに光台現国して、最終的には韋提希自らに阿弥陀仏の浄土を別選させられたことに及ぶ一連の流れを指すのである。そしてそれらの出来事は、「如来密遣夫人別選」と述べられるように、釈尊の類い希なる巧みなお手回しによるものであったことが明らかにされているのである。

そして次に、阿弥陀仏の世界に生まれることを願った韋提希が、⑤「欣浄縁」の最後において、「教我思惟教我正受」と要請したところ、釈尊は、次の⑥「散善顕行縁」において、「即便微笑」して口より五色の光を放ち、まず父王に阿那含を成ぜしめるのである。

この韋提希が「教我思惟教我正受」と得生の行を請うたことについて善導は、

仏の本心に称ひ、また弥陀の願意を顕すをもつて、この二請によりて広く浄土の門を開けば、ただ韋提のみ去くことを得るにあらず、有識これを聞きてみな往く。（同右、三七八頁）

と示し、この韋提希の要請が、釈迦・弥陀の本意にかなう請いであったと解釈し、さらに、韋提希の請いによって浄土の法門が説かれる機縁が熟して、韋提希のみならず未来世の衆生も往生が可となったと述べている。

そして続く⑦「散善顕行縁」において、ついに釈尊は初めて言葉を発し、「汝がため」に「広く衆譬を説き」、「未来世の一切凡夫のために」浄業である「散善三福」を説かれるのである。さらに、これに続く⑧「定善示観縁」においては、未来世の一切衆生のために「清浄之業」を説き、「極楽世界」を観ぜしめられるのであった。

このような『観経』「序分」における韋提希の要請と釈尊の応答の全体について、善導は「散善顕行縁」において、

二に「爾時世尊」より下「広説衆譬」に至るこのかたは、まさしく前に夫人別して所求の行を選ぶに答ふることを明かす。これ如来上の耆闍に没して王宮に出でをはるよりこの文に至るまで、世尊黙然として坐して、総

じていまだ言説したまはざることを明かす。ただ中間の夫人の懺悔・請問・放光・現国等は、すなはちこれ阿難、仏に従ひて王宮にしてこの因縁を見て、事了りて山に還り、伝へて耆闍の大衆に向かひて上のごとき事を説くに、はじめてこの文あり。またこれ時に仏語なきにあらず、知るべし。（同右、三七九～三八〇頁）

と指摘して、釈尊の黙然に注目している。即ち、釈尊が王宮に出でてから、韋提希の懺悔（五体投地求哀懺悔）・請問（為我説無憂悩処・教我観於清浄業処）・放光（放眉間光）・現国（還住仏頂化為光台＝光台現国）、さらには、父王の阿那含得果に至るまで、釈尊の黙然が続くのである。

韋提希が懺悔しても定善観法を請うても、言葉を発せず、「散善顕行縁」において初めて言葉を発せられる釈尊の意図は、何処にあるのであろうか。

これについて善導は、韋提希の厭苦が欣求浄土の縁となることを見越した釈尊は、韋提希の陳訴には答えず、請問に言葉を発せずして「光台現国」して、韋提希に西方浄土を選ばしめ、「教我思惟教我正受」の二請を待って、後に西方浄土願生の法として、散善や定善の法を説かれていくと見るのである。

そしてさらに、

これ一切衆生の機に二種あり。一には定、二には散なり。もし定行によれば、すなはち生を摂するに尽きず。ここをもつて如来方便して三福を顕開して、もつて散動の根機に応じたまふことを明かす。（同右、三八一頁）

と述べ、韋提希の請いに応じてまず定善（広説衆喩）を許説されるものの、釈尊の本意は散善の根機に応じた法を説くことにあったことを示そうとされるのである。

ところで善導は、このように釈尊の黙然に注目していながら、また一方で「またこれ時に仏語なきにあらず」と述べている。これはどのように考えたらよいであろうか。

これについて、『観経疏伝通記』（良忠）では「此は是義推の釈なり」[10]と釈している。それは、教説は説かれなかったものの、韋提希が悶絶号泣している時には、釈尊は何らかの慰めの言葉を発せられたに違いないと推論して「仏語なきにあらず」と釈されたのであろうとしている。そうであるならば、やはり釈尊の慈愛の心を顕わさんとしていることが窺えるのである。

以上のような善導の釈義を見ていくと、釈尊の巧みな教化の手段によって、次第に韋提希が教化されていくことを強調されているように思える。そして、「序分」の最後において韋提希は、自らは「以仏力故」に西方浄土を観想することができたものの、仏滅後の衆生、五苦に逼められる未来世の一切衆生はどのようにして観想できるのかという質問をするのである。この質問に対して、釈尊が「正宗分」の「定善」さらには「散善」を説かれることになるのである。

これについて善導は、

七に「若仏滅後」より下「極楽世界」に至るこのかたは、まさしく夫人の悲心物のためにすること、おのが往生に同じく、永く娑婆を逝きて、長く安楽に遊ばしめんといふことを明かす。（同右、三九一〜三九二頁）

と解釈し、ここには韋提希の慈悲心が示されているとしている。これは、釈尊の大慈悲心が次第に請問をする韋提希にも伝わっていき、自らの愁憂の解決しか考えていなかった韋提希が、自らの往生と同じように、ついには仏滅後のもろもろの衆生の往生を案じるようになっていったことを示すのである。この韋提希の「物のために起こされた悲心」もまた、実は釈尊の巧みな手立てによって、韋提希に起こされたと言ってよいであろう。

以上のように、「序分義」全般において、釈尊教化の相状が高調され、特に韋提希教化の相状が懇切に示されて、このような釈尊の大慈悲心や深い思し召しや巧みな手立てに基づいてこそ、『観経』の凡夫救済の法が開示されると強調されるのである。

2　仏力と願力

このような釈尊の慈悲心による巧みな教化の相状は、前述の「定善示観縁」における「以仏力故」の解釈にも示される。善導はこの「仏力」を「聖力の冥に加す」と解釈しているが、「聖力」とは深励が指摘するように「大聖釈尊の威神力」という意であろう。

善導は、

> 五に「仏告韋提」より下「令汝得見」に至るこのかたは、まさしく夫人はこれ凡にして聖にあらず。聖にあらざるによるがゆゑに、仰ぎておもんみれば聖力冥に加して、かの国はるかなりといへども観ることを得ることを明かす。（同右、三九〇頁）

と述べるように、「心想羸劣」の韋提希（凡夫）が「聖力冥に加して」、即ち釈尊の威神力によって観仏することができるとし、また、

> これ夫人仏意を領解するに、上の光台の所見のごときは、これすでによく向に見たりと謂ひき、世尊開示したまふに、はじめてこれ仏の方便の恩なりと知る。（同右、三九一頁）

と述べて、先の「光台現国」において仏国土を観たことも、自分で観たのではなく「仏の方便の恩」であったとあらためて知らされたとしている。

そして、このように釈尊の仏力・威神力が強調されることに続いて、

> もししからば、仏いまに世にましませば、衆生念を蒙りて西方を見ることを得しむべし。仏もし涅槃したまひ

て加備を蒙らざるものは、いかんが見ることを得んやといふことを明かす。（同右、三九一頁）

と述べて、釈尊滅後の濁悪不善にして五苦に逼められる衆生は、仏力の加備を蒙らなければ、観を完成することはできないことを明かしている。

このような「序分義」の解釈に重なってくるのが、「定善義」「華座観」における韋提希の問いについての解釈である。即ち、

「世尊、われいま仏力によるがゆゑに、無量寿仏および二菩薩を観たてまつることを得たり。未来の衆生まさにいかんしてか、無量寿仏および二菩薩を観たてまつるべき」と。（註釈版、九八頁）

と説かれる「住立空中尊」に続く韋提希の問いについて、善導は問答を設け、

問ひていはく、衆生盲闇にして、想を逐ひて労を増す。目に対して冥きこと夜遊するがごとし。遠く浄境を標するに、なににによりてか悉すべき。

答へていはく、もし衆生の惑障動念に望まば、いたづらにみづから疲労せん。仰ぎて聖力のはるかに加するを憑めば、所観、みな見しむることを致す。いかんが作法して心を住めて見ることを得しむるや。作法せんと欲せば、もろもろの行者等先づ仏像の前において心を至して懺悔して、所造の罪を発露し、きはめて慙愧を生じ、悲泣して涙を流せ。悔過することすでに竟りて、また心口に釈迦仏・十方恒沙等の仏を請じ、またかの弥陀の本願を念じていへ。「弟子某甲等生盲にして罪重く、障隔処深し。願はくは仏の慈悲をもつて摂受護念し、指授し開悟せしめて、所観の境、願はくは成就することを得しめたまへ。いまたちまちに身命を捨て、仰ぎて弥陀に属す。見と不見と、みなこれ仏恩の力なり」と。（七祖註釈版、四二六頁）

と述べ、未来の惑障の衆生は、聖力の加備によって観仏することができるとする。続いて釈迦仏・十方恒沙仏を請

じるとし、そして阿弥陀仏の本願を出している。さらに、阿弥陀仏に帰依することによって、見・不見のいずれも阿弥陀仏の願力の恩によるものであると表白している。

ところで、先の『観経』「序分」の「以仏力故」の経文は、『観念法門』の「見仏増上縁」では、見仏の証文として引用されている。しかしながら、そこでは、

「仏、韋提を讃じたまはく、〈快くこの事を問へり。阿難、受持して広く多衆のために仏語を宣説すべし。如来いま韋提希および未来世の一切衆生を教へて西方極楽世界を観ぜしむ。仏願力をもつてのゆゑにかの国土を見ること、明鏡を執りてみづから面像を見るがごとくならん〉」と。またこの経をもつて証す。またこれ弥陀仏の三力ほかに加するがゆゑに見仏することを得。（同右、六二三頁）

とあるように、『観経』経文の「仏力」を「仏願力」と改めている。つまり、『観経』の経文では、釈尊の仏力による観仏を示している箇所を、釈尊の仏力に重ねるようにして阿弥陀仏の仏願力を示すのである。その上で、「弥陀仏の三力」（大誓願力・三昧定力・本功徳力）の加備による見仏の証文とするのである。

3　仏の密意

以上のような善導の「序分義」における解釈を総合的に窺えば、まず、『観経』「序分」に示される、所謂「王舎城の悲劇」の内容や登場人物の描写や解説が、それまでの『観経』の註釈疏に比べて圧倒的に分量が多くかつ多岐にわたっているのである。これは「王舎城の悲劇」の登場人物の様相や背景を詳細に解説することによって、様々な思いに翻弄されていく人間模様を露呈させ、『観経』所説の対象者たる凡夫の有り様を提示させようとするものであろう。その上で、それに対する釈尊の丁寧で懇切な教化を高調して示し、仏の慈悲心が如何に奥深いものであ

るかを顕されるのである。さらに、凡夫の代表である韋提希が仏国土を観想することができるのは釈尊の仏力であることを明らかにし、その仏力と阿弥陀仏の願力とを巧みに関係づけて示し、続く「正宗分」で説かれる未来世の一切衆生の定善観法は、阿弥陀仏の仏願力の加備によって成立するとされるのであろう。

このような「序分義」における仏の慈悲心の奥深さは、「玄義分」の「要弘二門」「二尊二教」の釈においても、「仏の密意」として示される。即ち、『観経』の経意によって、娑婆の化主たる釈尊が定散二善を説き安楽の能人たる阿弥陀仏が弘願を説かれるという二尊二教を述べた後、これに続いて「また仏の密意、弘深なり」として、『観経』「流通分」の「付属」の文に基づいて、釈尊の正意は、定散二善を差し置いて弘願念仏を勧められるところにあったという二尊一致の密意を明かされるのである。

「密意」とは、微妙にして解し難く、仏以外では測ることができない意という意味であるが、善導はこのような密意については、『定善義』「華座観」の「住立空中尊」においても、

問ひていはく、仏徳尊高なり、輒然として軽挙すべからず。すでによく本願を捨てずして来応せる大悲者なれば、なんがゆゑぞ端坐して機に赴かざるや。答へていはく、これ如来（阿弥陀仏）別に密意ましますことを明かす。（同右、四二四頁）

と述べて、阿弥陀仏の「立撮即行」の密意を示している。さらに、『散善義』「上品上生」においても、「世尊、機に随ひて益を顕したまふこと意密にして知りがたし」と釈して、仏自ら「何等為三」と問われることが仏意の弘深なる意密であるとしている。

このように、「序分義」を始めとして、『観経』経説の重要な部分に仏意の密なることが示され、『観経』には凡夫はもとより三賢十聖の聖賢でも測ることのできない弘深な仏の密意があることが繰り返し主張されている。それ

らを集約し、その密意の最たるものとして示されるのが『散善義』での「流通分」「付属の文」に対する解釈、即ち「望仏本願意在衆生一向専称弥陀仏名」であるに違いない。

以上のように、『観経』には仏の奥深い密意が隠されているという善導の解釈が、宗祖の『観経』隠顕釈に多大の影響を与えたと考えられるのである。

四、利他真実の理解

1　善導三心釈の「信文類」への引用

善導は『観経』の「至誠心・深心・廻向発願心」の三心について、それぞれに独自の解釈を施すが、宗祖は「信文類」大信釈においてそのほとんどを引用される。しかも、ただ引用されるだけではなく、他力回向の信心であることを示すために、いくつかの工夫をして引用されるのである。

まず、他力回向の信心を示す文言として「三心釈」を引用するとともに、文章の所々に「乃至」の言葉を入れて省略される。そして、その省略された箇所を「化身土文類」に引用して、「自力心」を示す文言とされるのである。

さらに、他力の信心を示すとして「信文類」に引用された「三心釈」の文言に、宗祖独自の訓点を施して他力回向の信心であることをより明確に示されるのである。

そしてまた、〈大信釈〉で引用した文の中で重要と思われる部分を、〈法義釈〉において再び引用し、他力の信心の内容を明らかにされるのである。

このような〈大信釈〉における「三心釈」の引用の概容を示すと、まず、〈至誠心釈〉の引用では、真実心について、「かならず真実心のうちになしたまへるを須ゐんことを明かさんと欲ふ。外に賢善精進の相を現ずることを得ざれ、内に虚仮を懐いて」という訓点を施して他力の信心の信相を表し、続いて「おほよそ施したまふところ趣求をなす」と訓んで他力回向の義を示される。さらに、「自利真実」の部分を省略して、自力心の否定を顕し、その部分を「化身土文類」〈要門釈〉に引用されるのである。さらに、「かならず真実心のうちに捨てたまへるを須ゐよ」「かならず真実心のうちになしたまひしを須ゐて」「みな真実を須ゐるが」等と訓んで、真実心が如来回向の真実心であることを明らかにされるのである。

次に、〈深心釈〉の引用では、「七深信」の内、「建立自心」の「第七深信」と問答の部分を省略して自力心を否定することを示される。続いて「釈迦一切の凡夫を指勧して」以下「就人立信」の文を引用した後、今度は「就行立信」の「読誦」等の部分を助業を表すものとして省略し、「正定業」の部分のみを引用して他力の念仏を顕され、さらに、続く「雑行」を表す部分は「自力回向」を示す文として省略されている。これらの省略された部分は、「化身土文類」の〈要門釈〉に引用され、一部は〈真門釈〉に引用されている。

最後に〈回向発願心釈〉の引用については、第一の釈は省略し、その部分は「自力回向」を示すものとして「化身土文類」の〈要門釈〉に引用される。そして第二の釈は、「かならず決定して真実心のうちに回向したまへる願を須ゐて得生の想をなせ」と訓点を施し、如来から廻施された得生の想であることを明らかにされるのである。

2　真実心について

ここでは、このような善導の三心釈の中で、特に「至誠心釈」の「真実心」の解釈が宗祖に与えた影響について考えたい。

先行研究で指摘されるように、[11] 善導の「至誠心釈」には、従来の解釈と異なった独自の解釈が見られる。即ち、従来は至誠心の「至」には着目せず、「誠」を「実」と釈して、至誠心を「実心」と呼称し、さらに『維摩経』所説の「直心」と関連づけて解釈しているのに対し、善導は至誠心を「真実心」と読み替え、この真実心について行為と内面の一致性（内外相応）という視点から見ていくのである。

ところで、この「真実心」の解釈において、問題となるのは、

また真実に二種あり。一には自利真実、二には利他真実なり。

（七祖註釈版、四五六頁）

と述べた後、「自利真実といふは、また二種あり」として、「自利真実」について述べられる記述はあるものの、「利他真実」についての記述がなされていない点についてである。

これについては、書写段階で欠落したとも考えられるが、あるいは善導が何らかの意図を持って解説されなかったとも考えられ、明らかではない。もっとも善導の『観経疏』には、似たような例もある。「序分義」の「散善顕行縁」の三福を解釈する箇所において、「世福」の「孝養父母」を釈するところでは、「一者孝養父母即有其四」とあって「一者孝養父母」に四段あるかの如き記述がある。しかしながら、以下に相応する「二・三・四」の部分はなく、古来から難解とされている。[12] このような科段の不揃いについて、深励は「善導の疏の文の簡なる処なり」としている。

とはいえ、善導が何らかの意図を持って省略されたと考えるならば、その理由は如何なるものであったのか。これについては、『伝通記』では「自利を知りおわれば、利他は自ずと知れる故」[13]に明かさずとするが、利他は智慧を根拠とする慈悲の行為であり、凡夫にとっては不可能な行為である。それゆえ至誠心釈中におけ

る利他真実の記述を意図的に回避し、あえて回向発願心釈において、〈また回向といふは、かの国に生じをはりて、還りて大悲を起こして、生死に回入して衆生を教化するをまた回向と名づく〉と述べ、往生以後の問題として対応したものと考えられる。[14]

という指摘もある。

確かに、利他は凡夫には不可能な行為であることを顕わさんとする意向があると思われ、それは「至誠心釈」の構成にも窺うことができる。「至誠心釈」では、まず①「至は真なり誠は実なり」と至誠心を真実心であると語彙に基づいて解釈し、続いて②「一切衆生の身口意業所修の解行、かならず真実心のうちになすべきことを明かさんと欲す」として、一切の罪悪生死の凡夫において真実心が必要であるとし、この「真実心中作」について③「外に賢善精進の相を現じ、内に虚仮を懐くことを得ざれ」と自己の外面と内面について述べ、外面に現れる自己の行為が内面の真実心と相応することが主張されるのである。その上で、凡夫の内面の煩悩性について④「貪瞋・邪偽・奸詐百端にして、悪性侵めがたく、事蛇蝎に同じきは、三業を起すといへども名づけて雑毒の善となし、また虚仮の行と名づく。真実の業と名づけず。もしかくのごとき安心・起行をなすものは、たとひ身心を苦励して、日夜十二時急に走り急になすこと、頭燃を救ふがごとくするものも、すべて雑毒の善と名づく」と述べて、内面に煩悩を持ったままの行為は、「真実の業」ではなく「雑毒の善」であり「虚仮の行」でしかないことを明らかにし、⑤「この雑毒の行を回して、かの仏の浄土に生ずることを求めんと欲せば、これかならず不可なり」と述べて、そのような「雑毒の行」によっては往生できないことが明らかにされるのである。

そして、その理由として⑥「なにをもつてのゆゑに。まさしくかの阿弥陀仏因中に菩薩の行を行じたまひし時、すなはち一念一刹那に至るまでも、三業の所修、みなこれ真実心のうちになしたまひ、おほよそ施為・趣求したまふところ、またみな真実なるによりてなり」と述べられる如く、雑毒の行ではない真実の行として、法蔵修行における「三業所修」の真実心が出されるのである。これは、凡夫の「雑毒の行」「虚仮の行」と、法蔵菩薩の「真実心中作」の行が対比されているのである。

これに続いて、先の⑦「また真実に二種あり。一には自利真実、二には利他真実なり」の釈があり、さらに⑧「自利真実といふはまた二種あり」として、真実心中において悪を制捨することと真実心中において善を実践することを述べた後、詳細に三業に分けて制捨と善行を示す。そして最後に⑨不善の三業を真実心中に捨て、善の三業を「真実心中作」して、真実心と内外相応した実践行をなすことが主張されるのである。

以上のような「至誠心釈」の構成の中で、宗祖は特に、「真実の業」ではない凡夫の「雑毒の善」「虚仮の行」「雑毒の行」と対比して、「阿弥陀仏因中」の三業所修の行業が「真実心中作」と示されていることに着目されたのであろう。

比叡山での修行に行き詰まった宗祖が、善導大師の「至誠心釈」の御文に触れられた時、如何なる思いを抱かれたであろうか。どれほど真実・清浄なる仏のさとりに近づこうとしても近づくことができない、それどころか仏のさとりから遠ざかっているのではないかとわが身の有り様を真摯に見つめていかれた宗祖であったからこそ、

たとひ身心を苦励して、日夜十二時急に走り急になすこと、頭燃を救ふがごとくするものも、すべて雑毒の善と名づく。この雑毒の行を回して、かの仏の浄土に生ずることを求めんと欲せば、これかならず不可なり。（同右、四五五頁）

との文言を、まさに自らの有り様として受け止められたに相違ない。

そして、法蔵修行における「三業所修」の真実心、即ち仏心こそが真の「真実心」「至誠心」であるとの記述を、

感銘をもって受け止めていかれたことは想像に難くない。

このような点から宗祖は、「信文類」の「至心釈」において、『大経』の「法蔵修行」の一段を引用し、「虚偽諂曲の心あることなし」「勇猛精進にして志願倦きことなし」という法蔵菩薩の発願心こそが、「至誠心」「真実心」であるとされる。つまり、「至心」と同一なる「至誠心」とは、衆生の心ではなく、阿弥陀仏の真実心に他ならないことを強調されるのである。それは、「至誠心」を衆生の「勇猛精進」「猛利心」「熾盛心」とする弁長師や長西師のような解釈を意識されているようにも思われる。

3　他力回向の信心

善導の「至誠心釈」における対比の表現に深い意義を見出された宗祖は、「至心釈」の御自釈において、衆生の「穢悪汚染」「虚仮諂偽」と法蔵菩薩の「清浄真心」の「三業所修」とを対比し、

一切の群生海、無始よりこのかた乃至今日今時に至るまで、穢悪汚染にして清浄の心なし、虚仮諂偽にして真実の心なし。ここをもつて如来、一切苦悩の衆生海を悲憫して、不可思議兆載永劫において、菩薩の行を行じたまひしとき、三業の所修、一念一刹那も清浄ならざることなし、真心ならざることなし。如来、清浄の真心をもつて、円融無碍不可思議不可称不可説の至徳を成就したまへり。如来の至心をもつて、諸有の一切煩悩悪業邪智の群生海に回施したまへり。すなはちこれ利他の真心を彰す。ゆゑに疑蓋雑はることなし。この至心はすなはちこれ至徳の尊号をその体とせるなり。（註釈版、二三一頁）

と述べて、所謂「機無」「円成」「回施」「成一」の論理を示される。即ち、真実心清浄心なき衆生（機無）の為に、如来の真実心清浄心が起こされて名号法が成就（円成）し、その衆生の為の法は、法本来の性質として衆生に回施

（回施）されるものである。すでに如来の上で起こされ如来の上で成就され、如来より回施された至心は他力回向の真実心（至誠心）であるので、衆生によって積み重ねた熾盛心ではない。至心は衆生に宿った法の徳であり、衆生における相を言えば、如来の願力に信順した疑蓋無雑の心（信楽）でしかない。つまり、如来の回施を領受した衆生の相においては、疑蓋無雑の信楽一心として成立（成一）しているとされるのである。

さらに宗祖は、『愚禿鈔』において、「至誠心釈」を引用され、善導の疏では説示されていなかった「利他真実」について、

利他真実について、また二種あり。

一には、「おほよそ施したまふところ趣求をなすは、またみな真実なり」と。

二には、「不善の三業は、かならず真実心のなかに捨てたまひしを須ゐよ。またもし善の三業を起さば、かならず真実心のなかになしたまひしを須ゐて、内外明闇を簡ばず、みな真実を須ゐるがゆゑに至誠心と名づく」と。（註釈版、五一八頁）

と述べて、利他真実の内容を示されるのである。

これは、宗祖が「至誠心釈」を熟読した上で、衆生の「雑毒の行」「虚仮の行」に対比して示されている法蔵菩薩の「三業所修」の真実心こそが、実は善導が述べようとされた「利他真実」に相違ないと受け止められたことを示している。

そこで、「施為趣求」の語を「おほよそ施したまふところ趣求をなす」と訓んで、阿弥陀仏の他力回向のはたらきによって浄土に導かれることを示されるのであろう。さらにまた、「かならず真実心のうちになしたまへるを須ゐんことを明かさんと欲ふ」「かならず真実心のうちに捨てたまへるを須ゐよ」「かならず真実心のうちになしたま

ひしを須ゐて」「みな真実を須ゐるが」等と訓んで、真実心が如来回向の真実心であることを明らかにされるのである。

それゆえ、「信楽釈」では、

如来、苦悩の群生海を悲憐して、無碍広大の浄信をもつて諸有海に回施したまへり。これを利他真実の信心と名づく。
（同右、二三五頁）

と述べ、「欲生釈」でも、

如来、一切苦悩の群生海を矜哀して、菩薩の行を行じたまひしとき、三業の所修、乃至一念一刹那も、回向心を首として大悲心を成就することを得たまへるがゆゑに、利他真実の欲生心をもつて諸有海に回施したまへり。
（同右、二四一頁）

と述べられる如く、「利他真実」を如来の他力回向を示すものとされるのである。

これらはまさに、本願他力への帰順という宗祖の浄土教的宗教経験を示すものであり、

一には決定して深く、自身は現にこれ罪悪生死の凡夫、曠劫よりこのかたつねに没しつねに流転して、出離の縁あることなしと信ず。二には決定して深く、かの阿弥陀仏の、四十八願は衆生を摂受したまふこと、疑なく慮りなくかの願力に乗じてさだめて往生を得と信ず。
（七祖註釈版、四五七頁）

と示される、善導の「二種深信」の表白を承けたもので、それゆえに宗祖は、『愚禿鈔』にこの「二種深信」を引用した後に、

いまこの深信は他力至極の金剛心、一乗無上の真実信海なり。
（註釈版、五二二頁）

と述べて、他力回向の信心は、善導の二種深信の内容に他ならないことを明かされるのである。

五、結び

『観経疏』全体を見れば、善導が聖道門の学解的『観経』理解に対し、如何にして浄土教独自の実践的立場を明示しようとされたことが窺えるが、その姿勢が法然を通して宗祖に少なからず影響を与えたと言える。即ち、栂尾の明恵上人高弁の『選択集』批判に対し、その論難に応えんとするあまり、法然門下諸師方の、ともすれば聖道門的な求道心に同化しがちな解釈に対し、宗祖は善導・法然両師の浄土教者としての在り方に立ち戻って、浄土教独自のダイナミックな宗教経験の在り方を提示されたのである。

本論で検討したように、善導の「六字釈」における「即是其行」・「願行具足」に示される阿弥陀仏の仏力の説示、「序分義」に示される釈尊の仏力の強調や仏願力への展開、さらには「至誠心釈」の「利他真実」の説示を如来回向の真実心と受け取られたことなど、宗祖は善導著作を味読しつつ、自らの他力救済の実践的な宗教体験を再認識していかれたのであろう。そしてその内容をより論理的に提示せんとする時、『浄土論』・『往生論註』に基づく往還二回向の他力救済の論理が完成されていったとも言えるのではなろうか。そしてまた、『観経』に仏の奥深い「密意」を見ていくという善導の思考が、宗祖の経典理解に影響を与え、単に自力他力の分斉を明らかにするだけではなく、自力の行者をも他力救済に導き入れるという「顕彰隠密義」の発揮を生み出すこととなったとも言える。

したがって、善導教学は、宗祖の人間観に影響を与えたことに止まらず、『教行信証』に示される救済の論理や浄土教の経典解釈に基づく宗祖の教義構成に多大な影響を与えたことを見落してはならないであろう。

註

（1）この引用文言の数については、『浄土真宗聖典全書』（二宗祖篇）において、例えば「真仏土文類」の御自釈に「又（法事讃巻上）云『難思議往生』是也」とあるように、御自釈の出拠を示しているものを基準として、引用文言を数えた。

（2）引用文言九十六文の内訳
「行文類」―引用文十六文＝『観経疏』五文（「玄義分」三「散善義」二）、『往生礼讃』七文（内、智昇『集諸経礼懺儀』六）、『般舟讃』二文、『観念法門』二文
御自釈四文＝「散善義」三文、『往生礼讃』一文
「信文類」―引用文二十六文＝『観経疏』十三文（「玄義分」一「序分義」三「定善義」三「散善義」六）、『法事讃』三文、『往生礼讃』四文（内、『集諸経礼懺儀』一）、『般舟讃』五文、『観念法門』一文
御自釈三文＝「散善義」三文
「証文類」―引用文二文＝『観経疏』二文（「玄義分」一「定善義」一）
「真仏土文類」―引用文六文＝『観経疏』三文（「玄義分」一「序分義」一「定善義」一）、『法事讃』三文
御自釈一文＝『法事讃』一文
「化身土文類」―引用文二十九文＝『観経疏』十三文（「玄義分」二「序分義」四「定善義」二「散善義」五）、『法事讃』七文、『往生礼讃』四文（内、『集諸経礼懺儀』二）、『般舟讃』四文、『観念法門』一文
御自釈八文＝『観経疏』四文（「玄義分」一「定善義」二「散善義」一）、『法事讃』三文、『往生礼讃』一文
「後序」―引用文一文＝『往生礼讃』一文

（3）村上速水「善導の人間観」（『続・親鸞教義の研究』永田文昌堂、一九八九年、二一一頁）

（4）丸山博正「親鸞浄土教と善導浄土教――「教行信証」を中心として――」（『善導教学の成立とその展開』山喜房佛書林、一九八一年、四一三頁）
（5）同右、四一三頁
（6）村上速水『親鸞教義の研究』永田文昌堂、一九八四年、二一五頁
（7）柏原祐義『玄義分講要』安居事務所、一九九五年、二四六頁
（8）梯實圓『顕浄土方便化身土文類講讃』永田文昌堂、二〇〇七年、三八八頁
（9）大正蔵三七、一七六頁中。慧遠は富楼那の説法が勝れていることのみ述べて釈尊の慈悲心には触れていない。
（10）良忠『観経疏伝通記』（大正蔵五七、五九二頁上）
（11）柴田泰山『善導教学の研究』第三巻、山喜房佛書林、二〇二一年、三四〇頁
（12）これについては、「一者孝養父母等」の「等」は、経文の「一者」「三者」を省略して示すものであって、言わば「一者孝養父母等」とは、三福全体の経文について、四段に分けて解釈する意であろうというのが、古来からの理解である。したがって、次の「一言孝養父母」からが「一者」である世福の解釈であり、続いて「二者」の戒福の釈が「二言受持三帰」からとなる。ただし、「三者」の行福は、「発菩提心」と「深心因果」以下の二段に分けて解釈される為、三福全体を釈するに「即ちその四あり」となるのでろう。
（13）良忠『観経伝通記』（大正蔵五七、六四四頁下）
（14）註（11）柴田前掲書、三四六頁

結城称名寺蔵「往生要集云」の抜き書き意図

――親鸞の宿善観の一側面――

高田文英

はじめに

茨城県結城市の称名寺に「往生要集云」と題する書写聖教が所蔵されている。称名寺は鎌倉幕府の有力御家人であった結城朝光が親鸞の教えに帰依し、下総国結城に親鸞の高弟であった高田の真仏を開基に招き創建されたという古刹である。

本書は、外題に「往生要集云」とあり、親鸞の高弟真仏により書写されたものとされている。内容としては、

（あ）源信『往生要集』大文第十「問答料簡」の第八「信毀因縁」からの延書と六字名号（南無阿弥陀仏）

（い）『無量寿経』下巻「往覲偈」の八句（「声聞或菩薩　莫能究聖心　譬如従生盲　欲行開導人　如來智慧海　深廣無涯底　二乗非所測　唯仏独明了」）

（う）漢字や熟語の音訓を書き出した覚書

の三つの部分からなる。

本書は、昭和三十三（一九五八）年に茨城県の有形文化財に指定され、また平成二十（二〇〇八）年に岡崎市美

術博物館で開催された「三河念仏の源流」展に際して改めて調査され、安藤章仁氏が図録の解説を書かれている(1)。その詳細は次節に記すが、安藤氏は「本書は、初期真宗特有の聞書で、親鸞の筆癖や独特の字体が見受けられるので、親鸞自筆本を典拠としていることは間違いない(2)」とされ、その字体は親鸞八十歳前後のものと推定している。その後、平成二十三（二〇一一）年に本願寺出版社から発行された『浄土真宗聖典全書二（宗祖篇上）』の「親鸞聖人小部集Ⅱ」に、解説とともに（あ）の部分が翻刻・収録された。

本書に抜き書きされた『往生要集』の文は、大文第十「問答料簡」の第八「信毀因縁」冒頭の『般舟三昧経』の文とそれに関する第一問答であり、親鸞の他の著作中には引用がない。第八「信毀因縁」は、教えを聞いても信ずる者と謗る者がいる理由を論ずるもので、第一問答では、宿善（＝過去世の善根）の薄い者は仏法を聞くことができず、たとえ稀に聞くことができても信解することがない、信を生ずるためにはそれだけの宿善が不可欠である、というように、信・毀の相違が宿善によって説明されている。そしてこうした「聞法・獲信を得るにはそれだけの宿善が必要である」という考え方は、この問答中に経証として出される『平等覚経』・『大集経』の文にもあるごとく、大乗の諸経論に広く見られる一般的な考え方と言える。

ところが注目されるのは、本書「往生要集云」の「信毀因縁」の延書では、親鸞によると推定される独自の読み下しと文の省略によって、こうした仏教の通則的な宿善論の枠組みを超えた内容が示されていると思われる点である。本論ではこの点に着目して、本書「往生要集云」の「信毀因縁」の延書に関する親鸞の抜き書き意図を検証し、本書に見られる親鸞の宿善観を明らかにしたい(3)。

一、「往生要集云」の先行研究

「往生要集云」を解説・研究したものには、以下の三つがある。まずはこれらの先行研究を確認しておきたい。
○『三河念仏の源流――高田専修寺と初期真宗――』（二〇〇九年）[4]
紙本墨書　鎌倉時代　縦二六・二　横一八・〇　茨城県結城市・称名寺

外題に「往生要集云」とあり、内容は、大きく三つに分けられる。まず、『往生要集』第十章「問答料簡」第八「信毀因縁」の冒頭部分が抜き書きされ、「南無阿弥陀仏」の六字で締められている。一見運筆が変わる三丁裏の五行が親鸞真筆と言われている箇所である。続いて『大無量寿経』下巻の「往覲偈」八句が一葉に書かれる。この文は、『顕浄土真実教行証文類』の一乗海釈に引用されるところで、専修寺本（№45）との比較により筆跡は真仏と断定できる。最後に漢字や熟語の音訓を書き出した覚書が記される。音訓を片仮名で示した後に漢字の発音表記法である反切の反の一字が書かれるが、すでに読み方が記されているので意味をなさない。最初の引文のみが『往生要集』からで、他のものは直接『往生要集』に関わるものではない。したがって外題は、内題からとったものと考えられる。全体の構成から、本書は、初期真宗特有の聞書で、親鸞の筆跡や独特の字体が見受けられるので、親鸞自筆本を典拠としていることは間違いない。
○安藤章仁「新発見の真仏書写聖教について」（二〇一〇年）[5]
本論文では、とくに次のことが指摘されている。

【筆跡について】本書の筆跡については、真仏と断定される。親鸞真筆と言われる三丁裏の五行「トモイマタカナラスシモ～烏豆聚ノコトシ　南無阿弥陀仏」も、五行目の「南無阿弥陀仏」以外はすべて前後の箇所と同様、真仏の筆と見てよいのではないか。

【書写の時期】本書には親鸞の「悪」「所」「出」などの前期筆蹟の字体と「悪」「為」などの後期筆蹟の字体が混在しており、ここから本書の書写時期は、親鸞の字体が前期から後期へ移行する過渡期である親鸞八十歳前後、すなわち建長四年（一二五二年、真仏四十四歳）前後と推定される。

【制作の目的】「この時期、親鸞が有念無念の論争や造悪無礙を制止する消息を書いていることから、関東の門弟において異義が顕在化していることを確認できる。本書に念仏を信じることと誇ることを問題にした『往生要集』の文と、阿弥陀仏の智慧海は、広大にして凡夫の測るところではないことを明かした『往観偈』の文が引用されているのは、かかる状況に対応するためのものと考えられる。あわせて看過できない点は、関東の門弟において異義が発生する最中、リーダー的門弟が漢字や熟語の音訓覚書を書写し、研鑽していたことである。このことは今までに明かされていない初期真宗教団の側面を物語っている」「この頃、関東では異義異端が発生し、門弟たちが信仰上の動揺を来すようになる。「往生要集云」は、その時、収拾をつけるために現地でどういう対応がなされたのか、その一端を伝えている」。

○『浄土真宗聖典全書二（宗祖篇上）』（二〇一一年）(6)

底本は茨城県称名寺に蔵せられ、真仏上人の書写によるものである。表紙は後補のものであり、旧表紙は本紙共紙で、外題は中央に「往生要集云」と墨書されている。内題も同じく「往生要集云」とある。体裁は半葉六行、一行十九字内外である。

内容は『往生要集』大門第十「問答料簡」の第八「信毀因縁」の延書と、それに続いて『大経』「往観偈」

より八句が引用されている。『往生要集』の引文の中途には白紙二葉が挿入され、次葉より文が続けられているが、これより以後の筆跡は真仏上人のものとは異なるものである。また、「往観偈」の文の直後は紙が切り取られており、次葉からは聖教に用いられる漢字や熟語の音訓についての覚書が付されているが、本書の本文に直接関連を持つ内容ではないため、本聖典では翻刻していない。

ところで、『往生要集』の引文については同じ高田門徒の顕智上人も同箇所を『聞書』に一部引用しているが、本書はそれに比べ、訓読や本文について相違があることから、宗祖所覧本とは異なる本文系統の『往生要集』であろうと思われる。

以上のとおり、本書はとくに安藤章仁氏によって、真仏の書写によるものであること、親鸞自筆本を典拠としたもので、親鸞八十歳前後、すなわち建長四年（一二五二年、真仏四十四歳）前後の成立と推定されることが指摘されている。なお『浄土真宗聖典全書二（宗祖篇上）』の解説では、三丁裏の五行（『往生要集』の文の後半「トモイマタカナラスシモ……」）ならびに『無量寿経』「往観偈」の八句については、真仏とは別筆とされている。また、本書の成立の背景・書写の意図について、安藤氏は関東の門弟集団内の異義異端の問題に収拾をつけるための対応の一つとする見解を示されている。

二、『往生要集』当面の「信毀因縁」の文

本書「往生要集云」に引かれる『往生要集』の文の意図を検討する前に、まずは『往生要集』当面の該当箇所の内容を確認しておきたい。すなわち、大文第十「問答料簡」の第八「信毀因縁」のなか、冒頭の『般舟三昧経』引

文とそれに続く第一問答である。

○『往生要集』大文第十「問答料簡」の第八「信毀因縁⑺」

第八に信毀の因縁といふは、

①『般舟経』にのたまはく、「独り一仏の所にして功徳を作るのみにあらず。もしは二、もしは三、もしは十においてせるにもあらず。ことごとく百仏の所にしてこの三昧を聞き、かへりて後世の時にこの三昧を聞くものなり。経巻を書学し誦持して、最後に守ること一日一夜すれば、その福計るべからず。おのづから阿惟越致に致り、願ずるところのものを得ん」と。

②問ふ。もししからば、聞くものは決定して信ずべし。なんがゆゑぞ、聞くといへども、信じ信ぜざるものある。

③答ふ。『無量清浄覚経』にのたまはく、「善男子・善女人ありて、無量清浄仏の名を聞きて、歓喜し踊躍して、身の毛起つことをなし、抜け出づるがごとくなるものは、みなことごとく宿世宿命に、すでに仏事をなせるなり。それ人民ありて、疑ひて信ぜざるものは、みな悪道のなかより来りて、殃悪いまだ尽きざるなり。これいまだ解脱を得ざるなり」と。　略抄　また『大集経』の第七にのたまはく、「もし衆生ありて、すでに無量無辺の仏の所にしてもろもろの徳本を殖ゑたるものは、すなはちこの如来の十力・四無所畏・不共の法・三十二相を聞くことを得ん。　乃至　下劣の人は、かくのごとき正法を聞くことを得ることあたはじ。たとひ聞くことを得とも、いまだかならずしもよく信ぜず」と。　以上

④まさに知るべし、生死の因縁は不可思議なり。薄徳のものの、聞くことを得るも、その縁知りがたし。烏《う》豆聚《ずじゅ》に一の緑《あお》き豆あらんがごとし。ただしかれ聞くといへどももしかも信解せず。これはすなはち薄徳の致すと

ころなるのみ。

その概要は次の通りである。(8)　　　　　　　　　　　　　　　　　　　　（①〜④の番号は筆者による）

①『般舟三昧経』の引文

この引文では、般舟三昧の法を聞くためには、極めて多くの宿善が必要であることが説かれている。過去世にたった一仏や二仏・三仏、あるいは十仏の所で修行したくらいでは駄目で、百仏のところで般舟三昧の法を聞いてこそ、後の世にこの法を聞けるようになるという。そして、そのような宿善厚き者がこの経を書写し、教えを学んで実践するならば、その功徳は絶大であり、おのずと不退転に至り、願いを成就することができるだろうという。

②問い

『般舟三昧経』の文によれば、法を聞くことができている時点で、その者は過去世に多くの宿善を積んだ者ということになり、もしそうならば、法を聞く者は必ず信順の心を生ずるはずである。それなのに、現実には法を聞きながら、信ずる者と信じない者がいる。それはどうしてかと問う。

③答えの前半（『平等覚経』『大集経』の文）

『平等覚経』の文と『大集経』の文により、法を聞いても疑って信を生じない者は、宿善の薄い者であることを示す。すなわち『平等覚経』の文では、無量清浄仏の名を聞いて歓喜踊躍することができるのは、彼らが前世においてすでに仏道を実践してきたからであり、仏の教えを疑い、信ずることができない者は、みな悪道より這い上がってきたばかりで、まだ罪が完全に消えていないからであるという。また『大集経』の文でも同様に、前世に無数の仏の所で修行を重ね功徳を積んできた者が、正しい教えを聞くことができるのであり、そうでない愚か者には、そのような正しい教えを聞くことはできず、たとえ聞くことができたとしても、その教えを信受することはできない、という。

④答えの後半（源信の言葉）

ではなぜそんな宿善の疎かな者が、法を聞く縁に恵まれることがあるのか。当然、その点に答えねばならない。これについて源信は、次のように言う。生死の因縁は不可思議であり、徳の薄い者が教えを聞くことができる場合もあるが、私たちにはその縁を知ることはできない。たくさんの黒豆がある中に緑豆が一つ混ざっているような例外と言うべきものである。(9)ただし、そんな者が教えを聞いたところで、信順・理解することなどできない。それは徳が薄いからというだけのことである、と答える。

以上のように『往生要集』のこの問答は、結論として、信を生ずるためには例外なく宿善が必要であることを述べている。たとえ稀に宿善の疎かな者が法を聞くことができたとしても、そのような者が教えを信受することはできない、というのである。

三、親鸞の抜き書きの意図

続いて「往生要集云」の親鸞の抜き書きを検討する。冒頭に述べたとおり「往生要集云」は、

（あ）源信『往生要集』大文第十「問答料簡」の第八「信毀因縁」からの延書と六字名号（南無阿弥陀仏）

（い）『無量寿経』下巻「往覲偈」の八句（「声聞或菩薩　莫能究聖心　譬如従生盲　欲行開導人　如來智慧海　深廣無涯底　二乘非所測　唯仏独明了」）

（う）漢字や熟語の音訓を書き出した覚書

の三つの部分からなるが、そのうち（あ）の部分の全文を『浄土真宗聖典全書二（宗祖篇上）』により示せば、以下の通りである。

往生要集云

「信毀因縁者、『般舟經』云、

ひとり一仏のみもとにして功徳をなすにあらず。もしは二、もしは三、もしは十において、ことごとく百仏のみもとにしてこの三昧をきくのみにあらず。さりてのちのよのときにこの三昧をきくものなり。経巻を書学し誦持して、最後にまもること一日一夜せむ、その福はかるべからず。おのづから阿惟越致にいたらむ。ねがふところはうるなりと。問。もししからば、きくもの決定して信ずべし。なんがゆへぞ、きくといへども、信・不信あるやと。こたえていはく、『無量清浄覚経』にいはく、善男子・善女人、無量清浄仏のみなをきゝて、歓喜踊躍して、みのけいよだつことをなし、ぬけいづるがごとくなるものは、みなことごとく宿世宿命に、すでに仏事をなせるなり。それ人民あて、うたがふて信ぜざるものは、みな悪道のなかよりきたりて、殃悪いまだつきず。これいまだ解脱をえざるなり。略抄　また『大集經』の第七にいはく、もし衆生あて、すでに無量無辺の仏のみもとにしてもろもろの徳本をうへて、いましこの如來の十力・四無所畏・不共の法・三十二相をきくことをう。乃至　下劣の人、かくのごときの正法をきくことをうることあたはず。たとひきくことをうれども、いまだかならずしもよく信ぜず。已上　まさにしるべし、生死の因縁不可思議なり。薄徳にしてきくことをうる。その縁をしることかたし。烏豆聚のごとし。」

南無阿弥陀仏(10)

これを先に挙げた『往生要集』の文と比較すると、途中までは『往生要集』の文に忠実に延書していると言えるが、以下のように、答えの最後の部分（点線部）が省略されている。

『往生要集』	【漢文】当レ知、生死因縁不可思議。薄徳得レ聞難レ知二其縁一。如三烏豆聚有二一緑豆一。但彼雖レ聞而不二信解一。是即薄徳之所レ致耳。(11)〈書き下し〉まさに知るべし、生死の因縁は不可思議なり。薄徳のものの、聞くことを得るも、その縁知りがたし。烏豆聚に一の緑き豆あらんがごとし。ただしかれ聞くといへどもしかも信解せず。これはすなはち薄徳の致すところなるのみ。
「往生要集云」	まさにしるべし、生死の因縁不可思議なり。薄徳にしてきくことをうる。その縁をしることかたし。烏豆聚のごとし。(12)

こうして親鸞の延書では、「烏豆聚のごとし」が全体の結びの文となっているが、この文はもとの『往生要集』で言えば「如三烏豆聚有二一緑豆一（烏豆聚に一の緑き豆あらんがごとし）」の最初の四字にあたるから、親鸞は通常の漢文の訓点に従えばあり得ないところで文章を切っていることになる。

この親鸞の省略について、安藤氏は、さきに挙げた論文のなかで「『往生要集』引文の最後は、紙面の関係で原文の「如烏豆聚有一緑豆」を中途で切っている」と、この省略は「紙数の関係」によるものとされているのであるが、果たしてそうであるか。もし単なる紙数の都合による省略なら「如三烏豆聚有二一緑豆一」の途中で切らずに、この文の前で切るか、あるいはこの一文の後で切るのが自然である。そして「烏豆聚のごとし」という訓み下しは、通常の訓み方からすれば明らかに不自然であり、何か意図があるように思われる。

また、その後に続く「但彼雖レ聞而不二信解一。是即薄徳之所レ致耳」の部分もすべて省略されていることも注意さ

れる。この文は「徳の薄い者はたとえ法を聞くことができたとしても、その教えを信受することはできない」という
この問答の結論部分であり、この部分を省略しては、もはや『往生要集』の原意と同じ意味の文として読むことはできない。このように見てくると、本書の省略は、紙数の都合ではなく、あえて、内容上の理由から省略したものと思われるのである。

以上のように親鸞による文の省略を意図的なものと推定するならば、この文は次のような意味に読んではどうだろうか。

『平等覚経』・『大集経』の文　＝　仏法を聞いて信を生ずるためにはそれだけの宿善が必要であるという仏教の通則的な考え方を示すもの。

親鸞独自の読み方はない。

「まさにしるべし、生死の因縁不可思議なり。薄徳にしてきくことをうる。その縁を知ることかたし。」　＝　自身の聞法・獲信の経験に重ねて、仏教の通則的な宿善論に当てはまらない例外的事例のあることの不思議さを嘆ずる部分。

試訳「（しかし私は今こうしてそれだけの宿善を具えていないにもかかわらず教えに遇っている。）まさに知るべきである、生死の因縁は不可思議であり、薄徳にもかかわらず教えを聞き信ずることがある。その縁をはかり知ることはできない」。

「烏豆聚のごとし」　＝　親鸞はこの「烏豆聚のごとし」を、自身の姿と重ねて読んだと考えられる。ではいかなる姿を喩えるものと読んだのか、確定は難しいが、一応、次の二つの可能性を提示しておきたい。

試訳一「（聞法・獲信の因縁を知ることのできないこの私の愚かな姿、無明の闇のなかにある姿は）真っ黒な豆のようである」。

試訳二「（本来なら信を生ずるはずのないこの私の姿は）干からびて芽の出るはずのない真っ黒な豆のようである」。

右はあくまで試案であるが、このように「薄徳にしてきくことをうる」という部分を中心として読めば、不自然な省略にも説明がつき、かつ内容としても、宿善の疎かな我身が今こうして不思議にも信を恵まれていることを喜ぶという、いかにも親鸞らしい抜き書きとして読めるように思われるのである。

またこのように読むなら、この後に続く『無量寿経』「往覲偈」の八句「声聞或菩薩　莫能究聖心　譬如従生盲　欲行開導人　如來智慧海　深廣無涯底　二乗非所測　唯仏独明了」とも、

・『往生要集』延書	・『無量寿経』「往覲偈」の八句
「生死の因縁不可思議なり」	「如來智慧海　深廣無涯底」
「その縁を知ることかたし」	「声聞或菩薩　莫能究聖心」
	「二乗非所測　唯仏独明了」

というごとく、内容的な対応を認めることができよう。

結び

以上のように「往生要集云」の抜き書きには、聞法・獲信を得るにはそれだけの宿善が必要であるという仏教の

通則的な宿善論を前提としつつも、その通則に当てはまらない薄徳の我身が、教えに出遇ったことをただ不思議と喜ぶ親鸞の姿を見ることができる。すなわち、親鸞は『往生要集』「信毀因縁」の文を独自に読むことで、そこに自身の姿を見出し、それゆえにこの文を抜き書きしたと思われるのである。

そして、このように抜き書きの文を読むならば、本書制作の目的に関しても、親鸞自身が同心の人々とともに、いま念仏の教えに遇えていることの不思議を喜ぶために制作されたと言うべきであろう。これについて、先述のとおり安藤章仁氏は、関東の門弟集団内の異義異端の問題に収拾をつけるための対応の一つとする見解を示されていた。安藤氏が言われるごとく、関東の異義異端の問題は本書の背景として十分考えられることであろうし、また、教団外部から専修念仏が批判される状況もあったであろう。ただし、そうした異義者や批判者を宿善なき者と位置づけることに本書制作の目的があったわけではなく（『往生要集』の原文通りの抜き書きならば、そのような意味になろう）、念仏の教えが誤解され批判される悲しむべき状況のなかでも、むしろそれを機縁として、自分たちがいま不思議にも教えに遇い得ていることを喜び、他力の信仰をともに確かめていこうとするところに、本書制作の目的があったと考えたいのである。

なお、本書以外の親鸞著作中の宿善に関する文には、主なものとして、

・『教行信証』「行文類」の『平等覚経』の「往覲偈」引文「……悪驕慢蔽懈怠　難三以信二於此法一　宿世時見レ仏者　楽聴二聞世尊教一……」[13]

・『教行信証』「化身土文類」の『無量寿経』の「往覲偈」引文「若人無二善本一、不レ得レ聞二此経一。清浄有レ戒者、乃獲レ聞二正法一」[14]

・『教行信証』「化身土文類」の『平等覚経』の「往覲偈」引文[15]

・『正像末和讃』「三恒河沙の諸仏の　出世のみもとにありしとき　大菩提心おこせども　自力かなはで流転せり[16]」

・『唯信鈔文意（真蹟本）』「十方諸仏の証誠、恒沙如来の護念、ひとへに真実信心のひとのためなり。社会は慈父、弥陀は悲母なり。われらがちゝ・はゝの方便をして無上の信心をひらきおこしたまへるなりとしるべしとなり。おほよそ過去久遠に、三恒河沙の諸仏のよにいでたまひしみもとにして、自力の菩提心をおこしき。恒沙の善根を修せしによりて、いま願力にまうあふことをえたり。他力の三信心をえたらむひとは、ゆめゆめ余の善根をそしり、余の仏聖をいやしうすることなかれとなり[17]」

・『親鸞聖人御消息集（広本）』第九通「まづよろづの佛・菩薩をかろしめまいらせ、よろづの神祇・冥道をあなづりすてたてまつるとまふすこと、このことゆめゆめなきことなり。世々生々に無量無辺の諸仏・菩薩の利益によりて、よろづの善を修行せしかども、自力にては生死をいでずありしゆへに、曠劫多生のあひだ、諸仏・菩薩の御すゝめによりて、いまもうあひがたき弥陀の御ちかひにあひまいらせてさふらふ御恩をしらずして、よろづの仏・菩薩をあだにまふさんは、ふかき御恩をしらずさふらふべし[18]」

・『見聞集』の『涅槃経』（南本）巻六の文「……善男子、若有衆生於一恒河沙諸仏世尊所発菩提心、然後、乃能於悪世中不謗是法、愛楽是経典、不能為人分別広説。……[19]」

などの文が挙げられる。これらの文には「行文類」の『平等覚経』引文をはじめ、現世の聞法の因縁を行者の宿善によって説明するものが少なくない。しかし先哲は、曾無一善という人間観に立って、これらの文の所顕が、決して行者の功を言うものではないことを注意してきた[20]。今回検討した「往生要集云」に見られる宿善観は、そうした先哲の取ってきた宿善に関する解釈の妥当性を、改めて裏付けるものとして位置づけることができよう。

註

（1）岡崎市美術博物館編『特別企画展　三河念仏の源流――高田専修寺と初期真宗――』（岡崎市美術博物館、朝日新聞社、二〇〇八年）五一頁。
（2）註(1)に同じ。
（3）真宗の宿善に関する研究には、主に親鸞・覚如・蓮如に関するものがあるが、そのうち親鸞の宿善観についての主な研究論文には次のものがある。藤永清徹「真宗宿善論」（『宗学院論集』一五、一九三四年）、桐溪順忍「宿善他力の論理」（『真宗学』二二、一九六〇年）、眞田大道「親鸞聖人の宿善観」（『真宗学』七・八、一九五二年）、中原正信「親鸞浄土教における過去と現在――宿縁と宿善宿業――」（『宗教研究』七六・四、二〇〇三年）、佐々木覚爾「親鸞聖人の宿善観」（『真宗学』一一九・一二〇、二〇〇九年）、同「道綽禅師と親鸞聖人の宿善観」（『龍谷教学』四二、二〇〇七年）、同「真宗宿善論の諸説について――真宗宿善論序説――」（『宗学院論集』七八、二〇〇六年）。またこれら研究論文の他に『真宗叢書二（真宗百論題集 下）』「宿善義相」、『仏教大辞彙』第四巻「宿善」、普賢大円『真宗概論』第五章第三節「宿善」（百華苑、一九五〇年）などがある。
（4）註(1)に同じ。
（5）安藤章仁「新発見の真仏書写聖教について」（『印度学仏教学研究』五八・二、二〇一〇年）。
（6）『浄土真宗聖典全書二（宗祖篇上）』（本願寺出版社、二〇一一年、九九一頁）「往生要集云」の〔底本・概説〕。なお『浄土真宗聖典全書』は以下『聖典全書』と略す。
（7）『聖典全書』一、一二三四・一二三五頁。なお、便宜上『浄土真宗聖典（註釈版七祖篇）』一一六三・一一六四頁の書き下し文によって挙げた。
（8）以下の内容解説は、梯信暁『新訳 往生要集 下』（法藏館、二〇一七年）二八六・二八七頁を参照した。
（9）この黒豆・緑豆の喩えは、世親『阿毘達磨倶舎論』（大正蔵二九、一一四頁下）に苦・楽に関する喩えとして説かれている。

(10)『聖典全書』二、一〇二二・一〇二三頁。
(11)『聖典全書』一、一二三五頁。
(12)『聖典全書』二、一〇二三頁。
(13)『聖典全書』二、一八頁。「唯有二清浄戒一者　乃還聞二斯正法一　悪驕慢蔽懈怠　難三以信二於此法一　宿世時見レ仏者　楽聴二聞世尊教一」。
(14)『聖典全書』二、二〇一頁。
(15)『聖典全書』二、二〇一頁。
(16)『聖典全書』二、四七七頁。
(17)『聖典全書』二、七〇八頁。なお正嘉本系統では「修せしによりて」が「修せしめしによりて」に改められており、行者の宿善が弥陀・釈迦・諸仏の方便による意が明確にされている。
(18)『聖典全書』二、八三四頁。
(19)『聖典全書』二、九六五〜九六六頁。なおこの『涅槃経』(南本)巻六の文(大正蔵一二、三九八頁下)は、道綽『安楽集』に取意・引用されるいわゆる三恒値仏の文の出典にあたり(『安楽集』第一大門の「発心久近」・第二大門の「破異見邪執」の「別時意会通」、『聖典全書』一、五七六〜五七七頁、五九八頁)、『正像末和讃』・『唯信鈔文意』の文は『安楽集』の三恒値仏の文をもとにしている。
(20)例えば『教行信証』「行文類」の『平等覚経』の「往覲偈」の文に関して、大江淳誠『教行信証講義録　上巻』(宗学院、一九八四年、一二五頁)では、宿善は大行に対して二十願位の簡去されるべきもの(宿善分斉)として出されていると解釈しており、深励『教行信証講義』巻一(『仏教大系　教行信証　第一』中山書房、一九七八年復刊、五七九〜五八三頁)では、宿善によって他力の教法の難聞難信・超勝性を讃歎する文と解釈している。また『教行信証』「化身土文類」の『無量寿経』・『平等覚経』の「往覲偈」の文に関して、梯實圓『顕浄土方便化身土文類講讃』(永田文昌堂、二〇〇七年、四二一・四二二頁)では、宿善を明かすのが目的ではなく、真門が弘願の方便であることを示すものと解釈している。また佐々木覚爾「親鸞聖人の宿善観」（『真宗学』一一九・一二〇、二〇〇九年）では、『正像末和讃』・『唯信鈔文意』・『親鸞聖人御消息集』第九通の文をもとに、親鸞の宿善観は、通途の因果応報の論理では説明できない独特の宿善観であり、諸行の行体や修行の功徳として導かれるというのではなく、三恒河沙の諸仏による自力無功を知らせる調育として宿善を位置づけたと考察している。なお、この佐々木氏の論考には本論執筆にあたって示唆を受けたところが大きい。

付記

本論は、二〇二三年度に筆者を国内研究員として受け入れてくださった大阪大谷大学の梯信暁先生の演習における発表（二〇二三年十月十八日）と、長年ご指導賜っている森田眞円先生の勉強会である至眞会（第一三〇回、二〇二四年八月二十三日）での発表をもとにしている。お二人の先生からはもちろんのこと、参加者の皆様からも貴重なご助言を頂きましたこと、心より感謝申し上げます。

『往生礼讃』「広懺悔」の時代性と独自性
——『三十巻仏名経』の懺悔文との比較から——

内田准心

はじめに

中国仏教では南北朝期より、仏名を称えて礼拝する懺悔儀礼が盛んにおこなわれた。その儀礼のよりどころとなる代表的なテキストが「仏名経典」と呼ばれる経典群である。「仏名経典」には、数多くのバージョンがあるが、経録によれば、南北朝から隋・唐と時代が下るにしたがい、その多くは偽経・失訳と判定され、淘汰されていったようにみえる。しかし、それ以降もいわゆる「正統」な仏教界とは離れた民衆に近い仏教世界では、依然として重宝されていた。たとえば、中唐の詩人として著名な白居易（七七二―八四六）には、『白氏長慶集』巻三十五に「戯禮經老僧」として、以下の詩がある。(1)

香火一爐燈一盞　　白頭夜禮佛名經　　何年飲著聲聞酒　　直到如今醉未醒

「仏名経」を読誦して礼拝を繰り返すばかりの老僧に対し、何年声聞の酒を飲んでいるのだ。いつになったら酔いを醒まして、さとりに至るつもりなのか、と風刺の言葉を浴びせている。禅に造詣の深い白居易の「仏名経」に対する意識がうかがわれると同時に、民間において「仏名経典」の実践がどれほど浸透していたかをも示す詩と言えよう[2]。日本の永超（一〇一四―一〇九六）『東域伝灯目録』（一〇九四成立）は、中国から将来された典籍の目録であるが、そこに『仏名懺悔伝』（大正五五、一一六四上）という典籍[3]が記録されている。残念ながら、典籍そのものは佚しているものの、「仏名経典」により懺悔をおこなった者の霊験を記録した験記類だと考えられる。このような書物の存在も、「仏名経典」に基づく懺悔儀礼の流行を示している。さらに、日本でも奈良時代以降、「仏名経典」は数多く将来されて、重宝された。「仏名経典」に基づく懺悔儀礼は、仏名会と呼ばれて、古代から現代に至るまで執行され続けてきた。

ところで、初唐期の浄土教の僧侶である善導は、浄土教独自の儀礼を成立させ、大衆の支持を得た。たとえば齊藤隆信氏の研究[4]によって明らかとなったように、善導著作の中の讃偈の多くは、当時の中国人が口にしやすいように、声律や韻律の配慮がなされたものであり、その音楽的・文学的な響きは、善導の浄土教が長安で人気を博す大きな一因になったと考えられる。その儀礼は、同時代の仏教儀礼の影響を受けて、善導が浄土教的な立場から再編成してできあがったものである。特に近年の研究では、同じく長安で隆盛した三階教の影響を強く受けていたことが判明している。そして、儀礼書としての性格が強い善導の全著作[5]、いわゆる五部九巻の全てには、懺悔文が挿入されており、儀礼参加者に自身の罪悪性を実感させ、罪の自覚から往生浄土の道を歩むという方向性が折り込まれていた。そのうちの一つ、『往生礼讃』では、礼讃文の合間に三つの懺悔文が挿入されている。三つの懺悔文は順に「要懺悔」「略懺悔」「広懺悔」であり、それぞれ既存の懺悔文の影響を受けて成立したものである。中でも「広懺悔」は、その名の通り最も分量が多いもので、後半部分のいわゆる願文は、『観経疏』『法事讃』にも用いられている。特に『観経疏』の最末尾、善導が夢の中で得た霊告を基に、本書の特殊な位置づけを提示する箇所にも使用されることから、善導としては思い入れのある一節だったようである。

そして、「広懺悔」は、『三十巻仏名経』巻十四・巻二十九にある懺悔文とほぼ同一の文言を有していることが分かっている。[(6)] 善導は、先に述べたように盛行していた懺悔儀礼を自身の浄土教の実践に取り入れており、『三十巻仏名経』の懺悔文との一致もその一環であると推測できる。しかし、両書の前後関係が不明であることからか、詳細な比較はいまだにおこなわれ、長足の進歩を遂げている。また、「仏名経典」の研究は、敦煌写本と日本古写経、造像銘などの側面からおこなわれ、長足の進歩を遂げている。また、「仏名経典」に限らず、懺悔文、懺悔儀礼に関する研究も活発である。これらの成果を参照することで、「広懺悔」の持つ思想的特徴を従来とは異なる視座から検討することができよう。また、不明なことの多い「仏名経典」の流伝や展開の一端についても明らかにできるものと思われる。結論を先取りすると、「広懺悔」は『三十巻仏名経』にある懺悔文、つまり当時一般におこなわれていた懺悔文の一つを導入し、そこに自身の浄土教理解を加えて成立したものと考えるのである。

さて、善導の懺悔に関する研究は相当量に及び、特に善導教学において懺悔という実践にどのような意義があったのか、称名や五正行といった行業、至誠心・深心・廻向発願心の三心とどのような関係にあるのか、といった論点が中心的に取り上げられ、多大な成果を挙げている。[(7)] そのような中、本論の関心は、従来論じられてこなかった「仏名経典」との関係にある。より具体的に本論の目的を示せば、善導「広懺悔」と『三十巻仏名経』の懺悔文とを比較することで、「広懺悔」の時代性と独自性を明らかにし、ひいては『往生礼讃』とその他の善導著述の宗教性の一端を解明することである。論述の次第として、まず、『三十巻仏名経』と懺悔文の来歴ならびに内容的特徴を整理する。これにより、『三十巻仏名経』と「広懺悔」との歴史的な関係性、特にその前後関係を考証したい。続いて、当該懺悔文と「広懺悔」との内容の比較をおこない、特に後半部の願文に着目し、「広懺悔」の持つ時代性と独自性を検討する。その後、「広懺悔」の願文にみられる特徴的な表現が、他の著作である、『法事讃』『観経疏』ではどのように提示されているのかを調査し、その表現が善導にとってどのような位置づけにあったのかを論じたい。

一、「仏名経」としての『三十巻仏名経』の特徴

先に述べたように、「広懺悔」は、『三十巻仏名経』巻十四・巻二十九にある懺悔文（経典中一四番目の懺悔文であることから、以下、両懺悔文を総称する場合は懺悔文N、個別に表す場合は懺悔文N―①・懺悔文N―②と表記する）とほぼ同一の文言を有している。ただし後に述べるように、内容はほぼ全同であるものの、懺悔文を構成する段落の順序に大きな相違がある点には注意が必要である。この点は後述する。この「広懺悔」と懺悔文Nの一致は、大野法道氏[8]・塩入良道氏[9]・法山直然氏[10]・柴田泰山氏[11]によって既に指摘されている。そのうち法山氏は、懺悔文Nを「広懺悔」の典拠とみなしている。他方で柴田氏は、懺悔文Nの成立時期がはっきりしないとして、両者の影響関係については慎重な姿勢をとっている。そこでまず、この『三十巻仏名経』とその中に置かれる懺悔文Nの位置づけを検討したい。

「仏名経典」には、数多くのバリエーションがあることで知られるが、代表的なものとして、菩提流支訳とされる『十二巻仏名経』と、それをもとに増広された『十六巻仏名経』『十八巻仏名経』『二十巻仏名経』[12]『三十巻仏名経』がある。『十二巻仏名経』は中国で菩提流支を中心に編纂されたものとする説[13]が有力であり[14]、それに基づく四点の「仏名経」も当然中国撰述経典ということになる。増広の結果、後者四点の「仏名経」は、仏名だけでなく、経典（法）・菩薩・辟支仏名・仏弟子（僧）という仏・法・僧の三宝の名をも称えて、三宝への帰依を表明する内

容を有するようになり、加えて、明確な懺悔文が付されるようになった。この五つの「仏名経」の特徴や相互の関係については、井ノ口泰淳氏[15]、塩入良道氏[16]、真柄和人氏[17]、Kuo Li-ying（郭麗英）氏[18]、汪娟氏[19]、山口正晃氏[20]などの研究がある。

五つの「仏名経」のうち、『十六巻仏名経』は、『開元釈教録』にて「偽妄乱真録」の中に記載され（大正五五、六七二上）、偽経と判定されているが、『貞元新定釈教目録』によれば、貞元十五年（七九九）に疑わしい部分を修訂した一本が作成され、一転して入蔵し、『大仏名経』と記されている（大正五五、八三七上、九五八上）。よって、『開元釈教録』が完成した開元十八年（七三〇）、盛唐のころには既に流通していたことが知られる。中国での流布の状況について山口氏は、鑑真が『十六巻仏名経』を日本に将来したとされること、日本古写経として数点現存していること、正倉院文書に多くの記録が残り、「五月一日経」として現存していること、などから、少なくとも唐代の八世紀前半以前において盛行したものとみなしている。また、『三十巻仏名経』以外の四つの経典は、敦煌出土の写本が多数報告されており、中原でもそれなりに流通していたものと考えられる。そして、残る『三十巻仏名経』は、各経録で名が挙げられることはなく、敦煌出土の写本も存在せず、「高麗再雕大蔵経」によって初めて記録に現れる経典である。

その「高麗再雕大蔵経」の雕造の際の校勘作業が『高麗国新雕大蔵校正別録』にまとめられており、『三十巻仏名経』の入蔵事情に関しても記載がある。真柄和人氏の読解を参照し、『三十巻仏名経』に関する部分をまとめると、以下のようになる。

・『十六巻仏名経』[21]と『三十巻仏名経』は、巻数が異なるものの、文義は全同である。
・『十六巻仏名経』では懺悔文が各巻三回繰り返され、『三十巻仏名経』ではそれが二回である。

・初雕版（一一世紀）には、『十六巻仏名経』と『三十巻仏名経』の両方が収められていたが、再雕版（一三世紀）では、重複を避け、高麗で流行している『三十巻仏名経』のみを収録した。

まず、『三十巻仏名経』は、「初雕版」でも入蔵していたことが分かる。そして、ここに示される『十六巻仏名経』と『三十巻仏名経』の形体的特徴は、敦煌写本や日本古写本の『十六巻仏名経』、高麗版の『三十巻仏名経』のそれと確かにある程度一致している。つまり、『三十巻仏名経』と最も内容・構成が近いのが『十六巻仏名経』である。

ここで一旦、『三十巻仏名経』の構成について確認し、『十六巻仏名経』と比較してみよう。各巻ごとに以下のような構成となっている。

①仏名
②経名
③菩薩名
④辟支仏名・仏弟子名
⑤懺悔文
⑥『大乗蓮華宝達問答報応沙門経』（以下『宝達経』と略す）の一部

つまり、この①～⑥が三十回繰り返されることとなる。この構成は、概ね『十六巻仏名経』と一致している。ただし、『十六巻仏名経』では、一巻ごとに①～⑥が繰り返されるのではなく、一巻に①～⑤が二回配されている。また、現存している『十六巻仏名経』では、①～⑤の後、⑥の『宝達経』は基本的に引用されていない(22)。この構成から、真柄氏は『十六巻仏名経』の性質について以下のように述べる。

『十六巻仏名経』が、『開元録』で「偽妄乱真録」に入れられ、『貞元録』では「賢徳撰集」とされること、十二巻本を三十二分割し、その間へ、経名、菩薩名、辟支仏声聞名、そして懺悔文が挿入されて出来上っていること。これらを見れば、『十六巻仏名経』が、経と呼ばれはするものの、実際には、行儀（信仰儀礼）の台本であったと推測できる。十六巻本に十二巻本の流通分……が引用されなかったのも、十六巻本成立当初より、経典としての制約を離れていたためと思われる。（傍線部は筆者による）

この見解のように、『十六巻仏名経』は、『十二巻仏名経』を一定の意図のもと、入念に再編成することで、懺悔儀礼の台本へと変貌させたものであった[23]。特に、前述のように経名・菩薩名・辟支仏・声聞名が挿入されたことは重要で、それにより、仏（仏名）・法（経名）・僧（菩薩・辟支仏・声聞名）と、三宝への敬礼が可能となっている。この点は、中国で撰述された南北朝期の懺悔文にみられる特徴を受け継いでいる[24]。そして、『十六巻仏名経』とほぼ同様の構成を持つ『三十巻仏名経』の場合も、『十二巻仏名経』から発展した懺悔儀礼の台本的な書物だったことは間違いなく、その他の要素はあまり加上されていないことから『十六巻仏名経』からそう遠くない時期に成立した可能性が高いと思われる。

また、『三十巻仏名経』には、各巻末に『宝達経』が細切れに引用されていることも重要である。『宝達経』は、『開元釈教録』巻十八、偽妄乱真録には、「大乗蓮華馬頭羅刹経一巻亦云宝達菩薩問報応沙門経」（大正五五、六七五中）とあり、『三十巻仏名経』では、全体では二八品あったとされている（大正一四、一九〇上）。このことに関して牧田諦亮氏は、『大乗蓮華馬頭羅刹経』の一部に「宝達菩薩問報応沙門品」があり、「宝達菩薩問報応沙門経」のみが独立して別行していたものと推測する[25]。一方、郭麗英氏は、『梵網経』が本来は六一品あった（実際は一品）と主張するのと同様に、『宝達経』は二八品あると言われるものの、現実に存在したのは一品だけだったのではないかと言う[26]。内容としては、その名の通り馬の頭を持つ羅刹、馬頭羅刹が宝達菩薩に三二の地獄を案内することで、破戒の比丘がさまざまな責め苦に遭っている様子を見せつけるというものであり、比丘の破戒を誡める中国撰述経典として注目される。『大通方広経』（以下『方広経』と略す）がそうであるように、懺悔文と経典に基づく地獄の描写は並置されるケースはしばしばみられ、現存の『十六巻仏名経』でも、十四巻前段から十六巻後段では各懺悔文の後に『仏説罪業報応教化地獄経』が引用されている。(27)『三十巻仏名経』に基づく懺悔儀礼においても、地獄を指し示すことによって、自身の罪悪の重さが実感されていたことだろう。(28)ちなみに、この懺悔文と地獄の描写の並置は、善導『法事讃』にもみられ、「仏名経典」からの影響が想定される。詳しくは後述する。

続いて、問題となる懺悔文Nの経典全体での位置づけについて検討したい。『三十巻仏名経』の懺悔文は、やはり『十六巻仏名経』のそれと非常に近似している。両者の配置の比較は、既に井ノ口泰淳氏(29)と塩入良道氏(30)が行っているが、それらを参考に、『十八巻仏名経』も含めて三経典の懺悔文の対照表を作成すると**表1**のようになる。

表1

	『十六巻仏名経』	『三十巻仏名経』	『十八巻仏名経』
懺悔文A	巻一前段 巻七後段 第十四前段	巻一 巻十六	巻一
懺悔文B	巻一後段 巻八前段 第十四後段	巻二 巻十七	巻二
懺悔文C	巻二前段 巻八後段 第十五前段	巻三 巻十八	巻三
懺悔文D	巻二後段 巻九前段 第十五後段	巻四 巻十九	巻四
懺悔文E	巻三前段 巻九後段 第十六前段	巻五 巻二十	巻六
懺悔文F	巻三後段 巻十前段 第十六後段	巻六 巻二十一	巻五
懺悔文G	巻四前段 巻十後段	巻七 巻二十二	巻七
懺悔文H	巻四後段 第十一前段	巻八 巻二十三	巻八
懺悔文I	巻五前段 第十一後段	巻九 巻二十四	巻九
懺悔文J	巻五後段	巻十 巻二十五	なし
懺悔文K	巻六前段	巻十一 巻二十六	巻十八
懺悔文L	巻六後段 第十二前段 第十三前段	巻十二 巻二十七	なし
懺悔文M	巻七前段 第十二後段 第十三後段	巻十三 巻二十八	なし
懺悔文N	なし	巻十四 巻二十九	なし
懺悔文O	なし	巻十五 巻三十	なし

これをみると、『三十巻仏名経』は、懺悔文の内容や配置に関しても『十八巻仏名経』よりも『十六巻仏名経』に近しいことが分かる。『三十巻仏名経』にある一五種の懺悔文のうち、A～Mまでの一三種の懺悔文は『十六巻

仏名経』にもあって、懺悔文の並びについてもよく一致し、割合に順序よく整えられている。『十六巻仏名経』にあって『三十巻仏名経』にない懺悔文は、存在しない。ただ問題は、懺悔文N・Oである。このうち、Nの懺悔文こそが善導「広懺悔」とほぼ一致するものである。これらは、『三十巻仏名経』オリジナルの懺悔文であり、『十六巻仏名経』には存在しないのみならず、管見の限り他のどの「仏名経典」にもみられない。懺悔文の次第から言えば、懺悔文N・Oは最末尾の巻十四・十五・二十九・三十に配置されているため、『三十巻仏名経』の懺悔文は、まず『十六巻仏名経』の懺悔文を順序よく配置した上で、それとは異なる淵源を持つ二つの懺悔文を末尾に据えたものと推測される。『十六巻仏名経』が敦煌から多数出土し、日本にも伝わり、よく流通していたこと、知玄の『慈悲水懺法』に『十六巻仏名経』の懺悔文がほぼそのままみられることも含めて考えると、『三十巻仏名経』の懺悔文は、『十六巻仏名経』の後の成立である可能性が高いのではないか。

ここまでの考察を整理すると、『三十巻仏名経』は、『十六巻仏名経』と同じく盛唐以前の懺悔儀礼の台本がもとになった典籍だと考えられる。ただし、懺悔文N・Oについては、現時点では後に付け加えられた可能性が高く、その由来も明らかではない。

二、懺悔文N・Oの典拠と「広懺悔」の淵源

ここでは、『三十巻仏名経』オリジナルの懺悔文である懺悔文NとOの内容について検討したい。まず、懺悔文Nについて考えたい。懺悔文Nには、前述のようにN―①・N―②があり、内容はほぼ同一なものの、配列が異なる。懺悔文N―②の方が「広懺悔」の配列に近いため、以後は懺悔文N―②を中心に検討する。長文になってしま

うが、まずは懺悔文N―②を全文掲出する。

㋐弟子等、敬請十方諸佛。十二部經。一切賢聖。天龍八部法界衆生。現前大衆等。證知弟子、自從無始已來。所造衆罪無量無邊。今日至心發露懺悔、歸依佛。南無東方作戒王佛　南無南方最勇躍佛　南無西方無礙稱佛　南無北方龍華德佛　南無東南方無邊自在力佛　南無西南方珍寶自在佛　南無西北方蓮華自在佛　南無東北方彌樓乾那佛　南無下方建立精進佛　南無上方瑠璃光最豐佛　歸命如是等十方盡虛空界一切三寶。

㋑弟子等、自從無始劫來乃至今身、殺害一切三寶・師僧・父母・六親眷屬・善知識・法界衆生、不可知數。偸盜一切三寶・師僧・父母・六親眷屬・善知識・法界衆生物、不可知數。於一切三寶・師僧・父母・六親眷屬・善知識・法界衆生上、起邪心、不可知數。妄語欺誑、一切三寶・師僧・父母・六親眷屬・善知識・法界衆生、不可知數。綺語調弄一切三寶・師僧・父母・六親眷屬・善知識・法界衆生、不可知數。惡口罵辱、誹謗毀呰、一切三寶・師僧・父母・六親眷屬・善知識・法界衆生、不可知數。兩舌鬪亂破壞、一切三寶・師僧・父母・六親眷屬・善知識・法界衆生、不可知數。或破五戒・八戒・十戒・十善戒・二百五十戒・五百戒・菩薩三聚戒・十無盡戒、乃至一切戒及一切威儀戒等、自作教他、見作隨喜不可知數。

㋒如是等衆罪、亦如十方大地、無邊微塵無數、我等作罪、亦無邊無數。虛空無邊、我等作罪、亦復無邊。方便無邊、我等作罪、亦復無邊。法性無邊、我等作罪、亦復無邊。法界無邊、我等作罪、亦復無邊。衆生無邊、我等劫奪殺害、亦復無邊。三寶無邊、我等侵損、亦復無邊。戒品無邊、我等毀犯、亦復無邊。如是等罪、上至諸菩薩、下至聲聞緣覺、所不能知。唯佛與佛、乃能知我、罪之多少。今於三寶前、法界衆生前、發露懺悔、不敢覆藏。唯願十方三寶、法界衆生、聽我懺悔。

㋓弟子等、從無始劫來所有衆惡。

以是因縁　生大憂苦　貧窮困乏　愁熱驚懼　怖畏惡業　心常怯劣　在在處處　暫無歡樂
十方現在　大悲世尊　能除衆生　一切怖畏　願受我等　誠心懺悔　過去諸惡　今悉悔過
現在作業　誠心發露　所未作者　更不敢作　已作之業　不敢覆藏　身業三種　口業有四
意三業行　今悉懺悔　生死嶮難　種種婬欲　愚煩惱難　如是諸難　今悉懺悔　心輕躁難
近惡友難　三有嶮難　及三毒難　遇無難難　値好時難　修功徳難　値佛亦難　如是諸難
今悉懺悔

㋔弟子等、今者爲諸衆生及自己身。
十方佛前　歸命懺悔　一切衆生　無量劫來　不識諸佛　及父母恩　不解善法　造作衆惡
自恃種性　及諸財寶　盛年放逸　作諸惡行　心念不善　口作惡業　隨心所造　不見其過
凡夫愚行　無知闇覆　親近惡友　煩惱亂心　五欲因縁　心生忿恚　不知厭足　故作衆惡
親近非聖　因生慳嫉　貧窮因縁　姦諂作惡　繫屬於他　常有怖畏　不得自在　而造諸惡
貪欲恚癡　撓動其心　渇愛所逼　造作諸惡　依因衣食　及以女色　諸結惱熱　愛他男子
染著其心　或於牛馬驢騾羊　一切禽獸　諸色異類　而生女想　不依佛行　造作諸惡
身口意業　所集三業　如是衆罪　無量無邊　今悉懺悔

弟子等、自從無始已來至于今日。
或不恭敬　佛法聖僧　如是衆罪　今悉懺悔　或不恭敬　縁覺菩薩　如是衆罪　今悉懺悔
以無智故　誹謗正法　不知恭敬　父母尊長　愚惑所覆　憍慢放逸　因貪瞋癡　造作諸惡
如是衆罪　今悉懺悔　好樂飲酒　不知止極　或以酒與　衆僧與持戒人　與比丘尼　若滅心人

若禪定人　如是等罪　無量無邊　今日運心　歸命懺悔

㋕願弟子等承是懺悔所生功德。願生生世世、永捨胎藏形。隨心願往生、獲六神通力、救攝諸苦衆。虚空法界盡、我願亦如是。地獄・餓鬼・一切衆生、貧窮困厄、及諸有苦・煩惱所逼、如是等苦、悉令除滅。又願弟子、承是懺悔所成功德、願離於生死、到大智岸。轉無上輪、微妙清淨。諸所願求、成就具足。又願盲者得視、聾者得聽、瘂者能言、裸者得衣、貧窮乏者則寶藏、倉庫盈溢、無所乏少。一切皆受安隱快樂、乃至無有一人受苦。又願衆生慈心相向、佛眼相看。形貌端嚴、人所喜見。上妙色像、莊嚴其身。爲菩提眷屬、作眞善知識。

懺悔文N―②は、段落ごとに類似する内容を含むため、整理しにくい部分もあるが、特徴的な内容に注目しながら分類すると、以下のようになる。

㋐十方諸仏・十二部経・一切賢聖の現前を敬請し、十方の諸仏へ礼拝する。

㋑五戒をはじめとしたさまざまな戒を破ったことを発露する。

㋒自身の作罪、殺害、毀犯が無辺であることを発露する。

㋓諸仏が慈悲によって自身の懺悔を受け入れることを願う。

㋔仏法僧や父母尊長を恭敬しないことなど、犯した悪事を具体的に示し、懺悔する。

㋕懺悔の功徳によって思いどおりの場所に来世は生まれるなど、さまざまな願いが成就することを示し、衆生が慈悲の心でお互いに接することなどを願う。

表2

N—②	N—①	「広懺悔」
㋐	①	①
㋑	④	②
㋒	⑤	③
㋓	③	なし
㋔	②	なし
㋕	⑥	④

そして、懺悔文N—①とN—②、「広懺悔」の構成を懺悔文N—②を基準にしてまとめると、**表2**のようになる。たとえば、懺悔文N—②の㋑の一段は、懺悔文N—①では四番目の段落となり、「広懺悔」では二番目の段落となっているわけである。このように、懺悔文N—①と懺悔文N—②は全体の内容はほぼ同じであるが、配列が異なる。また、懺悔文N—②の㋓と㋔は「広懺悔」には採用されていない。

さて、ここからは懺悔文N—②の構成を順に確認してみたい。まず㋐は、懺悔文の導入部として南北朝・隋唐期に流通した多くの懺悔文と同様の内容と形式を持つと言える。そして㋑㋒㋕の箇所は「広懺悔」とほぼ同文である。そのため、㋑㋒㋕の出典については、「広懺悔」に関するこれまでの研究を援用することができる。まず、㋑の箇所に関しては、柴田泰山氏[31]の考証によって、三階教の開祖信行（五四〇—五九四）の撰とされる『受八戒法』[32]との一致が多くみられることが判明している。前述のように善導は、長安にて三階教と接点を持ったものと考えられ、多大な影響を受けていた。文言には相違もあるが、内容としてはほぼ全同であり、「五戒をはじめとした戒を犯したことは数しれない」と繰り返し述べるなど、特徴的な文言が共通している。内容的に目を引くのは、一般的な懺悔文よりも明確に罪の自覚が深いことである。無限の過去からあらゆる戒を破って、その自覚すらないことを何度も反復して発露している。

次に、㋒の箇所に関しては、上杉文秀氏[33]や眞田慶慧氏[34]により、『大方等陀羅尼経』護戒分との類似が指摘されており、その影響を受けているものと考えられる。その他に『十住毘婆沙論』釈願品（大正二六、三四下）との類似も指摘されるが、より共通点の多い『大方等陀羅尼経』の該当箇所を以下に確認してみよう。

善男子、汝若不信。吾今爲汝略說。

我昔愚行業因緣故、十方虛空法界及大地・土・山河・叢林・盡末爲籌。大如微塵尚可知數。除諸佛等、無人能知、我所犯戒。十方無邊、我所犯戒亦復無邊。微塵無數、我所犯戒亦復無數。衆生無邊、我所犯戒亦復無邊。方便無邊、我所犯戒亦復無邊。法性無邊、我所犯戒亦復無邊。善男子、我觀如是等業、甚爲可畏。上至菩薩下至聲聞、不能救我如是等苦。

（大正二一、六五六下）

『大方等陀羅尼経』護戒分の文で、比丘尼が八重という教団追放になる重罪を犯した場合の懺悔法を釈尊が説く場面で示される懺悔文[35]である。大地・衆生・方便・法性が無辺であるように、自身の罪もまた無辺であるとする論法が、確かにぴたりと一致している。内容としては、大地・虚空・方便・法性・法界など無限性を持つ各種概念と、自身の罪業の深さが同等であることを示しており、やはり罪の意識がきわめて強いものと言える。

『大方等陀羅尼経』は、懺悔を主題とする『金光明経』と同様に北涼にて漢訳されたと記されるが、実際には中国の河西地域で撰述されたものだと考えられている[36]。造像銘や僧伝、敦煌写本によく登場することから、南北朝末以降、流行し、この経に基づく懺悔（方等懺）が盛んに執り行われたと考えられている。元来、懺悔の対象外である教団追放となるような波羅夷罪をも対象とした強力な懺悔が説かれていた点が大きな特徴であり、人気を博した。善導の師とされる道綽も、方等懺を重んじる慧瓚に師事し、晩年に至るまで慧瓚門下と親交を持っていて、浄土教を信仰しながらも方等懺を実践していた。よって、善導も方等懺をよく知っていたものと思われる。

次に㋕の箇所であるが、残念ながらこの箇所の出典は明らかになっておらず、筆者としても突き止めることができなかった。

続いて、懺悔文N—②のうち、「広懺悔」に引き継がれていない箇所についても検討をおこないたい。まず、㋓の部分は、**表3**に示すように、『金光明経』に取材しているようである。

表3

懺悔文N—②（大正一四、一九七下）

㋓弟子等、従無始劫來所有衆惡。

以是因縁	生大憂苦	貧窮困乏	愁熱驚懼
怖畏惡業	心常怯劣	在在處處	暫無歡樂
十方現在	大悲世尊	能除衆生	一切怖畏
願受我等	誠心懺悔	過去諸惡	今悉悔過
現在作業	誠心發露	所未作者	更不敢作
已作之業	不敢覆藏	身業三種	口業有四
意三業行	今悉懺悔	生死嶮難	種種婬欲
愚煩惱難	如是諸難	今悉懺悔	心輕躁難
近惡友難	三有嶮難	及三毒難	遇無難難

『金光明経』（大正一六、三三七中）

以是因縁	生大憂苦	貧窮困乏	愁熱驚懼
怖畏惡業	心常怯劣	在在處處	暫無歡樂
十方現在	大悲世尊	能除衆生	一切怖畏
願當受我	誠心懺悔	令我恐懼	悉得消除
我之所有	煩惱業垢	惟願現在	諸佛世尊
以大悲水	洗除令淨	過去諸惡	今悉懺悔
現所作罪	誠心發露	所未作者	更不敢作
已作之業	不敢覆藏	身業三種	口業有四
意三業行	今悉懺悔	身口所作	及以意思
十種惡業	一切懺悔	遠離十惡	修行十善

値好時難　修功徳難　値佛亦難　如是諸難 今悉懺悔	安止十住　逮十力尊　所造惡業　應受惡報 今於佛前　誠心懺悔　若此國土　及餘世界 所有善法　悉以迴向　我所修行　身口意業 願於來世　證無上道　若在諸有　六趣險難 愚癡無智　造作衆惡　今於佛前　皆悉懺悔 世間所有　生死險難　種種婬欲　愚煩惱難 如是諸難　我今懺悔　心輕躁難　近惡友難 三有險難　及三毒難　遇無難難　値好時難 修功徳難

下線部は同文の部分、点線部は意味内容が近い部分である。懺悔文N—②は、ほぼそのままの文言で『金光明経』を採用していることが分かる。今回は、曇無讖訳の『金光明経』を用いたが、宝貴らが増補した『合部金光明経』にもほぼ同文の懺悔文が置かれている。『金光明経』は懺悔を主題の一つとする経典であり、懺悔品では、信相菩薩が夢の中で聞いた懺悔の法を示す偈頌が示されている。経典のクライマックスとも言える部分であるが、その偈頌がこの箇所に転載されているわけである。

次に、㋔の部分も**表4**に示すように、『金光明経』の懺悔文と一致している。

表4

懺悔文N—②（大正一四、一九七下）	曇無讖訳『金光明経』懺悔品（大正一六、三三七上）
㋔弟子等、今者爲諸衆生及自己身。 十方佛前　歸命懺悔　一切衆生　無量劫來	不識諸佛　及父母恩　不解善法　造作衆惡 自恃種姓　及諸財寶　盛年放逸　作諸惡行

不識諸佛　及父母恩　不解善法　造作衆惡
自恃種性　及諸財寶　盛年放逸　作諸惡行
心念不善　口作惡業　隨心所造　不見其過
凡夫愚行　無知闇覆　親近惡友　煩惱亂心
五欲因縁　心生忿恚　不知厭足　故作衆惡
親近非聖　因生慳嫉　貧窮因縁　姦諂作惡
繫屬於他　常有怖畏　不得自在　而造諸惡
貪欲恚癡　撓動其心　渴愛所逼　造作諸惡
依因衣食　及以女色　諸結惱熱　愛他男子
染著其心　或於牛馬驢騾羊　一切禽獸　諸色異類
而生女想　不依佛行　造作諸惡　身口意業
所集三業　如是衆罪　無量無邊　今悉懺悔
　弟子等、自從無始已來至于今日。
或不恭敬　佛法聖僧　如是衆罪　今悉懺悔
或不恭敬　緣覺菩薩　如是衆罪　今悉懺悔
以無智故　誹謗正法　不知恭敬　父母尊長
愚惑所覆　憍慢放逸　因貪瞋癡　造作諸惡
如是衆罪　今悉懺悔　好樂飲酒　不知止極
或以酒與　衆僧與持戒人　與比丘尼　若滅心人
若禪定人　如是等罪　無量無邊　今日運心
歸命懺悔

心念不善　口作惡業　隨心所作　不見其過
凡夫愚行　無知闇覆　親近惡友　煩惱亂心
五欲因縁　心生忿恚　不知厭足　故作衆惡
親近非聖　因生慳嫉　貧窮因縁　姦諂作惡
繫屬於他　常有怖畏　不得自在　而造諸惡
貪欲恚癡　擾動其心　渴愛所逼　造作衆惡
依因衣食　及以女色　諸結惱熱　造作衆惡
身口意惡　所集三樂　如是衆罪　今悉懺悔
或不恭敬　佛法聖衆　如是衆罪　今悉懺悔
或不恭敬　緣覺菩薩　如是衆罪　今悉懺悔
以無智故　誹謗正法　不知恭敬　父母尊長
如是衆罪　今悉懺悔　愚惑所覆　驕慢放逸
因貪恚癡　造作諸惡　如是衆罪　今悉懺悔

㋓と同じく、信相菩薩が夢中で聞いた偈頌の一節である。また、この箇所は、中国撰述経典である『方広経』にも採用されている。[37] ㋔は、主に四字一句の偈文から成るが、偈文前の箇所や偈文の冒頭は、『金光明経』ではなく、『方広経』のものと一致しているため、『方広経』から孫引きのようにこの箇所を採用している可能性もある。ただし、偈文の細かい文言は『金光明経』の方に一致している。つまり、この㋔の箇所は、『金光明経』もしくは『方広経』に取材したものであるが、いずれにせよ、オリジナルは『金光明経』の偈頌ということになる。内容としては、煩悩によってさまざまな罪を犯したことを具体的に列挙している。懺悔文N―②には、『金光明経』にはなかった要素として、牛や馬、ロバ・ラバ・羊といった家畜に煩悩を起こすこと、酒を強く好み、僧侶に与えることという罪が加えられている点は興味深い。

次に、懺悔文Nと同様に『三十巻仏名経』オリジナルの懺悔文である懺悔文Oについて考察を試みたい。懺悔文Oは、**表5**のとおり、ほぼ『方広経』からの抜粋である。

表5

懺悔文O（『三十巻仏名経』巻三十、大正一四、三〇一上～三〇一中）	歸命如是等十方盡虚空界一切三寶。弟子等、自從無始世界已來及今惡身、狂惑心亂無量倒見煩惱惡業不可具陳。所作衆罪不自覺知。惡心熾盛不見後世。但見現在樂習煩惱遠離善根。惡業障礙近惡知識。或於比丘邊作非法。比丘尼邊作非法。父母邊作非法。或復大衆前作非法。或復自在用僧鬘物。或於五部僧邊。或作是非、或説世間無量
『方広経』巻下（大正八五、一三五〇中～一三五一上）	願一切衆生若未懺者皆得滅罪。作如是言。我等或從無始世界及今惡身、狂惑心亂無量倒見煩惱惡業不可具陳。所作衆罪不自覺知。惡心熾盛不見後世。但見現在樂習煩惱遠離善根。惡業障隔近惡知識。於比丘邊作非法。比丘尼邊作非法。於父母邊作非法。或復自在用僧鬘物。於五部僧邊。或作是非。或説世間無量惡業。或殺菩提善根衆

惡果。或殺菩提善根衆生。或謗法師、法説非法、非法説法。謂如來無常、正法無常、僧寶無常。不樂惠施、信受邪法。如是等罪、無量無邊。是故今日無量怖畏、無量慚愧。歸依三寶・諸佛慈悲・方等・父母・菩薩・知識。聽許我等今日發露懺悔。 弟子等。自從無量劫來、造作五逆。或犯過去・未來・現在諸佛禁戒。作一闡提行。發麁言、誹謗正法。造是重業、未曾改悔心、無慚愧。或犯十惡等罪。自知定犯如是重事。本心初無怖畏慚愧。嘿受供養。未曾發露。於彼正法、未有護惜建立之心。於其中間、毀訾輕賤言多過惡。或復説言無佛法僧。或復不信有諸地獄受報。如是等罪無量無邊。今日無量怖畏、無量慚愧。歸依三寶・諸佛慈悲・方等・父母・菩薩・知識。聽許我等發露懺悔。 弟子等。自從無量劫來至于今日。或四倒見・四重之法説偸蘭遮。偸蘭遮法説爲四重。犯説非犯、非犯説犯。輕罪説重、重罪説輕。淨見不淨、不淨見淨。或復邪見讃、説世典、不敬佛經。諸惡論議畜八不淨。眞是佛語以爲魔語。眞是魔語以爲佛語。或復信受六師所説。或作是言、如來今日已歸涅槃、三寶無常。身心起惑、無量倒見。是故今日無量怖畏、無量慚愧。歸依三寶・諸佛慈悲・方等・父母・菩薩・知識。聽許我等發露懺悔。
生。或謗法師。法説非法、非法説法。謂如來無常、正法無常、僧寶無常。不樂慧施、信受邪法。是故今日無量怖畏、無量慚愧。歸依三寶・諸佛慈悲・方等・父母・菩薩・知識。聽許我等發露懺悔。願除無量劫以來生死重罪。願又更莫造。 復次世尊、我等或從無量劫來、造作五逆。或犯過去・未來・現在諸佛禁戒。作一闡提行。發麁惡言、誹謗正法。造是重業、未曾改悔心、無慚愧。或犯十惡五逆等罪。自知定犯如是重事。本心初無怖畏慚愧。默受供養。未曾發露。於彼正法、未有護惜建立之心。於其中間、毀呰輕賤言多過惡。或復説言無佛法僧。或造如是十惡五逆無間重罪。是故今日無量怖畏、無量慚愧。歸依三寶・諸佛慈悲・方等・父母・菩薩・知識。聽許我等發露懺悔。願除無量劫以來生死重罪。願又更莫造。 復次世尊我等或從無量劫來。或四倒見・四重之法説偸蘭遮。偸蘭遮法説爲四重。犯説非犯、非犯説犯。輕罪説重、重罪説輕。淨見不淨。不淨見淨。或復邪見讃、説世典、不敬佛經。諸惡論義畜八不淨。眞是佛語以爲魔語。眞是魔語以爲佛語。或復信受六師所説。或作是言、如來今日畢竟涅槃。三寶無常。身心起惑、無量倒見。是故今日無量怖畏、無量慚愧。歸依三寶・諸佛慈悲・方等・父母・菩薩・知識。聽許我等發露懺悔。願除無量劫以來生死重罪。願後更莫造。

『方広経』は中国撰述経典であり、「仏名経典」の一つと位置づけられるように、仏名を称え礼拝し、懺悔するという実践を説く。梁の初めごろ荊州・襄陽地方で撰述されたとみられていて、[38]敦煌から大量の写本がみつかるなど、南北朝末期から中国の南北を問わず、流行した。『方広経』に基づく懺悔滅罪の実践（方広懺）のテキストは、造像銘や敦煌写本の中に見出され、陳の文帝による「大通方廣懺文」（道宣『広弘明集』所収、大正五二、三三三下）も知られている。思想的には、一闡提の懺悔滅罪を説いたことで注目されており、ちょうど前掲箇所の中ほどにも「一闡提行」というキーワードがみえる他、「無量怖畏、無量慚愧」という語も三度繰り返されるなど、懺悔文の中でも珍しいほどの強い罪の意識[39]が特徴的である。新川登亀男氏は日本にも大きな影響を与えたこの経典の中国における盛衰を調査し、

六世紀前半の北朝に出現し、やがて既掲の南朝陳、ひいては西域方面にも伝わり、隋代に入って盛行の極致を迎えたが、七世紀初頭の唐代になると急速に活用されなくなった。

と、南北朝～初唐期に流行したと言う。[40]そうであるならば、この南北朝～初唐の『方広経』流行を受けて、懺悔文Oは成立したものと言えよう。

この部分は、善見王子と三〇〇〇人の人々が釈尊の前で称えた懺悔文であり、これもまた経のクライマックスの一つである。『大般涅槃経』（大正一二、八〇〇中）から取材して作成されている部分ではあるが、懺悔文Oの文言は明確に『方広経』の方に近い。

ここまでの考察により、懺悔文N・Oが、『金光明経』『方広経』『大方等陀羅尼経』といった著名な懺悔経典の象徴的な懺悔文たちを組み合わせて成立していることが明らかになった。加えて、それらには共通点があり、一般的な懺悔文よりも深い罪の自覚と強力な懺悔滅罪の効力が明示されていた。善導は、初期の著作とされる『観念法

門』において『観仏三昧海経』に基づき、「自撲懺悔」（聖典全書一、九〇一、九〇二）というきわめて強力な懺悔法を提示するなど、著作の中でしばしば徹底した懺悔を説いている。[41]「広懺悔」に懺悔文Nが採用された理由には、深い罪の自覚と強力な滅罪の効力とを提示するものであったことが挙げられるかもしれない。さて、『三十巻仏名経』には、懺悔文N・O以外に十三種類の懺悔文が置かれており、それらは『十六巻仏名経』や『慈悲水懺法』の懺悔文と同一のものである。ただそれらの懺悔文には、他の懺悔経典の懺悔文をほとんどそのまま取り入れるというような事例は、筆者のみる限り存在しない。よって、この点は懺悔文N・Oの顕著な特徴と言える。

続いては、以上の検討を踏まえて、懺悔文N・Oと「広懺悔」との前後関係について考えてみたい。『三十巻仏名経』の懺悔文N・Oが、明確に歴史上に現れるのは、高麗版の初彫本であり、一一世紀のことである。とはいえ、『三十巻仏名経』は、『十六巻仏名経』とほぼ同内容、近い構成を有する典籍であり、共通する思想空間の中から生み出されたものと推察される。その『十六巻仏名経』の成立は、正光年間（五二〇―五二五）の菩提流支による『十二巻仏名経』の訳出以降[42]、開元十八年（七三〇）の『開元釈教録』の成立までの間となる。そして、善導『往生礼讃』の成立は、善導が長安に入ったとみられる貞観十九年（六四五）頃から示寂した永隆二年（六八一）の間[43]である。それらの検討材料をみる限り、厳密な意味では懺悔文N・Oを含む『三十巻仏名経』と「広懺悔」との前後関係はやはり不明と言わざるをえない。しかし、懺悔文N・Oという部分に限定して考えてみると、その内容のほとんどが、南北朝～初唐に盛行した懺悔文のパッチワークで成り立っており、その後あまり使用されなくなった懺悔文もある。少なくとも、懺悔文N・Oは南北朝～初唐の懺悔儀礼の動向を反映した内容を持っていることは間違いなく、その成立時期も南北朝～初唐頃までの可能性が高いと思われる。

そして、後に詳しく検討するが、「広懺悔」と懺悔文Nには、末尾の願文の内容にいくつかの相違がある。特に重要なのは、「広懺悔」には浄土教的な要素がみられるのに比して、懺悔文Nにはそれがないことである。となると両者の前後関係には、現状では大きく以下の二つの可能性が考えられる。

①懺悔文N、またはその原形の編纂者が、善導「広懺悔」から懺悔文を抽出し、浄土教的な要素を漂白した。

②善導が、懺悔文N、またはその原形を「広懺悔」に導入し、浄土教的な要素を加えた。

このうち、①の可能性は低いと言わざるをえない。浄土教信仰を持たない編纂者が、善導著作、つまり『往生礼讃』「広懺悔」を目にし、その上、自身の懺悔文の編纂に活用し、わざわざ浄土教的な要素を削除するというようなことは考えにくい。善導は初唐期の著名な浄土教の僧侶ではあるが、その著作が、他学派の僧侶に積極的に依用されるというような事例は報告されていない。反対に、②のように善導が他学派の儀礼を自身のそれに導入し、浄土教的な要素を付加したり、浄土教的な文言へと改変したりする事例は数多く見出される[44]。よって、筆者は、②の可能性がきわめて高いものと考える。善導が、当時おこなわれていた懺悔儀礼のテキストから懺悔文Nを『往生礼讃』に挿入し、その上で自身の思想に合うように加筆・修正したものが「広懺悔」なのではないだろうか。

三、「広懺悔」願文と懺悔文N

いよいよ本題となる善導「広懺悔」と懺悔文Nとの比較を試みたい。双方の全体構成の比較は既に**表2**に整理している。懺悔文N—②の段落構成で言えば、㋐では、三宝が現前することを敬請し、十方の諸仏への礼拝が示されるが、「広懺悔」では、その部分が大きく簡略化されている。㋑㋒は、ほぼ同文であり、「広懺悔」側に特筆すべき独自性は見出せない。そして問題にしたいのは、願文と呼ばれ、懺悔の功徳から何らかの利益を仏に願う㋕の箇所である。「広懺悔」では、懺悔文N―②の三分の一ほどの分量となり、懺悔文N―②にはなかった往生浄土の願いが加えられているものの、懺悔文N―②の表現が一定踏まえられてもいる。細かく検討するため、双方の文章を挙げ、同文の部分には傍線を付した。

・**懺悔文N―②**（大正一四、一九七下）

㋕願弟子等、承是懺悔所生功德。願生生世世、永捨胎藏形、隨心願往生。獲六神通力、救攝諸苦衆。虚空法界盡、我願亦如是。地獄・餓鬼・一切衆生、貧窮困厄、及諸有苦・煩惱所逼、如是等苦、悉令除滅。又願弟子、承是懺悔所成功德、願離於生死、到大智岸。轉無上輪、微妙清淨。諸所願求、成就具足。又願盲者得視、聾者得聽、瘂者能言、裸者得衣、貧窮乏者則寶藏、倉庫盈溢、無所乏少。一切皆受安隱快樂、乃至無有一人受苦。又願衆生慈心相向、佛眼相看。形貌端嚴、人所喜見。上妙色像、莊嚴其身。爲菩提眷屬、作眞善知識。

・**『往生礼讃』「広懺悔」願文**（聖典全書一、九五五、九五六）

④始從今日、願共法界衆生、捨邪歸正、發菩提心、慈心相向、佛眼相看、菩提眷屬、作眞善知識、同生阿彌陀佛國、乃至成佛、如是等罪永斷相續、更不敢作。懺悔已、至心歸命阿彌陀佛。

㋕ではまず、懺悔の功徳によって、思いどおりに（仏国土に）往生すること、迷っている衆生を救済すること、身体的な障害のある者が解放されること、衣服や宝物などが得られ苦しみを受けることがないこと、などが願われる。ここには「随心願往生」という文があるが、特定の仏国土を指しているわけではないことには注意したい。そして、ここまでの箇所は「広懺悔」には採用されていない。その後の末尾の一節のみが「広懺悔」に取り入れられるのである。

そこでは㋕は、衆生が慈悲の心で向かい合い、仏のような眼でお互いをみること、すばらしい容貌を持つこと、菩提に至るまでお互いが真の善知識になることを願う。「広懺悔」も、その願のうち「慈心相向、佛眼相看、菩提眷属、作眞善知識」という部分をそのままに取り入れてはいるが、よくみると相違がある。「願」の対象が異なるのである。「広懺悔」では、対象がはっきりとは示されないものの、「願共法界衆生」と、法界の衆生と共に邪を捨て菩提心を発すこと、そして慈悲の心で互いに接することが願われており、対象は自身であることが分かる。つまり、「(私が)法界の衆生と共に」と願いが起こされている。一方の㋕では、「又願衆生慈心相向」と、願の対象が「衆生」である。他者同士が連帯し、仏道を成じていくことを願っている。文字上はごくわずかな相違であるが、意味上の相違は大きい。「広懺悔」ではこの後、「同生阿弥陀仏国、乃至成仏」と、㋕にはない一文が差し込まれている。この「同」の表現は、筆者が以前論じたように、(45)三階教の「同行」思想を受容、展開させた善導独特の修辞法である。仲間たちと連帯して、浄土を目指し仏果を得るという意志を、儀礼の中で表現したもので、「同行」「同生」「同心」「同懺悔」などのさまざまな用例がある。善導の著作全体で八二回もの用例が指摘でき、この箇所もその一例である。善導は「同」を儀礼書に繰り返し使用することによって、「凡夫のための仏道」としての浄土教を当時の人々に力強く伝えたのであった。ここでも、「共に阿弥陀仏国に生まれ、仏果へと至ろう」と述べる。よって、この願文には善導著作に頻繁にみられる浄土願生者内の連帯感が表出していると言えよう。㋕の懺悔文Nの願文には、懺悔の功徳の利益として、さまざまな項目が挙げられていた。その中から、あえて修行者内の連帯を説くこの一節のみを抜き出し、さらに願の対象を衆生一般から自己と仲間たちへと入れ替えた上、「同生阿弥陀仏国、乃至成仏」という文を挿入することで、主体的に、なおかつ他者と共に仏道を歩むという善導らしい実践性が表明されているということになる。このような表現は、懺悔文Nや『三十巻仏名経』の他の懺悔文にはみることができない。

さて、この「広懺悔」の願文は、他の善導著作、具体的には『法事讃』と『観経疏』の二つにもみられる。その文脈と内容を確認しておこう。まず、『法事讃』上巻末である。『法事讃』上巻の後半では、「懺悔文＋地獄の描写」が二度繰り返される（聖典全書一、八二〇～八二八）。懺悔文の一つ目では、「具体的なさまざまな悪事の発露」が示され、二つ目では、「五戒をはじめとした各種戒を犯したことへの懺悔」が示される。二箇所の地獄の描写は、『観仏三昧海経』に基づくもので、罪を犯した者がさまざまな責め苦を課される様子が紙数を割いて詳細に説かれている。前述のように、このような懺悔文と地獄の描写の並置は、懺悔儀礼のテキストとなった「仏名経典」の典型的な一形式であり、『法事讃』の構成もその傾向の中で捉える必要がある。(46) また、二つ目の懺悔文では、「広懺悔」に使用されるフレーズをいくつか確認することができ、(47) その文言が『法事讃』にも反映されていることが分かる。

その後、つまり二回目の地獄の描写の後に、願文の一部として問題の一節が配置されている。以下にみてみよう。

今對三寶・道場大衆前發露懺悔。卽安樂。知而不敢覆藏。

唯願十方三寶、法界衆生、發大慈悲・廣大慈悲、不計我悪、如草覆地布施歡喜、受我懺悔、憶我清淨。唯願不捨慈悲攝護我等、已作之罪願除滅、未起之罪願不生。已作之善願增長、未作之善方便令生。願從今日乃至不起忍已來、誓共衆生、捨邪歸正、發菩提心、慈心相向、佛眼相看、菩提眷屬、眞善知識、同生淨土、乃至成佛、如是等罪、永斷相續、更不敢覆藏。發願已、至心歸命阿彌陀佛。

（聖典全書一、八二八、八二九）。

懺悔の功徳から利益を願う箇所である。多少の異同はあるものの、後半部に、「広懺悔」の願文が挿入されている。まず、十方の三宝に対して、自身の懺悔を受け入れてもらうこと、自身を摂護してもらうことで、これ以上罪を犯さず、善根を積めるように願う。これは、懺悔文としては一般的な内容である。その後に、「広懺悔」の願文が置かれ、自身が衆生と共に浄土に生まれ、仏果に至ることを願う。懺悔文Nや「広懺悔」とは別の懺悔文が長々と示される中で、最末尾にのみ「広懺悔」の願文を採用しているという事実は、善導にとってこの願文が重要な位置づけにあったことを物語っている。ただし、『法事讃』には、下巻にも懺悔文があり、そこにはこの一節は挿入されていない。

次に『観経疏』「散善義」の当該箇所を確認しよう。この部分は、『観経疏』全体の最末尾にあたり、善導が『観経疏』撰述時、撰述後にさまざまな奇瑞を受けたことを示した後に置かれる願文で、仏説と同格という『観経疏』の性格を示す重要な箇所である。

　上來所有靈相者、本心爲物、不爲己身。既蒙此相。不敢隱藏、謹以申呈義後、被聞於末代。願使含靈聞之生信、有識覩者西歸。以此功德、廻施衆生。悉發菩提心、慈心相向、佛眼相看、菩提眷屬、作眞善知識、同歸淨國、共成佛道。此義已請證定竟。一句一字不可加減。欲寫者、一如經法、應知。（聖典全書一、七九四）

まず、善導が得た奇瑞は善導一人のためのものではなく、末代の衆生のためのものであり、あえて隠すことはしない[48]。そのため、聞く者に信を生ぜしめ、西方に帰依せしめる作用があると言う。この奇瑞について柴田泰山氏は、『観経疏』の該当箇所を逐語的に丁寧に読解した上で、以下のようにまとめている。

　『観経疏』撰述前後の善導の宗教体験こそが『観経疏』成立の根拠と背景であるものと考える。善導は『観経疏』撰述後の三夜に渡《ママ》る宗教体験を通じて、自身の往生、未来世一切衆生の往生、ひいては五乗の往生を確信するとともに、阿弥陀仏と極楽世界の存在に対して絶対的な確信を得ており、この確信こそが善導の『観経』解釈の独自性の根拠であるものと考える。

言い換えると、善導にとって、一連の奇瑞は自身を含む末代の衆生の往生浄土と『観経疏』の真実性とを保証するものだったのである。このように奇瑞の意義を明らかにした後に、問題の「広懺悔」の願文が挿入されている。

それは、「以此功徳」以下の箇所であり、文言が一致する部分に傍線を付している。やはり細かい文言には相違もあるが、「広懺悔」の願文を受けていることは間違いない。この一節を挿入することで、善導によって明らかとされた阿弥陀仏の救済を仲間たちと共有し、共に浄土、そして仏果へと向かうことが呼びかけられている。この一連の流れから、善導が願生者の連帯を重視する理論的な背景もみえてくる。『観経疏』に示現している阿弥陀仏の救済は、末代の衆生の成仏道であり、その真実性を証明する奇瑞は善導一人に託されたものであるが、その道筋自体は、「未来世一切衆生」に開かれ、共有されるべき性質を持つものであった。したがって、この教説は、閉じられた一人一人の個人の信仰に留まるものではなく、多くの他者と共有すべきものであったのである。

本論の関心から言えば、『三十巻仏名経』の懺悔文を換骨奪胎して作成した「広懺悔」の願文に示されている願生者内の連帯意識、すなわち「阿弥陀仏による救済は自身を含めた末代の衆生のためのものである」との認識は、善導浄土教を貫く理念であったということになるのである。

おわりに

まずは、本論のここまでの考察を箇条書きでまとめておこう。

①『三十巻仏名経』は、『十六巻仏名経』と同様に、盛唐以前の懺悔儀礼の台本から成立した典籍と考えられ、そのうちの固有の懺悔文N・Oは『受八戒法』『方広経』『大方等陀羅尼経』『金光明経』の特徴的な懺悔文を組み合わせて成立している。それらの懺悔文は、罪の自覚が深く、重罪を犯した者に対応する強力な懺悔法が示されるものばかりであった。

②「広懺悔」は、当時おこなわれていた懺悔儀礼のテキストから懺悔文Nを抽出し、その上で自身の思想に合うように加筆・修正されたものである可能性が高い。

③「広懺悔」末尾の願文は元の懺悔文を巧みに利用しながら、善導独自の浄土教理解が埋め込まれている。特に、主体的に、なおかつ他者と共に仏道を歩むという実践性が表明されている点が特徴的である。

④その願文は、『法事讃』『観経疏』の要所にも用いられ、善導の教学や儀礼の中で核心的なフレーズとして機能した。

以上のことから、善導の思想形成や布教活動において、「仏名経典」をはじめとした懺悔文が影響を与えていたことが、より一層明らかになったと言えよう。「はじめに」において、経録で偽経と判定されても市井の人々に親しまれ続ける「仏名経典」の強さに触れたが、善導はその強みを浄土教儀礼に導入し、大衆の支持を得たものと考えられる。

ところで、「広懺悔」の直前には、「其廣者、就實有心願生者而勸」（聖典全書一、九五四）という一文がある。『往生礼讃』の「要懺悔」「略懺悔」「広懺悔」という三つの懺悔のうち「広懺悔」のみは、実に願生心がある者に勧めるというのである。その理由について善導は何も語っておらず、研究者の理解にもいくつかの説がある。(49) それぞれ筋の通ったものであるが、ここまでの考察に基づけば、やはり「広懺悔」末尾の願文の存在が大きいのではないか。そこでは、善導浄土教を貫く理念である、阿弥陀仏の救済を仲間たちと共有し、共に浄土、そして仏果へと向かうことが呼びかけられていた。それは、当時流行していた懺悔文の願文とは一線を画すものであり、『法事讃』『観経疏』にも用いられる、重要な一節であった。そのために、浄土願生者という対象の限定が示されているのではないだろうか。今回は主に「広懺悔」に限った考察となり、「要懺悔」や「略懺悔」、さらに善導の他著作における懺悔に十分に言及できなかった。それに伴い、曇遷「十悪懺文」・『七階仏名』・五悔などの善導に影響を与えた懺悔文やその形式にも触れることもできなかった。その点は、引き続き検討が必要であろう。

ここまで、善導における同時代の懺悔文の受容について論じてきたが、懺悔文そのものを取り入れるという面の他にも、善導の思想には当時の懺悔文や懺悔儀礼の影響があるように思われる。想定される思想的な影響の一つについて簡単に言及しておこう。

当時の懺悔文には、「聴我懺悔」「聴許我等」「受我懺悔」などの表現がままみられ、善導の懺悔文にも引き継がれている。これは、仏が慈悲によって衆生の懺悔を受け入れることで、ようやく罪業が消滅すると考えられていたことによるものである。(50)そのため、仏が懺悔を受け入れた証明として、懺悔者には神秘的な体験が求められる傾向がある。たとえば、『大方等陀羅尼経』や『梵網経』では、夢で仏や菩薩を目の当たりにすることが必要とされている。そこには、懺悔実行者が仏（もしくは三宝）に対して懺悔をおこない、仏がそれを知って護持し、霊験を与えるという、懺悔実行者と仏との呼応関係が存在した。このような行者と仏との関係は、善導が重視する浄土願生者と阿弥陀仏（もしくは浄土の聖聚）との呼応関係(51)に近いように筆者には思われる。『観経疏』「定善義」の三縁釈や法界身釈、『般舟讃』などに両者の呼応関係は示されており、加えて、前述のとおり「散善義」末の奇瑞を示す箇所では、善導の求めに応じて、夢に聖者（一説には阿弥陀仏とみなされる）が顕現しているのである。善導以前の浄土教において、このような浄土願生者と仏との呼応関係が主張されたことはない。その背後には、善導が当時の懺悔儀礼に近しい人物だったことが影響しているのではないかと想像するのである。もちろん現時点では、あくまで想像の域を出ないが、その論証は今後の課題としておきたい。

註

（1）朱金城『白居易集箋校』（上海古籍出版社、一九八八年）巻三十五、二四〇三頁。

（2）山口正晃氏はこの詩から、「〈優秀な学問僧〉とはかけ離れたところにこそ、仏名経に対する需要があったと読み取ることも可能であろう」と述べ、「仏名経典」の大衆性を指摘している（山口正晃「中国仏教の確立と仏名経」『関西大学東西学術研究所紀要』五一、二〇一八年）。

（3）『仏書解説大辞典』（九、三四〇上）やKuo Li-ying（郭麗英）氏は、『仏名懺悔伝』について唐代の僧侶、飛錫の撰述だとみなしている。その明確な根拠は示されていないものの、おそらく『東域伝灯目録』の大谷大学蔵写本の頭注に「私草章飛錫録」とあることだと思われる。しかし、その頭注は、次の典籍である不空『表制』に対するものであり、『仏名懺悔伝』が飛錫の撰だとは考えられない（Kuo Li-ying（郭麗英）・京戸慈光訳「中国ならびに日本における仏名の読誦」〈落合俊典編『七寺古逸経典研究叢書　第三巻』大東出版社、一九九五年〉）。

（4）齊藤隆信『中国浄土教儀礼の研究――善導と法照の讃偈の律動を中心として――』（法藏館、二〇一五年）。

（5）善導著作は、古くより『観経疏』を「本疏」もしくは「解義分」、その他の著作を「具疏」もしくは「行儀分」と呼ぶように、『観経疏』に特別な地位が与えられてきた。しかし、近年の齊藤隆信氏の研究によれば、『観経疏』もまた「行儀分」（儀礼的要素の強い著作）と呼ぶべき性格を有すると言う。註（4）齊藤前掲書、四九四頁。

（6）大野法道『大乗戒経の研究』（山喜房佛書林、一九六三年）四〇八頁、塩入良道「中国仏教における仏名経の性格とその源流」（『東洋文化研究所紀要』四二、一九六六年。後に同『中国仏教における懺法の成立』大正大学天台学研究室、二〇〇七年収録）、法山直然「善導大師の信仰――広懺悔御文の出典について――」（『佛教論叢』三七、一九九三年）、柴田泰山「善導『往生礼讃』所説の「広懺悔」について」（『大正大学綜合仏教研究所年報』二二、二〇〇〇年。後に同『善導教学の研究　第二巻』山喜房佛書林、二〇一四年に収録）。

（7）近年の成果に限れば、宮井里佳「善導における道綽の影響――「懺悔」をめぐって――」（『待兼山論叢』二八、一九九四年）、中村英龍「善導教学における懺悔思想について」（『印仏研』四六―二、一九九八年）、河智義邦「善導浄土教における懺悔滅罪論」（『宗学院論集』七二、二〇〇〇年）、上野成観「善導に於ける懺悔観の一考察」（『龍谷大学大学院文学研究科研究紀要』二三、二〇〇一年）、森田眞円「善導における戒律と懺悔」（『日本佛教學會年報』七四、二〇〇九年）、眞田慶慧「『往生礼讃』における懺悔についての一考察――「略懺悔」を中心に――」（『眞宗学』一四五、二〇二二年）、同「『法事讃』における懺悔についての一考察」（『龍谷大学大学院文学研究科研究紀要』四五、二〇二三年）がある。

（8）註（6）大野前掲書、四〇八頁。

（9）註（6）塩入前掲論文。

（10）註（6）法山前掲論文。

（11）註（6）柴田前掲論文。

（12）山口正晃氏が既に指摘しているように、『十八巻仏名経』と『二十巻仏名経』は、十八巻までの内容は同じであり、十九巻・二十巻が加えられたものが『二十巻仏名経』となる。そのため、完本ではない写本はどちらの典籍なのか、判別できない場合がある。ここでは仮に別本として分類する（註（2）山口前掲論文）。

（13）井ノ口泰淳「敦煌本『仏名経』の諸系統」（同『中央アジアの言語と仏教』法藏館、一九九五年に収録。初出は『東方学報』三五、一九六四年）、註（3）Kuo Li-ying（郭麗英）前掲論文。

（14）一方で、『十二巻仏名経』に出る仏名は、『阿弥陀経』六方段で出される諸仏名に影響を与えたものと考えられ、インドで成立した部分も多いようである。柴田泰「菩提流支訳『仏名経』の構成について」（『印仏研』二四―一、一九七五年）、藤田宏達『原始浄土思想の研究』（岩波書店、一九七五年）二一三～二二一頁。

（15）註（13）井ノ口前掲論文。

（16）註（6）塩入前掲論文。

（17）真柄和人「『仏説仏名経』（十六巻本）解題」（落合俊典編『七寺古逸経典研究叢書　第三巻　中国撰述経典（其之三）』大東出版社、一九九五年）。

(18) 註（3）Kuo Li-ying（郭麗英）前掲論文。
(19) 汪娟「佛名經典和佛教禮懺的關係」（『法鼓佛學學報』第一期、二〇〇七年）。
(20) 註（2）山口前掲論文。
(21) 真柄氏は、南禅寺所蔵の高麗版の初雕本の函の種類から、『別録』の「十八巻」とは「十六巻」の誤りであることを指摘している。
(22) ただし、七寺所蔵の『十六巻仏名経』では、五巻と十二巻の一部に『宝達経』が、わずかではあるが引用されている（註（17）落合俊典編前掲書『七寺古逸経典研究叢書　第三巻』二四三頁、六〇七〜六一四頁）。
(23) Kuo Li-ying（郭麗英）氏は、斎会を執り行った導師が用いたテキストを基に『十六巻仏名経』が編纂されたものと推測する（註（3）Kuo Li-ying（郭麗英）前掲論文）。
(24) 阿純章「懺悔と三宝の関係について――天台智顗の懺法をめぐって――」（多田孝正博士古稀記念論集刊行会編『多田孝正博士古稀記念論集　仏教と文化』山喜房佛書林、二〇〇八年）、倉本尚徳「『大通方廣經』の懺悔思想――特に『涅槃經』との關係について――」（『東方学』一一七、二〇〇九年。後に同『北朝仏教造像銘研究』法藏館、二〇一六年に収録）。インド撰述の懺悔文では、あくまで懺悔の対象は諸仏であったが、南北朝期以降の懺悔文、特に南朝成立の懺悔文には、三宝を対象とするものが多くみられる。『十六巻仏名経』『三十巻仏名経』はその潮流を受けているものと考えられる。
(25) 牧田諦亮「台北中央図書館の敦煌経」（『印仏研』一八―二、一九七〇年）。
(26) 註（3）Kuo Li-ying（郭麗英）前掲論文。
(27) 大正一七、四五〇〜四五二。
(28) 日本の仏名会では、地獄の光景を描いた屏風（地獄変御屏風）が設置されていた。Kuo Li-ying（郭麗英）氏は、中国の「仏名懺」においても説教師は地獄の絵図を使用していたと推測する（註（3）Kuo Li-ying（郭麗英）前掲論文）。

(29) 註（6）井ノ口前掲論文。

(30) 註（6）塩入前掲論文。

(31) 柴田泰山「三階教文献と善導」（『東アジア仏教研究』六、二〇〇六年。後に同『善導教学の研究 第二巻』山喜房佛書林、二〇一四年に収録）に整理されている。柴田氏は、「広懺悔」の背景には、『受八戒法』のほか、曇遷「十悪懺文」や『七階仏名』があるとも指摘している（註（6）柴田前掲論文）。

(32) 西本照真『三階教の研究』（春秋社、一九九八年）五九五～六〇〇頁。

(33) 上杉文秀『善導大師及び往生礼讃の研究』（法藏館、一九三一年）五一三頁、

(34) 註（7）眞田前掲論文［二〇二二］。

(35) 倉本尚徳『シリーズ実践仏教Ⅲ 儀礼と仏像』（臨川書店、二〇二二年）一五五～一五八頁。

(36) 山部能宜「「梵網経」における好相行の研究」（荒牧典俊編『北朝隋唐中国仏教思想史』法藏館、二〇〇〇年）。

(37) 『方広経』（大正八五、一三五一上）。

復次世尊、我等、今者爲諸衆生及自己身、十方佛前今者懺悔。一切衆生無量劫來。不識諸佛及父母恩。不解善法、造作衆惡。自恃種性及諸財寶。盛年放逸、作諸惡業。隨心所作、不見其過。凡夫愚行、無智闇覆。親近惡友、煩惱亂心。五欲因縁、心生忿恚。不知厭足、故作衆惡。親近非聖、因生慳嫉。貧窮因縁、而造諸惡。及以女色、姦諂作惡。繫屬於他、常有怖畏。不得自在、諸結惱熱。貪欲恚癡、嬈動其心。渇愛所逼、造作衆惡。身口意惡、所集三業。是衆罪等、今悉懺悔。或不恭敬佛法聖僧。如是衆罪、今悉懺悔。或不恭敬菩薩縁覺。如是衆罪、今悉懺悔。以無智故、誹謗正法。不知恭敬父母師長。如是衆罪、今悉懺悔。愚惑所覆、憍慢放逸。因貪恚癡、造作諸惡。如是諸罪、今悉懺悔。我今供養十方諸佛。

(38) 註（24）倉本前掲論文。

(39) 註（24）倉本前掲論文に詳しく論じられている。そして、善導「散善義」にも一闡提の罪の懺悔が説かれる。

(40) 新川登亀男「日本古代の「方広経」受容前史」（平井俊栄博士古稀記念論文集刊行会編『平井俊栄博士古稀記念

論集 三論教学と仏教諸思想』春秋社、二〇〇〇年）五三六頁。

（41）倉本尚徳氏は、『観経疏』「定善義」の日想観に示される、身を切るような自責の念を起こし、一闡提の罪を懺悔するという痛切な懺悔の実践は、『方広経』の懺悔に通じているとみる（註（35）倉本前掲書、一九八、一九九頁）。

（42）『衆経目録』巻一（大正五五、一一五上）、『開元釈教録』巻六（大正五五、五四一上）など。

（43）『三十巻仏名経』中の仏典名を列挙する箇所では、経に限らず、さまざまな典籍名が並んでおり、成立当時の現存目録とさえ言われる（註（6）大野前掲書、四〇八頁）。そのうち、最も新しい典籍は、『成唯識論』である（大正一四、二三九上）。『成唯識論』は、顕慶四年（六五九）の訳出であり、『三十巻仏名経』の当該箇所は、それ以降の撰述と考えられる。

（44）特に天台や三階教の儀礼を取り入れていたことがよく知られている。善導と三階教の関係については、註（31）柴田前掲論文に整理されている。

（45）拙稿「善導著作における「同」の用法――三階教文献との比較から――」（『眞宗学』一四一・一四二、二〇一九年）、同「善導における「同」の意義――『般舟讃』にみえる連帯意識を中心に――」（『眞宗学』一四三・一四四、二〇二一年）。

（46）註（7）眞田前掲論文［二〇一三］は、自身の罪の多少を知るために地獄の様相が説かれたものと主張する。その可能性は否定できないが、まずは、当時の一般的な懺悔儀礼の中で罪の発露と共に悪業の果として地獄の存在が強く意識されていた事実が重要であろう。註（28）で述べたように、中国でも地獄の絵図が仏名懺で用いられていたとすれば、『法事讃』を用いた善導の儀礼においても、地獄の絵図が使われた可能性すらある。

（47）「自作教他、見作随喜」というフレーズや、大地・虚空・法界・法性・方便が無辺であるように、自身の罪もまた無辺であるとする点（聖典全書一、八二五）が、「広懺悔」と一致している。

（48）「不敢隠藏」という表現は、懺悔文に頻繁にみられる「不敢覆藏」によく似ている。「不敢覆藏」は、十方の三宝に懺悔を知らしめることによって、三宝の力を得て滅罪を実現させる文脈において用いられるフレーズである。

「広懺悔」や先ほど掲出した『法事讃』の願文でも使用されている。この箇所での意味内容には、多少のずれはあるが、懺悔文の用語を受けて善導は使用したものと思われる。

(49)　柴田泰山氏は、「諸懺悔法が広く修され、懺悔文が頻繁に読誦されていた状況の中に、懺悔そのものの内容が希薄化していく様子を認識し、そのことに対して危惧の念を抱」いたからではないかと推測している（註（31）柴田前掲論文）。眞田慶慧氏は、「広懺悔」が他の懺悔文と比べて難解な内容を含むからではないかと推測する（註（7）眞田前掲論文［二〇二二］）。

(50)　註（35）倉本前掲書、一〇〇、一〇一、一三四、一三五頁。

(51)　善導における浄土願生者と阿弥陀仏（もしくは浄土の聖聚）との呼応関係については、金子寛哉「中国浄土教者の宗教体験」（藤吉慈海編『浄土教における宗教体験』百華苑、一九七九年）、藤堂恭俊「阿弥陀仏信仰論――とくに仏凡の人格的呼応関係を中心として――」（浄土宗総合研究所編『浄土教文化論――阿弥陀仏篇――』浄土宗、一九九四年）、河智義邦「善導『観経疏』における「三縁釈」設定の意図」（『龍谷大学大学院研究紀要 人文科学』一七、一九九六年）、同「善導教学における仏と衆生の対応関係」（渡邊隆生教授還暦記念論染刊行会編『佛教思想文化史論叢』永田文昌堂、一九九七年）、柴田泰山「善導『観経疏』所説の三縁釈について」（『三康文化研究所年報』三八、二〇〇七年。後に同『善導教学の研究 第二巻』山喜房佛書林、二〇一四年に収録）、註（45）拙稿［二〇二一］などに論じられている。

付記

「森田眞円先生の古稀を祝して」に記される「至眞会」に筆者も大学院修士課程より参加させていただいている。文献の読み方、先行研究の扱い方などの基礎的な事柄から研究のアイディアに至るまで、森田眞円先生をはじめ、ご参加の先生方から数々のご指導を頂戴してきた。本論も、二〇二四年一月二十三日の至眞会において筆者が発表を担当し、その際、多くの有益なご助言を頂戴したことが元となっている。長年のご指導と当日のご助言に心より御礼を申し上げたい。

東陽圓月著『散善義三心釈弁定録』の解説と翻刻（一）

東光直也

一、解説

東陽圓月（一八一八～一九〇二）の著、『散善義三心釈弁定録』（以下、「本書」）は、題号が示す通り、善導の『観経四帖疏』「散善義」三心釈の註釈書である。

各章冒頭の科段を見てわかるように、本書の構成は精緻を極める。註釈にあたっては、『六要鈔』をはじめ、慧雲（一七三〇～一七八二）・道隠（一七四一～一八一三）・月珠（一七九五～一八五六）らの真宗本派の先哲、あるいは浄土宗（西山・鎮西）の先哲らの説が引用され、折りに触れて、圓月の私見が加えられている。

本書の著者である圓月は、豊前水崎西光寺（現在の大分県豊後高田市）に生まれ、幼少期は父円超に学問の手ほどきを受けた。二十歳以降、覚照（一七九六～一八四八）・月珠に師事して宗学を研鑽し、のちに学林では宝雲（一七九一～一八四七）のもとで仏教学を学んでいる。明治四年（一八七一）、五十四歳にして学階助教となり、三年後の五十七歳には司教昇階、そして、明治二十年（一八八七）、七十歳のときに勧学を拝命した。しかし、明治二十三年（一八九〇）の夏安居において停講を命じられ、帰郷することとなる。以降、自坊に設立された東陽学寮において後進の指導にあたりつつ、自身の著述の執筆活動にも力を尽くした。そして、明治三十五年（一九〇二）、八十五歳にて示寂した[1]。

本書の成立は、末尾に記された奥書から慶応二年（一八六六）、圓月四十九歳の時であることがわかる。これは学階助教取得の五年前にあたり、本書の内容は、師の壮年期の教学理解を知る上で貴重といえる。また、本書成立の二年後、慶応四年（一八六八）に、圓月は『玄義分応玄録』を著しており、当時、善導教学に対して関心の高かったことが窺える。

ところで、圓月が残した著作は実に多く、井上哲雄の『真宗学匠著述目録』には、九十四部の書名が挙げられている[2]。その中に本書の名もあるが、管見の限り、これまでに翻刻がなされた例をみない。そこで筆者は、西光寺に所蔵される本書の書写本を底本として、その本文の翻刻を試みたいと思うのである。とりわけ、本論では序文と『観経』の三心の一、至誠心釈部分を翻刻する。

本書の翻刻に際し、底本の紹介をしておきたい。このたび、底本に用いる西光寺所蔵本（以下、「当本」）以外に本書の異本は確認できず、当本は現時点における現存唯一の書写本である。表紙には「勧学東陽師著述／散善義三心釈弁定録」（題簽）とあり、内題に続いて「豊水東陽和尚著述」と記されている。奥書は、先に「慶応二丙寅七月二十一日擱筆　圓月記」との原奥書があり、次に「明治二十八年十月六日写畢／釈信忠蔵」との書写奥書が置かれている。書写奥書の「信忠」なる人物についての詳細は不明である。圓月に関係のある人物で「信忠」という名は、『正信偈三思録』や『易行品略解』の筆記者として記される谷本信忠、あるいは『選択集水月記』の筆記者として記される林信忠、そして、圓月の門弟の氏名・所在・所属寺等がまとめられた『浄満院門人姓名録』（西光寺所蔵）にみえる松岡信忠等が挙げられるが、いずれも判然としない。当本は袋綴の冊子本で、体裁は半葉十行、一行二十字内外である。

二、圓月の著述と西光寺所蔵史料について

ここで少し、圓月の著述について触れておきたい。先述のように、井上哲雄の『真宗学匠著述目録』には、九十四部の書名が挙げられている。抜粋して列挙すると、以下の通りである。

『阿弥陀経再録』、『安楽集略解』（明治三十四年刊）、『一枚起請文記』、『易行品略解』（明治二十九・大正元年刊）、『王本願聴記』、『往生論註愚哉録』、『往生要集備忘』、『興御書柳浦録』、『観経依釈』（二巻）、『改悔文略釈』、『帰命の義相』（明治三十四年刊）、『教育宗教適合論』（明治二十八年刊）、『行信両巻大旨』、『招拾私記』、『愚禿鈔禾人録』（二巻、明治二十七・大正四年刊）、『見真大師伝絵指要鈔』（明治二十三年刊）、『玄義分応玄録』、『外学五條示蒙篇』、『原人論講弁』、『五悪段録』、『五部九巻綱要』、『小川翁ノ法話集ヲ読ム』（明治三十五年刊）、『五願六法蠡測』、『三誓偈録（或聴記）』、『三心釈弁定録』、『三経文類二十五論題』、『三大教則私考』、『散善義深信釈』、『最要鈔講録』、『信心獲得章亀川録』、『真俗二諦弁』、『十七題略解』、『正信偈北天章記』、『四身四土記』、『十類記』、『四法大意稟承記』、『正定滅度対論記』、『信心獲得章護山録』、『浄土論註略解』（二巻、真宗全書）、『十二題草案』、『四教義講並台学楷梯』、『正因報恩義』、『真俗四論題記』、『宗乗五論題』、『真宗安心異同弁』（明治三十二年刊）、『七釈大綱』（明治三十年刊）、『正信偈三思録』（二巻、明治二十九年刊）、『宗要百論題』（五巻、明治二十七年刊）、『真宗掟義』（明治十三年刊）、『精斉翁病床慰問之記』（明治二十九年刊）、『選択集水月記』（三巻、明治二十九・大正五年刊）、『選択集龍蛇録』[3]『大悲代受苦説』、『大学林法話会記』、『第十八願亀川

録』、『大経明治録』、『たすけたまへの総括を読む』（明治三十四年刊）、『タノムタスケタマへ義』（明治三十一年刊）、『第十八願海西甲刹録』、『大行義』、『勅語奉体記』（明治二十六年刊）、『天台論題』、『読行信私憂弁』（昭和四年刊、善譲の「行信私憂弁」の附録）、『内学六條示蒙篇』、『二種深信詳解』（明治三十四年刊）、『二諦妙旨談』（明治二十五年刊）、『二諦精神』、『二巻鈔二種深信講録』、『二巻鈔講弁』、『二河譬弁』、『二河譬喩詳解』（明治三十四年刊）、『二門偈録』、『二種深信記』、『八囀声記』、『八番問答己丑録』、『不断煩悩義』（明治二十四年刊）、『弁駁類及雑記』、『本典大綱会読記』、『本典大綱彦山玉津会筆記』（明治三十年刊）、『本典仰信録』（八巻、明治三十年刊、真宗叢書）、『宝章五十題』（二巻、明治二十二年刊）、『宝章論題後篇』（三巻、明治二十六年刊）、『本願成就論要四十題』（二巻、明治三十三年刊）、『本典詮要百二十題』（八巻、明治三十四年刊）、『宝章自問自答章記』、『末代無智章十一記』、『文類聚鈔非己録』（二巻、明治二十八年刊）、『耶蘇三教異同弁』、『余力随筆』（二巻、明治十五年刊）、『蓮如上人御一代聞書類文述要』（二巻、明治三十一年刊）、『六字釈講義録』、『六字釈長久録』、『六字釈録』、『論題集』[4]

ちなみに、西光寺には、この九十四部に含まれていない圓月の著述も所蔵されている。すなわち、『興御書講義草稿』、『三依義』、『十論題記』、『十一論題記』、『浄土真宗戒律儀外雑』[5]、「随聞漫華」、『法要抜萃』[6]、『礼讃二種深信泛湖録』[7]、「両重因縁義」[8]、『論註会読記』、表紙題簽に「信因行業　信願交際　真俗二諦　因果応報」とある四部合綴の一本等である。その他、『真宗安心異同弁』や『タノムタスケタマへ義』の草稿本、『論註略解』の校正原本なども現存しており、これらは圓月の思想変遷を辿る史料として意義深いものがある。

三、本書の構成（本文による科段）

本書の構成を、本論で翻刻する至誠心釈部分を中心に図示すれば、以下の通りである。

- 正釈三心
  - 釈三心義
    - 至誠心
      - 牒文
      - 正釈
        - 字訓
        - 法義
          - 約奪門直明利他真実
          -
            - 示能説正意
            - 明所説義相
              - 明機無真実
              - 明雑毒不生
              - 示所由起下
              - 明利他真実
          - 約与門分別二利真実
            - 総分別
            - 別解釈
              - 約竪出弁
              - 約横出弁
              - 結帰他力

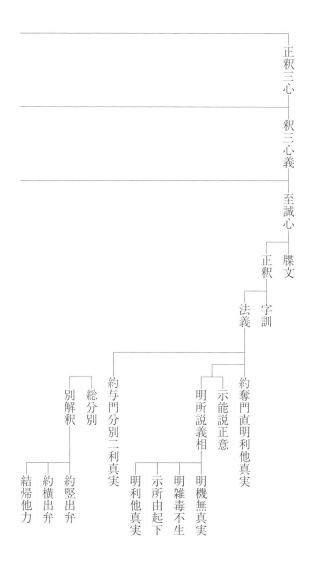

示通定善

結示正因

深心

回向発願心

四、翻刻

凡例

一、漢字は新字の通行体に統一した。
二、底本の訂記は本文に反映し、註記は（　）を付して本文の該当箇所に挿入した。
三、底本の返点には適宜、誤りの訂正、不足の補いを行った。
四、本文には適宜、句読点を付した。
五、本文の書名には『　』、引用文および所釈の文には「　」を付した。
六、原文のあとに筆者による訓読を付した。
七、読解の便を図るため、各章のはじめに『観経疏』所釈の文を付した。漢文は『浄土真宗聖典全書』（一・七六一～七六二頁）、訓読は『浄土真宗聖典（註釈版七祖篇）』（四五五～四五七頁）に依った。

〈序文〉

散善義三心釈弁定録

豊水東陽和尚著述

夫終南大師請証製疏也。外破二諸師謬解一内顕二密意経意一。使下人不レ迷二経説方隅一終達中弘願実義上。是以釈相不レ可二一準一。今約レ窺二三心疏釈一、先弁二義例一而、后釈レ文。義例有レ二。一対破謬解、二開顕密意。初対破謬解者、抑此『観経』所説、只在レ明二極悪劣機称名一行罪滅得生一。然諸師釈二此『経』一許二即生一者、判レ機甚高。如浄影天台不レ論レ機者、見レ法至卑。通論家是機也、法也、共失二能説仏意一、為凡教意隠二於此一、往生捷径塞二於此一。故『群疑論』云二ノ十一丁、「自二摂論至レ此百有余年、諸徳咸見二此論文一不レ修二西方浄業一。」文今師製疏為レ之而起。故「玄義分」立二和会経論一科一、対二破諸師謬解一。其和会門中有二六科一。於レ中初四科論二定所被機一顕二為凡経意一。是対二破浄影寺一。第五科論二定能被法一示二即生経意一、是対二破通論家一。第六科示下此機蒙二此法一能生中真報仏土上。於レ此乎為凡経意、方顕二往生捷径大開一。今師製疏意、在二于此一。故「玄義分」中、先示二此意一而、后依文三巻往々顕二此旨一也。且就二三心釈中一者、就人立信下誡レ「不レ可下信二用菩薩等不相応教一廃中失往生大益上」。次設二四重破人一決二凡夫往生無レ疑正其意也。又云、「三心既具、無行不成。願行既成、若不生者、無有此処。」文此等釈相、与二「玄義分」一照二応領旨一。次開顕密意者、此『観経』之起也。仏意固在下説二悲願真利一使二一切機人一真報仏土上。而衆生根性、未熟不レ能三出二自力修善之域一。疑二横超不思議仏智一終為二流転之身一。是以釈尊、開二顕方便願意一、説二回向修善之法一。調二誘其機一終使レ達二弘願実処一。故其説相前後相反二仏意一難レ窺。若居二序分一見レ之、則示観顕行二縁之外無レ有二余法一。故正宗所説、唯在二定散二善一。若居二付属一見レ之、則念観相対付二属念仏一行一。故正宗処詮、以二念仏一為レ宗。是以『経』以二所在一難レ暁。縦使三賢十聖非二測所レ窺。何況、信外軽毛豈

知二旨趣一。是以依二此『経』一欲二往生一者、迷二於入報門戸一、不レ知二真仮之際一。今『疏』正為レ之而起二序題門一中、就二二尊一分二要弘二教一。其弘願取則于『大経』顕二一教義相一。又宗旨門一示三一経有二両宗一。於レ是乎此『経』有二隠顕二途一。真仮判然、一経密意可二得而窺一。高祖為二隠彰顕密之判一者、正依二今師釈意一者也。先於二「玄義」中一、示二此意一而后依文三巻処々示二此旨一也。且就二此三心釈一言レ之者、『観経』三心既有二隠顕一、兼二含要弘一。若依二隠意一全同二本願三心一。故『和語灯』三云、「至心トイフハ、『観経』ニ明ストコロノ三心ノ中ノ至誠心ニアタレリ。信楽トイフハ、深心ニアタレリ。欲生我国ハ、回向発願心ニアタレリ。」文『漢語灯』二〔四十二丁〕亦同。若依二顕義一要弘有レ別真仮不同。是以疏釈或有下約二要門一釈上、或有下依二弘願一釈上、或有二通レ二者一。釈相分明無レ可レ疑者一。於レ是乎此『経』密意、恰如下払二浮雲一見中白日上也。

（一丁右〜二丁右）

それ終南大師請証の製疏なり。外には諸師の謬解を破し内には密意の経意を顕す。人をして経説の方隅に迷はずつひに弘願の実義に達せしむ。これをもつて釈相一準すべからず。いま三心の疏釈を窺ふに約して、まづ義例を弁じて、のちに文を釈す。義例に二あり。一に対破謬解、二に開顕密意なり。はじめの対破謬解とは、そもそもこの『観経』の所説、ただ極悪の劣機は称名一行にて罪滅得生するを明かすに在り。しかるに諸師この『経』を釈して即生を許すは、機を判じて甚高とす。〔浄影天台のごとし〕機を論ぜざるもの、法を見て至卑とす。〔通論家これなり〕機なり、法なり、ともに能説の仏意を失し、為凡の教意ここに隠れ、往生の捷径ここに塞ぐ。ゆゑに『群疑論』にいはく〔二の十一丁〕、「摂論ここに至るより百有余年、諸徳あるいはこの論文を見て西方の浄業を修せず。」〔文〕今師の製疏これがために起る。ゆゑに「玄義分」に和会経論の一科を立て、諸師の謬解を対破す。その和会門の中に六科あり。中においてはじめの四科に所被の機を論定して為凡の経意を顕す。これ浄影寺を対破するなり。第五科に能被の法を論定して即生の経意を示す。これ通論家を対破するなり。第六科にこの機この法を蒙りてよく真報仏土に生ずることを示す。ここにおいてや為凡の経意にして、まさに往生捷径の大開を顕すなり。今師の製疏の意は、ここに在り。ゆゑに「玄義分」の中、まづこの意を示して、のちに依文三巻往々にこの旨を顕すなり。しばらく三心釈中については、就人立信の下に「菩薩等の不相応の教を信用して往生の大益を廃失すべからず」と誡む。次に四重破人を設けて凡夫の往生疑ひなきを決するはまさにその意なり。またいはく、「三心すでに具すれば、行として成ぜざるはなし。願行すでに成じて、もし生ぜずは、この処あることなからん。」〔文〕これらの釈相、「玄義分」と領旨照応せり。つぎに開顕密意とは、この『観経』の起りなり。仏意もとより悲願真利を説き一切機人をして真報仏土に在り。しかるに衆生の根性、未熟にして自力修善の域を出ることあたはず。横超不思議の仏智を疑ひてつひに流転の身をなす。これをもつて釈尊、方便の願意を開顕し、回向修善の法を説けり。その機を調誘してつひに弘願の実処に達せしめん。ゆゑにその説相の前後あひ仏意に反すと窺ひ難し。もし序分ににあり。もし付属に居してこれを見れば、すなはち念観相対して念仏一行を付属す。ゆゑに正宗の処詮は、居してこれを見れば、すなはち示観顕行二縁のほか余法あることなし。ゆゑに正宗の所説、ただ定散の二善念仏をもつて宗とす。これをもつて『経』の所在をもつては暁り難し。たとひ三賢十聖といへども測り窺ふところにあらず。いかにいはんや、信外の軽毛あに旨趣を知らんや。これをもつてこの『経』に依りて往生を欲せんもの、入報の門戸に迷ひ、真仮の際を知らず。いまの『疏』まさしくこれがために序題門を起す中に、二尊につきて要弘二教を分つ。その弘願を取ればすなはち『大経』に二教の義相を顕す。また宗旨門は一経に両宗あるを示す。ここにおひてやこの『経』に隠顕の二途あり。真仮判然として、一経の密意を得て窺ふべし。高祖隠彰顕密の判をなすは、まさしく今師の釈意に依るものなり。まづ「玄義」の中において、この意を示して、のちの依文三巻処々この旨を示すなり。しばらくこの三心釈につきてこれをいはば、『観経』の三心すでに隠顕あり、要弘を兼含す。もし隠意に依らばまつたく本願の三心に同じ。ゆゑに『和語灯』の三にいはく、「至心といふは、『観経』に明すところの三心の中の至誠心にあたれり。信楽といふは、深心にあたれり。欲生我国は、回向発願心にあたれり」と。〔文〕『漢語灯』の二〔四十二丁〕また同じ。もし顕義に依らば要弘の別ありて真仮不同なり。これをもつて疏釈あるいは要門に約して釈するあり、あるいは弘願に依りて釈するあり、あるいは二に通ずるものあり。釈相分明にして疑ふべきものなし。ここにおいてやこの『経』の密意、あたかも浮雲を払ひ白日を見るがごときなり。

〈『観経疏』所釈の文〉

『経』云、「一者至誠心。」

『経』にのたまはく、「一には至誠心」と。

〈本文〉

散善義三心釈弁定録

一正釈三心、二示通定善。初中亦二。一釈二三心義一、二示正因。初中亦三。一至誠心二、一牒文、二正釈。今初。

「経云一者至誠心。」「経云」者、『疏』中安二此言一者、今与二「玄義」釈名門一二処。『六要』云、「所レ言三心、一経眼目、出難要道。故挙二仏言一勧二信順一也。」文今更私按、彼此二処共総二括一経一最為二至要一。経題総二票一部一、三心通二摂定散隠顕一者也。「玄義」約二教相一示レ為二至要一。謂此『経』有二隠顕二途一、而念観宗別題、是一部総票。故宜レ存二此義一。是以大師、提二下品称仏一来以釈二首題三字一。彼文説二「応称無量寿仏」一。次承レ之云二「称南無阿弥陀仏」一。無量寿仏即是南無阿弥陀仏。故並二挙梵漢二名一以示二其義一而、成二念仏三昧義一。爾則無量寿仏、観即南無阿弥陀仏。観専心念仏、注二想西方一是其観義。即是念仏三昧、此三昧称云二無量寿観一。是依二一経義旨一也。若其観仏為レ宗、文相当分。故其義易レ知。此両三昧為二此『経』教相至要一。故殊安二「経言」二字一、以示二其意一者也。今文約二安心一示レ為二至要一隠顕雖レ異、同以二三心一為レ要。念観二機、若不レ具二三心一不レ得二往生一。故安二此二字一、示レ為二其至要一者也。「一者」等者、本願三心三心即一。故無二一者二者之言一。今此三心、若約二要門一三心各別、若約二弘願一即一而三。故云二「一者」等一也。「至誠心」者、有説云、「至誠心者、彼『経』上下則云二「至心」一。『大経』下輩云二「至誠心」一。亦是上下則云二「至心」一。蓋《ケダシ》是具略之異也。」已上

（四丁右～五丁右）

一に正釈三心、二に示通定善。はじめの中にまた二あり。一に三心の義を釈す、二に正因を示す。はじめの中にまた三あり。一至誠心、二あり。一に牒文、二に正釈。今ははじめなり。

「経云一者至誠心。」「経云」とは、『疏』の中にこの言を安くは、今と「玄義」釈名門との二処なり。『六要』にいはく、「いふところの三心は、一経の眼目、出難の要道なり。ゆゑに仏言を挙げて信順を勧むるなり」と。〔文〕いまさらに私に按ずるに、彼此の二処ともに一経を総括するにもつとも至要とす。経題は一部の総票、三心は定散隠顕を通摂するものなり。「玄義」教相に約して至要となして示す。いはくこの『経』に隠顕二途あり、しかるに念観の宗別題して、これ一部の総票とす。ゆゑによろしくこの義存すべし。これをもつて大師、下品の称仏を提し来りてもつて首題の三字を釈す。かの文に「応称無量寿仏」と説けり。つ

ぎにこれを承けて「称南無阿弥陀仏」といへり。無量寿仏はすなはちこれ南無阿弥陀仏なり。ゆゑに梵漢の二名を並挙してもつてその義を示して、念仏三昧の義を成ず。しかればすなはち無量寿仏、観すなはち南無阿弥陀仏なり。観は専心念仏、西方に注想するこれその観の義なり。すなはちこれ念仏三昧、この三昧を称して無量寿観といへり。これ一経の義旨に依るなり。もしその観仏を宗となすは、文相の当分なり。ゆゑにその義知り易し。この両三昧をこの『経』の教相の至要となす。ゆゑにことに「経言」の二字を安きて、もつて其意を示すものなり。今文を安心に約して至要となして示すに隠顕異なりといへども、同じく三心をもつて要とす。念観の二機、もし三心を具せざれば往生を得ず。ゆゑにこの二字を安きて、その至要となして示すものなり。「一者」等とは、本願の三心は三心即一なり。ゆゑに一者二者の言なし。いまこの三心、もし要門に約すれば三心各別、もし弘願に約すれば即一而三なり。ゆゑに「一者」等といふなり。「至誠心」とは、ある説にいはく、「至誠心は、かの『経』の上下にすなはち「至心」といへり。『大経』の下輩に「至誠心」といへり。またこれ上下にすなはち「至心」といへり。けだしこれ具略の異なり」と。〔已上〕

〈『観経疏』所釈の文〉

「至」者真、「誠」者実。

「至」とは真なり、「誠」とは実なり。

〈本文〉

二正釈二。一字訓、二法義。今初。

「至者真誠者実。」『六要』云云。『字箋』云、「前漢『東方朔伝』註師古曰、至、実也。」『唯識疏』言、「至教者、至実教也。」『史記』商鞅伝、「至言実也。」云云下釈二法義一中、有二与奪二門一。是以此字訓釈汎通二二利一。『二巻抄』云、「至者真、誠者実、即真実也。真実有二二種一。」文可二以見一焉。

（五丁右～五丁左）

二に正釈、二あり。一に字訓、二に法義。いまははじめなり。

「至者真誠者実。」『六要』に云云。『字箋』にいはく、「前漢『東方朔伝』の註師古に曰く、至は、実なり」と。『唯識疏』にいはく、「至教とは、至実教なり」と。『史記』の商鞅伝に、「至の言は実なり」と。云云下に法義を釈する中に、与奪の二門あり。これをもつてこの字訓釈ひろく二利に通ず。『二巻抄』にいはく、「至とは真なり、誠とは実なり、すなはち真実なり。真実に二種あり」と。文もつて見つべし。

〈『観経疏』所釈の文〉

欲明一切衆生身口意業所修解行、必須真実心中作。

一切衆生の身口意業所修の解行、かならずすべからく真実心のうちになすべきことを明かさんと欲す。

〈本文〉

二法義二。一約奪門直明利他真実、二約与門分別二利真実。初中二。一示能説正意、二明所説義相。今初。

「欲明一切止中作。」此之一節、明下仏説二至誠心一之正意上。経文雖レ通二真仮一、仮門非二其正意一。問。今文似レ通二真仮一、何以見二之弘願釈一乎。答。「欲」字、顕二仏望欲一之言。其説二要門一随他方便。豈仏所欲乎。「須真実心中作」者、「須」字、『和語灯』用二「可ノ」訓一。下文「皆須真実」之「須」用二「用ノ」訓一。『六要』云、「「須」字之訓、可レ用二「用ノ」訓一。」已上衆生三業、皆是虚仮。但帰二如来真実一則成二真実一。是故若欲二真実一必可レ須二仏真実一。爾則「真実心中作」者、即指二仏真実作一。『六要』云、「「心中作」者非二行者作一。約二仏所作一、是則凡心非二真実一故。依レ帰二仏心真実之徳一為二其仏徳一得二往生益一。就二其所帰一云二真実心一、依主釈也。」已上当知、約二仏願一故、訓二「須」字一為二「用」之義一。若得二此旨一已則用二「可」訓一。亦得謂用二仏真実一為二行者真実一三業所修非レ行二自行一。只是行二ミダ如来行一故、「真実心中作」雖レ約二行者作一、而亦非二自力虚仮之行一也。

（五丁左～六丁右）

二に法義、二あり。一に約奪門直明利他真実、二に約与門分別二利真実。はじめの中に二あり。一に示能説正意、二に明所説義相。いまははじめなり。

「欲明一切〔止〕中作。」この一節、仏至誠心を説くの正意を明かす。経文真仮に通ずといへども、仮門はそれ正意にあらず。問ふ。今文真仮に通ずるに似たり、なにをもつてこれを弘願釈と見るや。答ふ。「欲」の字は、仏の望欲を顕すの言なり。それ要門を説くは随他方便なり。あに仏の所欲ならんや。「須真実心中作」とは、「須」の字、『和語灯』には「可」の訓を用ゆ。下の文の「皆須真実」の「須」は「用」の訓を用ゆ。『六要』にいはく、「「須」の字の訓、「用」の訓を用ゆべし」と。〔已上〕衆生の三業、みなこれ虚仮なり。ただし如来の真実に帰すればすなはち真実を成ず。このゆゑにもし真実を欲さばかならず仏の真実を須ゆべし。しかればすなはち「真実心中作」とは、すなはち仏の真実作を指すなり。『六要』云、「「心中作」とは行者の作にあらず。仏の所作に約す、これすなはち凡心は真実にあらざるがゆゑに。仏心真実の徳に帰するに依りてその仏徳となして往生の益を得。その所帰につひて真実心といふ、依主釈なり。」〔已上〕まさに知るべし、仏願に約すがゆゑに、「須」の字を訓じて「用」の義となす。もしこの旨を得ればすなはち「可」

の訓を用ゆ。また得ていふに仏の真実を用ひて行者の真実となして三業所修自行を行ずるにはあらず。ただこれ弥陀如来の行を行ずるがゆゑに、「真実心中作」は行者の作に約すといへども、しかるにまた自力虚仮の行にはあらざるなり。

〈『観経疏』所釈の文〉

不得外現賢善精進之相内懐虚仮。貪瞋邪偽奸詐百端、悪性難侵、事同蛇蝎、雖起三業名為雑毒之善、亦名虚仮之行。不名真実業也。

外に賢善精進の相を現じ、内に虚仮を懐くことを得ざれ。貪瞋邪偽奸詐百端にして、悪性侵めがたく、事蛇蝎に同じきは、三業を起すといへども名づけて雑毒の善となし、また虚仮の行と名づく。真実の業と名づけず。

〈本文〉

二明所説義相四。一明機無真実、二明雑毒不生、三示所由起下、四明利他真実。今初。

「不得外現止業也。」　上明三能説仏意在二利他真実一。説意已然、所説義相、不レ外二于此一。故直約二奪門一。自力修善、奪属二虚仮一。顕下除二仏所施一外無中真実上。今此一段、欲レ顕二唯他力回施是真実一。先明二機無真実一。於レ中二、初誡二内外不調一、后貪瞋等詳二不実機相一。初中「不得外現」誡二自力行業一、「内懐虚仮」示二其所由一。「内懐虚仮」是機自体故、縦令修二賢善精進之相行一不レ免二不実一。故誡云レ「不レ得」。「内外」者、『六要』（三本）云、「三業為レ外悪性為レ内。如二常義一者、外名二身口一、内名二意業一。如レ然可レ云二雖起二業一。既云二三業一。可知、三業唯是外也。

内悪性也。」已上『六要』云、「今此釈意誡二雑行一也。所二以然一者、凡夫之心更無二賢善精進之義一。唯是愚悪懈怠之機也。而人不レ顧二自心愚悪一、随縁起行、若欲レ求レ修二賢善精進之諸行一者、悪性心故煩悩賊害、必是不レ免二虚仮雑毒一、「内懐虚仮」是其義也。然者不レ現二賢善等相一、識二知自心三毒悪性一捨二自力行一帰二他力行一、可レ得二真実清浄業一也。以レ勧二此心一為二今釈要一。」已上「貪瞋」等者、次詳二不実機相一。初四句明二機自性一。即応二上「内懐虚仮」一。后四句示二不実相一。即応二上「外現精進」一。「貪瞋」等者、三毒之中斉レ二摂レ一。下二河譬亦同。「邪偽」一、真実之反。「奸詐」、誠実之反。「悪性」者、「信巻」云、「一切群生海、自従無始已来乃至今日至今時、穢悪汚染無二清浄心一、虚仮諂偽無二真実心一」。本来如レ此習以成性故云二「悪性」一。「難侵」者、侵与寝、通韻会寝息也。借音通用。浄信院師云、「「悪性難侵」者、顕二自性一是悪是約二自害一。「事同蛇蝎」者、即是害。彼『法花』譬喩品云、「蚖蛇蝮蝎」。天台云、「蚖蛇毒盛。不レ触而吸。譬二非理生一レ瞋。蝮蝎触螫。譬二執レ理瞋一」」。云云「雖起二三業一」等、寄レ起二行業一顕二不実相一。謂自性本悪、何有二真実一。縦起二三業一皆是虚仮畢竟無二真実一也。悪業間雑故、云二「雑毒」一。現善非実故、云二「虚仮」一。雑毒虚仮故、非二真実一。是顕二不実之機相一也。

（六丁右～八丁右）

二に明所説義相、四あり。一に明機無真実、二に明雑毒不生、三に示所由起下、四に明利他真実。いまははじめなり。

「不得外現［止］業也。」　上に能説の仏意は利他真実にあることを明かす。説意すでにしかなり、所説の義相、これにほかならず。ゆゑにただちに奪門に約す。自力の修善、奪ひて虚仮に属するなり。仏の所施を除きてほかに真実なきことを顕す。いまこの一段、ただ他力の回施はこれ真実なることを顕さんと欲す。まづ機無真実を明かす。中において二あり、はじめに内外の不調を誡め、のちに貪瞋等の不実の機相を詳らかにす。はじめの中「不得外現」は自力の行業を誡め、「内懐虚仮」はその所由を示す。「内懐虚仮」はこれ機の自体なるがゆゑに、たとひ賢善精進の相行を修せども不実を免れず。ゆゑに誡めて「不得」といふ。「内外」とは、『六要』（三本）にいはく、「三業を外となし悪性を内とす。常の義のごときは、外をば身口に名づけ、内をば意業に名づく。しかるのごとくならば雖起三業といふべし。すでに三業といふ。知るべし、三業はただこれ外なり。内は悪性なり」と。〔已上〕『六要』にいはく、「いまこの釈意雑行を誡むるなり。しかるゆゑは、凡夫の心さらに賢善精進の義なし。ただこれ愚悪懈怠の機なり。しかるに人自心の愚悪を顧みず、随縁起行して、もし賢善精進の諸行を修することを求めんと欲せば、悪性の心なるがゆゑに煩悩賊害して、かならずこれ虚仮雑毒を免れじ、「内懐虚仮」これその義なり。しかれば賢善等の相を現ぜず、自心三毒の悪性を識知して自力の行を捨て他力の行に帰して、真実清浄の業を得べきなり。この心を勧むるをもつて今の釈の要とす」と。〔已上〕「貪瞋」等とは、つぎに不実の機相を詳らかにす。はじめの四句は機の自性を明かす。すなはち上の「内懐虚仮」に応ず。のちの四句は不実の相を示す。すなはち上の「外現精進」に応ず。「貪瞋」等とは、三毒の中の二に斉しく一を摂す。下の二河譬また同じ。「邪偽」は、真実の反。「奸詐」は、誠実の反。「悪性」とは、『信巻』にいはく、「一切の群生海、無始よりこのかた乃至今日今時にいたるまで、穢悪汚染にして清浄の心なし、虚仮諂偽にして真実の心なし」と。本来かくのごとく習以成性するがゆゑに「悪性」といふ。「難侵」とは、侵と寝、通韻し会して寝息なり。借音通用す。浄信院師のいはく、「「悪性難侵」とは、自性を顕しこの悪はこれ自害に約す。「事同蛇蝎」とは、すなはちこれ害なり。かの『法花』〔譬喩品〕にいはく、「蚖蛇蝮蝎」と。天台のいはく、「蚖蛇の毒盛んなり。触れずして吸ふ。非理の瞋を生ずるに譬ふ。蝮蝎触螫。理に執して瞋なるに譬ふ」と」と。〔云云〕「雖起三業」等は、行業を起すに寄せて不実の相を顕す。いはく自性は本悪にして、なんぞ真実あらん。たとひ三業を起せどもみなこれ虚仮畢竟にして真実なきなり。悪業間雑なるがゆゑに、「雑毒」といふ。現善非実なるがゆゑに、「虚仮」といふ。雑毒虚仮なるがゆゑに、真実にあらず。これ不実の機相を顕すなり。

〈『観経疏』所釈の文〉

若作如此安心起行者、縦使苦励身心、日夜十二時急走急作、如灸頭燃者、衆名雑毒之善。欲廻此雑毒之行求生彼仏浄土者、此必不可也。

もしかくのごとき安心起行をなすものは、たとひ身心を苦励して、日夜十二時急に走り急になすこと、頭燃を救ふがごとくするものも、すべて雑毒の善と名づく。この雑毒の行を回して、かの仏の浄土に生ずることを求めんと欲せば、これかならず不可なり。

〈本文〉

二明雑毒不生。

「若作如此止不可也。」上明下縦起二三業一畢竟不実上。今顕下其雑毒之善不レ得生二真実報土一。『六要』云、「「若作」等、明下自力善為二雑毒一故雖レ励二身心一不レ得二往生一。」此中自二一。初明二雑毒行相一、后明二回願不生一。初中如レ此者、指二上「雑毒」一。「安心起行」者、上下文云二「雑毒之善」一似二但起行一。而云二「安心起行」一者、自力安心在二起行之辺一而論故、承二上起行一云二「作如此安心起行」一、下結云二「名雑毒之善」一。「縦使」等者、挙二上品行相一以摂二一切機一顕二自力修善一。勇猛精進終不レ免二雑毒一。「灸」者、「救」同音、通用音。「欲回」等者、二明回願不生。

師説云、「依二鎮西意一文意明下虚仮人心住二名利一不レ欣二浄土一雖レ励二行業一往生不可上。「欲回」等者、非レ謂三虚仮直求二浄土一。唯是釈家、為レ顕二雑善一不レ成二往生一故、縦許而言二「欲回」等一也。」云云『伝通記』等意今日釈家、縦許之言者是何謂也。既云二求生不可一而徴二釈其所由一。然若名利現善之人豈有二回願理一乎。若不二回願一則不レ得二往生一者、不レ労レ言而明。何須下縦許施設徴二問所由一顕中明其義上。其非可レ見。若西山意、「「若作如此」等者、斥二虚仮失一釈也。提二自力安心一三業起行如レ灸二頭燃一不可也。「不可以少善根ノ」説相ト一同也。」云云『選択私集抄』等今曰其言似レ是意成二大失一。彼則傍正開会之義。不レ許二二行之往生一故生不並失。依二今家意一因分二二力一果弁二二土一。徳義判然、更無レ所レ塞。如二彼定散自力人一対二之真因一。奪為二虚仮一、望二之真土一、廃為二不生一。若望二化土一何妨二往生一。終南『疏』中雖レ未二顕判一、意則蘊在因既分二要弘一、果亦論二胎化一。故地観、『疏』云、「雖レ得二往生一、含レ花未レ出。或生二辺界一、或堕二宮胎一。」等。『賛』云、「本願疑惑ノ行者ニハ　含花未出ノ人モアリ　或生辺地トキラヒツ、　或堕宮胎トステラル、」文明知。此中言二不生一者、正約二廃立一。望二真土一論若云レ不レ然者、如二『観経』中一、一日七日之善、皆回向得二往生一。日夜精勤何不レ得レ生。所望不同生否成レ異、思而可レ知。已上

（八丁右～九丁左）

二に明雑毒不生。

「若作如此〔止〕不可也。」　上にたとひ三業を起せども畢竟不実なるを明かす。いまはその雑毒の善にては真実報土に生ずること得ざるを顕す。『六要』にいはく、「「若作」と等は、自力の善雑毒たるがゆゑに身心を励ますといへども往生を得ざることを明かす」と。この中おのづから二あり。はじめに雑毒行相を明かし、のちに回願不生を明かす。はじめの中かくのごときは、上の「雑毒」を指す。「安心起行」とは、上下の文に「雑毒之善」といひてただ起行に似たり。しかるに「安心起行」といふは、自力の安心は起行の辺にあり

て論ずるがゆゑに、上の起行を承けて「作如此安心起行」といひ、下に結びて「名雑毒之善」といふ。「縦使」等とは、上品の行相を挙げてもつて一切の機を摂して自力修善を顕すなり。勇猛精進にしてつひに雑毒を免れず。「灸」とは、「救」と同音、通用音なり。「欲回」等とは、二の明回願不生なり。師説にいはく、「鎮西の意に依るに文意は虚仮人〔心名利に住して浄土を欣はず〕行業を励むといへども往生不可なることを明かす。「欲回」等とは、虚仮ただちに浄土を求むといふにはあらず。ただこれ釈家、雑善を顕して往生成ぜざるがゆゑに、縦許して「欲回」等といふなり」と。〔云云〕〔『伝通記』等の意〕今日の釈家、「縦許」の言はこれなんのいはれかあるや。すでに求生不可といひてその所由を徴釈す。しかるにもしは名利現善の人あに回願の理あらんや。もし回願せざればすなはち往生を得ずは、言を労せずして明らかなり。なにをか縦許施設の所由を徴問してその義を顕明ならしむべし。その非見つべし。もしは西山の意、「「若作如此」等とは、虚仮の失を斥するの釈なり。自力の安心を提して三業起行するに頭燃を灸ふがごとくすれども不可なり。「不可以少善根」の説相と一同なり」と。〔云云〕〔『選択私集抄』等〕いまいはくそれ言はこれに似たれども意は大失を成ず。かれはすなはち傍正開会の義なり。二行の往生を許さざるゆゑに生不並失なり。今家の意に依るに因に二力を分ち果に二土を弁ず。徳義判然として、さらに塞ぐところなし。かの定散自力の人の如きはこれ真因に対す。奪ひて虚仮をなし、これを真土に望むるに、廃して不生をなす。もし化土に望むるになんぞ往生を妨げん。終南『疏』の中にいまだ顕判せずといへども、意すなはち蘊在し因すでに要弘を分つ、果また胎化を論ず。ゆゑに地観、『疏』にいはく、「往生を得といへども、花に含まれていまだ出でず。あるいは辺界に生じ、あるいは宮胎に堕す」と等。『賛』にいはく、「本願疑惑の行者には　含花未出の人もあり　或生辺地ときらひつゝ　或堕宮胎とすてらるゝ」と。〔文〕明らかに知んぬ。この中に不生といへるは、まさしく廃立に約すなり。真土に望みて論ずればもししからずといはば、『観経』の中の如く、一日七日の善、みな回向して往生することを得。日夜精勤してなんぞ生を得ざる。所望不同にして生否の異を成ず、思ひて知るべし。〔已上〕

〈『観経疏』所釈の文〉

何以故。正由彼阿弥陀仏因中行菩薩行時、乃至一念一刹那、三業所修、皆是真実心中作、

なにをもつてのゆゑに。まさしくかの阿弥陀仏因中に菩薩の行を行じたまひし時、すなはち一念一刹那に至るまでも、三業の所修、みなこれ真実心のうちになしたまひ、

〈本文〉

三示所由起下。

「何以故正止心中作。」㆒「何以故」者、徴㆓雑毒不生所由㆒。「正由」等者、明㆓其所由㆒。挙㆓如来因中真実㆒、示㆓自力不生所由㆒。而亦、能起㆓下利他真実一段㆒。謂向㆑上則明㆓能成仏土之因行㆒、成㆓雑毒不生由㆒。向㆑下則挙㆓因中所修真実之行㆒、顕㆓回施衆生之本㆒。全㆓彼仏行㆒成㆓衆生行㆒。衆生領㆑之得成㆓真実㆒。是為㆓利他真実㆒。『賛』云、「願力成就ノ報土ニハ　自力ノ心行イタラネバ是向上意　大小聖人ミナナガラ　如来ノ弘誓ニ乗ズナリ是向下意」。而今文主㆓向上義㆒。故云㆓「何以故正由」㆒。『六要』云、「「正由」等者、是其答也。言彼浄土起㆑自㆓弥陀因行果報㆒、因中所修皆是真実。故欲㆑生者可㆓真実㆒也。問。凡夫心者本是不実、争斉㆓仏所行真実㆒。答。以㆑帰㆓仏願㆒名㆓真実㆒也。尋㆓仏因中真実心相㆒、唯帰㆓仏心㆒。今又可㆑同。能修行者、於㆓其心㆒者比㆓彼仏心㆒、雖㆑有㆓浄穢善悪等差㆒、

帰二仏願一者発二真実心一。此心雖レ似二凡夫所発一、是為二仏智所施心一故云二真実心一。更非二衆生随情心一。故令二等同一也。」已上　（九丁左〜十丁右）

三に示所由起下。

「何以故正［止］心中作。」「何以故」とは、雑毒不生の所由を徴す。「正由」等とは、その所由を明す。如来因中の真実を挙げ、自力不生の所由を示す。しかるにまた、よく下の利他真実の一段を起す。いはく上に向かはばすなはちよく成仏土の因行を明かし、雑毒不生の由を成ず。下に向かはばすなはち因中所修の真実の行を挙げて、回施衆生の本を顕す。かの仏行を全うじて衆生の行と成す。衆生これを領して得るに真実を成ず。これを利他真実とす。『賛』にいはく、「願力成就の報土には　自力の心行いたらねば［これ向上の意］大小聖人みなながら　如来の弘誓に乗ずなり［これ向下の意］」。しかるに今文向上の義を主とす。ゆゑに「何以故正由」といへり。『六要』にいはく、「「正由」と等は、これその答なり。いふこころはかの浄土弥陀の因行果報より起る、因中の所修みなこれ真実なり。ゆゑに生ぜんと欲はんものは真実なるべしとなり。問ふ。凡夫の心は本これ不実なり、いかでか仏の所行の真実に斉しからん。答ふ。仏願に帰するをもつて真実と名づくなり。仏の因中の真実心の相を尋ぬるに、ただ仏心に帰す。いまもまた同じかるべし。能修の行者、その心においてはかの仏心に比するに、浄穢善悪等の差ありといへども、仏願に帰するものは真実心を発す。この心凡夫の所発に似たりといへども、これ仏智所施の心たるがゆゑに真実心といふ。さらに衆生随情の心にあらず。ゆゑに等同ならしむるなり」と。［已上］

〈『観経疏』所釈の文〉

凡所施為趣求、亦皆真実。

おほよそ施為趣求したまふところ、またみな真実なるによりてなり。

〈本文〉

四明利他真実。

「凡所施為止真実。」　次上明二如来因中所修之行一。全二彼仏行一回二施衆生一。是以衆生、始有二真実心一。若不レ然者、永無二真実一也。『六要』云、「「施為趣求」配二当二利一、「施為」利他、「趣求」自利、是常義也。是遮二『楷定』『伝通』一亦同今有二文点一、施為名目不三依二用之一。「凡所施」者、是如来ノ施、仏是能施。衆生是為二所施一「為趣求」者、是約二行者一、仏道趣求。行者求二願往生成仏一是則対レ仏衆生所施。是以二如来施与之行一即為二衆生趣求之行一。能所雖レ異倶是如来利他行故謂二之真実一。言二「亦皆」一者、上因位行、即今所施。上云二「仏行ト」一、今云二「所施」一、能施仏行、所施行体、共是真実、故云レ「亦」也。」已上又一義云、「「亦皆」者、指二所施趣求一。如来所施、行者趣求、倶是真実故、云二「亦皆」一」。（十丁左～十一丁右）

四に明利他真実。

「凡所施為［止］真実。」　つぎに上の如来因中所修の行を明かす。かの仏行を全うじて衆生に回施したまへり。これをもつて衆生、始めて真実心あり。もししからずば、ながく真実なきなり。『六要』にいはく、「「施為趣求」は二利に配当す、「施為」は利他、「趣求」は自利、これ常の義なり。［これ『楷定』『伝通』に遮す、また同じ］　いま文点あり、施為の名目これを依用せざる。「凡所施」とは、これ如来の施、仏はこれ能施。［衆生はこれ所施とす」「為趣求」とは、これ行者に約す、仏道を趣求するなり。〔行者往生成仏を求願す〕これすなはち仏に対して衆生は所施なり。これ如来施与の行をもつてすなはち衆生趣求の行とす。能所異なりといへどもともにこれ如来利他の行なるがゆゑにこれを真実といふ。「亦皆」といふは、上の因位の行、すなはちいまの所施なり。上には「仏行」といひ、いまは「所施」といふ、能施の仏行、所施の行体、ともにこれ真実なり、ゆゑに「亦」といふなり」と。〔已上〕また一義にいはく、「「亦皆」とは、所施と趣求とを指す。如来の所施、行者の趣求、ともにこれ真実なるがゆゑに、「亦皆」といふ」と。

〈『観経疏』所釈の文〉

又真実有二種。一者自利真実、二者利他真実。

また真実に二種あり。一には自利真実、二には利他真実なり。

〈本文〉

二約与門分別二利真実一。一総分別、二別解釈。今初。

「又真実有止真実。」上来約二奪門一明三如来回施独為二真実之義一。已下分二別二種一。是与門義、定散当分亦与名二真実一。而雖レ分二二種一意在二結帰他力一。自利々他者、即二力異称、如二『二巻抄』判一。問。自利々他、本是自行化他之称。故西鎮等諸家、皆為二自行化他一釈レ之。今為二二力之目一似レ違二疏文一。答。師説云、「雖レ無二顕文一、其意必存。謂自行文利真実中、文有二二節一。高祖判為二聖道竪出浄土要門一。初約二聖道一中、具明二自行化他之相一、云二「制自他諸悪」一、云二「勤修自他凡聖等善」一。自能捨修教二人同レ已。自策励他者須二真実一。而挙二菩薩一以為二所同一。即是通途二利之行、大人所修之行相也。而今判為二自利一、若自利是自行義則違二自悟一。明知。今云二自利一是自力之異目、非二通途二利義一。自利既然、利他可レ准。是以高祖為二二力之目一。」已上　（十一丁右〜十一丁左）

二に約与門分別二利真実、二あり。一に総分別、二に別解釈。いまははじめなり。

「又真実有［止］真実。」　上来奪門に約して如来の回施ひとり真実の義たるを明せり。已下は二種の分別なり。これ与門の義、定散当分また与へて真実と名づく。しかるに二種に分つといへども意は結帰他力にあり。自利々他は、すなはち二力の異称なり、『二巻抄』の判のごとし。問ふ。自利々他、本これ自行化他の称なり。ゆゑに西鎮等の諸家、みな自行化他となしてこれを釈す。いま二力の目となすは疏文に違するに似たり。答ふ。師説にいはく、「顕文なしといへども、その意かならず存ず。いはく自行の文利真実の中に、文二節あり。高祖判じて聖道竪出浄土要門となす。はじめに聖道に約す中、つぶさに自行化他の相を明して、「制自他諸悪」といひ、「勤修自他凡聖等善」といふ。みづからよく捨修して人すでに同ぜしむるなり。みづから策励して他者を真実ならしむべし。しかるに菩薩を挙げてもつて所同とす。すなはちこれ通途二利の行、大人所修の行相なり。しかるにいま判じて自利とす、もし自利これ自行の義ならばすなはち自悟に違するなり。明らかに知んぬ。いま自利といふはこれ自力の異目、通途二利の義にはあらず。自利すでにしかなり、利他准ずべし。これをもつて高祖二力の目とす」と。［已上］

〈『観経疏』所釈の文〉

言自利真実者、復有二種。一者真実心中、制捨自他諸悪及穢国等、行住坐臥想同一切菩薩制捨諸悪、我亦如是也。二者真実心中、懃修自他凡聖等善。

自利真実といふは、また二種あり。一には真実心のうちに、自他の諸悪および穢国等を制捨して、行住坐臥に一切の菩薩の諸悪を制捨したまふに同じく、われもまたかくのごとくならんと想ふなり。二には真実心のうちに、自他凡聖等の善を勤修す。

〈本文〉

二別解釈三。一約竪出弁、二約横出弁、三結帰他力。今初。

「言自利真実者止等善。」西鎮諸家、解釈不一。一義云、「以二自身所レ具誠心一教レ他令レ行故、知二自利一。已利他自可レ知故、不レ釈二利他真実一。」『決疑』『伝通』意一義云、「以二自利法一応二利他一故、『観念法門』云、「五善性人、若能帰レ人即能自利々他」文以二帰仏自利真実一能利他故、自念仏教二人信一。是真報仏恩也。」又一義云、「欲レ顕二衆生自利是仏利他一故、『論註』云、「他利々他談有二左右一」。」已上二義、『楷定』意『要義』全同又一義云、「三心居二上々品一為二九品通因一。其中、上輩能成二自利々他一中下二輩但是自利不レ能二利他一。仍約二中下一不レ釈二利他一。」又一義云、「自行未レ立、化他何及不レ生二浄土一。自行未レ成入二浄土一。已二利究竟。」此二義『私集』意此等諸註意、皆為二無利他釈之意一。而以二通途自行化他一為二自利々他一故、大異二今家一。今家意者、『六要』云、「問。標レ有二二種一、不レ釈二利他真実一、云何。答。学者雖レ存二種々之義一、且依二当流一義意一者、上来所レ言所施真実趣求真実、今所レ標之「利他真実」。故別不レ解。」已上末釈之中、或以二「不善三業」已下一為二利他真実之釈一科云、「初「又真実有二種」等標列、后「言自利」下随釈。於レ中、初自利真実、后利他真実。『通津録』或科為二竪出横出横超之三段一、皆拠二『二巻抄』意一以「不善三業」已下為二利他真実一。然竪出真実局二于自利一、横超真実局二于利他一。横出或属二自利一、或属二利他一。摂属不定故、不レ安二利他真実之牒標一。」云云『要津録』、以二「不善三業」已下一科二之結帰他力一。師説従レ之。謂承二前明自利一以結二帰利他真実一。是以其言同二自利一、其意在二利他一。文云二「不簡内外明闇皆須真実」一、凡聖智須二真実一、衆機雖レ異、真実則一弘願真実、思而可レ知。今依二此意一「不善三業」已下、非下与二上自利真実一段一双明之文勢上。若双二明二利真実一則縦令不レ安二牒標一、宜レ置二此言一。故科二之結帰他力一者、善順二文意一、深思可レ知。「言自利」等、牒標。「復有二種」者、標二厭欣之二一。「一者」等者、正釈、於レ中初厭離、后欣求。『二巻抄』云、「竪出者難行道之教、以二厭離一為レ本、自力之心故也。横出者易行道之教、以二忻求一為レ本、何以故、由二願力一令三厭二捨生死一之故也。」文意レ謂、聖道門以二厭離一為レ本者、自力之心故。凡自力行、断惑証理出二生死海一到二涅槃岸一、是為二自力一。是以、先破二界内惑一、離二分段果一、遊二界外境一。而断二界外惑一、捨二変易生一、成二転依果一故、厭離為レ本、欣求随。或浄土不レ爾、縦令横出唯願二往生一由二願力一故、得レ生二彼土一。生死自断故、欣求為レ本、厭離自随。蓋是就二法相所主一分レ之。若依二機修入一則或不二一準一。若夫横超抛二尽自力一全二托願力一、他力一心遠超二過厭欣之際一。若約二法徳自然一則亦談二厭欣一而不レ論二其前后一。故云二「欣浄厭穢之妙術」一、或云二「受行最勝弘誓而捨穢欣浄」一。「制捨」等者、自制捨而令二他制捨一故云二「自他」一。「勤修」亦然、是聖道意。故挙二菩薩一以為二所問一。問云、所釈三心是「願生彼国」之心。何約二竪出一明レ之乎。答。至誠心就二修相一非二内外不調一之心故。其心相可レ通二聖道一。如二深心回願一者、所信所期之境。既局二西方一別指二弥陀一。故其心相不レ通二聖道一。是以至誠之一、通二之聖道一而釈二要門一之為二法本一。是非二浄土行一回向願生為二浄土雑行本一。是聖道之行故、今就二其本一釈レ之、示二其由来一也。

（十二丁右～十四丁右）

二に別解釈、三あり。一に約竪出弁、二に約横出弁、三に結帰他力。いまははじめなり。

「言自利真実者［止］等善。」西鎮の諸家、解釈一ならず。一義にいはく、「自身の具するところの誠心をもつて他を教へて行ぜしむるがゆゑに、自利と知んぬ。すでに利他おのづから知るべきがゆゑに、利他真実を釈さず」と。〔『決疑』『伝通』の意〕一義にいはく、「自利の法をもつて利他に応ずるがゆゑに、『観念法門』にいはく、「五善性人、もしよく人に帰すればすなはちよく自利々他す」と。〔文〕帰仏の自利真実をもつてよく利他するがゆゑに、みづから念仏して人を信ぜしむ。これ真報仏恩なり」と。また一義にいはく、「衆生の自利はこれ仏の利他なることを顕さんと欲するがゆゑに、『論註』にいはく、「他利々他談ずるに左右あり」」と。〔已上の二義、『楷定』の意『要義』全同なり〕また一義にいはく、「三心上々品に居して九品通因とす。その中、上輩よく自利々他を成じて中下の二輩ただこれ自利にして利他することあたはず。いまし中下に約して利他を釈さず」と。また一義にいはく、「自行いまだ立たず、化他なんぞ及ぶに浄土に生ぜず。自行いまだ成ぜずして浄土に入る。すでに二利究竟す」と。〔この二義『私集』の意〕これら諸註の意は、みな無利他釈の意とす。しかるに通途の自行化他をもつて自利々他とするがゆゑに、大いに今家と異なれり。今家の意は、『六要』にいはく、「問ふ。二種ありと標して、利他真実を釈さず、いかん。答ふ。学者種々の義を存ずといへども、しばらく当流一義の意に依らば、上来にいふところの所施真実趣求真実は、いま標するところの「利他真実」なり。ゆゑに別に解せず」と。〔已上〕末釈の中、あるいは「不善三業」已下をもつて利他真実の釈となす科にいはく、「はじめに「又真実有二種」等は標列、のちに「言自利」の下は随釈なり。中において、はじめは自利真実、のちは利他真実なり。〔『通津録』〕あるいは科して竪出横出横超の三段とす、みな『二巻抄』の意に拠りてもつて「不善三業」已下を利他真実とす。しかるに竪出真実は自利に局る、横超真実は利他に局るなり。横出あるいは自利に属し、あるいは利他に属す。摂属不定なるがゆゑに、利他真実の牒標を安かず」と。〔云云〕『要津録』は、「不善三業」已下をもつてこれを結帰他力と科す。師説これに従ふ。いはくさきの明自利を承けてもつて利他真実に結帰す。これをもつてその言自利に同じ、その意利他にあり。文に「不簡内外明闇皆須真実」といへり、凡聖智すべからく真実を須ゐるに衆機異なりといへども、真実はすなはち一弘願真実なり、思ひて知るべし。いまこの意に依るに「不善三業」已下は、上の自利真実の一段と双明の文勢にはあらず。もし二利真実双明すればすなはちたとひ牒標を安かず、よろしくこの言を置くべし。ゆゑにこれを結帰他力と科するは、善く文意に順ずるなり、深く思ひて知るべし。「言自利」等は、牒標なり。「復有二種」とは、厭欣の二を標す。「一者」等とは、正釈、中においてはじめに厭離、のちに欣求。『二巻抄』にいはく、「竪出とは難行道の教なり、厭離をもつて本とす、自力の心なるがゆゑなり。横出とは易行道の教なり、忻求をもつて本とす、なにをもつてのゆゑに、願力によりて生死を厭捨せしむるがゆゑなりと」と。［文］いふ意は、聖道門厭離をもつて本とするは、自力の心なるがゆゑなり。おほよそ自力の行は、断惑証理して生死の海を出でて涅槃の岸に到る、これを自力とす。これをもつて、まず界内の惑を破し、分段の果を離れ、界外の境に遊ぶ。しかるに界外の惑を断じ、変易の生を捨て、転依の果を成ずるがゆゑに、厭離を本とし、欣求を随とす。あるいは浄土はしからず、たとひ横出ただ往生を願じて願力によるがゆゑに、彼土に生ずることを得。生死おのづから断ずるがゆゑに、欣求を本とし、厭離おのづから随なり。けだしこれ法相の所主につひてこれを分つ。もし機の修入に依ればすなはちあるいは一準ならず。もしそれ横超は自力を抛尽して願力に全托す、他力の一心は遠く厭欣の際を超過せり。もし法徳の自然に約さばすなはちまた厭欣を談じてその前后を論ぜず。ゆゑに「欣浄厭穢之妙術」といひ、あるいは「受行最勝弘誓而捨穢欣浄」といへり。「制捨」等とは、みづから制捨して他を制捨せしむるがゆゑに「自他」といふ。「勤修」またしかなり、これ聖道の意なり。ゆゑに菩薩を挙げてもつて所問とす。問ひていはく、所釈の三心はこれ「願生彼国」の心なり。なんぞ竪出に約してこれを明かさんや。答ふ。至誠心は修相につひて内外不調にあらざるの心なるがゆゑなり。その心相は聖道に通ずべし。深心回願のごときは、所信所期の境なり。すでに西方に局りて別して弥陀を指す。ゆゑにその心相は聖道に通ぜざる。これをもつて至誠の一、これ聖道に通じて要門と釈してこれを法本とす。これ浄土の行にあらざる回向願生の浄土雑行を本とす。これ聖道の行なるがゆゑに、いまその本につひてこれを釈し、その由来を示すなり。

〈『観経疏』所釈の文〉

真実心中口業、讃歎彼阿弥陀仏及依正二報。又真実心中口業、毀厭三界六道等自他依正二報苦悪之事。亦讃歎一切衆生三業所為善。若非善業者、敬而遠之、亦不随喜也。又真実心中身業、合掌礼敬、四事等供養彼阿弥陀仏及依正二報。又真実心中身業、軽慢厭捨此生死三界等自他依正二報。又真実心中意業、思想観察憶念彼阿弥陀仏及依正二報、如現目前。又真実心中意業、軽賤厭捨此生死三界等自他依正二報。

真実心のうちの口業に、かの阿弥陀仏および依正二報を讃歎す。また真実心のうちの口業に、三界六道等の自他の依正二報の苦悪の事を毀厭す。また一切衆生の三業所為の善を讃歎す。もし善業にあらずは、つつしみてこれを遠ざかれ、また随喜せざれ。また真実心のうちの身業に、合掌し礼敬して、四事等をもつてかの阿弥陀仏および依正二報を供養す。また真実心のうちの身業に、この生死三界等の自他の依正二報を軽慢し厭捨す。また真実心のうちの意業に、かの阿弥陀仏および依正二報を思想し観察し憶念して、目の前に現ずるがごとくす。また真実心のうちの意業に、この生死三界等の自他の依正二報を軽賤し厭捨す。

〈**本文**〉

「真実心中止二報。」　此中自三。一口業欣厭、二身業欣厭、三意業欣厭。初中亦二。初正約二正行一讃二嘆弥陀依正一故、后通二雑行一示讃二嘆一切衆生所レ為善一故。横出欣求為レ本故、就二欣求辺一判二其分斉一。云云亦可下初就二浄穢依正一明、后就二善悪二業一明上。問。口業為レ先二身業一、為レ后者如何。答。欣厭之相、有二微著一。故今先二顕著者一也。

（十四丁左）

「真実心中〔止〕二報。」　この中におのづから三あり。一に口業欣厭、二に身業欣厭、三に意業欣厭。はじめの中にまた二あり。はじめはまさしく正行に約し〔弥陀の依正を讃嘆するがゆゑに〕、のちは雑行に通じて示す〔一切衆生のなすところの善を讃嘆するがゆゑに〕。横出は欣求を本とするがゆゑに、欣求の辺につひてその分斉を判ずと〔云云〕。またはじめに浄穢の依正につひて明かし、のちに善悪二業につひて明かすべし。問ふ。口業より身業を先とす、のちとなすはいかん。答ふ。欣厭の相、微著あり。ゆゑにいま顕著なるものを先とするなり。

〈**『観経疏』所釈の文**〉

不善三業、必須真実心中捨。又若起善三業者、必須真実心中作。不簡内外明闇、皆須真実。故名「至誠心」。

不善の三業は、かならずすべからく真実心のうちに捨つべし。またもし善の三業を起さば、かならずすべからく真実心のうちになすべし。内外明闇を簡ばず、みなすべからく真実なるべし。ゆゑに至誠心と名づく。

〈本文〉

三結帰他力。

「不善三業止誠心。」「不善」等者、承下前約二自力一明者上、明三善与不善皆須二真実心中修捨一。然不レ簡二内外一皆倶真実者非二弘願一則不レ能。故施二他力伝声一顕二如来回施義一。已上「内外明闇」者、「信巻」釈云云。引下『涅槃』三十八（北本「信巻」本二十丁ニ引ク）明二十想一中、第五一切世間不可衆想之文上以証二前二義一。此二釈中、初内外即明闇持業釈、謂二世出世一、后内外与明闇相違釈。内外如レ前、明闇即智愚也。凡聖智愚、皆須二真実一。衆機雖レ異真実即一、弘願真実、思而可レ知。　（十四丁左～十五丁右）

三に結帰他力。

「不善三業［止］誠心。」「不善」等とは、さきの自力に約して明かさんものを承く、善と不善とみなすべからく真実心中に修捨すべきことを明かす。しかれば内外を簡ばずみなともに真実は弘願にあらざればすなはちあたはず。ゆゑに他力伝声を施して如来回施の義を顕す。［已上］「内外明闇」とは、「信巻」の釈に［云云］。『涅槃』三十八（北本「信巻」本二十丁に引く）に十想を明かす中、第五の一切世間不可衆想の文を引きてもつてさきの二義を証す。この二釈の中、はじめは内外即明闇［持業釈］、世出世をいひ、のちは内外与明闇［相違釈］。内外さきのごとし、明闇はすなはち智愚なり。凡聖の智愚、みなすべからく真実なるべし。衆機異なりといへども真実はすなはち一なり、弘願真実、思ひて知るべし。

註

（1）井上哲雄『真宗本派学僧逸伝』（永田文昌堂、一九七九年）三一～三三頁参照。
（2）井上哲雄『真宗学匠著述目録』（龍谷大学出版部、一九三〇年）二九～三一頁。
（3）西光寺蔵の書写本では、本の底面に「選択集龍蛇録」とあり、内題に「選択集保辰録」と記されている。
（4）註（2）井上前掲書、二九～三一頁。
（5）この一本には「浄土真宗戒律義」、「改暦説」、「改暦弁解」、「自鳴鐘説」、「仏法三歓論」、「儒教大意」、「真俗護法論」、「防異論」が収録されている。
（6）この一本には「選択本願文」、「光号因縁」、「行信次第」、「信行次第」、「大経付属釈」、「本願成就釈」、「十八願文釈」、「正助二業釈」が収録されている。
（7）『二種深信記』と合綴。
（8）『行信両巻大旨』、『大行義』、『正因報恩義』と合綴。

付記

このたび、森田眞円和上の古稀を記念する論集に執筆のご縁を頂戴しました。真宗学の大学院修士課程一回生の時分に、和上の主宰される研究会「至眞会」に加えていただいて以降、実に長年にわたり、ご指導を賜ってきました。その学恩に、僅かばかりでも奉ずることができましたならば幸いに思います。

また、末筆ながら、貴重な所蔵史料の閲覧・翻刻を快くご了承くださいました、西光寺さまのご厚情に対し、厚く御礼申しあげ、ここに謝意を表します。

新しい証果論への疑問

谷治　暁

一、新しい証果論と曽我量深

近年真宗の証果論について新しい見解が見られる。これは主に大谷派において見られるのであるが、その中でも特に還相回向の理解において、伝統的な教学と大きな違いが見られる。還相回向についての新しい見解の発端は曽我量深である。曽我は還相回向の主体として、阿弥陀仏、法蔵菩薩、衆生の生の相という三つを立てる。その中で、法蔵菩薩は久遠の父の如来と我々衆生との間の第三者としての仲保者ではなく、一身則ち如来にして則ち我々衆生である。則ち第一者にして則ち第二者である、則ち我々の信念の客体たると同時に、信仰の主体であらせらるる。(1)

と、法蔵菩薩の活動が自らと重なるところに自身の救済が成立するとして、自身の主観的な内実の上に法蔵菩薩の還相回向を重ねるのである。これは教の上で相対的に還相回向を捉えて釈尊や七高僧、宗祖といった善知識などに還相を見るという伝統的な還相理解を超えて、主体的に自らの上に法蔵菩薩の還相の活動を認めていこうとする立場である。(2)この背景となるのが、曽我の独特な往生の理解であって、曽我は、観無量寿経をみると、願生しているのは得生していない証拠であって、得生したら願生は消えてしまう。ところが大無量寿経は願生の処に得生があります。願生のないところに得生はないのです。それを観経の立場に立って、本願成就の文を読むから、本願成就の文の思召し、あるいは本願の三心の思召しがよくわからぬのではないかと思うのです。（中略）願生と得生が矛盾撞着しないのが真実報土の往生であります。得生と願生が矛盾撞着するのが観経往生であり、方便化土の往生であります。その方便化土の往生をもって真実報土の往生をおしつけようとしているところに、真宗学はゆきづまってしまったと私は思うのです。あなた方よく考えてみてください。願生は得生の証拠、いのちあらん限り願生する。信心決定した時にもう得生している。得生の証拠が願生である。このことをよく了解することが、本願成就の文を了解する大切なことではないかと思います。(3)

と、伝統的な教学が『観無量寿経』と『大無量寿経』の往生を混同してきたために本願文の「欲生我国」の扱いに困ってきたと主張して、信心の利益としての願生心を強調し、そしてこの願生心に得生を重ねて、現生における往生を主張するのである。つまりこれは信心に手応えを認めていくという方向性とも言えるが、曽我の生きた時代は、江戸時代の封建的な教団のあり方から脱却して新しい時代に即応した教学を模索した時代であった。真宗では教団が社会の役に立つ宗教に生まれ変わることを目指して真俗二諦観の研究が精力的に続けられており、宗教の利益がもてはやされた時代の影響を受けて大いに利益が説かれたが、なかには、信心の利益として善の行為が必然的に信心から流発するとするという極端な説までも見られるようになったのである。しかしこれらについても当時から積極的に利益を認めようとする立場と消極的な立場とがあって、結局は消極であることが妥当であるという立場が主流となり現在に至っている。今現生往生を主張する者は、曽我の生きた時代を現代まで引きずっているとも言えるのである。

ところで曽我の言う、「欲生我国」つまり欲生心について、伝統的な教学がその取扱いに困ってきたという主張は誤りである。宗祖の教義において至心信楽欲生の三心は信楽の一心に本来具されているものと解釈されるのであって、『尊号真像銘文』には、

欲生我国といふは、他力の至心信楽のこころをもつて、安楽浄土に生れんとおもへとなり(4)。

と、はじめに至心信楽について明かした上で、次に至心信楽の二心を含めたものを欲生とされており、これにより欲生心は信楽の一心と同義の構造であると理解されるのである。つまりこの文は、初発あるいは相続においての欲生心の構造を顕したものであって、いずれにせよ阿弥陀仏から回向される至心信楽が浄土往生の無疑心であるということ以外に欲生心は無いということに変わりはない。また念仏往生の願である第十八願に至心信楽欲生の三心が誓われるが、これらが信心を因とするという意味であることを顕すのが「行文類」と「信文類」の主題である。ここにおいての本願成就文の持つ意義の重要性は論ずるまでもないが、本願成就文の「一念」は信一念を顕すことから、本願成就文そのものが唯信正因を顕す文となり、また「信心歓喜」が三心即一の信楽、「至心回向」は弥陀の至心回向と重なる構造であることが、ここで理解されるのである。残る欲生は「願生彼国」に相当するが、これを「信心歓喜」すなわち信楽の義別と見れば、「信心歓喜乃至一念」と「即得往生住不退転」とは直接して受法得益同時を顕すと理解され、さらにこれに六字釈や二河譬を重ねて見れば、欲生とは阿弥陀仏が衆生を招喚し給う勅命への無疑心を意味することは明らかである。さらにそこに『歎異抄』第九条などを重ねてみれば、宗祖の主題は唯信正因を顕すこと以外には無く、曽我の言うような願生心の必然を言われているものではないことが理解されるのである。

また曽我のように還相回向を現生で語るのは、七祖の伝統から考えても理解しがたいことである。曽我の立場は

曇鸞を恣意的に解釈しようとする。還相回向の願は第二十二願であるが、曽我はこれを第十五願とともに「衆生の本願」と理解して、これらが阿弥陀仏の本願によって初めて完成されるとする。[5] 第十五願は、

設我得仏　国中人天　寿命無能限量　除其本願　修短自在　若不爾者　不取正覚

第二十二願は、

設我得仏　他方仏土　諸菩薩衆　来生我国　究竟必至　一生補処　除其本願　自在所化　為衆生故　被弘誓鎧　積累徳本　度脱一切　遊諸仏国　修菩薩行　供養十方　諸仏如来　開化恒沙　無量衆生　使立無上正真之道　超出常倫　諸地之行　現前修習　普賢之徳　若不爾者　不取正覚

であるが、願の対応という点からいえば、第二十二願の前半は第十一願と密接な対応関係にあり、第十五願は第十三願からの寿命の願を示される流れの中で浄土の菩薩についての願が示されているのは明らかであって、これを曽我の言うように穢土の凡夫の「衆生の本願」と主張するのは不可である。また曇鸞における還相回向は、浄土の土徳として述べられているにすぎない。すなわち曇鸞の理解では衆生の証果は内徳に仏果を証してこそ外相に菩薩相を現ずることができるのであり、第二十二願文に浄土に往生した者の益として必至補処が示されるのは、初生において等正覚となる土徳があるがゆえに、速やかに「超出常倫、諸地之行」を行うことができるとされるのである。また曇鸞が菩薩の十地の階次に触れるのも、この階次が聖者のものであり、釈尊の随機教化の応化道であって、阿弥陀仏の浄土にはこの土徳があるが故に十地の階次に準じないということを明かさんがためである。曇鸞の主張の中心は八番問答にあり、これは自らを含めた一切衆生を凡夫と認めるからこそその内容であって、だからこそ宗祖は、「常倫に超出し、諸地の行現前し普賢の徳を修習せん」[6]と、往生後に即還相がなされるとされるのである。

二、信心の利益と時代性

明治維新以後から戦前にかけて、真宗には利益の強調された時代があった。明治維新の後、日本はあらゆる面で受動的に変化することとなり、社会制度、商工業、教育、軍政、文芸、風俗慣習に至るまで、そのほとんどが西洋を模倣し、西洋にヒントを得て変化することになった。維新政府には国学者の影響を受けた人も多く、キリスト教も解禁となり、天理教、黒住教、金光教などの新興宗教も勃興するようになった。神道の国教化の流れは社会全体に大きな影響を与え、国家主義と結びついて、社会に役に立ち貢献することができねば宗教にあらずと言い、宗教の利益に期待する風潮は社会全体に広がっていった。その頃の仏教は非常に厳しい立場にあって、そこでの島地黙雷や赤松連城の活躍が有名であるが、真宗がその地位を確かなものにしたのは、ひとえに真俗二諦の教学が積極的に社会的貢献を説いたことによるのである。人々の宗教に対する期待は、当時の日本の発展と密接に関わっていった。日清・日露戦争で勝てたのは先祖のおかげとする人が後を絶たず、日露戦争以後に大きな宗教ブームが起こり、真宗や禅に興味を持つ若者が増えて、浩々洞が大いに賑わいを見せた。それが高潮に達したのが明治四十年頃で、同時期に大日本仏教徒大会と神道同志会と万国基督教青年大会が東京で盛大に行われている。

曽我の生きた時代は、このように神仏の利益と宗教者の実践が社会から強く期待された時代であり、当時の本願寺派にも、曽我と同じように信心の利益を強調して、信心から社会に貢献する善の行為が流発する、あるいは信心によって善の行為が一層あらわになるとするものが見られた。ところが大正期に入ると真宗ではそのような利益を期待するような教学が問題とされ始める。特に第一次世界大戦において大量破壊兵器が登場するようになると、次第に人間の残虐性があらわになり、宗教の本質である人間の罪業性が注目されるようになった。この時期に野々村直太郎が『浄土教批判』を書いて、こういった利益主義の教学が宗祖や浄土教の伝統を無視していることを厳しく指摘し、野々村の主張は宗門内で問題となり、彼は本願寺派を去ることとなったが、戦後の反省の中で再評価され、現代では国民を戦争に駆り立てた戦時教学の特異性と問題点が強く指摘されるようになった。このように伝統的教学を戦時教学に発展させてしまった経験と反省を経て、現在の真宗学はあるのである。すなわち我々の先輩たちが命をかけて、手応えのあるような利益や、当為として社会に実践的であろうとすることは、真宗の教学にはそぐわないと伝えてきたことについて、歴史がその正しさを証明したということになる。

三、信心の宗教的情景

現代の還相回向の解釈について、井上善幸はその類型を三種に分類する。(7)第一の類型は日本の古来からの観念である死後の他界観念との関連において浄土往生や還相を論じる立場、第二の類型は浄土願生者の獲信以降の具体的生活の中で論じようとする立場、第三の類型は還相を真宗との値遇を促すはたらきかけとして理解する立場である。これに照らしてみれば、曽我の理解は、第二の類型であり、還相を獲信者の今ここでの宗教的生活や社会的実践との関わりにおいて理解しようとするものに属する。そしてこの理解の一番の問題は、宗祖の上にそのような解釈が見られないところにあるからであり、だからこそ曽我は、

たしか西本願寺関係の人が、中外日報に教行信証は未完成の聖典であるというておられた。それをいうと大変に反対者がありました。私は、完成といえば完成でありましょうが、未完成といえば恐らく未完成でないわけ

でもなかろうと思います。教行信証の中で、教巻と行巻は確かに完成しています。しかし、信巻は完成しているとはいわれぬ。また化身土巻も完成しておるとはいわれない。午前中にお話した往生と成仏の問題でございますが、往生、成仏という点にも多少未完成の所がありはしないかと思います。それなら蓮如さまは完成されなかったのであろうか。どうもそれもはっきり完成をなされたというわけにもいかぬであろう。そうすると、親鸞聖人のみ法というものは、今日我々が完成しなければならぬと思う。これは我々の責任であるといっても差支えないと思います。(8)

と、現代の我々が宗祖を補完しなければならないと述べるのである。このような立場について、内藤知康は、このように信一念における往生を主張する学説が発生する背景には、科学的実証主義と矛盾しない往生観と、現在においてすべての問題を解決し終わらなければ満足しないという姿勢があると指摘して、

信一念において、入正定聚の利益のみならず往生浄土の利益まで主張せんとする学説は、その背景に、正定聚の利益のみでは不満とする思想があると見ることができよう。(9)

と、利益に満足できないからこその主張であるとし、また井上は浄土往生のリアリティを問題として、還相を今ここでの自分のあり方に重ねる理解は、往々にして、未だ経験していない死後の浄土往生は不確かでリアリティがないという不安と表裏をなしている。あくまで私自身の上で、すべて実感をともなう経験として語ろうとすれば、還相だけでなく往生も今ここでの問題として語らざるを得ない。還相を今ここでの私の行為やあり方として理解する立場は、現生正定聚と往生を重ねる立場の必然的な帰結でもある。しかしながら、浄土往生にリアリティを持ち得ない者は、結局のところ、還相についていかなる解釈を施そうとも、やはりそのリアリティを持ち得ないと思われる。還相の具体相とは何か、という主題のもと、真摯な論究がなされる一方

で、伝道の現場などで、取り立てて言挙げすることなく還相の教義が受け容れられているという状況は、浄土往生のリアリティをめぐる相反する立場の反映とみることも可能であろう[10]。

と言っている。まさに肯綮に値する指摘である。新しい証果論を主張する者は、伝統的な教学を江戸時代に止まる訓詁解釈学的教学と批判するが、そうではない。伝統的教学は精徴を極めるが、これは優秀な先哲たちが様々な論を戦わせ、違和感のあるものを排除した結果として残ったものである。すなわち多くの学哲が時代を超えて紡いできた客観性によってその中心が担保されている教学であるからこそ最先端と言えるのである。

宗祖の己証の上で、そして七祖の伝統の上で、最も大切とされるものは真実の弥陀と虚仮の衆生という相対の世界である。これについて桐渓順忍は、

浄土真宗の信者の心情からいえば、仏になる一切のものは如来より回向されたものであり、絶対他力の立場にたっているのであるから、その仏性も如来よりの回向であり、如来の仏性の遍満であると信じているのでありますそこに救済の論理ともいうべきものがあるのではないでしょうか。（中略）私には本来仏になるべき可能性は全くなかったのである。その全く「無」であったものを「有」に転じてくださったのは、ただただ如来の願力の独用であると信じているのであります[11]。

とまで言っている。これほどまでに仏と衆生の相対が極端であればあるほど、個人の内面には豊かな宗教的感情の高まりが認められるのである。そしてそれを必然的としてではなく転回的に受け止めていくのが真宗の立場である。それは決して、宗教的利益が薄く、社会に貢献することに消極的というのではない。相対の世界を生きる者は虚妄分別から逃れることのできない自分が分陀利華と讃えられることへの歓喜と悲歎のはざまを歩むのである。歓喜は本願に支えられて力強くさとりへの道を歩んでいこうという動機となり、悲歎は自己中心性への内省となるからこ

そ、現生十益の中心が入正定聚の益とされてきたのである。この利益が信心の者と社会との関係性に影響を与えないはずはない。しかしその関係性において、それを必然として自らに還相回向を重ねようと試みれば、この真なる仏と虚仮なる衆生の対比という宗教的感情の純粋性、すなわち七祖や宗祖が紡いでこられた美しい宗教的情景の世界を、濁らせてしまうことになるであろう。だからこそ新しい証果論には強い疑問を感じざるを得ないのである。[12]

四、結

新しい証果論の立場の人々は現生における信心の行者の上に還相回向を重ねようとするが、これは利益を求める時代に迎合した穏当ではない教学的理解である。仏と衆生の交渉はある。しかしそれを信心の行者の上にいかに発現するかという必然的関係に求めるのは真宗にそぐわない。真宗の要は善なる仏と悪なる衆生の相対された世界のはざまに人生を歩まんとするところに利益を見る点にあって、その中心はどこまでも悪人が善人に救われるという救済関係の上にあるのである。主体が悪人であり、客体が善人の仏である。救済と善悪は表裏の関係であり、信心にはおおよそこの善悪の対比が衆生の上に伴うとされるのである。そしてこの対比のはざまを生きさせて頂いているという事実こそが信心の最大の利益であって、ここからあふれ出る悲歎と歓喜が信心の行者の人生に彩りを添えていくのである。新しい証果論は、このような宗教的感情の純粋性や、浄土教が伝統的に大切に紡いできた美しい宗教的情景の世界を濁らせてしまうものでしかない。先哲が信心の手応えを認めず「ああ辛と云ふは後なり唐辛子」と詠まれたところには豊かな宗教的感情の高まりがあり、その味わいを大切にしていくことこそが、親鸞学徒に求められる姿勢なのである。

註

（1）『曽我量深選集　第二巻』（大法輪閣、二〇〇九年）四一四頁
（2）松山大「曽我量深の還相回向領解についての一考察」（『同朋大学大学院文学研究科研究紀要』第七号、二〇一一年）
（3）曽我量深・金子大榮『往生と成仏』（法藏館、一九八四年）三九頁～四〇頁
（4）『聖典全書』㈡、六〇四頁
（5）『曽我量深講話録㈠』（大法輪閣、二〇一五年）一一〇頁
（6）『聖典全書』㈡、五三頁
（7）井上善幸「親鸞の証果論の解釈をめぐって」（『龍谷大学佛教文化研究所紀要』五〇集、二〇一一年）
（8）註（3）曽我・金子前掲書、二六頁
（9）内藤知康『親鸞の往生思想』（法藏館、二〇一八年）一四頁
（10）註（7）井上前掲論文
（11）桐渓順忍『教行信証に聞く　別巻』（教育新潮社、一九八〇年）八四頁
（12）『往生論註』上巻の天親の願生についての問答や、同じく下巻の下品往生を釈する料簡、『定善義』における法界身の釈などに、仏と衆生の相対の世界が説かれる。

善導における罪理解
――滅罪に注目して――

眞田慶慧

はじめに

本論では、善導の罪理解について、特に滅罪という視点から検討する。仏教において仏道修行を妨げる罪は滅すべきものであり、それを滅するために様々な修行方法が存在する。また、末法思想が強まるにつれて、自身の罪悪性はより深く認識されるようになり、滅罪はより重要なものとなった。善導においてもそれは例外ではなく、たとえば『観経疏』「散善義」では「亦有二種。一者決定深信自身現是罪悪生死凡夫、曠劫已来常没常流転、無有出離之縁[1]」とあるように、自身の罪悪性を深く信知するとともに、阿弥陀仏による救済が示され、自身の罪障を滅するために様々な方法が提示される。

以上のように、自身の障となる罪や悪に関する先行研究は膨大な数に上る。善導についての先行研究でも罪や悪に関するものはあり、それぞれ重要な指摘がなされている[2]。しかし、その多くは衆生の罪悪性とそれに対する阿弥陀仏の救済性が強調されるものがほとんどであり、「罪」や「悪」を滅するための方法として善導は何を想定し、それらを滅することにより何が想定されるのか、ということについて論じるものは少ない。そこで本論では「罪」

に注目し、善導が滅罪の方法としてどのようなものを想定していたのか、またそれぞれの方法に違いはあるのか検討する。結論を先取りすることになるが、善導において現生での滅罪後に想定されるものに注目したとき、ほとんどの方法では滅罪後に往生や来迎といった事態が想定されるが、懺悔による滅罪後にこれらの事態が想定されることはなく、この点において滅罪の方法に違いが見える。このことに注目し、まずは善導著作上における現生での滅罪の方法を確認し、次にそれぞれの方法ごとに滅罪後に想定されるものについて確かめる。最後に懺悔とそれ以外の方法で滅罪に違いがある点についても検討を加える。

一、善導著作上における現生での滅罪

それでは、善導がどのような方法での滅罪を想定していたのか確認しよう。滅罪については、小川法道氏が現生と往生後のそれぞれで指摘している(3)。この指摘を踏まえると、本論でも現生と往生後それぞれの滅罪について検討すべきだが、紙幅の都合で現生での滅罪に限って検討する。ここでは、まず滅罪の内容について注目したい。善導著作では、称名や観想、懺悔などの方法で滅罪が示されるが、方法ごとに滅罪の内容に違いはあるのだろうか。

①『観経疏』

まずは、『観経疏』の内容を確認する。

於此明上即自見業障軽重之相。一者黒障、猶如黒雲障日。二者黄障、又如黄雲障日。三者白障、如似白雲障日。此日猶雲障故、不得朗然顕照。衆生業障亦如是。障蔽浄心之境、不能令心明照。行者若見此相、即須厳飾道場、

安置仏像、清浄洗浴著浄衣、又焼名香。表白諸仏一切賢聖、向仏形像、現在一生懺悔無始已来、乃身口意業所造十悪五逆四重謗法闡提等罪。極須悲涕雨涙、深生慚愧、内徹心髄、切骨自責。懺悔已、還如前坐法安心取境。境若現時、如前三障尽除、所観浄境朗然明浄。此名頓滅障也。或一懺即尽者名利根人也。或一懺但除黒障、或一懺得除黄白等障、或一懺但除白障。此名漸除不名頓滅也。(4)　（※傍線は作者による。以下同じ）

これは「定善義」の日観解説箇所の一節である。ここでは、白雲・黄雲・黒雲の三障により日観できないものが、懺悔することで三障を除き日観できるようになるという。また懺悔する罪の内容としては無始以来の身口意業による十悪・五逆・四重・謗法・闡提等の罪が示されている。

十従除無量下至生彼国已来、正明依法観察除障多劫、身器清浄応仏本心、捨身他世必往無疑。(5)

これは「定善義」華座観解説箇所の内容である。ここでは法によって華座の観法を行えば多の障を除くとされる。観想による滅罪については、この他「十一従観此菩薩者已下、正明修観利益除罪多劫(6)」と、勢至観に関する箇所でも観想により多劫の罪が除かれるとある。

問曰、備修衆行、但能迴向皆得往生。何以仏光普照唯摂念仏者、有何意也。答曰、此有三義。一明親縁。衆生起行口常称仏、仏即聞之。身常礼敬仏、仏即見之。心常念仏、仏即知之。衆生憶念仏者、仏亦憶念衆生。彼此三業不相捨離。故名親縁也。二明近縁。衆生願見仏、仏即応念現在目前。故名近縁也。三明増上縁。衆生称念即除多劫罪。命欲終時、仏与聖衆自来迎接。諸邪業繫無能礙者。故名増上縁也。(7)

これも「定善義」からの引文で、真身観解説箇所での問答。経中に仏の光は普く照らすと説かれるのに、一方で、ただ念仏の者のみを摂するとあるのはどういうことかという問いに対して、親縁・近縁・増上縁の三縁で回答される。そのうち、増上縁の説明で、衆生が称念すれば多劫の罪を除くことができ、命終の時には仏と聖衆の来迎がある。

り、それは諸々の邪業によって妨げられないとされる。

四明已聞経功力除罪千劫。五明智者転教称念弥陀之号。六明以称弥陀名故除罪五百万劫。問曰、何故聞経十二部但除罪千劫、称仏一声即除罪五百万劫者、何意也。答曰、造罪之人障重加以死苦来逼。善人雖説多経、食受之心浮散。由心散故、除罪稍軽。又仏名是一、即能摂散以住心。復教令正念称名。由心重故即能除罪多劫也。(8)

こちらは「散善義」下品上生の解説箇所である。ここでは聞法による滅罪についても述べられており、十二部経を聞くことにより千劫の罪を除き、弥陀の名号を称えることで五百万劫の罪が除かれるとしている。そして、十二部経を聞くことで千劫の罪が除かれるのに対して、なぜ一仏の名を一声称えるだけで五百万劫の罪が除かれるのか、という問いが立てられる。そして、その回答として、罪人の障が重いことに加えて死苦がせまっていること、善人が多経を説いてもそれを聞き受ける心が浮散しているがゆえに罪が除かれることがやや軽く、仏名は一つだけなので心が散乱せず、教えて正念に仏名を称えさせることができるということが挙げられる。そして、このように心が重いために、称名により罪を除くことは多劫であるという。

四従命欲終時下至即得往生已来、正明第九門中終時善悪来迎。即有其九。一明罪人命延不久。二明獄火来現。三明正火現時遇善知識。四明善人為説弥陀功徳。五明罪人既聞弥陀名号即除罪多劫。六明既蒙罪滅火変為風。七明天華随風来応羅列目前。八明化衆来迎。九明去時遅疾。(9)

これは「散善義」下品中生解説箇所の一部である。下品中生人は臨終時に阿弥陀仏の名号を聞くことで多劫の罪を除くことができると示される。

この他にも、下品下生の解説箇所では「八明除罪多劫(10)」と、称名念仏により多劫の罪が除かれるとしている。

以上、『観経疏』を確認した。『観経疏』では、懺悔の他、聞法、称名や観想、名号を聞くことによる滅罪が示されていた。また、滅せられる罪の内容として、懺悔では、十悪・五逆・四重・謗法・闡提等の罪、聞法は千劫の罪、観想は多劫の罪、称名は多劫や五百万劫の罪、聞名では多劫の罪が、それぞれ挙げられていた。

②『往生礼讃』

続いて、『往生礼讃』について確認する。

其有衆生遇斯光者、三垢消滅身意柔軟。歓喜踊躍善心生焉。若在三塗勤苦之処、見此光明、無復苦悩。寿終之後皆蒙解脱。(11)

これは、「日没讃」十二光明の解説箇所である。阿弥陀仏の光明に遇う者は三垢が消滅するとされる。

至心懺悔。

南無懺悔十方仏　願滅一切諸罪根
今将久近所修善　回作自他安楽因
恒願一切臨終時　勝縁勝境悉現前
願観弥陀大悲主　観音勢至十方尊
仰願神光蒙授手　乗仏本願生彼国
懺悔回向発願已、至心帰命阿弥陀仏。(12)

こちらは、『往生礼讃』中で要・略・広の三種類の懺悔が示される中の要懺悔の懺悔文である。十方仏に懺悔することで一切の諸々の罪根が滅せられることが願われる。この他、広懺悔では、

此等三品雖有差別、即是久種解脱分善根人。致使今生敬法重人不惜身命、乃至小罪若懺、即能徹法徹髄。能如

此懺者、不問久近、所有重障頓皆滅尽。若不如此、縦使日夜十二時急走衆是無益。若不作者。応知、雖不能流涙流血等、但能真心徹到者即与上同。(13)

とある。ここは三品の懺悔というものについて解説される箇所であり、三品の懺悔をする者とは、今生に法を敬い、人を大切にし身命を惜しまずたとえ小罪でも心・髄から懺悔する人のことであるという。またこのような者は久近を問わずあらゆる重障がただちに滅尽するとされる。なお紙幅の都合で引用しないが、この後に続く広懺悔の懺悔文では、懺悔する内容として十悪や破戒が示される。

問曰、称念礼観阿弥陀仏現世有何功徳利益。答曰、若称阿弥陀仏一声即能除滅八十億劫生死重罪。礼念已下亦如是。(14)

これは後述に設けられた問答である。阿弥陀仏を称念・礼観することで現世においてどのような利益があるかという問いに対して、阿弥陀仏の名号を一度称念するだけで八十億劫の生死の重罪が除滅されるという。

以上、『往生礼讃』について確認した。『往生礼讃』でも、懺悔や称名のほか、阿弥陀仏の光明についても滅せられる対象が示されていた。また、懺悔では、一切の諸罪根やあらゆる重障、十悪や破戒、称名は八十億劫の生死の重罪、阿弥陀仏の光明では三垢が滅罪の内容とされていた。

③『法事讃』

次に『法事讃』の内容について確認する。

人天善悪皆得往生。到彼無殊斉同不退。何意然者、乃由弥陀因地世饒王仏所捨位出家、即起悲智之心広弘四十八願、以仏願力五逆之与十悪罪滅得生、謗法闡提回心皆往。(15)

これは、巻上の広請三宝の一節である。ここでは、阿弥陀仏の仏願力によって五逆と十悪の罪が滅されて阿弥陀仏国に往生することができるという。

願往生願往生。為今施主及衆生奉請賢聖。入道場証明功徳。修供養、三毒煩悩因茲滅、無明黒闇罪皆除。願我生生値諸仏、念念修道至無余。回此今生功徳業、当来畢定在金渠。衆等各各斉身心、手執香華常供養。(16)

続くこちらも巻上の広請三宝の一節である。ここでは、賢聖に道場に入ってもらい阿弥陀仏の功徳が証明されることが願われる。また、賢聖を供養することで三毒の煩悩が滅され、また無明黒闇の罪が皆除かれるとされる。

弟子道場衆等、自従元身已来乃至今身至於今日、於其中間放縦三業作如是等罪。楽行多作無量無辺。今聞仏説阿鼻地獄、心驚毛竪怖懼無量慚愧無量。今対道場凡聖、発露懺悔。願罪消滅永尽無余。懺悔已、至心帰命礼阿弥陀仏。(17)

巻上での懺悔の一節である。阿鼻地獄の様相を聞いて慚愧無量となり、道場の凡聖に対して発露懺悔し、自身の罪が全て消滅することが願われる。また懺悔の後に阿弥陀仏に帰命することが述べられる。この他、懺悔する内容については、十悪や一切悪といったものが挙げられる。

以上、『法事讃』の該当箇所を挙げた。『法事讃』では仏願力、賢聖の供養、懺悔で具体的な滅罪の内容が確認できた。また、仏願力は五逆と十悪、賢聖の供養では三毒の煩悩および無明黒闇の罪、懺悔では十悪や一切悪が滅せられる罪として示されていた。

④『**般舟讃**』

次に、『般舟讃』について確認する。

一切如来設方便願往生　亦同今日釈迦尊無量楽
随機説法皆蒙益願往生　各得悟解入真門無量楽
門門不同八万四願往生　為滅無明果業因無量楽
利剣即是弥陀号願往生　一声称念罪皆除無量楽(18)

この讃文では、仏の教えが数多く存在するのは無明と果と業因を滅するためであり、またそのための剣は阿弥陀仏の名号であり一声称念するだけで罪が皆除かれることが説かれている。

罪人臨終得重病願往生　神識昏狂心倒乱無量楽
地獄芬芬眼前現願往生　白汗流出手把空無量楽
如此困苦誰能救願往生　会是知識弥陀恩無量楽
手執香炉教懺悔願往生　教令合掌念弥陀無量楽
一声称仏除衆苦願往生　五百万劫罪消除無量楽(19)

ここは下品上生についての讃文箇所である。下品上生人は臨終時に重病を患い、心が倒乱し地獄の様相が現前する。このような者に対して手に香炉を持って教えて懺悔させて、また教えて合掌させて阿弥陀仏を念じさせる。一声の称名は衆苦を除き五百万劫の罪が消除するという。

善友告言専合掌願往生　正念専称無量寿無量楽
声声連注満十念願往生　念念消除五逆障無量楽
謗法闡提行十悪願往生　回心念仏罪皆除無量楽(20)

こちらは下品下生についての讃文箇所である。下品下生人の臨終時に、善友が合掌して正念にただ無量寿と称えるのだと告げる。下品下生人は謗法と闡提と十悪を犯しているが、回心して念仏すれば、それらの罪は皆除かれるとしている。

以上、『般舟讃』について確認した。『般舟讃』では称名に関する箇所で具体的な罪の内容が確認できた。ここでは、全ての罪、五百万劫の罪、謗法と闡提と十悪といったものが称名によって滅せられるとされていた。

⑤『観念法門』

最後に、『観念法門』について、内容を確認しよう。

若有人一須臾頃観白毫相、若見若不見、即除却九十六億那由他恒河沙微塵数劫生死重罪。常作此想、太除障滅罪。又得無量功徳、諸仏歓喜(21)。

これは観仏三昧法の一節である。白毫相を一須臾の間でも観ずれば、仏に見えたかどうかにかかわらず九十六億那由他恒河沙微塵数劫の生死の重罪が除却され、常にこの観想をすれば、はなはだ障が除かれ罪は滅せられ、また無量の功徳を得るとされる。

言滅罪増上縁者、即如観経下品上生人、一生具造十悪重罪。其人得病欲死、遇善知識教称弥陀仏一声。即除滅五十億劫生死重罪。即是現生滅罪増上縁。又如下品中生人、一生具造仏法中罪。破斉破戒、食用仏法僧物不生慚愧。其人得病欲死、地獄衆火一時倶至。遇善知識為説弥陀仏身相功徳国土荘厳。罪人聞已、即除八十億劫生死之罪、地獄即滅。亦是現生滅罪増上縁。又如下品下生人、一生具造五逆極重之罪。経歴地獄受苦無窮。罪人得病欲死、遇善知識教称弥陀仏名十声。於声声中除滅八十億劫生死重罪。此亦是現生滅罪増上縁。又若有人、依観経等画造浄土荘厳変、日夜観想宝地者現生念念除滅八十億劫生死之罪。又依経画変、観想宝樹宝池宝楼荘厳者、現生除滅無量億阿僧祇劫生死之罪。又依華座荘厳、観日夜観想者、現生念念除滅五十億劫生死之罪。又依経観想像観真身観観音勢至等観、現生於念念中除滅無量億劫生死之罪。如上所引、並是現生滅罪増上縁。(22)

これは、五縁功徳分のうちの滅罪増上縁について説明する箇所である。ここでは、まず『観経』に説かれる、下品上生の一声の称名による五十億劫の生死の重罪の滅罪、下品中生の阿弥陀仏やその浄土について聞くことによる八十億劫の生死の罪の滅罪、下品下生の十声の称名による八十億劫の生死の重罪の滅罪が示される。それに続いて、阿弥陀仏の浄土変相図を用いて観想することにより八十億劫の生死の罪、変相図を用いて宝樹・宝池・宝楼を観想することにより無量億阿僧祇劫の生死の罪、華座観によって観想することにより五十億劫の生死の罪、像観・真身観・観音勢至観により無量億劫の生死の罪がそれぞれ滅せられることが述べられる。

仏為父王及諸大衆説。過去有仏、名曰空王。像法住世時有四比丘、破戒犯重。時空王仏於夜空中出声告四比丘言、汝之所犯名不可救。欲滅罪者、可入我塔中観我形像至心懺悔、可滅此罪。時四比丘万事俱捨、一心奉教入塔、於仏像前自撲懺悔如大山崩、婉転於地号哭、向仏日夜相続至死為期。捨命已後得生空王仏国。(23)

これは、結勧修行分での『観仏三昧海経』の引用文。かつて空王仏が在した時に重ねて戒を破った四比丘が、塔の中で仏像に対して自撲懺悔することで罪を滅し、捨命以後に空王仏国に生まれることができたとされる。この他、「四根本十悪等罪、五逆罪及謗大乗」(24)や、三昧行相分では「一生已来身口意業所造衆罪」(25)と懺悔する罪の内容が示されている。

以上、『観念法門』について確認した。『観念法門』では、観想、称名、阿弥陀仏やその浄土について聞くこと、懺悔において具体的な罪の内容が記されていた。すなわち、観想では、九十六億那由他恒河沙微塵数劫の生死の重罪・八十億劫の生死の罪・無量億阿僧祇劫の生死の罪が、称名では、五十億劫の生死の重罪・八十億劫の生死の重罪が、阿弥陀仏やその浄土について聞くことでは八十億劫の生死の罪が、懺悔では生まれてからの身口意業の造る全ての罪・四根本や十悪等の罪・五逆罪および大乗を謗る罪が滅せられる罪の内容として示されていた。

ここまで、現生での滅罪に注目し五部九巻の内容を確認した。その中、滅罪の方法として、①称名、②観想、③聞名、④聞法、⑤懺悔、⑥阿弥陀仏の光明、⑦仏願力、⑧賢聖の供養が示されていた。このうち、たとえば称名は多劫や五百万劫の罪・八十億劫の生死の重罪とあり、観想では九十六億那由他恒河沙微塵数劫の生死の重罪・八十億劫の生死の罪や無量億阿僧祇劫の生死の罪、懺悔では一切の諸罪根やあらゆる重障や十悪と様々に滅罪の内容が確認できたが、いずれの方法においても滅することのできる罪の内容や量は絶大であり、この意味で各方法での滅罪に優劣はなく、特に違いはないように考えられる。それにもかかわらず、なぜ善導は滅罪に関して様々な方法を提示しているのだろうか。

二、滅罪後に想定されるもの

ここまで現生での滅罪とその方法について確認した。称名や観仏、仏願力や懺悔等、様々な方法による滅罪が説かれていたが、善導はこれらの方法で示される滅罪後に、どのような事態を想定していたのだろうか。このことについて、方法ごとにあらためて五部九巻の内容を確認し、滅罪の違いを見つけたい。

①称名、②観想

最初に、称名と観想について確認する。善導において、五念門や五正行に数えられる称名や観想の目的が阿弥陀仏国への往生であることとは、言うまでもないことであるが、これらの滅罪の目的が何なのか、あらためて確認したい。

まず、称名に関する内容をあらためて見てみよう。

善友告言専合掌願往生　正念専称無量寿無量楽
声声連注満十念願往生　念念消除五逆障無量楽
謗法闡提行十悪願往生　回心念仏罪皆除無量楽
病者身心覚醒悟願往生　眼前即有金華現無量楽
金華光明照行者願往生　身心歓喜上華臺無量楽
乗華一念至仏国願往生　直入大会仏前池無量楽(26)

これは『般舟讃』の九品往生に関する讃文である。下品下生人が回心し念仏することによって罪が皆除かれ、臨終時に眼前に金華が現れ、それに乗って阿弥陀仏国に往生するという。また、先程確認した「定善義」の三縁に関する問答では、

三明増上縁。衆生称念即除多劫罪。命欲終時、仏与聖衆自来迎接。諸邪業繋無能礙者。故名増上縁也(27)。

と、称名によって多劫の罪が除かれた後に仏と聖衆が来迎するという内容が見られる。

次に、観想については、「定善義」華座観に関する解説箇所で、

十従除無量下至生彼国已来、正明依法観察除障多劫。身器清浄応仏本心。捨身他世必往無疑(28)。

とある。ここでは、華座観により多劫の罪を除いた後に、捨身して必ず阿弥陀仏国に往生できると示されている。
以上の内容から、称名や観想による滅罪の後に往生や来迎という事態を善導が想定していることを確認できた。

③聞名

続いて聞名、聞法による滅罪後の事態を確認する。

五明罪人既聞弥陀名号即除罪多劫。六明既蒙罪滅火変為風。七明天華随風来応羅列目前。八明化衆来迎。九明去時遅疾。(29)

これは先にも確認した。「散善義」下品中生解説箇所の一部である。ここでは、下品中生人が臨終時に聞名により滅罪し、化衆が来迎するとある。

⑤懺悔

次に懺悔について確認する。『往生礼讃』では要・略・広の懺悔が示されるが、そのうち要懺悔では懺悔文の後に「懺悔回向発願已、至心帰命阿弥陀仏(30)」とあり、懺悔の後に阿弥陀仏に帰命することが述べられる。これは略・広の懺悔でも同様で、それぞれ懺悔の後に阿弥陀仏に帰命することが記されている。『往生礼讃』以外の書物でも「懺悔→阿弥陀仏に帰命」という構造と同様のものが確認でき、『観経疏』「定善義」の日観解説箇所でも、「懺悔已、還如前坐法安心取境(31)」と、障により日観できない場合は懺悔によって障を滅した後にあらためて日観すべきとされ、「懺悔→観想（阿弥陀仏国への往生のための行）」という構造であることがわかる。ただし、『観念法門』結勧修行分では、『観仏三昧海経』を引用する中で、「捨命已後、得生空王仏国(32)」と、四比丘が自身の罪を懺悔し滅罪した結果、捨命の後に空王仏国に往生するとされている。

⑥阿弥陀仏の光明

阿弥陀仏の光明による滅罪では、滅罪の後にどのような事態が想定されているのだろうか。

其有衆生遇斯光者、三垢消滅身意柔軟。歓喜踊躍善心生焉。若在三塗勤苦之処、見此光明、無復苦悩。寿終之後皆蒙解脱[33]。

これは『往生礼讃』日没讃の一節である。ここでは、阿弥陀仏の光明に遇う者は、三垢が消滅し身意柔軟となり善心が生じる。また苦悩が無くなり、寿命の後に皆解脱を得るとされる。

⑦仏願力

次に、仏願力による滅罪についてあらためて確認する。

人天善悪皆得往生。到彼無殊斉同不退。何意然者、乃由弥陀因地世饒王仏所捨位出家、即起悲智之心広弘四十八願、以仏願力五逆之与十悪罪滅得生、謗法闡提回心皆往[34]。

これは『法事讃』巻上の広請三宝の一節である。ここでは、仏願力によって五逆と十悪の罪が滅せられ、謗法や闡提は回心して皆阿弥陀仏国への往生を得るとされる。

⑧賢聖の供養

賢聖を供養することによる滅罪は『法事讃』巻上で確認できる。

願往生願往生。為今施主及衆生奉請賢聖。入道場証明功徳。修供養、三毒煩悩因茲滅、無明黒闇罪皆除。願我生生値諸仏、念念修道至無余。回此今生功徳業、当来畢定在金渠。衆等各各斉身心、手執香華常供養[35]。

ここでは賢聖を供養することで三毒の煩悩が滅し、無明黒闇の罪が皆除かれるとされる。そして生生に諸仏に見え念念に仏道を修めること、そして今生の功徳業を回して当来に阿弥陀仏国に生まれることが願われる。

⑨その他

先程確認した①～⑧の他にも滅罪とその後の事態について併せて記されているものがいくつかあるので確認する。

願往生願往生。衆等咸帰命本師釈迦仏十方世界諸如来。願受施主衆生請。不捨慈悲入道場。証明功徳滅諸罪。

回心一念見弥陀。衆等身心皆踊躍。手執香華常供養(36)。

これは『法事讃』巻上の広請三宝の一節である。ここでは、釈迦仏や十方世界の諸如来による滅罪が願われた後に、阿弥陀仏に見えることが述べられる。

願往生願往生。道場衆等爾許多人歴劫已来、巡三界輪回六道無休止。希見道場請仏会、親承供養。難思議。七周行道散華訖。悲喜交流願滅罪。乗此善根生極楽、華開見仏証無為。衆等持心就本座、手執香華常供養(37)。

同じく『法事讃』巻上での行道の箇所。行道して滅罪し、この善根によって極楽に生まれ、華が開き仏に見えて無為を証明してもらうことが願われる。

以上、滅罪の方法について、滅罪された後に善導は何を想定していたのか確認した。それぞれの方法ごとにまとめると次の通りとなる。

①称名…往生、来迎

②観想…往生

③聞名…来迎

⑤懺悔…阿弥陀仏に帰命、空王仏国への往生（『観念法門』のみ）
⑥阿弥陀仏の光明…身意柔軟となり善心が生じる、寿命の後に解脱を得る。
⑦仏願力…往生
⑧賢聖の供養…諸仏に見える、往生
⑨その他…阿弥陀仏に見える（釈迦仏や諸仏による滅罪）
　往生（行道）

これらの結果から、ほとんどの滅罪は、往生や来迎など阿弥陀仏や悟りに関係する事態であることがわかる。それに対して懺悔のみ、往生や来迎ではなく、その前段階にあたる阿弥陀仏への帰命（または懺悔後に往生に関する行を修す）となっていることは興味深い。なぜ懺悔のみ滅罪後に想定されるものが異なっているのだろうか。

三、滅罪の違い

善導著作では様々な方法で滅罪が示されるが、滅罪後に想定されていることに違いがあることを確認した。すなわち、多くの場合、往生や来迎など阿弥陀仏に関係する事態が滅罪後に想定されているのに対して、懺悔のみ、滅罪後は阿弥陀仏に帰命する、または観想など往生に関わる行を修す、という違いがある。最後に、この違いが起こる理由について考えてみたい。

違いについて検討するにあたり、まずは多くの滅罪で共通していた往生や来迎などの阿弥陀仏や阿弥陀仏国に関係する事態について考えてみたい。

最初に、①称名や②観想による往生は、善導著作全体を通して詳細に説明されるところであり、五念門や五正行に配当されるこれらの行による滅罪後に往生や来迎が想定されるのは、当然のことと言える。

次に③聞名による往生は、善導著作中、『観経』下品生人に関する内容で確認できる。なお聞名による往生は『観経』下品生では直接説かれていないが、たとえば善導の師である道綽の『安楽集』に、

若人雖有無量生死罪濁、若聞阿弥陀如来至極無生清浄宝珠名号投之濁心。念念之中罪滅心浄即便往生。(38)

と、下品生人が阿弥陀仏の名号によって滅罪し往生すると述べられている。このような内容から、善導が聞名による滅罪とそれによる往生を想定したと考えられる。

⑥阿弥陀仏の光明と⑦仏願力は阿弥陀仏が衆生救済に直接関わる描写であり、阿弥陀仏の衆生救済方法である阿弥陀仏国への往生やそれに関係する来迎、解脱が述べられるのは、自然なことと言える。⑨の行道も、行道が五念門である礼拝門や讃歎門に関係することから、滅罪後に往生が想定されるのはやはり自然である。

では、⑧賢聖の供養や⑨諸仏による滅罪は、阿弥陀仏とは直接関係していないように思えるがどうだろうか。まず、⑨諸仏による滅罪について考えてみよう。⑨の内容をあらためて確認すると、

願往生願往生。衆等咸帰命本師釈迦仏十方世界諸如来。願受施主衆生請、不捨慈悲入道場、証明功徳滅諸罪。回心一念見弥陀、衆等身心皆踊躍、手執香華常供養。(39)

とあり、「諸仏が阿弥陀仏の功徳を証明し滅罪→阿弥陀仏に見える」という構造であることがわかる。諸仏が阿弥陀仏の功徳を証明するという点で関連されるのは『阿弥陀経』の六方段であろう。六方段の十方諸仏の証誠について、善導は『観経疏』「散善義」の深心釈で、

即弥陀経中説。釈迦讃歎極楽種種荘厳、又勧一切凡夫一日七日一心専念弥陀名号、定得往生、次下文云、十方

各有恒河沙等諸仏、同讃釈迦能於五濁悪時悪世界悪衆生悪見悪煩悩悪邪無信盛時、指讃弥陀名号、勧励衆生称念必得往生、即其証也。又十方仏等恐畏衆生不信釈迦一仏所説、即共同心同時各出舌相遍覆三千世界、語誠実言。汝等衆生皆応信是釈迦所説所讃所証一切凡夫不問罪福多少、時節久近、但能上尽百年下至一日七日、一心専念弥陀名号、定得往生必無疑也。是故一仏所説、即一切仏同証誠其事也。(40)

と、『阿弥陀経』で釈迦仏と十方諸仏が衆生のために阿弥陀仏の名号を証誠しているとしている。また、このゆえに一仏の所説は、一切仏が同じように証誠するのだという。また、『往生礼讃』では、

問曰。一切諸仏三身同証。悲智果圓亦応無二。随方礼念課称一仏。亦応得生。何故偏歎西方勧専礼念等。有何義也。答曰。諸仏所証平等是一。若以願行来收非無因縁。然弥陀世尊本発深重誓願。願以光明名号摂化十方。但使信心求念上尽一形。下至十声一声等。以仏願力易得往生。是故釈迦及以諸仏勧向西方。為別異爾。亦非是称念余仏不能除障滅罪也。応知。(41)

と、問答が設けられている。まず、一切諸仏は三身を同じく証し悲智の果は円かにして無二であるのに、ただ西方を歎じて勧めて礼念させるのはどのような義があるのか、と問いが立てられる。これに対して、諸仏の証は平等であり一であるが、願行の観点から言えば因縁があり、阿弥陀仏は深重の誓願を発したので光明と名号によって十方を摂化する。このゆえに釈迦仏や諸仏は西方を勧めて向かわせるのだという。すなわち、諸仏や阿弥陀仏は悲智の果が円かにして無二である同じ証を得ているために、光明と名号で衆生を救済する阿弥陀仏の国である西方浄土を勧めるのである。このことから、十方諸仏は衆生が阿弥陀仏に見えるよう働きかけるのであり、「諸仏が阿弥陀仏の功徳を証明し滅罪↓阿弥陀仏に見える」という構造が成り立つのである。これは⑧賢聖の供養についても同様のことが言える。賢聖の供養についての内容をあらためて確認すると、

願往生願往生。為今施主及衆生奉請賢聖。入道場証明功徳。修供養、三毒煩悩因茲滅、無明黒闇罪皆除。願我生生値諸仏、念念修道至無余。回此今生功徳業、当来畢定在金渠。衆等各各斉身心、手執香華常供養。[42]

とあり、「賢聖を供養することによる滅罪→諸仏に見える→寿命の後に阿弥陀仏国に往生」という構造であることがわかる。ここで、諸仏が阿弥陀仏国を衆生に勧めることは確認した通りである。このことを踏まえるならば、この構造にもある諸仏に見えた結果、諸仏は衆生に西方浄土を勧めると善導が想定していたと考えられる。すなわち「賢聖を供養することによる滅罪→諸仏に見える→（諸仏が阿弥陀仏を勧める）→寿命の後に阿弥陀仏国に往生する」という構造により、賢聖の供養による滅罪の後に阿弥陀仏国への往生が想定されるのである。

ここまで、往生や来迎などの阿弥陀仏や阿弥陀仏国に関係する事態について考察した。最後に、懺悔について考えてみたい。懺悔による滅罪はほとんどが「懺悔による滅罪→阿弥陀仏に帰命」という構造であることをすでに確認した。ではなぜ懺悔による滅罪の後に往生や来迎といった事態は想定されないのだろうか。これについては「散善義」の深心に関する解説箇所で、

次就行立信者、然行有二種。一者正行、二者雑行。言正行者、専依往生経行行者、是名正行。何者是也。一心専読誦此観経弥陀経無量寿経等、一心専注思想観察憶念彼国二報荘厳、若礼即一心専礼彼仏、若口称即一心専称彼仏、若讃歎供養即一心専讃歎供養、是名為正。又就此正中復有二種。一者一心専念弥陀名号、行住坐臥不問時節久近念念不捨者、是名正定之業。順彼仏願故。若依礼誦等即名為助業。除此正助二行已外自余諸善悉名雑行。若修前正助二行、心常親近憶念不断、名為無間也。若行後雑行、即心常間断。雖可迴向得生、衆名疏雑之行也。故名深心。[43]

とあることが関わっていると考えられる。これはいわゆる就行立信についての解説箇所で、正行と雑行について論

が展開される。ここでは、読誦、観察、礼拝、称名、讃歎供養仏願に五正行に対し、他の行は雑行である。また、正行の中でも阿弥陀仏の仏願に順う称名は正定業であり、その他は助業である。そして、正助二行を修すれば心は常に阿弥陀仏と近くなり憶念は断えず無間となる。一方、雑行を修しても心は常に間断し、回向して往生しようとしても全て疎雑の行となるという。

以上を踏まえると、正行に含まれない懺悔は雑行であり、この行の功徳を回向して往生しようとしてもそれは疎雑の行となるのである。このことから、善導は懺悔による往生を想定しなかったのだと考えられる。

ところで、『観念法門』結勧修行分では、「捨命已後得生空王仏国(44)」と、阿弥陀仏国ではないとはいえ、懺悔による滅罪後に仏国土への往生が想定されている用例がある。これはどのように考えればよいだろうか。これは『観仏三昧海経』を引用することで説明されるが、この引用の前には、

問曰、準依仏教精勤苦行、日夜六時礼念行道観想転誦、斉戒一心厭患生死、畏三塗苦、畢此一形誓生浄土弥陀仏国者、又恐殘殃不尽、現与十悪相応。覚有斯障者、云何除滅。具引仏経示其方法(45)。

という問いが立てられる。これは、仏教によって精勤苦行して日夜六時に礼念や行道などを修し、この寿命の後に阿弥陀仏国に往生しようとして誓っても、殘殃が尽きず十悪と相応してしまう。このような障をどのように除滅するかという問いであるが、これに対して懺悔による滅罪が示されるのである。この問いを踏まえるならば、空王仏国への往生が示される『観仏三昧海経』引用も、往生の妨げとなる障を滅する方法である懺悔を示すことが目的であり、懺悔による滅罪により往生することを示そうとしたのではないことがわかる。

懺悔による滅罪後に往生が想定されないことは、懺悔が雑行に含まれてしまうことから考えることができた。では、なぜ善導は雑行に含まれうる懺悔について「懺悔による滅罪→阿弥陀仏に帰命する」という構造を想定してい

たのだろうか。このことについて、阿弥陀仏国への往生するための修道体系上における懺悔の位置という観点から考えてみたい。『往生礼讃』では冒頭に「問曰、今欲勧人往生者、未知若為安心起行作業定得往生彼国土也(46)」とあり、阿弥陀仏国に往生するための修道体系として安心・起行・作業の三つが説明される。このうち、安心は『観経』に説かれる至誠心・深心・回向発願心、起行は身業礼拝門・口業讃歎門・意業憶念観察門・作願門・回向門からなる五念門、作業は恭敬修・無余修・無間修・長時修である。また安心については「具此三心必得生也。若少一心即不得生。如観経具説、応知(47)」とあり、『観経』の三心を具えれば必ず往生することができるとされ、起行については「五門既具定得往生。一一門与上三心合、随起業行、不問多少、皆名真実業也、応知(48)」とあり、五念門を具えれば往生できるとされ、また五念門と三心が相応すれば皆真実業となるとされる。以上のように、安心と起行が往生のために重要であることが説明されるが、一方で作業は「又勧行四修法、用策三心五念之行、速得往生(49)」と、速やかに往生するために安心・起行の助けとなるためのものであるとされる。すなわち、作業が往生の直接的な因とはならないのである。そして作業のうち、無間修では「又不以貪瞋煩悩来間。随犯随懺、不令隔念隔時隔日、常使清浄亦名無間修(50)」とあり、貪・瞋煩悩により犯してしまう罪をその度に懺悔し、常に自身が清浄であるようにすることが述べられており、安心・起行を助けるために懺悔が位置していることがわかる。すなわち、犯した罪を懺悔によって滅罪し、自身が清浄であるようにし、その上で往生のために安心・起行を修すというのである。

また、懺悔が作業に含まれるということから、先に確認した「懺悔による滅罪→阿弥陀仏に帰命（往生のための行を修す）」という構造も説明できる。先に確認した「定善義」日観では、

於此明上即自見業障軽重之相。一者黒障猶如黒雲障日。二者黄障又如黄雲障日。三者白障如似白雲障日。此日猶雲障故、不得朗然顕照。衆生業障亦如是。障蔽浄心之境、不能令心明照(51)。

とあり、自身の業障によって日観ができない可能性があることが述べられていた。そしてこの場合は、懺悔し業障を滅することで日観できるようになることも説明されている。これを換言すれば、作業である懺悔によって自身の業障を滅し清浄となることで、起行である観想を修すことができるようになるのである。さらに、自身の業障が往生のための行の妨げとなることは、「散善義」の至誠心釈でも、

貪瞋邪偽奸詐百端、悪性難侵事同蛇蝎、雖起三業名為雑毒之善、亦名虚假之行。不名真実業也。若作如此安心起行者、縦使苦励身心、日夜十二時急走急作、如炙頭燃者、衆名雑毒之善。欲迴此雑毒之行求生彼仏浄土者、此必不可也。(52)

と述べられる。ここでは貪・瞋煩悩が盛んで悪性を止めることはできず、この中で行うことは蛇蝎と同じであり、三業を起こしてもそれは雑毒の善となり虚仮の行となる。そしてそのような状態で安心・起行しても全て雑毒の善となり、この雑毒の善を回向しても阿弥陀仏国に往生することはできないとされる。すなわち、自身の煩悩やそれによる悪業が安心・起行の妨げとなるのである。このような状態から、どのようにして安心・起行を正しく修すことができるようになるのだろうか。これもやはり作業である懺悔が関係していると言えよう。すなわち、無間修である懺悔によって貪・瞋煩悩による罪や障を懺悔し自身を常に清浄な状態とし、この中で安心・起行を修すことで雑毒の善とならず、これを回向することで往生することが可能となるのである。

以上、「懺悔による滅罪→阿弥陀仏に帰命（往生のための行を修す）」という構造は、作業に含まれる懺悔という点から説明できた。善導著作中、懺悔による滅罪は多く述べられるが、正行に数えられない以上、その滅罪の後に往生が想定されることはない。この点のみ考えれば、阿弥陀仏国への往生を目指す善導教学において懺悔は不必要に思える。しかし、作業の一つである懺悔ということを踏まえることで、五念門をはじめとする往生行を助けるた

めに懺悔とそれによる滅罪は必要だと言えよう。

おわりに

本論では、特に現生での滅罪に注目し善導の罪理解を検討してきた。検討内容は以下の通りである。

①善導著作中ごとに、現生での滅罪とその方法について確認した。色々な方法で滅罪が示されており、また滅せられる罪の内容も様々である。しかし、滅せられる罪の量や内容を比較したとき、滅罪の方法ごとに優劣をつけることはできない。

②滅罪後に想定されるものに注目して、滅罪の内容を確認した。阿弥陀仏国への往生や来迎といった事態は多くの滅罪の方法で想定されていた。一方で、懺悔のみ、滅罪後に往生や来迎といった事態は想定されず、「懺悔による滅罪→阿弥陀仏に帰命（称名や観想などの往生行を修す）」といった構造を持つことが明らかになった。

③称名や観想などと懺悔では、滅罪後に想定されるものが異なる点について考察した。五念門や五正行に数えられる称名や観想による滅罪後に往生や来迎が想定されるのは自然なことと言える。また、阿弥陀仏と直接的に関係がない諸仏による滅罪や賢聖を供養することによる滅罪も、『阿弥陀経』や三身同証の理解から、往生や来迎に類する事態が想定できる。一方、往生のための行という観点から言えば雑行に数えられる懺悔において、滅罪後に往生が述べられないのは当然である。しかし作業に数えられる懺悔という観点から言えば、安心・起行を助けるために懺悔による滅罪は必要である。

仏教において、仏道修行の妨げとなる罪を滅するための方法は様々に存在する。善導においても多様な方法で滅罪が示され、それにより往生や来迎が想定された。言うまでもなく、善導教学は阿弥陀仏国への往生を目指すことが中心であり、この点から言えば阿弥陀仏国への往生と関係のない懺悔による滅罪は、善導において不必要なものにも思える。しかし、『観経』の三心や五念門からなる安心・起行を助ける作業として懺悔は位置しており、このことから懺悔による滅罪も善導の修道体系において意味を持つものと言えるのである。

註

（1）『大正新脩大蔵経』（以下『大正蔵』）三七、二七一上。『浄土真宗聖典全書』（以下『浄真全』）一、七六二。

（2）善導における「悪」や「罪」に関する先行研究には、例えば、矢田了章「善導浄土教における罪悪について」（『龍谷大学論集』三九九、一九七二年）、真柄和人「善導集記『観経疏』における善悪について」（『浄土宗学研究』一二、一九七九年）や、柴田泰山『善導教学の研究　第二巻』（山喜房佛書林、二〇一四年）第二部第四章が挙げられる。これらの先行研究は、柴田氏の研究（柴田泰山『善導教学の研究　第二巻』山喜房佛書林、二〇一四年、第二部第四章）で整理されている。また、近年、小川法道氏が善導の滅罪について論じている（小川法道「中国浄土教における業の問題――善導の滅罪と往生を中心として――」令和三年度佛教大学博士学位請求論文、二〇二一年）。

（3）小川法道「中国浄土教における業の問題――善導の滅罪と往生を中心として――」令和三年度佛教大学博士学位請求論文、二〇二一年、第三章。

（4）『大正蔵』三七、二六一下～二六二上。『浄真全』一、七二一～七二三。

（5）『大正蔵』三七、二六五下。『浄真全』一、七三八。

（6）『大正蔵』三七、二六九中。『浄真全』一、七五四。

（7）『大正蔵』三七、二六八上。『浄真全』一、七四七～七四八。

(8) 『大正蔵』三七、二七六中。『浄真全』一、七八四～七八五。
(9) 『大正蔵』三七、二七六下～二七七上。『浄真全』一、七八六。
(10) 『大正蔵』三七、二七七中。『浄真全』一、七八八。
(11) 『大正蔵』四七、四三九下。『浄真全』一、九一七。
(12) 『大正蔵』四七、四四〇中。『浄真全』一、九二〇～九二一。
(13) 『大正蔵』四七、四四七上。『浄真全』一、九五五。
(14) 『大正蔵』四七、四四七下。『浄真全』一、九五七。
(15) 『大正蔵』四七、四二六上。『浄真全』一、八〇八。
(16) 『大正蔵』四七、四二七上。『浄真全』一、八一二～八一三。
(17) 『大正蔵』四七、四二九中。『浄真全』一、八二四。
(18) 『大正蔵』四七、四四八下。『浄真全』一、六九八。
(19) 『大正蔵』四七、四五五上～中。『浄真全』一、一〇〇二～一〇〇三。
(20) 『大正蔵』四七、四五五中～下。『浄真全』一、一〇〇四。
(21) 『大正蔵』四七、二二下。『浄真全』一、八七二。
(22) 『大正蔵』四七、二四下～二五上。『浄真全』一、八八一～八八二。
(23) 『大正蔵』四七、二九上～中。『浄真全』一、九〇一。
(24) 『大正蔵』四七、二九中。『浄真全』一、九〇一。
(25) 『大正蔵』四七、二四中。『浄真全』一、八七九。
(26) 『大正蔵』四七、四五五中～下。『浄真全』一、一〇〇四。
(27) 『大正蔵』三七、二六八上。『浄真全』一、七四八。
(28) 『大正蔵』三七、二六五下。『浄真全』一、七三八。

(29)『大正蔵』三七、二七六下～二七七上。『浄真全』一、七八六。
(30)『大正蔵』四七、四四〇中。『浄真全』一、九二一。
(31)『大正蔵』三七、二六二上。『浄真全』一、七二三。
(32)『大正蔵』四七、二九中。『浄真全』一、九〇一。
(33)『大正蔵』四七、四三九下。『浄真全』一、九一七。
(34)『大正蔵』四七、四二六上。『浄真全』一、八〇八。
(35)『大正蔵』四七、四二七上。『浄真全』一、八一二～八一三。
(36)『大正蔵』四七、四二六上。『浄真全』一、八〇八。
(37)『大正蔵』四七、四二八上。『浄真全』一、八一八。
(38)『大正蔵』四七、一一下。『浄真全』一、六〇五。
(39)『大正蔵』四七、四二六上。『浄真全』一、八〇八。
(40)『大正蔵』三七、二七二上。『浄真全』一、七六六～七六七。
(41)『大正蔵』四七、四六七上。『浄真全』一、九一五。
(42)『大正蔵』四七、四二七上。『浄真全』一、八一二～八一三。
(43)『大正蔵』三七、二七二上。『浄真全』一、七六七。
(44)『大正蔵』四七、二九上～中。『浄真全』一、九〇一。
(45)『大正蔵』四七、二九上。『浄真全』一、九〇〇～九〇一。
(46)『大正蔵』四七、四三八下。『浄真全』一、九一二。
(47)『大正蔵』四七、四三八下。『浄真全』一、九一二。
(48)『大正蔵』四七、四三九上。『浄真全』一、九一三。
(49)『大正蔵』四七、四三九上。『浄真全』一、九一三。

(50)『大正蔵』四七、四三九上。『浄真全』一、九一四。

(51)『大正蔵』三七、二六二上。『浄真全』一、七二二〜七二三。

(52)『大正蔵』三七、二七一上。『浄真全』一、七六一。

親鸞筆『観無量寿経註』『阿弥陀経註』の文献学的研究（一）

――『観無量寿経』の本文とその異本註記の依用本を中心として――

深見慧隆

はじめに

本研究は、浄土真宗の開祖である親鸞（一一七三～一二六二）の自筆本『観無量寿経註』『阿弥陀経註』（以下、『観経註』『弥陀経註』）を対象とし、文献学的視点から引用仏典の依用本について論じるものである。

西本願寺に収蔵される『観経註』『弥陀経註』は、親鸞が『観無量寿経』『阿弥陀経』（以下、『観経』『弥陀経』）の本文を一行十七文字で書写し、その行間や上下欄の余白、紙背の全面にかけて周密な註記を施したものであり、その成立は親鸞が法然の門下にいた二十九歳から三十五歳頃と推定されている。

ここで取り上げる『観経註』所引の『観経』については、現行の流布本と比較して文字の異同が見られることや、「疏」「古本」「有本」「或本」などと異本の情報を示した註記が付されていることが従来注目されてきたが、これらの本文や異本註記がどのようなものに由来するのかということについては、未だ明らかになっていない。

本論では、親鸞在世時に参照できたと考えられる『観経』の諸本を可能な限り蒐集・比較検討し、現存諸本の系統分類を行った上で、『観経註』所引の『観経』と比較検討を行い、親鸞の『観経註』執筆時における『観経』の引用態度を明らかにする。

一、先行研究の概観

本論に先立ち、ここでは「親鸞が参照したテクストは何か」という問題意識のもと、『観経』諸本の比較を行った主な研究を概観する。

親鸞依用の『観経』に関する主な研究には藤田宏達氏・末木文美士氏・森田眞円氏の論稿がある。まず、藤田氏［一九八五］［二〇〇七］は『真宗聖教全書』所収本（現行流布本）を底本として敦煌本五九点、トゥルファン本五点、石経四点、蔵経本八点、日本写本五点、日本刊本三点の計八四点の全文と比較を行い、異同を示した「諸本対照表」を作成する。そして、藤田氏は『観経』諸本を大きく敦煌本・刊本（甲）（乙）・流布本の四系統に分類した上で、『観経註』に見られる『観経』の本文は流布本系統の五島美術館所蔵鎌倉時代刊本と同一系統であると指摘し、(1)『観経註』の欄外に見られる異本註記の実態は明らかでないと述べている。(2)

次に、末木氏［一九八六］は敦煌本五一点、石経一点、蔵経本六点、日本写本二点、日本刊本三点の計六三点の『観経』諸本について異同の顕著な二五箇所の語句を比較し、『観経』諸本の系統を大蔵経に属する諸本（大蔵経系統）とそれ以外の諸本（単行本系統）とに大別した上で、大蔵経系統を甲本系統と乙本系統、単行本系統を流布本系統と敦煌本系統とに細分化し、『観経註』に見られる『観経』の本文は流布本系統の五島美術館所蔵鎌倉時代刊本に近似すると分析している。(3)

一方、森田氏［一九八六］は『観経註』に見られる『観経』の本文を対象とし、蔵経本四点の全文と比較検討した上で、磧砂版大蔵経が『観経註』所引の『観経』の本文と最も近似することから、親鸞参照のテクストは磧砂版大蔵経、またはその系統のものではないかと推測している。[4] しかし、磧砂版大蔵経が完成したのは至治年間（一三二一～一三二三）であり、親鸞在世時よりも後に開版されているため、少なくとも親鸞が磧砂版大蔵経そのものを参照したとは考え難い。

近年では、上記の研究で用いられた諸本以外にも金剛寺所蔵一切経本をはじめとした数多くの日本古写経本が新たに提示される。[5] 国際仏教学大学院大学学術フロンティア実行委員会においてはその全貌が発表され、刊本大蔵経や日本古写経を含めた膨大な資料を活用しながらの研究が行われている。この研究によれば、『観経』の単行本系統は平安写経の多くが敦煌本系統に近く、平安写経のうち金戒光明寺所蔵写本・清浄華院所蔵写本、鎌倉期の写本・刊本が流布本系統に近いという。[6]

これらの研究成果を整理すると、『観経』諸本の系統は次のように分類できる。

㈠大蔵経系統

［甲本系統］

高麗版大蔵経所収本・金版大蔵経所収本・福州版大蔵経所蔵本。

［乙本系統］

思渓版大蔵経所収本・磧砂版大蔵経所収本・元版大蔵経所収本・明版大蔵経所収本・元版大蔵経所収本・清版大蔵経所収本。

㈡単行本系統

［敦煌本系統］

敦煌本・石経本・トゥルファン本・京都国立博物館所蔵装飾経本・高野山金剛峯寺所蔵中尊寺経本・五島美術館所蔵明遍書写本・妙蓮寺所蔵松尾社一切経本・金剛寺所蔵一切経本・名取新宮寺所蔵一切経本。

［流布本系統］

金戒光明寺所蔵写本・清浄華院所蔵写本・西本願寺所蔵『観経註』所引『観経』親鸞書写本・西本願寺所蔵存覚書写本・五島美術館所蔵鎌倉時代刊本・大谷大学所蔵室町時代刊本（知恩院版）。

これを考慮しつつ、上記の研究で比較対象に入っていなかった誓願寺所蔵写本・龍門文庫所蔵写本・金沢文庫所蔵鎌倉時代刊本・龍門文庫所蔵鎌倉時代刊本・清浄華院所蔵鎌倉時代刊本・毫摂寺所蔵元亨二年（一三二二）刊本・祐誓寺所蔵鎌倉時代刊本・名取新宮寺所蔵室町時代刊本を新たに追加し、『観経』諸本の系統分類を再考した上で、『観経註』に見られる『観経』の本文とその異本註記と比較検討を行うこととする。

二、『観経』の諸本

『観経』諸本の比較検討を行う前に、ここで使用する諸本について簡単な概要を述べておきたい(7)。比較には原則として親鸞在世時に参照できたと考えられる諸本を抽出したが、流布本などについては親鸞在世時以降のものも採用した。

①高麗版大蔵経所収本（『高麗大蔵経』第一一巻、東国大学校出版部、一九七五年／略称：高麗版、高麗）。

高麗版には初雕版（開版期間：一〇一一〜一〇二一？）と再雕版（開版期間：一二三六〜一二五一）がある。一般に再雕版は初雕版の覆刻版といわれるが、開版事業の中心人物であった沙門守其らが開版する際に開宝蔵や契丹蔵などの大蔵経をもって校訂を行っているため、初雕版とは全く一致するとは言い難い。親鸞在世時に参照できたと考えられる高麗版は初雕版であるが、初雕版の『観経』は確認するができないため、ここでは再雕版の『観経』を使用する。

②金版大蔵経所収本（『中華大蔵経』第一八冊、中華書局、一九八四年／略称：金版）。
金版（開版期間：一一四九〜一一七三）は高麗版と同じく開宝蔵を底本にして成立した大蔵経。

③福州版大蔵経所収本（宮内庁書陵部蔵／略称：福州版、福州）。
福州版には東禅寺版（開版期間：一〇八〇〜一一一二）と開元寺版（開版期間：一一一二〜一一五一）がある。日本に現存する福州版はいずれも両版の版式を含んだ混合蔵であり、両版の関係については未だ不明な点が多い。そのため、ここでは両版を区別せずに使用する。

④思渓版大蔵経所収本（増上寺蔵／略称：思渓版、思渓）。
思渓版には前思渓版（開版期間：一一二六〜一一三二）と後思渓版（開版期間：一二四一〜一二五二）があるが、基本的に後思渓版は前思渓版を補修したものである。親鸞が参照したのであれば年代的に前思渓版である。

⑤妙蓮寺所蔵松尾社一切経本（略称：松尾社本、松尾）。
京都市上京区の本門法華宗大本山妙蓮寺が所蔵する永久四年（一一一六）に書写された写本で、[8]日本に現存する『観経』の写本では最古とされる。[9]日本古写経研究所のご厚意によって写真版を閲覧させていただいた。

⑥金剛寺所蔵一切経本（略称：金剛寺本、金剛）。
大阪府河内長野市の真言宗御室派天野山金剛寺が所蔵する長寛三年（一一六五）に書写された写本。[10]日本古写経研究所を通じ、金剛寺において閲覧・調査させていただいた。

⑦京都国立博物館所蔵装飾経本（略称：京博本、京博）。
京都国立博物館に所蔵される守屋コレクションの中のひとつで、平安時代後期書写の彩箋金字経[11]。上杉智英氏のご高配により、京都国立博物館において閲覧・調査させていただいた。
⑧高野山金剛峯寺所蔵中尊寺経本（略称：中尊寺本、中尊）。
和歌山県伊都郡の高野山真言宗総本山金剛峯寺が所蔵する平安時代末期書写の「中尊寺経」と呼ばれる紺紙金字経[12]。ここでは藤田宏達氏の「諸本対照表」に基づいた。
⑨五島美術館所蔵明遍書写本（略称：明遍書写本、明遍）。
三論宗の僧・明遍（一一四二～一二二四）が建久三年（一一九二）に書写した写本で[13]、東京都世田谷区の五島美術館に所蔵される。この建久三年は親鸞二十歳にあたる。ここでは藤田宏達氏の「諸本対照表」に基づいた。
⑩金戒光明寺所蔵写本（略称：金戒光明寺本、金戒）。
京都市左京区の浄土宗大本山金戒光明寺が所蔵する平安時代末期の写本[14]。柴田泰山氏を通じ、金戒光明寺当局の許可を得て京都国立博物館にて閲覧・調査させていただいた。
⑪清浄華院所蔵写本（『大本山清浄華院蔵浄土三部経』教行社、一九九四年／略称：清浄華院写本、華写）。
京都市上京区の浄土宗大本山清浄華院が所蔵する平安時代末期の写本で、法然の師・叡空（生年不詳～一一八一）の筆と伝えられる[15]。
⑫龍門文庫所蔵写本（略称：龍門文庫写本、龍写）。
奈良県吉野郡の阪本龍門文庫が所蔵する鎌倉時代初期の写本[16]。落合俊典氏を通じ、龍門文庫において閲覧・調査させていただいた。

⑬誓願寺所蔵写本（略称：誓願寺本、誓願）。
京都市中京区の浄土宗西山深草派総本山誓願寺が所蔵する写本で、貞永元年（一二三二）以降の書写と推定される。[17] この貞永元年は親鸞六十歳にあたる。当本は同所蔵の「観経疏散善義」「観念法門」「往生礼讃」の書写奥書から、明信（?～一二三二）開版本との関連が指摘されている。[18] 稲田廣演氏・中村玲太氏を通じ、誓願寺当局の許可を得て京都国立博物館にて閲覧・調査させていただいた。

⑭名取新宮寺所蔵一切経本（略称：名取新宮寺写本、名写）。
宮城県名取市の真言宗智山派名取（熊野）新宮寺が所蔵する嘉禎四年（一二三八）以前に書写された写本。[19] 嘉禎四年は親鸞六十六歳にあたる。日本古写経研究所を通じ、名取新宮寺において閲覧・調査させていただいた。

⑮西本願寺所蔵存覚書写本（略称：存覚書写本、存覚）。
浄土真宗本願寺派本山西本願寺が所蔵する写本で、奥書には存覚（一二九〇～一三七三）が貞和二、三年（一三四六、一三四七）頃に『観経』の本文を書写し、正平六年（一三五一）に親鸞の自筆本から訓点などを移点したことが明記されている。[20] 浄土真宗本願寺派総合研究所のご厚意によって写真版を閲覧させていただいた。

⑯五島美術館所蔵鎌倉時代刊本（略称：五島美術館本、五島）。
五島美術館が所蔵する鎌倉時代の刊本で、もとは川瀬一馬氏の旧蔵本。[21] 小川徳水氏のご厚意によって「小川貫弌資料」の写真版を参照させていただいた。

⑰金沢文庫所蔵鎌倉時代刊本（略称：金沢文庫本、金沢）。
神奈川県横浜市の金沢文庫が所蔵する鎌倉時代の刊本。[22] 金沢文庫図書館閲覧室のご厚意によって複写本をいただいた。

⑱龍門文庫所蔵鎌倉時代刊本（略称：龍門文庫刊本、龍刊）。
龍門文庫が所蔵する鎌倉時代中期の刊本。[23] 落合俊典氏を通じ、龍門文庫において閲覧・調査させていただいた。
⑲清浄華院所蔵鎌倉時代刊本（略称：清浄華院刊本、華刊）。
清浄華院が所蔵する鎌倉時代後期の刊本。[24] 小川徳水氏のご厚意によって「小川貫弌資料」の写真版を参照させていただいた。
⑳毫摂寺所蔵元亨二年（一三二二）刊本（略称：毫摂寺本、毫摂）。
兵庫県宝塚市の浄土真宗本願寺派毫摂寺が所蔵する元亨二年の刊本。[25] 毫摂寺住職の許可をいただき、龍谷大学図書館にて閲覧・調査させていただいた。
㉑祐誓寺所蔵鎌倉時代刊本（略称：祐誓寺本、祐誓）。
愛知県名古屋市の真宗大谷派祐誓寺が所蔵する鎌倉時代末期または南北朝時代初期の刊本。[26] 当本の奥書には存覚が親鸞自筆本に基づいて句切り点や声点等を移点した旨が明記されている。祐誓寺住職の許可をいただき、祐誓寺において閲覧・調査させていただいた。
㉒名取新宮寺所蔵室町時代刊本（略称：名取新宮寺刊本、名刊）。
名取新宮寺が所蔵する室町時代の刊本。[27] 日本古写経研究所を通じ、新宮寺で閲覧・調査させていただいた。
㉓西本願寺所蔵刊本（『聖典全書』一、本願寺出版社、二〇一三年／略称：現行流布本、流布）。
浄土真宗本願寺派慶証寺の第七代目・玄智（一七三四〜一七九四）が安永元年（一七七二）に校刻した『大谷校点浄土三部経』を文化八年（一八一一）に本願寺蔵の刊本として再刻したもので、平成十二年（二〇〇〇）に唱読音を見直して再治されている。[28]

なお、これらの他に、注釈書として善導『観経疏』所引の『観経』本文（略称：観経疏本、善導疏）もあるが、その全文を復元することができないため、観経疏本は全体の比較に使用せず、親鸞本との比較のみ適宜使用した。

三、現存諸本の系統分類

親鸞の参照したテクストを検討するにあたり、上記の諸本を用いて『観経註』に見られる『観経』の本文と校勘を行い、「【資料】『観無量寿経』諸本の校異一覧表」[29]（以下、【資料】）を作成したところ、『観経』の流布本系統に属する現存諸本は諸本間の本文異同によって五種に分類できることが判明した。このことは『観経』諸本の系統分類の再考と流布本の成立過程の再検討を促すことになると思われるので、ここでは流布本系統に属する現存諸本の関係について報告を行うこととする。

まずは、【資料】に基づいて現行流布本との一致箇所を数値化し、一致率の高い諸本から順に並べると、次のようになる。一致率は現行流布本との一致数（註記を含む）を異同総数（計三八六箇所）で割って求めた[30]。

名取新宮寺刊本…三四七／三五一（九九％）　存覚書写本………三八二／三八六（九九％）
祐誓寺本…………三八一／三八六（九九％）　誓願寺本…………三七九／三八六（九八％）
毫摂寺本…………三七六／三八六（九七％）　五島美術館本……三七六／三八六（九七％）
金沢文庫本………一六三／一六九（九六％）　清浄華院刊本……三六三／三八六（九四％）
龍門文庫刊本……三六三／三八六（九四％）　金戒光明寺本……三六一／三八六（九四％）
清浄華院写本……三六〇／三八六（九三％）　龍門文庫写本……三二一／三八六（八三％）

金剛寺本……三一五／三八六（八二％）　名取新宮寺写本…三〇四／三七二（八二％）
中尊寺本……三一三／三八六（八一％）　明遍書写本……三〇一／三八六（七八％）
京博本……二九三／三八六（七六％）　松尾社本……二九一／三八六（七五％）
思渓版……二九一／三八六（七五％）　金版……二八六／三八六（七四％）
高麗版……二四九／三八六（六五％）　福州版……二二九／三八六（五九％）

これらの数値をみるに、新たに追加した龍門文庫写本を除く名取新宮寺刊本・祐誓寺本・誓願寺本・毫摂寺本・金沢文庫本・清浄華院刊本・龍門文庫刊本は、大蔵経系統の諸本や敦煌本系統の諸本よりも一致率が非常に高く、流布本系統の存覚書写本・五島美術館本・清浄華院写本・金戒光明寺本に近似することが確認できる。このことから、名取新宮寺刊本・祐誓寺本・誓願寺本・毫摂寺本・金沢文庫本・清浄華院刊本・龍門文庫刊本は、大きな枠組みとして流布本系統に属していると考えられる。

次に、この流布本系統に属する諸本間の本文異同を提示すると左表のようになる。**表1**の異同は経題・訳者名・形態類似字・異体字以外の相違箇所を示し、番号は【資料】に基づいた。底本の現行流布本と校本の文字が一致する場合は○、欠巻または参照できない場合は＊で示した。異本註記や上書訂記などについては（　）で括り、その情報を記した。

表1　流布本系統に属する諸本間の本文異同

No.	流布	金戒	華写	金沢	龍刊	華刊	誓願	五島	毫摂	存覚	祐誓	名刊
5	酥蜜	蘇蜜	蘇蜜	＊	蘇蜜	蘇蜜	○	○	○	○	○	＊
12	畢已	○	○	＊	○	○	已畢	已畢	已畢	已畢（「○點本」と右傍註記）	已畢	＊

16	31	36	45	86	87	88	89	90	94	110	145	147	163	169	171	172	174
經	憔悴	在	玻瓈	玻瓈	碼碯	硨磲	硨磲	琥珀	毗楞伽摩尼寶	輭	幔	有	幔	亦放金光	光明	復	有
逕	燋悴	○	頗梨	頗梨	瑪瑙	車渠	車渠	虎魄	○	濡	縵	○	縵	亦作金色（「色」に「光」と下欄註記）	○（「金光」をすり消し、「○」と上書訂記）	○	○
逕	燋悴	○	頗梨	頗梨	瑪瑙	車渠	車渠	虎魄	○	濡	縵	○	縵	○	○	○	○
*	*	*	*	*	*	*	*	*	*	*	縵	○	縵	○	○	○	○
逕	燋悴	○	頗梨	頗梨	瑪瑙	車渠	車渠	虎魄	○	濡	縵	○	縵	○	○	○	○
逕	燋悴	○	頗梨	頗梨	瑪瑙	車渠	車渠	虎魄	○	濡	縵	○	縵	○	○	○	○
○	○	侍（「○ィ」と左傍註記）	玻瓈	玻瓈	○	○	○	○	毗楞伽摩尼（「尼」の下に挿入符号あり、「寶」と上欄註記で「○」）	○	○	復有	○	○（「亦作金色」をすり消し、「○」と上書訂記）	○	亦	與（「○ィ」と右傍註記）
○	○	侍	玻瓈	玻瓈	○	○	○	○	毗楞伽摩尼（「尼」の下に挿入符号あり、「寶ィ」と上欄註記で「○」）	○	○	復有	○	亦作金色（「作」に「放ィ」と上欄註記、「色」に「光」と下欄註記で「○」）	○	亦	與
○	○	侍	玻瓈	玻瓈	○	○	○	○	毗楞伽摩尼	○	○	復有	○	亦作金色	○	亦（「○ィ」と右傍註記）	與
○（「逕點本」と左傍註記）	○	侍（「○點本」と左傍註記）	玻瓈	玻瓈	○	○	○	○	毗楞伽摩尼	○	○（「縵點本」と上欄註記）	復有	○	亦作金色（「作」に「放點本」と右傍註記、「色」に「光點本」と右傍註記で「○」）	○	亦（「○點本」と右傍註記）	與
○（「逕點本」と左傍註記）	○	侍	玻瓈	玻瓈	○	○	○	○	○	○	○（「縵點本」と上欄註記）	○	○	亦作金色（「作」に「放點本」と右傍註記、「色」に「光點本」と右傍註記で「○」）	○	亦	與（「○點本」と右傍註記）
*	*	○	玻瓈	玻瓈	○	○	○	○	○	○	○	○	○	○	○	○	○

182	青	清	○	○	○	○	○	○	○	○	○	○
185	其光明相好	其光相好（「光」の下に挿入符号あり、「明」と右傍註記で「○」）	○	○	○	○	其光相好（「光」の下に挿入符号あり、「明」と右傍註記で「○」）	其光相好	其光相好（「光」の下に挿入符号あり、「明」と右傍註記で「○」）	其光相好（「光」の下に挿入符号あり、「明點本」と右傍註記で「○」）	○	○
216	輭	濡	濡	*	濡	濡	○	○	○	○	○	○
221	想	相	相	*	相	相	○	○	○	○	○	○
227	次觀	○（「次」の下に挿入符号あり、「復應」と右傍註記）	次復應觀	*	次復應觀	次復應觀	○（「次」の下に挿入符号あり、「復應」と右傍註記）	○	○（「次」の下に挿入符号あり、「復應」と右傍註記）	○（「次」の下に挿入符号あり、「復應點本」と右傍註記）	次復應觀	○
235	震	振	振	振	振	振	○	○	○	○	○	○
242	想	相	相	相	相	相	○	○	○	○	○	○
244	除无數	除无量	除无量	除无量	除无量	除无量	○	○	○	○	除无量	○
265	想觀	觀想	觀想	觀想	觀想	觀想	○	○	○	○（「觀想點本」と右傍註記）	○	觀想
280	經	逕	逕	*	逕	逕	○	○	○	○（「逕點本」と右傍註記）	○	○
286	則	卽	卽	*	卽	卽	○	○	○	○	○	○
287	倶時放光明	○	○	*	○	○	倶時放光（「光」の下に挿入符号あり、「明」と右傍註記で「○」）	倶時放光	倶時放光（「光」の下に挿入符号あり、「明」と右傍註記で「○」）	倶時放光（「光」の下に挿入符号あり、「明點本」と右傍註記で「○」）	○	○
347	當華敷時觀世音	○	○	○	○	○	觀世音（「觀」の上に挿入符号あり、「當華敷時ィ」と右傍註記で「○」）	觀世音（「觀」の上に挿入符号あり、「當華敷時ィ」と右傍註記で「○」）	觀世音	觀世音（「觀」の上に挿入符号あり、「當華敷時點本」と左傍註記で「○」）	○	○

この諸本間の本文異同から流布本系統の現存諸本を次のように分類することができる。

A　金戒光明寺本

B　清浄華院写本・金沢文庫本・龍門文庫刊本・清浄華院刊本
C　誓願寺本・五島美術館本・毫摂寺本・存覚書写本
D　祐誓寺本
E　名取新宮寺刊本

以下、それぞれの系統について述べたい。

A　金戒光明寺本

平安時代末期に書写された金戒光明寺本は同時期のB清浄華院写本と共に流布本系統の初期の伝本として注目される[31]。この本文については**表1**からBと一致する例が三三箇所中5・12・16・31・36・45・86・87・88・89・90・94・110・145・147・163・171・172・174・216・221・235・242・244・265・280・286・287・347の二九箇所、Cと一致する例が三三箇所中169・171・185・227の四箇所、Dと一致する例が三三箇所中94・169・171・244・287・347の六箇所、Eと一致する例が二九箇所中36・94・147・171・172・174・227・265・287・347の一〇箇所で確認することができる。これらの一致数から、筆跡時期や書写形式を含めてB清浄華院写本との類似性が認められるが、この両写経間では必ずしも一致しない例が四箇所ある。その該当箇所を提示すると次頁の表のようになる。

表2のうち、182については金戒光明寺本の「清白」に対して思渓版や他の流布本系統の諸本では「青白」と異なっているが、思渓版を除く大蔵経系統の諸本や敦煌本系統の諸本、龍門文庫写本では「青白」と一致しており、金戒光明寺本が『観経』の原文を保持していることが窺える。

また、185については金戒光明寺本の「其光相好」に対して本文とは別筆で「光」の下に挿入符号があり、右傍に

表2　金戒光明寺本と清浄華院写本の相違箇所

No.	A　金戒光明寺本	B　清浄華院写本
169		
182		
185		
227		

「明」との註記がある。この註記を反映した場合は「其光明相好」となり、大蔵経系統の高麗版・福州版・思渓版や龍門文庫写本、流布本系統Cの諸本では「其光相好」、敦煌本系統の明遍書写本・京博本・松尾社本・金剛寺本では「光明相好」と相違し、大蔵経系統の金版や敦煌本系統の中尊寺本・名取新宮寺写本、流布本系統Ｂ・Ｄ・Ｅの諸本では「其光明相好」と一致するが、原文の「其光相好」の場合は金版や敦煌本系統の諸本、流布本系統Ｂ・Ｄ・Ｅの諸本と相違し、大蔵経系統の高麗版・福州版・思渓版、龍門文庫写本、流布本系統Cの諸本と一致する。

227は金戒光明寺本の「次觀」に対して本文とは別筆で「次」の下に挿入符号があり、右傍に「復應」との註記がある。この註記を反映した場合は「次復應觀」となり、大蔵経系統の諸本や敦煌本系統の諸本、龍門文庫写本、流布本系統Ｃ・Ｅの諸本では「次觀」と相違し、流布本系統Ｂ・Ｄの諸本では「次復應觀」と一致するが、原文の「次觀」の場合は流布本系統Ｂ・Ｄの諸本と相違し、大蔵経系統の諸本や敦煌本系統の諸本、龍門文庫写本と一致する。

なお、Ｂ清浄華院写本との相違箇所では省略したが、171金戒光明寺本の「光明」については筆者が実見調査したところ、書写当時の「金光」を掏り消して別筆で「光明」と上書訂記されていたことが判明した。書写当時の「金光」の場合は大蔵経系統の思渓版や他の流布本系統の諸本では「光明」、大蔵経系統の高麗版・福州版では「妙光」、敦煌本系統の京博本・松尾社本・金剛寺本では「金色光」と相違し、大蔵経系統の金版や敦煌本系統の明遍書写本・中尊寺経本・名取新宮寺写本、龍門文庫写本では「金光」と一致するが、上書訂記の「光明」の場合は大蔵経系統の高麗版・福州版や敦煌本系統の京博本・松尾社本・金剛寺本、龍門文庫写本と相違し、大蔵経系統の思渓版や他の流布本系統の諸本と一致する。

171　金戒光明寺

これらの例は金戒光明寺本がB清浄華院写本よりも古い本文を持つことを示している。以上のことから、金戒光明寺本はB清浄華院写本よりも前段階の本、つまり流布本系統の諸本の中で最初期の伝本であると考えられる。

B　清浄華院写本・金沢文庫本・龍門文庫刊本・清浄華院刊本

清浄華院写本・金沢文庫本・龍門文庫刊本・清浄華院刊本の四本は、形態類似字・異体字を除いた本文がすべて一致しており、流布本系統の中で一つのグループを形成している。清浄華院写本は平安時代末期の写経で、金沢文庫本・龍門文庫刊本・清浄華院刊本の三本は鎌倉時代の刊本であることから、清浄華院写本系統の本文を底本にして金沢文庫本・龍門文庫刊本・清浄華院刊本の三本が作成されたと考えられる。

C　誓願寺本・五島美術館本・毫摂寺本・存覚書写本

誓願寺本・五島美術館本・毫摂寺本・存覚書写本の四本は、註記・訂記・異体字を除いた本文が四本共に一致している点、書写や版面の形式が四本共に共通している点、誓願寺本に一念義の明信初版本の刊記と関連する奥書が記されている点、毫摂寺本の刊記に明信が開版した建保二年（一二一四）版や仙才が開版した仁治二年（一二四一）版・正安四年（一三〇二）版・元亨二年（一三二二）版を開版した知真の識語が併記されている点、存覚書写本の奥書に一念義の刊本を書写した旨が記されている点から、一念義の明信が開版した建保二年版を祖本とする系統として位置づけることができる。

この流布本系統Cの本文については、「校異一覧表」に基づき明信開版以前の『観経』諸本と比較すると、流布本系統A・Bの諸本が三八三箇所中三四九箇所で一致し、他系統の諸本と比べ最も一致率が高い。特に83・136・

201・243・261・282・291・316・321・332・353は流布本系統Ａ・Ｂの諸本のみに見られる一致箇所であることから、流布本系統Ｃが流布本系統Ａ・Ｂの本文を保持していることが分かる。

一方、流布本系統Ａ・Ｂの諸本と相違する箇所が5・12・16・31・36・45・86・87・88・89・90・94・98・110・145・147・163・169・171・172・174・182・185・216・221・227・235・242・244・265・280・286・287・347の三四箇所で確認することができる。この相違箇所を検討すると、思渓版が5・16・31・36・45・86・87・88・89・90・94・98・110・145・147・169・171・172・174・182・185・216・235・244・265・280・286・287・347の二九箇所で一致し、他本と比べ最も近似する。特に45・86・88・89は福州版・思渓版のみに見られる一致箇所であり、流布本系統Ａ・Ｂの諸本と相違する箇所では宋版の影響が見られる。以上の点から考えるに、流布本系統Ｃの本文は流布本系統Ａ・Ｂを底本とし、福州版・思渓版いずれかの宋版によって校訂された蓋然性が高い。

ところで、誓願寺本・五島美術館本・毫摂寺本・存覚書写本の四本には、本文に対して異本に基づく註記や訂記がそれぞれ加筆されている。これらの異本註記や訂記がどの系統の本によって書き加えられたのか、以下において検討を行いたい。

⑴誓願寺本

第一に、誓願寺本では次のような註記が存在する。

36「阿難侍右」の「侍」に対して「在」と左傍註記。94「毗楞伽摩尼」の「尼」の下に挿入符号があり、「寶」と左傍註記。174「若有與者」の「與」に対して「有」と右傍註記。185「其光相好」の「光」の下に挿入符号があり、「明」と右傍註記。227「次觀大勢至菩薩」の「次」の下に挿入符号があり、「復應」と右傍註記。287「倶時放光」の「光」の下に挿入符号があり、「明」と右傍註記。347「観世音大勢至」の「観」の上に挿入符号があり、「當華敷時」と右傍註記。

これらの註記を『観経』諸本の本文と比較すると左表のようになる。表の○は底本の註記と校本の文字が一致する場合、＊は欠巻または参照できない場合を示した。

表3　誓願寺本の註記と『観無量寿経』諸本の本文との比較

No.	36	94	174	185	227	287	347
誓願本文	侍	毗楞伽摩尼	與	其光相好	次観	倶時放光	観世音
誓願註記	在	毗楞伽摩尼寶	有	其光明相好	次復應観	倶時放光明	當華敷時観世音
高麗	○	○	與	其光相好	次観	倶放光明	○
金版	侍	○	得	○	次観	倶放光明	観世音
福州	○	毗楞伽摩尼妙寶	與	其光相好	次観	倶時放光	観世音
思渓	侍	毗楞伽摩尼	與	其光相好	次観	倶時放光	観世音
明遍	侍	毗楞伽摩尼	與	光明相好	次観	倶時放光	観世音
京博	侍	毗楞伽摩尼	○	光明相好	次観	○	當花敷時観世音
松尾	侍	毗楞伽摩尼	○	光明相好	次観	○	観世音
中尊	侍	毗楞伽摩尼	○	○	次観	倶時放光	観世音
名取	侍	毗楞伽摩尼	○	○	次観	倶時放光	観世音
金剛	侍	毗楞伽摩尼	○	光明相好	次観	倶時放光	観世音
龍写	○	○	○	其光相好	次観	○	観世音
金戒	○	○	○	其光相好	次観	倶時放光	○
華写	○	○	○	○	○	○	○
金沢	＊	＊	○	○	○	＊	○
龍刊	○	○	○	○	○	○	○
華刊	○	○	○	○	○	○	○
五島	侍	毗楞伽摩尼	與	其光相好	次観	倶時放光	観世音
毫摂	侍	毗楞伽摩尼	與	其光相好	次観	倶時放光	観世音
存覚	侍	毗楞伽摩尼	與	其光相好	次観	倶時放光	観世音
祐誓	侍	○	與	○	○	○	○
名刊	○	○	○	○	次観	○	○

表3を確認するに、36は誓願寺本の「在」の註記に対して、大蔵経系統の金版・思渓版や敦煌本系統の諸本、流布本系統C・Dの諸本では「侍」と異なっており、大蔵経系統の高麗版・福州版、龍門文庫写本、流布本系統A・B・Dの諸本では「在」と一致している。

94は誓願寺本の註記を反映した「毗楞伽摩尼寶」に対して、大蔵経系統の福州版では「毗楞伽摩尼妙寶」、大蔵経系統の思渓版、敦煌本系統の諸本、流布本系統Cの諸本では「毗楞伽摩尼」と相違し、大蔵経系統の高麗版・金版、龍門文庫写本、流布本系統A・B・D・Eの諸本では「毗楞伽摩尼寶」と一致する。

174は誓願寺本の「有」の註記に対して、金版を除く大蔵経系統の諸本や敦煌本系統の明遍書写本、流布本系統C・Dの諸本では「與」、金版では「得」と異なっており、明遍書写本を除く敦煌本系統の諸本や龍門文庫写本、流布本系統A・B・Eの諸本では「有」と一致している。

185は誓願寺本の註記を反映した「其光明相好」に対して、金版を除く大蔵経系統の諸本や龍門文庫写本、流布本系統Cの諸本では「其光明相」、敦煌本系統の明遍書写本・京博本・松尾本・金剛寺本では「光明相好」と相違し、金版、敦煌本系統の中尊寺本・名取新宮寺写本、流布本系統B・D・Eの諸本では「其光明相好」と一致する。

227は誓願寺本の註記を反映した「次復應觀」に対して、大蔵経系統の諸本や敦煌本系統の諸本、龍門文庫写本、流布本系統A・C・Eの諸本では「次觀」と異なっており、流布本系統B・Dの諸本と一致している。

287は誓願寺本の註記を反映した「倶時放光明」に対して、大蔵経系統の高麗版・金版では「倶放光明」、大蔵経系統の福州版・思渓版、敦煌本系統の明遍書写本・中尊寺本・名取新宮寺写本・金剛寺本、流布本系統A・Cの諸本では「倶時放光」と相違し、敦煌本系統の京博本・松尾社本、龍門文庫写本、流布本系統B・D・Eでは「倶時放光明」と一致する。

347は誓願寺本の註記を反映した「當華敷時観世音」に対して、高麗版を除いた大蔵経系統の諸本や京博本を除いた敦煌本系統の諸本、龍門文庫写本、流布本系統Cの諸本では「観世音」、京博本では「當花敷敷時観世音」と異なっており、高麗版や流布本系統B・D・Eの諸本では「當華敷時観世音」と一致している。

169　誓願寺本

なお、註記箇所ではないが、誓願寺本には訂正された本文が一箇所存在する。169の誓願寺本の「赤放金光」では、原文の「亦作金色」の「作」と「色」を掏り消して、上から「作」を「放」、「色」を「光」と記し、「亦放金光」と訂正されている。書写当時の「亦作金色」の場合は金版を除く大蔵経系統の諸本、流布本系統A・C・Dの諸本では「亦作金色」と一致し、金版、敦煌本系統の諸本、龍門文庫写本、流布本系統B・Eの諸本では「亦放金光」と相違するが、上書訂記の「亦放金光」の場合は、金版を除く大蔵経系統の諸本、流布本系統A・C・Dの諸本と相違し、金版、敦煌本系統の諸本、龍門文庫写本、流布本系統B・Eの諸本と一致する。

これらの例から窺われるように、『観経』の諸本中、流布本系統Bの諸本のみが誓願寺本の註記・訂記と完全に一致している。このことから、誓願寺本の註記・訂記は流布本系統Bに依拠していると考えられる。

(2) 五島美術館本

第二に、五島美術館本では次のような註記が存在する。

94「毗楞伽摩尼」の「尼」の下に挿入符号があり、「寶」と上欄註記。169「亦作金色」の「作」に対して「放」と上欄註記、「色」に対して「光」と下欄註記。347「觀世音大勢至」の「觀」の上に挿入符号があり、「當華敷時」と右傍註記。

これらの註記を『観経』諸本の本文と比較すると左表のようになる。

表4　五島美術館本の註記と『観無量寿経』諸本の本文との比較

No.	94	169	347
五島本文	毘楞伽摩尼	亦作金色	観世音
五島註記	毘楞伽摩尼寶	亦放金光	當華敷時観世音
高麗	○	亦作金色	○
金版	○	○	観世音
福州	毘楞伽摩尼妙寶	亦作金色	観世音
思渓	毘楞伽摩尼	亦作金色	観世音
明遍	毘楞伽摩尼	○	観世音
京博	毘楞伽摩尼	○	當花敷時観世音
松尾	毘楞伽摩尼	○	観世音
中尊	毘楞伽摩尼	○	観世音
名取	毘楞伽摩尼	○	観世音
金剛	○	○	観世音
龍写	○	○	観世音
金戒	○	亦作金色	○
華写	○	○	○
金沢	*	○	○
龍刊	○	○	○
華刊	○	○	○
誓願	毘楞伽摩尼	○	観世音
毫摂	毘楞伽摩尼	亦作金色	観世音
存覚	毘楞伽摩尼	亦作金色	観世音
祐誓	○	亦作金色	○
名刊	○	○	○

表4を確認するに、94は五島美術館本の註記を反映した「毘楞伽摩尼寶」に対して、大蔵経系統の福州版では「毘楞伽摩尼妙寶」、大蔵経系統の思渓版や敦煌本系統の諸本、流布本系統Cの諸本では「毘楞伽摩尼」と異なっており、大蔵経系統の高麗版・金版や龍門文庫写本、流布本系統A・B・D・Eの諸本では「毘楞伽摩尼寶」と一致している。

169は五島美術館本の註記を反映した「亦放金光」に対して、金版を除く大蔵経系統の諸本や流布本系統A・D・Cの諸本では「亦作金色」と相違し、金版や敦煌本系統の諸本、龍門文庫写本、流布本系統B・Eの諸本では「亦放金光」と一致する。

347は五島美術館本の註記を反映した「當華敷時観世音」に対して、高麗版を除く大蔵経系統の諸本や京博本を除く煌本系統の諸本、龍門文庫写本、流布本系統のCでは「観世音」、京博本では「當花敷時観世音」と異なっており、高麗版や流布本系統B・D・Eの諸本では「當華敷時観世音」と一致している。

これらの例から看取できるように、『観経』の諸本中、流布本系統B・Eの諸本のみが五島美術館本の註記と完全に一致している。このことから、五島美術館本の註記は流布本系統Ｂ・Ｅのいずれかに依拠していると考えられるが、五島美術館本は註記を含めて鎌倉時代のものとみなされているので、室町時代の流布本系統Ｅと時代が合わない。そのため、五島美術館本の註記は流布本系統Ｂに依拠していると考えられる。

(3) 毫摂寺本

第三に、毫摂寺本では次のような註記が存在する。

172「復亦三蓮華」の「亦」に対して「復」と右傍註記。185「其光相好」の「光」の下に挿入符号があり、「明」と右傍註記。227「次観大勢至菩薩」の「次」の下に挿入符号があり、「復應」と右傍註記。287「倶時放光」の「光」の下に挿入符号があり、「明」と右傍註記。

これらの註記を『観経』諸本の本文と比較すると左表のようになる。

表5　毫摂寺本の註記と『観無量寿経』諸本の本文との比較

No.	172	185	227	287
毫摂本文	亦	其光相好	次観	倶時放光
毫摂註記	復	其光明相好	次復應観	倶時放光明
高麗	亦	其光相好	次観	倶放光明
金版	亦	○	次観	倶放光明
福州	亦	其光相好	次観	倶時放光
思渓	亦	其光相好	次観	倶時放光
明遍	亦	光明相好	次観	倶時放光
京博	亦	光明相好	次観	○
松尾	亦	光明相好	次観	○
中尊	亦	○	次観	倶時放光
名取	亦	○	次観	倶時放光
金剛	亦	光明相好	次観	倶時放光
龍写	○	其光相好	次観	○
金戒	○	其光相好	次観	○
華写	○	○	○	○
金沢	○	○	*	*
龍刊	○	○	○	○
華刊	○	○	○	○
誓願	亦	其光相好	次観	倶時放光
五島	亦	其光相好	次観	倶時放光
存覚	亦	其光相好	次観	倶時放光
祐誓	亦	○	○	○
名刊	○	○	次観	○

表5を確認するに、172は毫摂寺本の「復」の註記に対して、大蔵経系統の諸本や敦煌本系統の諸本、流布本系統

C・Dの諸本では「亦」と異なっており、龍門文庫写本や流布本系統A・B・Eの諸本では「復」と一致している。

185は毫摂寺本の註記を反映した「其光明相好」に対して、金版を除く大蔵経系統の諸本や龍門文庫写本、流布本系統A・Cの諸本では「其光相好」、敦煌本系統の明遍書写本・京博本・松尾社本・金剛寺本では「光明相好」と相違し、金版や敦煌本系統の中尊寺本・名取新宮寺写本、流布本系統B・D・Eの諸本では「其光明相好」と一致する。

227は毫摂寺本の註記を反映した「次復應觀」に対して、大蔵経系統の諸本や敦煌本系統の諸本、龍門文庫写本、流布本系統A・C・Eの諸本では「次觀」と異なっており、流布本系統B・Dの諸本では「次復應觀」と一致している。

287は毫摂寺本の註記を反映した「倶時放光明」に対して、大蔵経系統の高麗版・金版では「倶放光明」、大蔵経系統の福州版・思渓版や敦煌本系統の明遍書写本・中尊寺本・名取新宮寺写本・金剛寺本、流布本系統Cの諸本では「倶時放光」と相違し、敦煌本系統の京博本・松尾社本や龍門文庫写本、流布本系統A・B・D・Eの諸本では「倶時放光明」と一致する。

これらの例から窺われるように、『観経』の諸本中、流布本系統Bの諸本のみが毫摂寺本と完全に一致している。このことから、毫摂寺本の註記は流布本系統Bに依拠していると考えられる。

(4) 存覚書写本

第四に、存覚書写本では親鸞自筆本の『観経註』の本文を「御本」と表記する註記の他に、別本の本文を「點本」などと表記する異本註記が存在する。(32) この「點本」の異本註記の例としては次のようなものがある。

12「漱口已畢」に対して「畢已 點本」と右傍註記。16「經三七日」の「經」に対して「逕 點本」と左傍註記。36「阿難侍右」の「侍」に対して「在 點本」と左傍註記。145「幢上寶幔」の「幔」に対して「縵 點本」と上欄註記。169「亦作金色」の「作」に対して「放 點本」と右傍註記、「色」に対して「光 點本」と右傍註記。172「亦有三蓮華」の「亦」に対して「復 點本」と右傍註記。185「其光相好」の「光」の下に挿入符号があり、「明 點本」と右傍註記。227「次觀大勢至菩薩」の「次」の下に挿入符号があり、「復應 點本」と右傍註記。265「是爲雜想觀」の「想觀」に対して「觀想 點本」と右傍註記。280「經須須臾間」の「經」に対して「逕 點本」と右傍註記。287「俱時放光」の「光」の下に挿入符号があり、「明 點本」と右傍註記。347「觀世音大勢至」の「觀」の上に挿入符号があり、「當華敷時 點本」と左傍註記。

これらの註記を『観経』諸本の本文と比較すると左表のようになる。

表6　存覚書写本の註記と『観無量寿経』諸本の本文との比較

No.	12	16	36	145	169	172	185	227
存覚本文	已畢	經	侍	寶幔	亦作金色	亦	其光相好	次觀
存覚註記	畢已	逕	在	寶縵	亦放金光	復	其光明相好	次復應觀
高麗	○	經	○	○	亦作金色	亦	其光相好	次觀
金版	○	經	侍	○	○	亦	○	次觀
福州	○	經	○	○	亦作金色	亦	其光相好	次觀
思渓	○	經	侍	寶幔	亦作金色	亦	其光相好	次觀
明遍	○	○	侍	○	○	亦	光明相好	次觀
京博	○	○	侍	○	○	亦	光明相好	次觀
松尾	○	○	侍	○	○	亦	光明相好	次觀
中尊	○	○	侍	○	○	亦	○	次觀
名取	○	○	侍	○	○	亦	○	次觀
金剛	○	○	侍	○	○	亦	光明相好	次觀
龍写	○	○	○	○	○	○	其光相好	次觀
金戒	○	○	○	○	亦作金色	○	其光相好	次觀
華写	○	○	○	○	○	○	○	○
金沢	*	*	*	○	○	○	○	*
龍刊	○	○	○	○	○	○	○	○
華刊	○	○	○	○	○	○	○	○
誓願	已畢	經	侍	寶幔	亦作金色	亦	其光相好	次觀
五島	已畢	經	侍	寶幔	亦作金色	亦	其光相好	次觀
亳摂	已畢	經	侍	寶幔	亦作金色	亦	其光相好	次觀
祐誓	已畢	經	○	寶幔	○	亦	○	○
名刊	*	*	○	寶幔	○	○	○	次觀

265	280	287	347
想觀	經	倶時放光	觀世音
觀想	逕	倶時放光明	當華敷時觀世音
想觀	經	倶放光明	○
○	經	倶放光明	觀世音
想觀	經	倶時放光	觀世音
想觀	經	倶時放光	觀世音
想觀	○	倶時放光	觀世音
想觀	○	○	當花敷時觀世音
想觀	○	○	觀世音
想觀	○	倶時放光	觀世音
想觀	○	倶時放光	觀世音
想觀	○	倶時放光	觀世音
想觀	○	○	觀世音
○	○	○	○
○	○	○	○
○	*	*	○
○	○	○	○
○	○	○	○
想觀	經	倶時放光	觀世音
想觀	經	倶時放光	觀世音
想觀	經	倶時放光	觀世音
想觀	經	○	○
○	經	○	○

表6を確認するに、12は存覚書写本の「畢已」の註記に対して、流布本系統Ｃ・Ｄの諸本では「已畢」と異なっており、大蔵経系統の諸本や敦煌本系統の諸本、龍門文庫写本、流布本系統Ａ・Ｂの諸本では「畢已」と一致している。

16は存覚書写本の「逕」の註記に対して、大蔵経系統の諸本や流布本系統Ｃ・Ｄの諸本では「經」と相違し、敦煌本系統の諸本や龍門文庫写本、流布本系統Ａ・Ｂの諸本では「逕」と一致する。

36は存覚書写本の「在」の註記に対して、大蔵経系統の高麗版・福州版や敦煌本系統の諸本、流布本系統Ｃの諸本では「侍」と異なっており、大蔵経系統の金版・思渓版や龍門文庫写本、流布本系統Ａ・Ｂ・Ｄ・Ｅの諸本では「在」と一致している。

145は存覚書写本の註記を反映した「寶縵」に対して、大蔵経系統の思渓版や流布本系統Ｃ・Ｄ・Ｅの諸本では「寶幔」と相違し、思渓版を除く大蔵経系統の諸本や敦煌系統の諸本、龍門文庫写本、流布本系統Ａ・Ｂの諸本では「寶縵」と一致する。

169は存覚書写本の註記を反映した「亦放金光」に対して、金版を除く大蔵経系統の諸本や流布本系統Ａ・Ｃの諸本では「亦作金色」と異なっており、金版や敦煌本系統の諸本、龍門文庫写本、流布本系統Ｂ・Ｄ・Ｅの諸本では

「亦放金光」と一致している。

172は存覚書写本の「復」の註記に対して、大蔵経系統の諸本や敦煌本系統の諸本、流布本系統のC・Dでは「亦」と相違し、龍門文庫写本や流布本系統A・B・Eでは「復」と一致する。

185は存覚書写本の註記を反映した「其光明相好」に対して、金版を除く大蔵経系統の諸本や龍門文庫写本、流布本系統A・Cの諸本では「其光相好」、敦煌本系統の明遍書写本・京博本・松尾社本・金剛寺本では「光明相好」と異なっており、流布本系統B・D・Eの諸本では「其光明相好」と一致している。

227は存覚書写本の註記を反映した「次復應觀」に対して、大蔵経系統の諸本や敦煌本系統の諸本、龍門文庫写本、流布本系統A・C・Eの諸本では「次觀」と相違し、流布本系統B・Dの諸本では「次復應觀」と一致する。

265は存覚書写本の「觀想」の註記に対して、金版を除く大蔵経系統の諸本や敦煌本系統の諸本、龍門文庫写本、流布本系統C・Dの諸本では「想觀」と異なっており、金版や流布本系統A・B・Eの諸本では「觀想」と一致している。

280は存覚書写本の「逕」の註記に対して、大蔵経系統の諸本や流布本系統C・D・Eの諸本では「經」と相違し、敦煌本系統の諸本や龍門文庫写本、流布本系統A・B・Eの諸本では「逕」と一致する。

287は存覚書写本の註記を反映した「倶時放光明」に対して、大蔵経系統の諸本や敦煌本系統の明遍書写本・中尊寺本・名取新宮寺写本・金剛寺本、流布本系統Cの諸本では「倶時放光」と異なっており、敦煌本系統の京博本・松尾社本や龍門文庫写本、流布本系統A・B・D・Eの諸本では「倶時放光明」と一致している。

347は存覚書写本の註記を反映した「當華敷時觀世音」に対して、高麗版を除く大蔵経系統の諸本や京博本を除く敦煌本系統の諸本、龍門文庫写本、流布本系統Cの諸本では「觀世音」と相違し、高麗版や流布本系統A・B・

D・Eの諸本では「當華敷時觀世音」と一致する。

これらの例から分かるように、『観経』の諸本中、流布本系統Bの諸本のみが存覚書写本の「點本」と表記される異本註記と完全に一致している。このことから、存覚書写本の「點本」と表記される異本註記は流布本系統Bに依拠していると考えられる。

D　祐誓寺本

表1をみるに、鎌倉時代末期頃の刊本とされる祐誓寺本は流布本系統のうちAと一致する例が三三箇所中94・147・169・171・244・287・347の七箇所、Bと一致する例が三三箇所中94・147・171・182・185・227・244・287・347の九箇所、Cと一致する例が三三箇所中5・12・16・31・36・45・86・87・88・89・90・110・145・163・169・171・172・174・182・216・221・235・242・265・280・286の二六箇所、Eと一致する例が二九箇所中45・86・87・88・89・90・94・110・145・147・163・171・182・185・216・221・235・242・280・286・287・347の二二箇所で確認することができる。

これらの一致数を概観するに、祐誓寺本は流布本系統Cに最も近似する。特に12は『観経』諸本のうち流布本系統Cのみに見られる一致箇所であることから、祐誓寺本が流布本系統Cの本文を保持していることが窺える。しかし、祐誓寺本と流布本系統Cとの間では必ずしも一致しない例が七箇所見られる。その当該箇所を【資料】「校異一覧表」に基づいて提示すると次頁の表のようになる。

表7　祐誓寺本・流布本系統Cの相違箇所と『観無量寿経』諸本の本文との比較

No.	94	147	185	227	244	287	347
祐誓	毗楞伽摩尼寶	有	其光明相好	次復應觀	除无量	倶時放光明	當華敷時觀世音
高麗	○	復有	其光相好	次觀	除无數	倶放光明	○
金版	○	○	○	次觀	除无數	倶放光明	觀世音
福州	毗楞伽摩尼妙寶	復有	其光相好	次觀	除无數	倶時放光	觀世音
思渓	毗楞伽摩尼	復有	其光相好	次觀	除无數	倶時放光	觀世音
明遍	毗楞伽摩尼	○	光明相好	次觀	○	倶時放光	觀世音
京博	毗楞伽摩尼	○	光明相好	次觀	○	○	當花敷敷時観世音
松尾	毗楞伽摩尼	○	光明相好	次觀	○	○	觀世音
中尊	毗楞伽摩尼	○	○	次觀	除无數	倶時放光	觀世音
名取	毗楞伽摩尼	○	○	次觀	除无數	倶時放光	觀世音
金剛	毗楞伽摩尼	○	光明相好	次觀	除无數	倶時放光	觀世音
龍写	○	○	其光相好	次觀	○	○	觀世音
金戒	○	○	其光相好	次觀	○	○	○
華写	○	○	○	○	○	○	○
金沢	*	○	○	○	○	*	○
龍刊	○	○	○	○	○	○	○
華刊	○	○	○	○	○	○	○
誓願	毗楞伽摩尼	復有	其光相好	次觀	除无數	倶時放光	觀世音
五島	毗楞伽摩尼	復有	其光相好	次觀	除无數	倶時放光	觀世音
毫摂	毗楞伽摩尼	復有	其光相好	次觀	除无數	倶時放光	觀世音
存覚	毗楞伽摩尼	復有	其光相好	次觀	除无數	倶時放光	観世音
名刊	○	○	○	次觀	除无數	○	○

表7を確認すると、94は祐誓寺本の「毗楞伽摩尼寶」に対して、大蔵経系統の福州版では「毗楞伽摩尼妙寶」、大蔵経系統の思渓版や敦煌本系統の諸本、流布本系統Cの諸本では「毗楞伽摩尼」と異なっており、大蔵経系統の高麗版・金版や龍門文庫写本、流布本系統A・B・Eの諸本では「毗楞伽摩尼寶」と一致している。

147は祐誓寺本の「有」に対して、金版を除く大蔵経系統の諸本や流布本系統Cの諸本では「復有」と相違し、金版や敦煌本系統の諸本、龍門文庫写本、流布本系統A・B・Eの諸本では「有」と一致する。

185は祐誓寺本の「其光明相好」に対して、金版を除く大蔵経系統の諸本や龍門文庫写本、流布本系統A・Cの諸本では「其光相好」、敦煌本系統の明遍書写本・京博本・松尾社本・金剛寺本では「光明相好」と異なっており、金版や敦煌本系統の中尊寺本・名取新宮寺写本、流布本系統B・Eの諸本では「其光明相好」と一致している。

227は祐誓寺本の「次復應觀」に対して、大蔵経系統の諸本や敦煌本系統の諸本、龍門文庫写本、流布本系統A・C・Eの諸本では「次觀」と相違し、流布本系統Bの諸本では「次復應觀」と一致する。

244は祐誓寺本の「除无量」に対して、大蔵経系統の諸本や敦煌本系統の中尊寺本・名取新宮寺写本・金剛寺本、流布本系統C・Eの諸本では「除无數」と異なっており、敦煌本系統の明遍書写本・京博本・松尾社本、龍門文庫写本、流布本系統A・Bの諸本では「除无量」と一致している。

287は祐誓寺本の「倶時放光明」に対して、大蔵経系統の高麗版・金版では「倶放光明」、大蔵経系統の福州版・思渓版や敦煌本系統の明遍書写本・中尊寺本・名取新宮寺写本・金剛寺本、流布本系統Cの諸本では「倶時放光」と相違し、敦煌本系統の京博本・松尾社本や龍門文庫写本、流布本系統A・B・Eの諸本では「倶時放光明」と一致する。

347は祐誓寺本の「當華敷時觀世音」に対して、高麗版を除く大蔵経系統の諸本や京博本を除く敦煌本系統の諸本、龍門文庫写本、流布本系統Cの諸本では「觀世音」、京博本では「當花敷敷時觀世音」と異なっており、高麗版や流布本系統A・B・Eの諸本では「當華敷時觀世音」と一致している。

これらの例から看取できるように、『観経』の諸本中、流布本系統Bの諸本のみが祐誓寺本と流布本系統Cの相違箇所と完全に一致している。故に、祐誓寺本と流布本系統Cの相違箇所では流布本系統Bの影響が見られることが分かる。以上の点から、祐誓寺本の本文は流布本系統Cを底本とし、流布本系統Bに基づいて校訂されたものであると考えられる。

また、祐誓寺本では『観経』の本文に対して、親鸞自筆『観経註』の本文を「御本」と表記する註記や別本の本文を「點本」などと表記する異本註記が書き加えられている(33)。この「點本」の異本註記の例としては次のようなものがある。

16「經三七日」の「經」に対して「逕　點本」と左傍註記。145「幢上寶幔」の「幔」に対して「縵　點本」と上欄註記。169「亦作金色」の「作」に対して「放　點本」と右傍註記、「色」に対して「光　點本」と右傍註記。174「若有與者」の「與」に対して「有　點本」と左傍註記。347「當華敷時觀世音」の「當華敷時」に対して「此四字　點本」と左傍註記。

これらの註記を『観経』諸本の本文と比較すると左表のようになる。

表8　祐誓寺本の註記と『観無量寿経』諸本の本文との比較

No.	祐誓本文	祐誓註記	高麗	金版	福州	思渓	明遍	京博	松尾	中尊	名取	金剛	龍写	金戒	華写	金沢	龍刊	華刊	誓願	五島	毫摂	存覚	名刊
16	經	逕	經	經	經	經	○	○	○	○	○	○	○	○	○	*	○	○	經	經	經	經	*
145	寶幔	寶縵	○	○	○	寶幔	○	○	○	○	○	○	○	○	○	○	○	○	寶幔	寶幔	寶幔	寶幔	寶幔
169	亦作金色	亦放金光	亦作金色	○	亦作金色	亦作金色	○	○	○	○	○	○	○	亦作金色	○	○	○	○	亦作金色	亦作金色	亦作金色	亦作金色	○
174	與	有	與	得	與	與	○	○	○	○	○	○	○	○	○	○	○	○	與	與	與	與	○
347	當華敷時觀世音	當華敷時觀世音	○	觀世音	觀世音	觀世音	觀世音	當花敷時觀世音	觀世音	觀世音	觀世音	觀世音	觀世音	○	○	○	○	○	觀世音	觀世音	觀世音	觀世音	○

表8を確認するに、16は祐誓寺本の「逕」の註記に対して、大蔵経系統の諸本や流布本系統C・Dの諸本では「經」と相違し、敦煌本系統の諸本や龍門文庫写本、流布本系統A・Bの諸本では「經」と一致する。

145は祐誓寺本の註記を反映した「寶縵」に対して、大蔵経系統の思渓版や流布本系統C・D・Eの諸本では「寶幔」、龍門文庫写本では「有寶縵」と異なっており、思渓版を除く大蔵経系統の諸本や敦煌本系統の諸本、流布本系統A・Bの諸本では「寶縵」と一致している。

169は祐誓寺本の註記を反映した「亦放金光」に対して、金版を除く大蔵経系統の諸本や流布本系統A・C・Dの諸本では「亦作金色」と相違し、金版や敦煌本系統の諸本、龍門文庫写本、流布本系統B・Eの諸本では「亦放金光」と一致する。

174は祐誓寺本の「有」の註記に対して、大蔵経系統の諸本や流布本系統C・Dの諸本では「與」と異なっており、敦煌本系統の諸本や龍門文庫写本、流布本系統A・B・Eの諸本では「有」と一致している。

347は祐誓寺本の註記を反映した「當華敷時觀世音」に対して、高麗版を除く大蔵経系統の諸本や京博本を除く敦煌本系統の諸本、龍門文庫写本、流布本系統C・Dの諸本では「觀世音」、京博本では「當花敷時觀世音」と相違し、高麗版や流布本系統A・B・Eの諸本では「當華敷時觀世音」と一致する。

これらの例から窺われるように、『観経』の諸本中、流布本系統Bの諸本のみが祐誓寺本の註記と完全に一致している。このことから、祐誓寺本の註記は流布本系統Bに依拠していると考えられる。

E　名取新宮寺刊本

表1を見るに、室町時代の名取新宮寺刊本は流布本系統のうちAと一致する例が二九箇所中36・94・147・171・172・174・227・265・287・347の一〇箇所、Bと一致する例が二九箇所中36・94・147・169・171・172・174・182・185・265・287・347の一二箇所、Cと一致する例が二九箇所中45・86・87・88・89・90・110・145・163・171・182・216・221・227・235・242・244・280・286の一九箇所、Dと一致する例が二九箇所中45・86・87・88・89・90・94・110・145・147・163・171・182・185・216・221・235・242・280・286・287・347の二二箇所で確認することができる。

これらの一致数を概観するに、名取新宮寺刊本は流布本系統Dに最も近似するものの、完全に一致する特定の本は確認できない。一方、名取新宮寺刊本には流布本系統Bの諸本のみで一致する箇所と流布本系統Cの諸本のみで一致する箇所とがそれぞれ存在する。これに該当するものは169・244である。

169は名取新宮寺刊本の「亦放金光」に対して、流布本系統A・C・Dの諸本では「亦作金色」と異なっており、流布本系統Bの諸本では「亦放金光」と一致している。

244は名取新宮寺刊本の「除无數劫阿僧祇」に対して、流布本系統A・B・Dの諸本では「除无量劫阿僧祇」と相違し、流布本系統Bの諸本では「除无數劫阿僧祇」と一致する。

この例から分かるように、名取新宮寺刊本では流布本系統BとCの本文が混在している。よって、名取新宮寺刊本は流布本系統BとCの校合本であると考えられる。

以上、『観経』の流布本系統に属する諸本の検討を行ってきたが、諸本間の本文異同から、A金戒光明寺本、B清浄華院写本・金沢文庫本・龍門文庫刊本・清浄華院刊本、C誓願寺本・五島美術館本・毫摂寺本・存覚書写本、D祐誓寺本、E名取新宮寺刊本の五種に分類できることが明らかとなった。

平安時代末期の写経とされるA金戒光明寺本は同時期のB清浄華院写本と類似するものの、B清浄華院写本よりも古い本文を有していることから、流布本系統の諸本の中で最初期の伝本であると言える。また、流布本系統Cの本文は流布本系統A・Bに最も近しく、その相違箇所については福州版・思渓版のみで共通する例が複数見られることから、流布本系統A・Bの本文を底本とし、福州版・思渓版のいずれかの宋版大蔵経によって校訂された可能性が高いことを指摘できる。そして、D祐誓寺本とE名取新宮寺刊本は別本であるものの、流布本系統BとCの本文をそれぞれ有することから、両系統の校合本であると考えられる。加えて、流布本系統C・Dの本文に対して加筆された異本註記やC誓願寺本の訂記は流布本系統Bの本文と完全に一致することから、流布本系統Bの本文に基づいたものであると判断できる。

よって、『観経』の本文研究においては上記の諸本系統の分類を踏まえた上で検討を行う必要がある。最後にまとめとして、これらの検討に基づいた現在までの流布本系統の相関図を示しておきたい。

四、『観経』諸本と『観経註』所引の『観経』との比較検討

それでは上記の諸本系統の分類を踏まえた上で、『観経註』に見られる『観経』の経題・本文・異本註記との比較検討を行うこととする。

(一)　経　題

まず、『観経註』の経題について、その異同を提示すると以下のようになる。

【資料】No.1・386

・『観経註』

佛説無量壽觀經一巻（386「壽」の下に挿入符号あり、「有佛字」と上欄註記）

・高麗、福州、思渓

佛説觀無量壽佛經

・金版

図1　『観経』の流布本系統に属する現存諸本の相関図

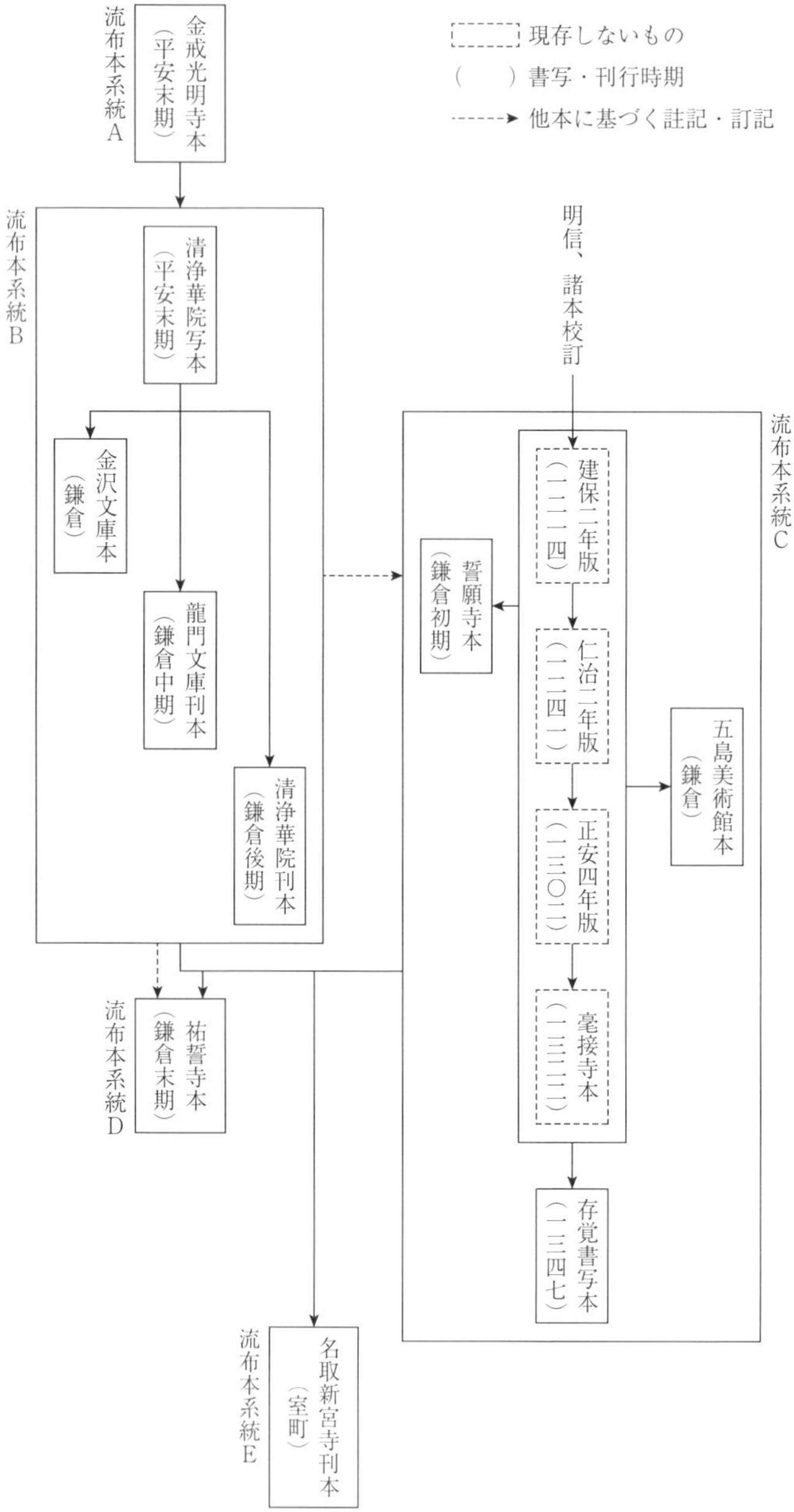

佛説觀無量壽佛經一巻
・明遍、京博、松尾、中尊、金剛、龍写、金戒、華写、龍刊、華巻、誓願、五島、祐誓、流布
佛説觀無量壽經

『観経註』の「佛説無量壽觀經一巻」に対して、金版を除く大蔵経系統の高麗版・福州版・思渓版では「佛説觀無量壽佛經」、金版では「佛説觀無量壽佛經一巻」、敦煌本系統の諸本や龍門文庫写本、流布本系統の諸本、現行流布本では「佛説觀無量壽經」となっており、どの諸本とも一致しない。[34] 一方、『観経註』の首題の傍に引用される善導の観経疏本には『観経註』の経題と同じ記述があり、そこでは、

第二次釋名者□言「佛説無量壽觀經一巻」（中略）故言「佛説無量壽觀經一巻」[35]

と「佛説無量壽觀經一巻」になっている。この他、経録や注釈書では「無量壽觀經」[36]と近似する記述が見られるものの、『観経註』の経題と完全に一致しない。よって、『観経註』の経題は善導の観経疏本の記述に基づくものであると考えられる。ちなみに、『観経註』の尾題に「有佛字」の朱書きがあり、「佛説無量壽佛觀經一巻」とする伝本があったことを註記しているが、このような伝本の存在は明らかでない。[37]

(二) 本　文

次に、『観経註』の本文を見てみる。『観経註』の本文の異同をそれぞれの諸本でまとめ、その一致箇所を数値化し、一致率の高いものから順に並べると以下のようになる。一致率は『観経註』の本文との一致数（経題・訳者名・註記は含まない）を総異同数（計三八三箇所）で割って求めた。[38]

金戒光明寺本……三六八／三八三（九六％）　龍門文庫刊本……三六二／三八三（九五％）

清浄華院刊本……三六三／三八三（九五％）　清浄華院写本……三六一／三八三（九四％）
金沢文庫本………一五六／一六八（九三％）　名取新宮寺刊本…三一九／三五〇（九一％）
現行流布本………三四六／三八三（九〇％）　誓願寺本…………三四四／三八三（九〇％）
祐誓寺本…………三四四／三八三（九〇％）　五島美術館本……三四三／三八三（九〇％）
毫摂寺本…………三四三／三八三（九〇％）　存覚書写本………三四三／三八三（九〇％）
龍門文庫写本……三三〇／三八三（八六％）　中尊寺本…………三一三／三八三（八二％）
金剛寺本…………三一〇／三八三（八一％）　名取新宮寺写本…三〇〇／三七一（八一％）
明遍書写本………三〇三／三八三（八〇％）　京博本……………二九七／三八三（七八％）
松尾社本…………二九六／三八三（七七％）　金版………………二九〇／三八三（七六％）
思渓版……………二七三／三八三（七一％）　高麗版……………二五〇／三八三（六五％）
福州版……………二一五／三八三（五六％）

これらの数値を見るに、『観経註』の本文は大蔵経系統の諸本や敦煌本系統の諸本よりも流布本系統の諸本に一致する割合が非常に高く、大きな枠組みで流布本系統に属していると判断できる。

それでは、『観経註』の本文はどの流布本系統に最も近似するのであろうか。**表1**の流布本系統に属する諸本間の本文異同に基づき、親鸞在世時の流布本系統Ａ・Ｂ・Ｃの本文と『観経註』の本文とを対照したものを提示すると左表のようになる。番号は【資料】に基づき、〇は底本の『観経註』の本文と校本の文字が一致する場合に示した。

表9を見るに、『観経註』の本文は流布本系統Ａと一致する例が三三箇所中5・12・16・31・36・45・86・88・

表9　『観無量寿経註』と流布本系統A・B・Cとの本文比較

No.	観経註	流布本A	流布本B	流布本C
5	蘇蜜	○	○	酥蜜
12	畢已	○	○	已畢
16	逕	○	○	經
31	燋悴	○	○	憔悴
36	在	○	○	侍
45	頗梨	○	○	玻瓈
86	頗梨	○	○	玻瓈
87	馬脳	瑪瑙	瑪瑙	碼碯
88	車渠	○	○	硨磲
89	車渠	○	○	硨磲
90	虎魄	○	○	琥珀
94	毗楞伽摩尼寶	○	○	毗楞伽摩尼
110	濡	○	○	輭
145	有寶縵	寶縵	寶縵	寶幔
147	有	○	○	復有
163	縵	○	○	幔
169	亦作金色	○	亦放金光	亦放金光

No.	観経註	流布本A	流布本B	流布本C
171	金光	○	光明	光明
172	復	○	○	亦
174	有	○	○	與
182	清	○	青	青
185	其光相好	○	其光明相好	○
216	濡	○	○	輭
221	相	○	○	想
227	次觀	○	次復應觀	○
235	振	○	○	震
242	相	○	○	想
244	除无量劫阿僧祇	○	○	除无數劫阿僧祇
265	觀想	○	○	想觀
280	逕	○	○	經
286	卽	○	○	則
287	俱時放光明	○	○	俱時放光
347	觀世音	當華敷時觀世音	當華敷時觀世音	○

89・90・94・110・147・163・169・171・172・174・182・185・216・221・227・235・242・244・265・280・286・287の三〇箇所、流布本系統Bと一致する例が三三箇所中5・12・16・31・36・45・86・88・89・90・94・110・147・147・163・172・174・216・221・235・242・244・265・280・286・287の二五箇所、流布本系統Cと一致する例が三三箇所中185・227・347の三箇所で確認することができる。

これらの一致数を概観するに、『観経註』の本文は流布本系統Aに最も近似する。特に169・171・182は流布本系統のうちAのみに見られる一致箇所であることから、『観経註』の本文が流布本系統Aの本文によっていることが分かる。しかしながら、流布本系統Aの本文と相違する箇所もいくつか存在する。その相違箇所については、【資料】から検討を行いたい。

流布本系統Aの本文と相違する箇所については、三八三箇所中8・87・92・98・133・145・151・180・194・211・245・313・317・347・384の一五箇所で確認できる。これらの相違箇所は次のように分類することができる。

❶いずれかの諸本で一致する箇所……………一四箇所
❷いずれの諸本とも一致しない箇所…………一箇所

以下、それぞれ検討を行う。

❶いずれかの諸本で一致する箇所

これに該当するものは8・87・92・98・133・145・151・180・194・211・245・313・317・347である。これらの異同をそれぞれの諸本でまとめ、一致箇所を数値化すると以下のようになる。(39)

観経疏本……………九／一〇（九〇％）　金版……………………八／一四（五七％）

高麗版……………七／一四（五〇％）　明遍書写本…………五／一四（三六％）
中尊寺本…………五／一四（三六％）　松尾社本……………五／一四（三六％）
金剛寺本…………五／一四（三六％）　龍門文庫写本………五／一四（三六％）
福州版……………四／一四（三一％）　名取新宮寺写本……四／一三（三一％）
思渓版……………三／一四（二一％）　京博本………………三／一四（二一％）
誓願寺本…………三／一四（二一％）　五島美術館本………二／一四（一四％）
毫摂寺本…………二／一四（一四％）　存覚書写本…………二／一四（一四％）
名取新宮寺刊本……一／八　（一三％）　祐誓寺本……………一／一四（一％）
清浄華院刊本………〇／一四（〇％）　清浄華院写本………〇／一四（〇％）
金沢文庫本…………〇／八　（〇％）　龍門文庫刊本………〇／一四（〇％）

これらの数値を見るに、善導の観経疏本に一致する割合が最も高いことが分かる。加えて、該当箇所を比較した結果、観経疏本のみで一致する箇所と高麗版のみで一致する箇所が、それぞれ存在することが確認できた。その該当箇所を提示すると以下のようになる。

観経疏本のみで一致する箇所…………三箇所
高麗版のみで一致する箇所……………一箇所

以下において、検討を行う。

［観経疏本のみで一致する箇所］

これに該当するものは145・245・313である。

【資料】No.145

・『観経註』本文（『真蹟集成』七、二五頁）

一一寶幢、如百千万億須彌山。幢上有寶縵、如夜摩天宮。

・高麗、金版、福州、明遍、松尾、中尊、名写、龍写、金戒、華写、金沢、龍刊、華刊

一一寶幢、如百千万億須彌山。幢上寶縵、如夜摩天宮。

・思渓、京博、五島、誓願、存覚、毫摂、祐誓、名刊、流布

一一寶幢、如百千万億須彌山。幢上寶幔、如夜摩天宮。

・金剛

一一寶幢、如百千万億須彌山。幢上張寶幔、如摩天宮

『観経』の「有寶縵」に対して、大蔵経系統の高麗版・金版・福州版や敦煌系統の明遍書写本・松尾社本・中尊寺本・名取新宮寺写本、龍門文庫写本、流布本系統A・Bの諸本では「寶縵」、大蔵経系統の思渓版や敦煌本系統の京博本、流布本系統C・D・Eの諸本、現行流布本では「寶幔」と一致しない。しかし、善導の観経疏本では、

一明臺上自有四幢。二明幢之體量大小。三明幢上自有寶幔、状似天宮。四明幢上自有衆多寶珠輝光映飾。(40)

と同様の表現があり、そこでは「有寶幔（縵）(41)」と一致する。前文では「有四柱寶幢」、後文では「有五百億微妙寶珠」と「有」の字で統一されているため(42)、観経疏本の「有寶縵（幔）」が適当である。また、意味上から見ても「有寶縵（幔）」が明瞭である。

【資料】No.245

・『観経註』本文（『真蹟集成』七、四一頁）

作此観者、不處胞胎、常遊諸佛淨妙國土。

・高麗、金版、福州、思渓、京博、松尾、中尊、名写、金剛、龍写、金戒、華写、龍刊、華刊、誓願、五島、毫摂、存覚、祐誓、名刊、流布

作是観者、不處胞胎、常遊諸佛淨妙國土。

・明遍

作是観者、不處胞胎、常遊諸佛淨妙國土。

『観経註』の「此」に対して、大蔵経系統の諸本や敦煌本系統の諸本、龍門文庫写本、流布本系統の諸本、現行流布本では「是」と異なっている。一方、善導の観経疏本では、

十一従「作此観者」下至「淨妙國土」已來、正明總結前文、重生後益。(43)

と同様の記述があり、そこでは「此」と完全に一致している。「此」と「是」は同義語であるが、『観経』の第十一観では「此菩薩身量大小」「此菩薩一毛孔光」「此菩薩名无邊光」「此菩薩名大勢至」「此菩薩天冠」「此菩薩行時」「此菩薩坐時」「此観者」「此菩薩者」「此觀成」と指示語が「此」で統一されているため(44)、観経疏本の「此」が適当であろう。

【資料】No.313

・『観経註』本文（『真蹟集成』七、五三頁）

行者自見、坐蓮華上。蓮華卽合、生於西方極樂世界七寶池中。經於七日蓮華乃敷。

・高麗、金版、福州、思渓、京博、明遍、松尾、中尊、金剛、龍写、金戒、華写、龍刊、華刊、誓願、五島、毫摂、存覚、祐誓、名刊、流布

行者自見、坐蓮華上。蓮華卽合、生於西方極樂世界在寶池中。經於七日蓮華乃敷。

・名写

行者自見、坐蓮華上。蓮華卽合、生西方極樂世界在寶池中。經於七日蓮華乃敷。

『観経註』の「七」に対して、大蔵経系統の諸本や敦煌本系統の諸本、龍門文庫写本、流布本系統の諸本、現行流布本では「在」と異なっている。一方、善導の観経疏本では、

四従「戒香熏修」下至「七寶池中」已來正明第九門中行者終時聖來迎接去時遲疾(45)。

と同様の記述があり、そこでは「七」と完全に一致する。前文から「卽生彼國七寶池中(46)」「卽得往生七寶池中(47)」と続くので、観経疏本の「七」が妥当であろう。

これらのことから、145・245・313は善導の観経疏本に基づいて校訂されたものと考えられる。

［高麗版のみで一致する箇所］

【資料】No.180

・『観経註』本文（『真蹟集成』七、三二一頁）

佛身高、六十万億那由他恆河沙由旬。眉間白毫、右旋宛轉、如五須彌山。

・金版、福州、思渓、明遍、京博、松尾、中尊、名取、金剛、龍写、金戒、華写、金沢、龍刊、華刊、誓願、五島、存覚、祐誓、名刊、流布

佛身高、六十万億那由他恆河沙由旬。眉間白毫、右旋婉轉、如五須彌山。

・高麗版

佛身高、六十万億那由他恆河沙由旬。眉間白毫、右旋宛轉、如五須彌山。

『観経註』の「宛転」に対して、大蔵経系統の金版・福州版・思渓版や敦煌本系統の諸本、龍門文庫写本、流布本系統の諸本、現行流布本では「婉転」と異なっているが、大蔵経系統の高麗版では「宛転」と完全に一致している。前文に「眉間白毫」があるため、眉の美しさを形容する「宛転」の字が正しい。このことから、180は再雕版の底本である初雕版に基づく修訂と考えられるが、当時の日本では初雕版の底本である開宝蔵本の影響を受けた古写経本も存在していたということが指摘されているので[48]、その古写経本に基づいたという可能性も想定できる。よって、180は開宝蔵系統に基づいて校訂された蓋然性が高い。

❷いずれの諸本とも一致しない箇所

これに該当するものは384である。

【資料】 No.384

・『観経註』本文

爾時阿難、廣爲大衆説如上事、無量諸天・龍及夜叉、聞佛所説、皆大歡喜、禮佛而退。

・龍写、金戒、華写、金沢、龍刊、華刊、誓願、五島、毫摂、存覚、祐誓、名刊、流布

爾時阿難、廣爲大衆説如上事、無量諸天及龍・夜叉、聞佛所説、皆大歡喜、禮佛而退。

・高麗、福州、思渓

爾時阿難、廣爲大衆説如上事、無量人天・龍神・夜叉、聞佛所説、皆大歡喜、禮佛而退。

・金版、明遍、京博、松尾、中尊、名写、金剛

爾時阿難、廣爲大衆説如上事、無量諸天・龍・夜叉、聞佛所説、皆大歡喜、禮佛而退。

龍門文庫写本や流布本系統の諸本では「無量諸天・龍及夜叉」、大蔵経系統の高麗版・福州版・思渓版では「無量人天・龍神・夜叉」、大蔵経系統の金版や敦煌本系統の諸本では「無量諸天・龍・夜叉」とあるが、『観経註』の本文では「無量諸天・龍及夜叉」となっている。また、善導の観経疏本にも該当する記述が見られない。この文は耆闍崛山での阿難の説法に集まった大衆等の無量の天人や龍神、夜叉を指すもので、八部衆のうちの初めの三称を挙げて後を略したものである。意味はどの諸本とも同じであり、文脈上からも意図的に修訂されたと見ることはできない。よって、384は書写過程での誤写と解される。

総じて、流布本系統Aと相違する箇所については善導の観経疏本や開宝蔵系統に基づく校訂によって生じたものと考えられる。

以上のことから、親鸞が意図的に校訂したものか、それともすでに校訂されたものを親鸞が書写したのか、区別はつかないが、『観経註』の本文は流布本系統Aに近似する底本と、善導の観経疏本や開宝蔵系統などの異本を用いて作られた『観経』であると結論づけられる。

㈢　異本註記

続いて、『観経註』の異本註記を確認する。『観経註』の欄外に記される異本情報については「疏」「古本」「或本」「有本」と表記されるが、異本指示の無い註記もある。ここでは、これらの註記がどのようなテクストに基づいて付されたものなのか、それぞれ検討を行いたい。

(1)「疏」と表記される異本註記

第一は「疏」と表記される異本註記である。この異本註記としては次のようなものが存在する。48「時韋提希白佛言」の「希」に対して「疏無希字」と上欄註記。62「得无生法忍」の「法」に対して「疏無法字」と上欄註記。79「亦似星月」の「似」に対して「疏如字也」と下欄註記。288「應時即能飛行遍至十方」の「行遍」に対して「疏行遍二字无之」と上欄註記。318「生經七日」の「經」に対して「疏作逕字」と下欄註記。333「經十小劫」の「經」に対して「疏作逕字」と下欄註記。340「而自莊嚴」の「而」に対して「疏作心字」と下欄註記。385「禮佛而退」の「禮佛」に対して「疏作禮」と下欄註記。

これらの註記を『観経』の諸本・観経疏本の本文と比較すると左表のようになる。番号は【資料】「校異一覧表」に基づき、〇は底本の『観経註』の異本註記と校本の文字が一致する場合、（ナシ）は校本に削減が認められた場合に示した。

表10　『観無量寿経註』の「疏」註記と『観無量寿経』諸本・観経疏本の本文との比較

No.	48	62	79	288	318	333	340	385
観経註本文	希	法	似	行遍	經	經	而	禮佛
観経註註記	（ナシ）	（ナシ）	如	（ナシ）	逕	逕	心	作禮
高麗	希	法	似	〇	經	經	而	作禮
金版	希	法	似	行遍	經	經	而	作禮
福州	希	法	似	〇	經	經	而	作禮
思渓	希	法	似	行遍	經	經	而	作禮
明遍	希	法	似	〇	經	經	而	作禮
京博	希	法	似	行遍	經	經	而	作禮
松尾	希	法	似	行遍	經	經	而	作禮
中尊	希	法	似	行遍	經	經	而	作禮
名写	希	法	似	行遍	經	經	而	作禮
金剛	希	法	似	行遍	經	經	而	作禮
龍写	希	法	似	行遍	經	經	而	作禮
金戒	希	法	似	行遍	經	經	而	作禮
華写	希	法	似	行遍	經	經	而	作禮
金沢	*	*	*	*	*	經	而	作禮
龍刊	希	法	似	行遍	經	經	而	作禮
華刊	希	法	似	行遍	經	經	而	作禮
誓願	希	法	似	行遍	經	經	而	作禮
五島	希	法	似	行遍	經	經	而	作禮
毫摂	希	法	似	行遍	經	經	而	作禮
存覚	希	法	似	行遍	經	經	而	作禮
祐誓	希	法	似	行遍	經	經	而	作禮
名刊	希	法	似	行遍	經	經	而	作禮
流布	希	法	似	行遍	經	經	而	作禮
善導疏	〇	〇	〇	〇	〇	〇	〇	〇

表10を確認するに、48は『観経註』の註記を反映した「時韋提白佛」に対して、大蔵経系統の諸本や敦煌本系統の諸本、龍門文庫写本、流布本系統の諸本、現行流布本では「時韋提希白佛」と異なっており、善導の観経疏本では「時韋提白佛」と一致している。

62は『観経註』の註記を反映した「得无生忍」に対して、大蔵経系統の諸本や敦煌本系統の諸本、龍門文庫写本、流布本系統の諸本、現行流布本では「得无生法忍」と相違し、善導の観経疏本では「得无生忍」と一致する。

79は『観経註』の「如」に対して、大蔵経系統の諸本や敦煌本系統の諸本、龍門文庫写本、流布本系統の諸本、現行流布本では「似」と異なっており、善導の観経疏本では「如」と一致している。

288は『観経註』の註記を反映した「應時卽能飛至十方」に対して、大蔵経系統の金版・思渓版や明遍書写本を除く敦煌本系統の諸本、龍門文庫写本、流布本系統の諸本、現行流布本では「應時卽能飛行遍至十方」と相違し、大蔵経系統の高麗版・福州版や明遍書写本、善導の観経疏本では「應時卽能飛至十方」と一致する。

318は『観経註』の「逕」の註記に対して、大蔵経系統の諸本や敦煌本系統の諸本、龍門文庫写本、流布本系統の諸本、現行流布本では「經」と異なっており、善導の観経疏本では「逕」と一致している。

333は『観経註』の「逕」の註記に対して、大蔵経系統の諸本や敦煌本系統の諸本、龍門文庫写本、流布本系統の諸本、現行流布本では「經」と相違し、善導の観経疏本では「逕」と一致する。

340は『観経註』の「心」の註記に対して、大蔵経系統の諸本や敦煌本系統の諸本、龍門文庫写本、流布本系統の諸本、現行流布本では「而」と異なっており、善導の観経疏本では「心」と一致している。

385は『観経註』の「作禮」の註記に対して、大蔵経系統の諸本や敦煌本系統の諸本、龍門文庫写本、流布本系統の諸本、現行流布本では「禮佛」と相違し、善導の観経疏本では「作禮」と一致する。

これらの例から窺われるように、善導の観経疏本のみが『観経註』の「疏」と表記される異本註記と完全に一致している。このことから、『観経註』の「疏」と表記される異本註記は観経疏本の本文に依拠していると考えられる。

(2)「古本」と表記される異本註記

第二は「古本」と表記される異本註記である。この異本註記としては次のようなものが存在する。

67「名曰初觀」の「觀」の下に挿入符号あり、「古本云作是觀者名爲正觀若他觀者名爲邪觀」と上欄註記。68「次作」の「次」の上に挿入符号あり、「古本云佛告阿難及韋提希初觀成已」と上欄註記。316「四十八願」の「八」の下に挿入符号あり、「古本大字」と上欄註記。

これらの註記を『観経』諸本の本文と比較すると左表のようになる。

表11　『観無量寿経註』の「古本」註記と『観無量寿経』諸本の本文との比較

No.	67	68	316
観経註本文	初觀	次作	八
観経註註記	初觀作是觀者名爲正觀若他觀者名爲邪觀	佛告阿難及韋提希初觀成已次作	八大
高麗	○	○	○
金版	初觀	次作	○
福州	初觀次作是觀者名曰正觀若他觀者名曰邪觀	○	○
思渓	初觀	次作	○
明遍	初觀	次作	○
京博	初觀	次作	○
松尾	初觀	次作	○
中尊	初觀	次作	○
名写	初觀	次作	○
金剛	初觀	次作	○
龍写	初觀	次作	○
金戒	初觀	次作	八
華写	初觀	次作	八
金沢	初觀	次作	八
龍刊	初觀	次作	八
華刊	初觀	次作	八
誓願	初觀	次作	八
五島	初觀	次作	八
毫摂	初觀	次作	八
存覚	初觀	次作	八
祐誓	初觀	次作	八
名刊	初觀	次作	八
流布	初觀	次作	八

表11を確認するに、67は『観経註』の註記を反映した「初觀作是觀者名爲正觀若他觀者名爲邪觀」に対して、大蔵経系統の金版・思渓版や敦煌本系統の諸本、龍門文庫写本、流布本系統の諸本、現行流布本では「初觀」、大蔵経系統の福州版では「初觀次作是觀者名曰正觀若他觀者名曰邪觀」と異なっており、大蔵経系統の高麗版では「初觀作是觀者名爲正觀若他觀者名爲邪觀」と一致している。

68は『観経註』の註記を反映した「佛告阿難及韋提希初觀成已次作」に対して、大蔵経系統の金版・思渓版や敦煌本系統の諸本、龍門文庫写本、流布本系統の諸本、現行流布本では「次作」と相違し、大蔵経系統の高麗版・福州版では「佛告阿難及韋提希初觀成已次作」と一致する。

316は『観経註』の註記を反映した「四十八大願」に対して、流布本系統の諸本、現行流布本では「四十八願」と異なっており、大蔵経系統の諸本や敦煌本系統の諸本、龍門文庫写本では「四十八大願」と一致している。

これらの例から分かるように、『観経』の諸本中、大蔵経系統の高麗版のみが『観経註』の「古本」と表記される註記と完全に一致している。このことから、『観経註』の「古本」の註記は再雕版の底本である初雕版に依拠していると考えられるが、先述した通り、親鸞在世時には初雕版の底本である開宝蔵本の影響を受けた古写経本が存在するということが認められているので、親鸞がその古写経本を参照していたという可能性も想定できる。よって、『観経註』の「古本」と表記される異本註記は開宝蔵系統の本文に依拠していると結論づけられる。

(3)「或本」と表記される異本註記

第三は「或本」と表記される異本註記である。この異本註記としては次のようなものが存在する。

151「一一金光遍其寶土」の「光」に対して「或本作色字」と上欄註記。221「眞實色身相」の「相」に対して

「或本作想字」と上欄註記。223「除无数劫生死之罪」の「除」の下に挿入符号あり、「或本有却字」と上欄註記。255「皆演妙法」の「演」の下に挿入符号あり、「或本有説字」と上欄註記。

これらの註記を『観経』諸本の本文と比較すると左表のようになる。

表12　『観無量寿経註』の「或本」註記と『観無量寿経』諸本の本文との比較

№.	151	221	223	255
観経註本文	光	想	除	演
観経註註記	色	想	除却	演説
高麗	○	相	除	演
金版	光	相	除刧	演
福州	○	○	除	演
思渓	○	相	除	演
明遍	光	○	除	演
京博	○	○	除	演
松尾	光	○	除	演
中尊	光	相	○	○
名写	○	○	○	○
金剛	光	○	○	○
龍写	光	○	除	○
金戒	○	相	除	演
華写	○	相	除	演
金沢	○	*	*	演
龍刊	○	相	除	演
華刊	○	相	除	演
誓願	○	○	除	演
五島	○	○	除	演
毫摂	○	○	除	演
存覚	○	○	除	演
祐誓	○	○	除	演
名刊	○	○	除	演
流布	○	○	除	演

表12を確認するに、151は『観経註』の「色」の註記に対して、大蔵経系統の金版や敦煌本系統の明遍書写本・松尾社本・中尊寺本・金剛寺本、龍門文庫写本では「光」と異なっており、金版を除く大蔵経系統の諸本や敦煌本系統の京博本・名取新宮寺写本、流布本系統の諸本、現行流布本では「色」と一致している。

221は『観経註』の「想」の註記に対して、福州版を除く大蔵経系統の諸本や敦煌本系統の中尊寺本、流布本系統A・Bの諸本では「相」と相違し、大蔵経系統の福州版や敦煌本系統の明遍書写本・京博本・松尾社本・名取新宮寺写本・金剛寺本、龍門文庫写本、流布本系統C・D・Eの諸本、現行流布本では「想」と一致する。

223は『観経註』の註記を反映した「除却」に対して、金版を除く大蔵経系統の諸本や敦煌本系統の明遍書写本・京博本・松尾社本、龍門文庫写本、流布本系統の諸本、現行流布本では「除」、大蔵経系統の金版では「除刧」と異なっており、敦煌本系統の中尊寺本・名取新宮寺写本・金剛寺本では「除却」と一致している。

255は『観経註』の註記を反映した「演説」に対して、大蔵経系統の諸本や敦煌本系の明遍書写本・京博本・松尾社本、流布本系統の諸本、現行流布本では「演」と相違し、敦煌本系統の中尊寺本・名取新宮寺写本・金剛寺本、龍門文庫写本では「演説」と一致する。

これらの例から窺われるように、『観経』の諸本中、名取新宮寺写本のみが『観経註』の「或本」と表記される註記と完全に一致している。よって、『観経註』の「或本」と表記される異本註記は名取新宮寺写本系統の本文に依拠していると考えられる。

(4)「有本」と表記される異本註記

第四は「有本」と表記される異本註記である。この異本註記としては次のようなものが存在する。

36「目連侍左、阿難在右」の「在」に対して「有本作侍」と上欄註記。140「甄升迦寶[49]」の「升」(「叔」の略字)に対して「有本作叔」と上欄註記。171「皆放金光」の「金光」に対して「有本作光明」と上欄註記。182「清白分明」の「清」に対して「有本青字[50]」と上欄註記。242「大勢至色身相」の「相」に対して「有本作想」と上欄註記。244「除无量劫阿僧祇」の「量」に対して「有本作數字」と上欄註記。286「經宿卽開」の「卽」に対して「有本作則字」と上欄註記。

これらの註記を『観経』諸本の本文と比較すると左表のようになる。140については、【資料】「校異一覧表」で異体字を省略したが、原本では異体字註記が付されているので、ここでは異体字を省略せずに厳密な比較を行った。

表13を確認するに、36は『観経註』の「侍」の註記に対して、大蔵経系統の高麗版・福州版や龍門文庫写本、流布本系統A・B・Eの諸本、現行流布本では「在」と異なっており、大蔵経系統の金版・思渓版や敦煌本系統の諸

本、流布本系統C・Dの諸本では「侍」と一致している。

140は『観経註』の「升」（「叔」の略字）の註記に対して、大蔵経系統の福州版・思渓版や流布本系統C・D・Eの諸本、現行流布本では「叔」と異なっており、大蔵経系統の高麗版・福州版や敦煌本系統の諸本、龍門文庫写本、流布本系統A・Bの諸本では「升」と一致している。

171は『観経註』の「光明」の註記に対して、大蔵経系統の金版や敦煌本系統の明遍書写本・中尊寺本、龍門文庫写本、流布本系統Aでは「金光」、大蔵経系統の高麗版・福州版では「妙光」、敦煌本系統の京博本・松尾社本・名取新宮寺写本・金剛寺本では「金色光」と相違し、大蔵経系統の思渓版や流布本系統B・C・D・Eの諸本、現行流布本では「光明」と一致する。

182は『観経註』の「青」の註記に対して思渓版を除く大蔵経系統の諸本や敦煌本系統の諸本、龍門文庫写本、流布本系統Aでは「清」と異なっており、思渓版や流布本系統B・C・D・Eの諸本、現行流布本では「青」と一致

表13　『観無量寿経註』の「有本」註記と『観無量寿経』諸本の本文との比較

No.	36	140	171	182	242	244	286
観経註本文	在	升	金光	清	相	量	卽
観経註註記	侍	叔	光明	青	想	數	則
高麗	在	升	妙光	清	相	○	卽
金版	○	升	金光	清	相	○	卽
福州	在	○	妙光	清	○	○	○
思渓	○	○	○	○	相	○	○
明遍	○	升	金光	清	○	量	○
京博	○	升	金色光	清	相	量	○
松尾	○	升	金色光	清	相	量	○
中尊	○	升	金光	清	相	○	○
名写	○	升	金色光	清	○	○	○
金剛	○	升	金色光	清	○	○	○
龍写	在	升	金光	清	○	量	卽
金戒	在	升	金光	清	相	量	卽
華写	在	升	○	○	相	量	卽
金沢	*	升	○	○	相	量	*
龍刊	在	升	○	○	相	量	卽
華刊	在	升	○	○	相	量	卽
誓願	○	○	○	○	○	○	○
五島	○	○	○	○	○	○	○
亳摂	○	○	○	○	○	○	○
存覚	○	○	○	○	○	○	○
祐誓	○	○	○	○	○	量	○
名刊	在	○	○	○	○	○	○
流布	在	○	○	○	○	○	○

している。

242は『観経註』の「想」の註記に対して、福州版を除く大蔵経系統の諸本や敦煌本系統の京博本・松尾社本・中尊寺本、流布本系統A・Bの諸本では「相」と相違し、福州版や敦煌本系統の京博本・松尾社本・中尊寺本、流布本系統C・D・Eの諸本、現行流布本では「想」と一致する。

244は『観経註』の「數」の註記に対して、敦煌本系統の明遍書写本・京博本・松尾社本や龍門文庫写本、流布本系統A・B・Dの諸本では「量」と異なっており、大蔵経系統の諸本や敦煌本系統の中尊寺本・名取新宮寺写本・金剛寺本、流布本系統C・Eの諸本、現行流布本では「數」と一致している。

286は『観経註』の「則」の註記に対して、大蔵経系統の高麗版・金版や龍門文庫写本、流布本系統A・Bの諸本では「卽」と相違し、大蔵経系統の福州版・思渓版や敦煌本系統の諸本、流布本系統C・D・Eの諸本、現行流布本では「則」と一致する。

これらの例から看取できるように、『観経』の諸本中、流布本系統Cの諸本のみが『観経註』の「有本」と表記される註記と完全に一致している。このことから、『観経註』の「有本」と表記される註記は流布本系統Cの本文に依拠していると考えられる。

(5)異本指示の無い註記

第五は異本指示の無い註記である。この註記としては次のようなものが存在する。

7「盛蒱桃漿」の「蒱桃」に対して「蒲桃」と下欄註記。9「食麨飲漿」の「麨」に対して「麨」と上欄註記。13「逕禮世尊」の「逕」に対して「遥」と上欄註記。14「大目揵連」の「揵」に対して「犍」と下欄註記。17

「王食麨蜜」の「麨」に対して「麨」と下欄註記。31「愁憂憔悴」の「悴」に対して「悴」と下欄註記。42「畜生盈滿」の「盈」に対して「盈」と下欄註記。43「今向世尊」の「今」に対して「今」と下欄註記。45「如頗梨鏡」の「頗梨」に対して「玻瓈」と下欄註記。57「諦聴」の「聴」に対して「聽」と下欄註記。64「不能遠觀」の「遠」に対して「遠」と上欄註記。73「瑠璃地内外映徹」の「映」に対して「映」と上欄註記。75「八楞具足」の「楞」に対して「楞」と上欄註記。76「以黄金縄」の「縄」に対して「繩」と上欄註記。80「於臺兩邊」の「臺」に対して「臺」と上欄註記。81「皷此樂器」の「皷」に対して「鼓」と下欄註記。86「頗梨色中」の「頗梨」に対して「玻瓈」と下欄註記。90「珊瑚虎魄」の「虎魄」に対して「琥珀」と下欄註記。91「以爲映飾」の「映」に対して「映」と上欄註記。94「毗楞伽摩尼寶」の「楞」に対して「楞」と上欄註記。101「如旋火輪婉轉葉間」の「婉」に対して「婉」と上欄註記。124「不皷自鳴」の「皷」に対して「鼓」と下欄註記。132「八万四千脉」の「脉」に対して「脉」と上欄註記。133「八万四千光」の「万」に対して「萬」と上欄註記。169「亦作金色」の「作」に対して「放」と上欄註記、「色」に対して「光」と上欄註記。173「鳧鴈鴛鴦皆説妙法」の「鳧鴈鴛鴦」に対して「鳧鴈鴛鴦」と上欄註記。207「俻七寶色」の「俻」に対して「備」と下欄註記。214「八万四千畫」の「畫」に対して「畫」と上欄註記。218「唯頂上肉髻」の「肉」に対して「肉」と上欄註記。220「眞實色身」の「色」に対して「色」と上欄註記。348「安慰彼人」の「慰」に対して「慰」と下欄註記。

これらの註記を『観経』諸本の本文と比較すると次頁の表のようになる。上記の該当箇所については、【資料】「校異一覧表」において異体字を省略したが、原本では異体字註記が付されているので、ここでは異体字を省略せずに厳密な比較を行った。

表14『観無量寿経註』の異本指示の無い註記と『観無量寿経』諸本の本文との比較

No.	7	9	13	14	17	31	42	43	45	57	64	73	75	76	80	81	86	90	91	94	101	124	132
観経註本文	蒱桃	麨	遥	揵	麨	悴	盈	今	頗梨	聽	逺	映	撈	繩	臺	皷	頗梨	虎魄	映	撈	婉	皷	脉
観経註註記	蒲桃	麨	遥	犍	麨	悴	盈	今	玻瓈	聽	逺	映	橯	繩	臺	鼓	玻瓈	琥珀	映	橯	婉	鼓	脉
高麗	葡萄	麨	○	乹	麨	悴	盈	○	頗梨	聽	逺	暎	○	繩	臺	○	頗梨	○	暎	○	宛	○	脉
金版	葡萄	麨	○	揵	麨	悴	盈	○	頗	○	逺	暎	○	繩	臺	○	頗梨	○	暎	○	○	○	脉
福州	○	麨	○	揵	麨	○	○	○	○	○	逺	○	○	○	○	○	○	○	○	○	婉	○	脉
思渓	○	麨	○	揵	麨	○	○	○	○	聽	逺	○	○	繩	○	○	○	○	○	○	婉	○	脈
明遍	蒲桃	麨	○	揵	麨	悴	盈	○	頗梨	聽	逺	暎	撈	繩	臺	皷	頗梨	虎魄	暎	撈	婉	皷	脈
京博	蒲桃	麨	○	揵	麨	悴	盈	○	頗梨	聽	逺	暎	撈	繩	臺	皷	頗梨	虎魄	暎	撈	婉	皷	脈
松尾	蒲桃	麨	○	揵	麨	悴	盈	○	頗梨	聽	逺	暎	撈	繩	臺	皷	頗梨	虎魄	暎	撈	婉	皷	脈
中尊	蒲桃	麨	○	揵	麨	悴	盈	○	頗梨	聽	逺	暎	撈	繩	臺	皷	頗梨	虎魄	暎	撈	婉	皷	脈
名写	*	*	*	*	麨	悴	盈	○	頗梨	聽	逺	暎	撈	繩	臺	皷	頗梨	虎魄	暎	撈	婉	皷	脈
金剛	蒲桃	麨	○	揵	麨	○	盈	○	頗梨	聽	逺	映	撈	繩	臺	皷	頗梨	虎魄	映	撈	婉	皷	脈
龍写	蒲桃	麨	○	揵	麨	悴	盈	○	頗梨	聽	逺	映	撈	繩	臺	皷	頗梨	虎魄	映	撈	婉	皷	脈
金戒	蒲桃	麨	○	揵	麨	悴	盈	○	頗梨	聽	○	映	撈	繩	○	皷	頗梨	虎魄	映	撈	婉	皷	脈
華写	蒲桃	麨	○	揵	麨	悴	盈	○	頗梨	聽	逺	映	撈	繩	臺	皷	頗梨	虎魄	映	撈	婉	皷	脈
金沢	*	*	*	*	*	*	*	*	*	*	*	*	*	*	*	*	*	*	*	*	*	*	脈
龍刊	蒲桃	麨	○	揵	麨	悴	盈	○	頗梨	聽	逺	映	撈	繩	臺	皷	頗梨	虎魄	映	撈	婉	皷	脈
華刊	蒲桃	麨	○	揵	麨	悴	盈	○	頗梨	聽	逺	映	撈	繩	臺	皷	頗梨	虎魄	映	撈	婉	皷	脈
誓願	○	○	○	○	○	○	○	○	○	○	○	○	○	○	○	○	○	○	○	○	○	○	○
五島	○	麨	○	○	麨	○	○	○	○	○	○	○	○	繩	○	○	○	○	○	○	婉	○	脉
毫摂	○	麨	○	○	麨	○	○	○	○	○	○	○	○	繩	○	○	○	○	○	○	婉	○	脉
存覚	○	麨	○	○	○	○	○	○	○	○	○	○	○	○	○	○	○	○	○	○	○	○	○
祐誓	○	麨	○	○	麨	○	○	○	○	○	○	○	○	繩	○	○	○	○	○	○	婉	○	脉
名刊	*	*	*	*	*	*	*	*	○	○	○	○	○	繩	○	○	○	○	○	○	婉	○	脉
流布	○	○	遙	○	○	○	盈	今	玻瓈	聽	遠	○	○	繩	○	○	玻瓈	○	○	○	婉	○	脈

133	169	173	207	214	218	220	348
万	亦作金色	梟鳫鴛鴦	俻	畫	肉	色	慰
萬	亦放金光	梟鴈鴛鴦	備	畫	肉	色	慰
万	亦作金色	梟鴈鴛鴦	俻	○	肉	色	○
万	○	梟鴈鴛鴦	俻	○	肉	色	○
万	亦作金色	梟鴈鴛鴦	○	○	肉	色	○
万	亦作金色	梟鴈鴛鴦	備	○	肉	色	○
万	○	梟鴈鴛鴦	偹	畫	肉	色	慰
万	○	梟鴈鴛鴦	偹	畫	肉	色	慰
万	○	梟鴈鴛鴦	偹	畫	肉	色	慰
万	○	梟鴈鴛鴦	偹	畫	肉	色	慰
万	○	梟鴈鴛鴦	偹	畫	肉	色	慰
万	○	梟鴈鴛鴦	俻	畫	肉	色	慰
万	○	梟鴈鴛鴦	俻	畫	肉	色	慰
万	亦作金色	梟鴈鴛鴦	俻	盡	肉	色	慰
万	○	梟鳫鴛鴦	偹	盡	肉	色	慰
万	○	梟鳫鴛鴦	＊	＊	＊	＊	慰
万	○	梟鳫鴛鴦	偹	盡	肉	色	慰
万	○	梟鳫鴛鴦	偹	盡	肉	色	慰
○	○	○	○	○	○	○	○
万	亦作金色	○	俻	○	○	色	○
万	亦作金色	○	俻	○	○	○	○
○	亦作金色	梟鴈鴛鴦	○	○	○	○	○
万	亦作金色	○	俻	○	○	○	○
万	○	○	○	○	○	○	○
○	○	梟鴈鴛鴦	備	○	肉	色	○

表14を確認するに、7は『観経註』の「蒲桃」の註記に対して、大蔵経系統の高麗版・金版では「葡萄」、敦煌本系統の諸本や龍門文庫写本、流布本系統A・Bの諸本では「蒲桃」と異なっており、大蔵経系統の福州版・思渓版や流布本系統C・Dの諸本、現行流布本では「蒲桃」と一致している。

9は『観経註』の「麨」の註記に対して、大蔵経系統の諸本や敦煌本系統の諸本、龍門文庫写本、流布本系統A・Bの諸本・流布本系統Cの五島美術館本・毫摂寺本・祐誓寺本では「麨」、流布本系統Cの存覚書写本では「麨」と相違し、流布本系統Cの誓願寺本や現行流布本では「麨」と一致する。

13は『観経註』の「遥」の註記に対して、現行流布本では「遙」と異なっており、現行流布本以外の諸本では「遥」と一致している。

14は『観経註』の「犍」の註記に対して、高麗版を除く大蔵経系統の諸本や敦煌本系統の諸本、龍門文庫写本、流布本系統A・Bの諸本では「揵」、大蔵経系統の高麗版では「乹」と相違し、流布本系統C・Dの諸本や現行流布本では「犍」と一致する。

17は『観経註』の「麨」の註記に対して、大蔵経系統の諸本や敦煌本系統の諸本、龍門文庫写本、流布本系統A・Bの諸本、流布本系統Cの五島美術館本・毫摂寺本・祐誓寺本では「麨」と異なっており、流布本系統Cの誓願寺本・存覚書写本や現行流布本では「麨」と一致している。

31は『観経註』の「悴」の註記に対して、大蔵経系統の高麗版・金版や金剛寺本を除く敦煌本系統の諸本、龍門文庫写本、流布本系統A・Bの諸本では「忰」と相違し、大蔵経系統の福州版・思渓版や敦煌本系統の金剛寺本、流布本系統C・Dの諸本、現行流布本では「悴」と一致する。

42は『観経註』の「盈」の註記に対して、大蔵経系統の金版や龍門文庫写本、流布本系統A・Bの諸本、現行流布本では「盈」、大蔵経系統の高麗版では「盈」、敦煌本系統の諸本では「盈」と異なっており、大蔵経系統の福州版・思渓版や流布本系統C・Dの諸本では「盈」と一致している。

43は『観経註』の「今」の註記に対して、現行流布本では「今」と相違し、現行流布本を除く『観経』の諸本では「今」と一致する。

45は『観経註』の「玻瓈」の註記に対して、大蔵経系統の高麗版や敦煌本系統の諸本、龍門文庫写本、流布本系統A・Bの諸本では「頗梨」、大蔵経系統の金版では「頗瓈」、現行流布本では「玻瓈」と異なっており、大蔵経系統の福州版・思渓版や流布本系統C・D・Eの諸本では「玻瓈」と一致している。

57は『観経註』の「聴」の註記に対して、大蔵経系統の高麗版・思渓版や現行流布本では「聴」、金剛寺本を除く敦煌本系統の諸本では「聴」、敦煌本系統の金剛寺本や龍門文庫写本、流布本系統A・Bの諸本では「聴」と相違し、大蔵経系統の金版・福州版や流布本系統C・D・Eの諸本、現行流布本では「聴」と一致する。

64は『観経註』の「逺」の註記に対して、大蔵経系統の諸本や敦煌本系統の諸本、龍門文庫写本、流布本系統B

の諸本では「遠」、現行流布本では「遠」と異なっており、流布本系統Ａ・Ｃ・Ｄ・Ｅの諸本では「遠」と一致している。

73は『観経註』の「映」の註記に対して、大蔵経系統の高麗版・金版や金剛寺本を除く敦煌本系統の諸本では「映」、敦煌本系統の金剛寺本や龍門文庫写本、流布本系統Ａ・Ｂの諸本では「映」と相違し、大蔵経系統の福州版・思渓版や流布本系統Ｃ・Ｄ・Ｅの諸本、現行流布本では「映」と一致する。

75は『観経註』の「楞」の註記に対して、敦煌本系統の諸本や龍門文庫写本、流布本系統Ａ・Ｂの諸本では「楞」と異なっており、大蔵経系統の諸本や流布本系統Ｃ・Ｄ・Ｅの諸本、現行流布本では「楞」と一致している。

76は『観経註』の「縄」の註記に対して、大蔵経系統の高麗版・金版や流布本系統Ｂの諸本、流布本系統Ｃの五島美術館本・毫摂寺本、流布本系統Ｄでは「縄」、敦煌本系統の諸本や龍門文庫写本、流布本系統Ａ・Ｅの諸本では「縄」、大蔵経系統の思渓版では「縄」、現行流布本では「縄」と相違し、大蔵経系統の福州版や流布本系統Ｃの誓願寺本・存覚書写本では「縄」と一致する。

80は『観経註』の「臺」の註記に対して、大蔵経系統の高麗版・金版や敦煌本系統の京博本では「臺」、京博本を除く敦煌本系統の諸本や龍門文庫写本、流布本系統Ｂの諸本では「臺」と異なっており、大蔵経系統の福州版・思渓版や流布本系統Ａ・Ｃ・Ｄ・Ｅの諸本、現行流布本では「臺」と一致している。

81は『観経註』の「鼓」の註記に対して、敦煌本系統の諸本や龍門文庫写本、流布本系統Ａ・Ｂの諸本では「皷」と相違し、大蔵経系統の諸本や流布本系統Ｃ・Ｄ・Ｅの諸本、現行流布本では「鼓」と一致する。

86は『観経註』の「玻璨」の註記に対して、大蔵経系統の高麗版や敦煌本系統の諸本、龍門文庫写本、流布本系統Ａ・Ｂの諸本では「頗梨」、大蔵経系統の金版では「頗璨」、現行流布本では「玻璨」と異なっており、大蔵経系統の福州版・思渓版や流布本系統C・D・Eの諸本では「玻瓈」と一致している。

90は『観経註』の「琥珀」の註記に対して、敦煌本系統の諸本では「帍魄」、流布本系統A・Bの諸本では「虎魄」と異なっており、大蔵経系統の諸本や流布本系統C・D・Eの諸本、現行流布本では「琥珀」と一致している。

91は『観経註』の「映」の註記に対して、大蔵経系統の高麗版・金版や金剛寺本を除く敦煌本系統の諸本では「暎」、敦煌本系統の金剛寺本や龍門文庫写本、流布本系統A・Bの諸本では「映」と相違し、大蔵経系統の福州版・思渓版や流布本系統C・D・Eの諸本、現行流布本では「映」と一致する。

94は『観経註』の「楞」の註記に対して、敦煌本系統の諸本や龍門文庫写本、流布本系統A・Bの諸本では「撈」と異なっており、大蔵経系統の諸本や流布本系統C・D・Eの諸本、現行流布本では「楞」と一致している。

101は『観経註』の「婉」の註記に対して、敦煌本系統の諸本や龍門文庫写本、流布本系統A・Bの諸本では「婉」、大蔵経系統の高麗版では「宛」、大蔵経系統の福州版・思渓版や流布本系統Cの五島美術館本・毫摂寺本、流布本系統D・Eの諸本、現行流布本では「婉」と相違し、大蔵経系統の金版や流布本系統Cの誓願寺本・存覚書写本では「婉」と一致する。

124は『観経註』の「鼓」の註記に対して、敦煌本系統の諸本や龍門文庫写本、流布本系統A・Bの諸本では「皷」と異なっており、大蔵経系統の諸本や流布本系統C・D・Eの諸本、現行流布本では「鼓」と一致している。

132は『観経註』の「脉」の註記に対して、思渓版を除く大蔵経系統の諸本や流布本系統Cの五島美術館本・毫摂寺本・流布本系統D・Eの諸本では「脉」、大蔵経系統の思渓版や敦煌本系統の諸本、龍門文庫写本、流布本系統A・Bの諸本では「脉」、現行流布本では「脈」と相違し、流布本系統Cの誓願寺本・存覚書写本では「脉」と一致する。

133は『観経註』の「萬」の註記に対して、大蔵経系統の諸本や敦煌本系統の諸本、龍門文庫写本、流布本系統A・Bの諸本、流布本系統Cの五島美術館本・毫摂寺本、流布本系統D・Eの諸本では「万」と異なっており、流布本系統Cの誓願寺本・存覚書写本や現行流布本では「萬」と一致している。

169は『観無量寿経註』の註記を反映した「亦放金光」に対して、高麗版を除く大蔵経系統の諸本や流布本系統A・流布本系統Cの五島美術館本・毫摂寺本・存覚書写本、流布本系統Dの祐誓寺本では「亦作金色」と相違し、大蔵経系統の金版や敦煌本系統の諸本、龍門文庫写本、流布本系統A・Bの諸本、流布本系統Cの誓願寺本、流布本系統Eの名取新宮寺刊本、現行流布本では「亦放金光」と一致する。

173は『観無量寿経註』の「皃鴈鴛鴦」の註記に対して、大蔵経系統の諸本では「皃鴈鴛鴦」、敦煌本系統の諸本や龍門文庫写本、流布本系統Aの金戒光明寺本では「皃鴈鴛鴦」、流布本系統Bの諸本では「皃鴈鴛鴦」、流布本系統Cの存覚書写本では「皃鴈鴛鴦」、現行流布本では「皃鴈鴛鴦」と異なっており、流布本系統Cの誓願寺本・五島美術館本・毫摂寺本、流布本系統D・Eの諸本では「皃鴈鴛鴦」と一致している。

207は『観無量寿経註』の「備」の註記に対して、大蔵経系統の高麗版・金版や敦煌本系統の金剛寺本、龍門文庫写本、流布本系統Aの金戒光明寺本、流布本系統Cの五島美術館本・毫摂寺本、流布本系統Dの祐誓寺本では「俻」、大蔵経系統の思渓版では「備」と相違し、金剛寺本を除く敦煌本系統の諸本や流布本系統Bの諸本では「俻」、大蔵経系統の福州版や流布本系統Cの誓願寺本・存覚書写本、流布本系統Eの名取新宮寺刊本、現行流布本では「備」と一致する。

214は『観経註』の「畫」の註記に対して、敦煌本系統の諸本や龍門文庫写本では「畫」、流布本系統A・Bの諸本では「盡」と異なっており、大蔵経系統の諸本や流布本系統C・D・Eの諸本、現行流布本では「畫」と一致している。

218は『観経註』の「宍」の註記に対して、大蔵経系統の高麗版・金版や敦煌本系統の諸本、龍門文庫写本、流布本系統Bの諸本では「肉」、大蔵経系統の福州版・思渓版や流布本系統Aの金戒光明寺本、現行流布本では「肉」と相違し、流布本系統C・D・Eの諸本では「宍」と一致する。

220は『観経註』の「色」の註記に対して、大蔵経系統の諸本や流布本系統Cの五島美術館本、現行流布本では「色」、敦煌本系統の諸本や龍門文庫写本、流布本系統A・Bの諸本では「色」と異なっており、流布本系統Cの誓願寺本・毫摂寺本・存覚書写本や流布本系統Dの祐誓寺本、流布本系統Eの名取新宮寺刊本では「色」と一致している。

348は『観経註』の「慰」の註記に対して、敦煌本系統の諸本や龍門文庫写本、流布本系統A・Bの諸本では「慰」と相違し、流布本系統C・D・Eの諸本や現行流布本では「慰」と一致する。

これらの例から窺われるように、『観経』の諸本中、流布本系統Cの本文に修訂を加えた誓願寺本のみが『観経註』の異本指示の無い註記と完全に一致している。よって、『観経註』の異本指示の無い註記は誓願寺本系統の本文に依拠していると考えられる。

おわりに

以上、本論では親鸞在世時に参照できたと考えられる『観経』諸本を可能な限り蒐集・比較検討し、現存諸本の系統分類を行った上で、『観経註』所引の『観経』と比較検討を行った。その結果、以下のようなことが明らかとなった。

①『観経』の流布本とされる現存諸本は、A金戒光明寺本、B清浄華院写本・金沢文庫本・龍門文庫刊本・清浄華院刊本、C誓願寺本・五島美術館本・毫摂寺本・存覚書写本、D祐誓寺本、E名取新宮寺刊本の五種に分類できる。

②『観経註』の経題は、善導の観経疏本の記述に基づくものである。

③『観経註』の本文は、流布本系統Aに近似する底本と、善導の観経疏本や開宝蔵系統の異本を用いて作られた『観経』である。

④『観経註』の欄外には、善導の観経疏本の記述によった「疏」と表記する異本註記、開宝蔵系統の本文によった「古本」と表記する異本註記、名取新宮寺写本系統の本文によった「或本」と表記する異本註記、流布本系統Cの本文によった「有本」と表記する異本註記、誓願寺本系統の本文によった異本指示の無い註記、が付されている。

西本願寺に収蔵される『観経註』は、親鸞が流布本系統Aに近似する底本と、開宝蔵系統や観経疏本の異本を用いて作られた『観経』の本文を書写し、その上下欄に、観経疏本・開宝蔵系統・名取新宮寺写本系統・流布本系統C・誓願寺本系統の本文に基づく異本註記を細字で書き入れたものであることが明らかとなった。

このことから、親鸞は『観経』の諸本間で多くの異同があることを認識し、複数の伝本を蒐集・校合することで、定本の確定を試みていたと考えられる。また、「有本」と表記する異本註記・異本指示の無い註記については、明信開版の建保二年（一二一四）版を祖本とする流布本系統Cの本文に基づいたものであることから、その書き入れ時期は親鸞の法然門下時代ではなく、関東在住時代または帰洛後であると指摘することができる。

しかし、依然として問題点も残るところはある。親鸞在世時の『観経』の写本については、今回取り上げた資料以外にも、称念寺（福井県坂井市）・正法寺（京都府八幡市）・大樹寺（愛知県岡崎市）に現存しており、十分に検討ができていない点。『観経註』と対となる『弥陀経註』の本文・異本註記の検討が必要であるという点。『観経註』は本文と時代の異なる異本註記が見られるが、その成立をどのように考えるのかという点。これらの点については今後の課題としたい。

註

（1）藤田宏達「諸本の系統」（同『観無量寿経講究』「『観無量寿経』の諸本対照表」、真宗大谷派宗務所出版部、一九八五年、五二～五六頁）。
（2）藤田宏達「親鸞依用の三部経」（同『浄土三部経の研究』岩波書店、二〇〇七年、六一四頁）。
（3）末木文美士「『観無量寿経』の諸本について」（『東洋文化』六六、一九八六年、八四～八五頁）。
（4）森田眞円「『観経弥陀経集註』の研究」（『印仏研』三五-一、一九八六年、一八六頁）。
（5）日本古写経本の詳細な研究には、落合俊典氏の「『観無量寿経』の日本古写経本について」（『仏教論叢』四六、二〇〇二年）の論考がある。
（6）箕浦尚美「『観無量寿経』の本文――「称南無無量寿仏」を含む伝本をめぐって――」（国際仏教学大学院大学学術フロンティア実行委員会編『日本古写経善本叢刊第三輯　金剛寺蔵観無量寿経　無量寿経優婆提舎願生偈註巻下』国際仏教学大学院大学学術フロンティア実行委員会、二〇〇八年、三四三～三五二頁）。
（7）ここで使用する大蔵経系統のテキストについては主に野沢佳美『印刷版大蔵経の歴史――中国・高麗篇――』（立正大学情報メディアセンター、二〇一五年）や宮崎展昌『大蔵経の歴史――成り立ちと伝承――』（方丈堂出版、二〇一九年）、京都仏教各宗学校連合会編『新編大蔵経――成立と変遷――』（法藏館、二〇二〇年）を参照した。

（8）中尾堯編『京都妙蓮寺蔵『松尾社一切経』調査報告書』（大塚巧藝社、一九九七年、二四一頁）。
（9）国際仏教学大学院大学学術フロンティア実行委員会編『日本古写経善本叢刊第三輯　金剛寺蔵観無量寿経　無量寿経優婆提舎願生偈註巻下』（国際仏教学大学院大学学術フロンティア実行委員会、二〇〇八年、一〇五頁）。
（10）落合俊典『金剛寺一切経の総合的研究と金剛寺聖教の基礎的研究（研究成果報告書）』（国際仏教学大学院大学、二〇〇七年）。
（11）京都国立博物館編『守屋コレクション寄贈五〇周年記念　古写経――聖なる文字の世界――』（京都国立博物館、二〇〇四年、三一八～三一九頁）。
（12）中川善教編『水原堯栄全集　第四巻』「高野山見存蔵経目録」（同朋舎出版、一九八一年、八頁）。
（13）註（1）藤田前掲書、五五頁。
（14）藤堂祐範「浄土教稀覯書目第一」（藤堂祐範著・藤堂恭俊編『増訂新版　浄土教文化史論』山喜房佛書林、一九七九年、三六八頁）。
（15）同右、三六八頁。
（16）川瀬一馬編『龍門文庫善本書目』（龍門文庫、一九五二年、二四頁）。
（17）上杉智英「浄土三部経並善導疏讃偈」（東京国立博物館ほか編『法然と極楽浄土』ＮＨＫ・ＮＨＫプロモーション・読売新聞社、三一〇頁）。
（18）高橋正隆「善導大師遺文の書誌研究」（藤堂恭俊編『善導大師研究』山喜房佛書林、一九八〇年、四二四～四三〇頁）。
（19）東北歴史資料館編『名取新宮寺一切経調査報告書』（東北歴史資料館、一九八〇年、七九頁）。
（20）上杉智英「浄土三部経　存覚筆」解説（京都国立博物館ほか編『親鸞聖人生誕八百五十年特別展　親鸞――生涯と名宝――』朝日新聞社・ＮＨＫ京都放送局・ＮＨＫエンタープライズ近畿、二〇二三年、二六〇頁）。
（21）註（3）末木前掲論文、六〇頁。

(22)神奈川県立金沢文庫編「32　国宝　仏説観無量寿経（称名寺聖教一九三函六号）解説」（同『特別展　御仏のおわす国――国宝称名寺聖教がつむぐ浄土の物語――』神奈川県立金沢文庫、二〇一八年、三四頁）。
(23)註（16）川瀬前掲書、二〇七～二〇九頁。
(24)藤堂祐範著・藤堂恭俊編『増訂新版　浄土教版の研究』（山喜房佛書林、一九七六年、五九～六三頁）。
(25)真宗本願寺派宗学院編『古写古本真宗聖教現存目録』（永田文昌堂、一九七六年、一七一頁）。
(26)註（24）藤堂前掲書、七三～七四頁。
(27)註（19）前掲書、一八～一九頁。
(28)浄土真宗本願寺派総合研究所教学伝道研究室〈聖典編纂担当〉編「仏説無量寿経　解説」（同『聖典全書』一、本願寺出版社、二〇一三年、一二～一三頁）。
(29)「【資料】『観無量寿経』諸本の校異一覧表」は深見慧隆「坂東本『教行信証』の文献学的研究――引用仏典の依用本を中心として――」（龍谷大学博士論文、二〇二四年）を参照されたい。
(30)名取新宮寺刊本・金沢文庫本・名取新宮寺写本については参照することができない箇所があるため、比較可能な箇所で検討を行った。
(31)註（6）箕浦前掲論文、三四四～三四五頁。
(32)存覚書写本には「御本」「點本」と表記する異本註記の他に、「唐本」と表記する異本註記や異本指示の無い註記も存在する。
(33)祐誓寺本には「御本」「點本」と表記する異本註記の他に、「唐本」と表記する異本註記や異本指示の無い註記も存在する。
(34)敦煌本と石経では『観経註』と同じ経題がある（藤田宏達「浄土三部経の諸本対照表」、『浄土三部経の研究』法藏館、二〇〇七年、七四頁）が、親鸞が在世時にこれらを参照できたとは考えにくい。
(35)『聖典全書』三、七～八頁。

(36)「無量寿観経」の経題は、経録では『法経録』(『大正蔵』五五、一一六頁下)、『歴代三宝紀』巻一〇(『大正蔵』四九、九二頁下)、『仁寿録』巻一(『大正蔵』五五、一五二頁中)、『内典録』巻四(『大正蔵』五五、二六〇頁上)、『靖邁録』巻三(『大正蔵』五五、三六一頁中)、『大周録』巻三(『大正蔵』五五、三八九頁下)、『開元録』巻五(『大正蔵』五五、五二三頁下)・巻一二(『大正蔵』五五、五九五頁中)、『貞元録』巻七(『大正蔵』五五、八二〇頁下)・巻二一(『大正蔵』五五、九二四頁下)・巻二九(『大正蔵』五五、一〇二八頁下)に明記されており、注釈書では吉蔵『観無量寿経義疏』(『大正蔵』三七、二三七頁中)、迦才『浄土論』(『大正蔵』四七、九八頁中)に説示されている。

(37)「無量寿仏観経」という経題については、親鸞の『教行信証』(『聖典全書』二、一八三頁)や『愚禿鈔』(『聖典全書』二、二八四頁)、『浄土三経往生文類』(『聖典全書』二、五八五頁)、『一念多念文意』(『聖典全書』二、六六三頁)、『経釈要文』(『聖典全書』二、九一六頁)の中で一貫して使用されている。

(38) 註(30)

(39) 観経疏本と名取新宮寺刊本、金沢文庫本、名取新宮寺写本については参照することができない箇所があるため、比較可能な箇所で検討を行った。

(40)『聖典全書』一、七四二頁。

(41) 観経疏本の「幔」の字について、『観経註』所引の善導『観経疏』『往生礼讃』ではすべて「縵」の字(『真蹟集成』七、四四・一一五頁)が記されているため、親鸞の所覧本は「縵」の字であったと考えられる。

(42)『聖典全書』一、八五頁。

(43)『聖典全書』一、七五四頁。

(44)『聖典全書』一、九〇〜九一頁。

(45)『聖典全書』一、七八一頁。

(46)『聖典全書』一、九三頁。

(47)『聖典全書』一、九四頁。

(48) 池麗梅「興聖寺一切経本『続高僧伝』――刊本大蔵経と日本古写経との交差――」(『日本古写経本叢刊 第八輯 続高僧伝 巻四 巻六』国際仏教学大学院大学日本古写経研究所文科省戦略プロジェクト実行委員会、二〇一四年、二九二頁)。

(49)『観経註』の「甄升迦寶」の「升」の字について、『聖典全書』では「升」の字で翻刻されている(『聖典全書』三、五六頁)。字形としては「升」の字と見られるものの、「升」の字には「シュク」の声点が施されているので(『真蹟集成』七、二五頁)、親鸞は「升」ではなく、「叔」のくずし字の「升」の意で記していたと考えられる。よって、ここでは「升」の字を「叔」のくずし字と判断した。

(50)「有本」の当該箇所については『観経註』の原本では「□本」と湮滅して判読できないが(『真蹟集成』七、三一頁／『聖典全書』三、六三頁)、存覚書写本では親鸞の『観経註』を参照し「有本」と書き入れを行っている。ここでは存覚書写本の書き入れに従って湮滅箇所を「有」の字と判断した。

付　記

本論に必要な文献調査のために、宮内庁書陵部・京都国立博物館・金剛寺・名取新宮寺・金戒光明寺・清浄華院・誓願寺・龍門文庫・金沢文庫・毫摂寺・祐誓寺・西本願寺・浄土真宗本願寺派総合研究所・龍谷大学図書館および国際仏教学大学院大学日本古写経研究所御当局、特に国際仏教学大学院大学日本古写経研究所所長の落合俊典先生・同主任研究員の前島信也先生・三康文化研究所研究員の柴田泰山先生・西巌寺住職の小川徳水先生・京都国立博物館学芸部美術室研究員の上杉智英先生・浄土宗西山深草派宗学院教授の稲田廣演先生・真宗大谷派教学研究所研究員の中村玲太先生には格別のご高配を頂いた。哀心より感謝申し上げます。また、森田眞円先生には本論の掲載にあたって長編のご許可を頂いた。重ねて御礼申し上げます。

〈エッセイ〉

森田先生に学んだ真宗の教義と実践
――龍谷大学での講義を受けた卒業生として――

藤原慶哉

森田先生には初めてお会いした時から今に至るまで、六年の間にさまざまなことを教えていただいている。私が初めて先生にお会いしたのは大宮学舎北黌の教室である。当時、先生は京都女子大学に教授として奉職しながら、週に一度、龍谷大学の文学研究科の院生を対象として講義を持たれていた。その年は『観経疏』「玄義分」の講読であった。講義は先生がその日に講義される範囲の漢文を学生が音読することから始まる。受講者は六人ほどの少人数で、私たち学生一人一人に、漢語聖教をきっちり読めるように指導された。この時に、お聖教を事細かく丁寧に拝読し、正確にご文を理解していくことの大切さを教わった。また講義では、経典や善導大師の言葉を丁寧に板書されてから、明快に語られていた。善導大師の生涯や伝道教化の方法、大師の発揮とされる「古今楷定」について詳細に語られる内容には、先生の長年の善導教学の深い研究に基づく見識の広博さがあふれ出ていた。

なかでも私の記憶に残っているのは、当麻曼荼羅の解説である。合同研究室に移動し、パソコン画面に曼荼羅の画像を映しつつ、その場で先生が絵解きをされたのである。先生は画面を指さしながら、当麻曼荼羅の左右と下側の縁に描かれている図の構成に『観経』の内容が忠実にあらわされていることを解説された。そして、絵解きをしながら「私たち程度の低い凡夫は称名念仏という易行で報土という勝れた浄土に直ちに往生できる。それは、すべて阿弥陀仏の本願のはたらきによる。この本願のはたらきこそが実はお釈迦さまが『観経』で一番仰りたかったことなのだ」と、善導大師は観経曼荼羅を通じて市井の人々に説いておられたのだ、という意味のことを語られていた。当麻曼荼羅の絵解きを聞き感動した私は、数日後に永観堂の当麻曼荼羅を拝観しに訪れた。

先生は、京都女子大学定年退職後に龍谷大学の大学院実践真宗学研究科の教授として奉職され、講義を持たれることになった。私はそこでの講義にも聴講に行っていた。その時期はコロナ禍で、講義はオンラインと対面の併用であった。先生は、オンライン講義のためのパソコンの操作に初めのうちは苦労されていたように見受けられた。そのような状況の中でも、布教伝導論の講義では、親鸞聖人のご法義をどのような言葉で表現すれば現代の人々に伝わるのかを課題とし、「他力本願」「悪人正機」などの真宗の基礎的な内容をわかりやすく講義されていた。譬喩や例え話を多く交えた平易な語り口の中に真宗の核心をはずさない、というのが講義に一貫するものであった。

ある時、教室での対面講義でこんなことがあった。講義の中では、学生による法話自習があったのだが、その日の担当の学生が、話し始める前に「自分はまだまだ経験不足で、自分に自信がなく、法話に自信がありません……」と不安な気持ちを口にしたことがあった。法話の後、その学生に対して先生は「自分に自信は持てなくもよろしい。ただ、私たちがお聞かせいただだているご法義は確かなものだから、そのご法義に自信を持って、話しなさい」という意味のことを言われていた。とても印象的であった。自信のない自分、自分の至らなさに目を向けるのでなく、聞かせていただいている確かな阿弥陀如来のはたらきを仰ぎ、慶びを語るのが、布教実践なのだと教わった。教えが伝わるために大切なことは何か、考えさせられた。また、学期末の講義のレポート課題が「悪人正機の内容を二〇〇字以内で説明しなさい」であったことも忘れがたい。簡潔でありながら的確に教義を語る大事さと難しさを知ることになった。

私は大学での講義だけでなく、先生が定期的に行われている研究会にも参加するようになった。先生は「まあ来る者、拒まずや」と仰り、受け入れてくださった。研究会での講義はお聖教の輪読であり、各自が発表し、それに関して意見を出し合う演習形式である。意見交換の時間には、私のどのようなつまらない質問であっても受け止めて、考えてくださることを有り難く思っている。今でも、この研究会でお聖教に向き合い、学ぶ大事さと楽しさを毎回教わっている。

最近、先生はお会いする度に、怠惰な私を学問研究の道に導こうと、さりげなく声（温かいプレッシャー）をかけてくださっている。しかし、今現在の私はその期待に応えられずにいる。忸怩たる思いである。ただ、いつのまにか、お聖教を大切にし、ご法義を伝えることに全力を注ぐ先生の姿勢は、自分の目指すべきあり方として意識し続けるものとなっている。このように思うことも、先生のお導きにあずかっているということなのであろう。

第二部　真宗の伝道実践

看護者による浄土教的対応についての一試論

森田眞円

はじめに

従来、浄土教思想特に善導大師研究に携わってきた筆者が、自らの研究範囲を超えた今回のテーマについて発表を試みたのは、令和三年度に実践真宗学研究科教授を定年退職された中村陽子氏から与えられていた課題が契機であった。その課題とは、中村氏が在職中、折に触れて発言し問題視されていた、

看護の現場で、がん患者さんに出会う際に、患者さんの看護者への質問にどのように応答すれば良いか。

という問題である。中村氏は社会実践担当の教授であったが、実践真宗学研究科卒業生でもあったため、がん患者(1)の質問に対する宗教的な対応を常に探っておられたのであった。その発言や姿勢を見聞きする度に、実践真宗学研究科の宗教実践担当である筆者は、この問題を如何に考えるべきかという点が中村氏から与えられた課題であると感じていたのである。

しかしながら、ビハーラ活動や病院での看護に関して何らの経験も持たない筆者である為、現場を知らない人間の議論であることは言うまでもない。したがって、ここでの試論は、あくまで浄土教者たる真宗人が、死を見つめ

るがん患者さんに一看護者となって対応する場合に、どのような視点や態度を持つことができるかについて考察した一試論でしかない。

一、がん患者の声の調査について

中村氏が提示されていたがん患者の質問とは、「なぜ私はがんになってしまったのか」という叫びにも似た質問であった。このようながん患者の生の声や意識調査について注目されているのが、二〇〇三年と二〇一三年に静岡で行われた「がん体験者の悩みや負担等に関する実態調査報告書」、第一集「がんと向き合った七八八五人の声」（二〇〇三年版）」と第二集「がんと向き合った四〇五四人の声」（二〇一三年度版）である。[2]

この調査の第一集の冒頭には、「誰もが重要だと考えるが、誰も実現しなかった調査」[3]と記され、医療とアンケート調査の専門家による五三箇所の調査実施機関と患者会・患者支援団体一五団体の協力に依るものとされている。そして、「がん患者として悩んだこと」「悩みを軽減させるために必要だと思うこと」等々について、七八八五名の回答を整理し、二万数千件に及ぶ悩みや負担を抽出（五十文字程度で表す）し、大分類一五項目、中分類三五項目、小分類一二九項目、細分類六二三項目を提示し、「悩みを軽減させる方策」として七〇〇〇件の提案がなされているのである。そしてさらに、十年後の二〇一三年に二度目の調査が行われたのである。

この第一集における「悩みや負担の分析例」の「大分類別」では「不安などの心の問題」は、全体の四八・六％で悩み全体件数の半分近くを占めている。[4]その中では、「精神的動揺・絶望感」が多く、「ショック（強い衝撃・頭が真っ白）」「なぜ自分が（という思い）」「恐怖」「絶望挫折」などのほか、精神的衝撃から「不眠・食欲不振」になることも挙げられている。まさに、中村氏が現場で遭遇されたがん患者の叫びともいうべき内容が提示されているのである。

そして、「悩みや負担の全体傾向」を（1）診断された頃（2）診断から現在に至るまで（3）現在、の三時点に分けて調査すると、三つの時点で最も顕著にそれが意識されるのは「診断された頃」で六一・一％を占めていた。[5]これはがんと診断された直後の不安を表していると考えられ、精神的動揺や絶望感が激しく襲ってきて、「なぜ自分（だけ）ががんにならねばならなかったのか」という叫びとなっていると考えられる。

しかも、「がん体験者が必要と考える対応策・支援策・支援ツール」については、第一位が「自身の努力による解決」で二位以下を大きく引き離している。[6]大部分の患者は、がんと診断されたことについての「悩みや負担」もしくは「精神的動揺」は、自分自身で解決しなければならない問題としているのである。因みに二位は「相談・心のケア」であり、ほぼ同数の三位が「医療者との良好な関係」であって、「医学の進歩」や「宗教」への期待は大きくなかった。

したがって、がん患者の看護の現場（二〇〇三年頃）[7]では、がん患者の「悩みや負担」の多くが「不安などの心の問題」であり、それは何とかして「自分自身の努力によって解決」しなければならないことと考えている患者がほとんどであったのである。そんな中で、中村氏が経験されたがん患者の叫びは、中村氏という看護者との信頼関係が充分に構築されていたからこそ、思わず発せられたものであったかもしれない。

二、仏教と病との関わり方について

看護者としての宗教的対応を考察するについて、仏教の歴史を鑑み、仏教は病に対してどのように接してきたのかを検討する必要がある。これについて大谷大学の池見澄隆氏は、「日本人の病気観と仏教――古代から近代までの一系譜――(8)」において、以下のように解説している。

近代の医療科学では、肉体的生命至上主義に基づいて、病を害悪そのものと捉え、征服し撲滅されなければならない対象としている。これに対して近代以前の仏教思想では、病に対する二方面の対応があった。一つは「治病」であり、それは奈良時代の看護禅師の経典読誦・陀羅尼読誦など仏力加護による病気平癒の祈願であったものから、平安中期以降の僧医・くすし僧による投薬や鍼灸など病気の「治病」という対応であった。

しかしながら、他の一つでは、病の征服・撲滅ではなく、また排除・手なづけでもない「病の受容」という対応が見られ、そこでは病にプラスの面を見出してきたのである。それは、起源を平安時代に見ることができる「病は善知識なり」という観点からの「病の受容」である。

池見氏が指摘される「病は善知識なり」という言葉が最初に見られるのは、三善為康が製作した『拾遺往生伝』の永観伝においてである。この『拾遺往生伝』が成立した天永二年（一一一一）の十一月二日、七十九歳にて禅林寺（永観堂）で往生した永観律師の伝記の中に、

卅より以後（不惑の齢より以後、本伝）、風痒（よう）相侵して、気力羸（つか）れ弱りたり。自ら云はく、**病はこれ真の善知識なり。我病痾**（あ）**に依りて、弥**（いよいよ）**浮生と厭ふ、**云々といへり(9)

と記されていることが「病は善知識なり」という言葉の起源と考えられている。

永観（一〇三三～一一一一）は、十二歳の時、東大寺の戒壇院にて具足戒を受け、東大寺東南院の有慶（九八三～一〇七〇）の下で学問に励み、三論教学を主とし唯識・因明の研鑽を積み、十八歳（一〇五〇）以後、末法到来直前にして念仏三昧に入り、三十二歳で東大寺の別所光明山に隠遁して念仏中心の生活に入り、その後、禅林寺に移って六十八歳で東大寺別当に就任し、七十一歳で『往生拾因』を著し、七十九歳にて禅林寺で念仏往生している。『拾遺往生伝』の「永観伝」の記述には、三十歳過ぎから風痒（＝風痾―神経疾患で現在の高血圧症神経痛）に悩まされ、それを機に隠遁した時に、「病はこれ真の善知識なり」と述べ、自分が病痾になったことによって、いよいよ迷いの境界を厭い、悟りへの道を求める気持ちを高めることができたと述べたというのである。[10]

池見氏は「病は善知識なりとは、病をもって往生のための導き手（善知識）とし、あるいは往生への機縁として受け止める」[11]ことを意味しているとし、「病をもって非日常的な世界を発見し、超自然的世界に帰入する貴重なきっかけとして主体のうえにひきうけることである」とされ、「病は善知識なり」とは「肉体的生命や機能の回復・活性化ではなく、むしろその侵害や衰弱をとおして宗教的世界の存在を感得し、宗教的生命の獲得を志向するものである。したがって〈病＝善知識〉論は病の処方箋ではなく、生き方の処方箋である」と解説されている。

このように、仏教の歴史においては、「病の治療」を求めるだけではなく、病という肉体的生命の侵害や衰弱を機縁として、新たに宗教的な生き方を志向していく「病の受容」という対応が見られ、そこでは、病こそが自己をより深い世界に向かわせる契機となったと受け入れていったのである。

三、親鸞における病の受け止め方について

ところで、永観没後六十数年後に誕生した親鸞（一一七三〜一二六二）の病についての記述を見れば、先ずは「行文類」[12]に『安楽集』の「目連所問経」の一節を引用して、

豪貴富楽自在なることありといへども、ことごとく生老病死を勉るることを得ず。

とあるのを始めとして各所に見られるのは、いわゆる「生老病死」の四苦の一つとしての一般的な病苦の記述である。

次に「信文類」[13]に『涅槃経』を引用して、いわゆる難治の三病（謗大乗・五逆罪・一闡提）を示す場合もある。また、『親鸞聖人御消息』には、

念仏するひとの死にやうも、身より病をするひとは、往生のやうを申すべからず。こころより病をするひとは、天魔ともなり、地獄にもおつることにて候ふべし[14]。

と述べて、仏法を謗るという心の病をわずらっている人は、魔王にもなり、あるいは地獄に堕ちることであろうとも述べ、このような難治の三病に陥っている人々は、

ここをもつていま大聖（釈尊）の真説によるに、難化の三機、難治の三病は、大悲の弘誓を憑み、利他の信海に帰すれば、これを矜哀して治す[15]。

とあるように、大悲弘誓の本願力をたよるしかなく、大悲弘誓が醍醐の妙薬となりて、「一切の病を療する」と述べるのである。

また、「行文類」に「一切煩悩の病[16]」と述べ、「化身土文類」には同じく『涅槃経』を引用して、病を治療する善知識は諸仏・菩薩であるとし、

もろもろの凡夫の病を知るに三種あり。一つには貪欲、二つには瞋恚、三つには愚痴なり。[17]

とあるのを引用して、三毒の煩悩こそが凡夫の病であると指摘する。

このように、親鸞においては、病をいわゆる四苦の一つとして見る場合や、謗大乗・五逆罪・一闡提を難治の三病と規定する場合や、三毒の煩悩こそ凡夫の病であると説示されている場合も見られるのである。

それらに加えて、『歎異抄』第九条[18]では、「病や死に対する恐れ」も「煩悩の所為」とされていることに注目したい。

この『歎異抄』第九条は、唯円の二つの問いによって成り立っている。最初の問いは「念仏申し候へども、踊躍歓喜のこころおろそかに候ふこと」であり、次の問いは「いそぎ浄土へまゐりたきこころの候はぬ」ことについてである。

最初の問いは、『仏説無量寿経』の「流通分」において、

それかの仏の名号を聞くことを得て、歓喜踊躍して乃至一念せんことあらん。まさに知るべし、この人は大利を得とす。すなはちこれ無上の功徳を具足するなりと。[19]

と説かれていることに関して、唯円自身には「念仏を称えても踊躍歓喜のこころが起こってこない」のであるが、そのような心持ちでも往生は可能であろうかという問いである。

次の問いは、当時は高野の蓮華谷の念仏聖に代表されるように、この世における様々な執着を一切振り捨てて、念仏聖となった上は、速やかに浄土往生を願う者こそが「道心者」「後世者」「仏法者[20]」と呼ばれる香潔な念仏者と

言われていたのであるが、唯円自身には「速やかに浄土往生を願うといった心が少しも起こってこない」のである。そのような心持ちでも往生は可能であろうかという問いである。

いずれも、唯円自身の日頃の心の有り様を真摯に語ったものであるが、これに対する親鸞の応答は、唯円の全く予想しないものであったであろう。

師から弟子への一般的な応答を考えれば、「念仏を称えても踊躍歓喜がないのは、堅固な信心ではないからであって、少しでも歓喜が起こるように精進すべきである」という応答であり、また「速やかに浄土往生を願わないのは、穢土を厭う気持ちが真剣ではないからであって、今生に執着する気持ちを一切捨てるように精進すべきである」という応答であろう。唯円もそのように師から叱責あるいは勧励されることを覚語していたかもしれない。

しかるに、親鸞は、

親鸞もこの不審ありつるに、唯円房おなじこころにてありけり。[21]

と述べて、唯円の問いを自分自身の問題として受け止めていくのである。ここに親鸞と唯円との師弟関係が示され、まさに「弟子一人ももたず候ふ」という親鸞の態度が如実に表れているのである。そして、「よくよく案じみれば」と、沈思熟考する姿が示されるのであるが、これは同じく『歎異抄』「後序」において「弥陀五劫思惟の願をよくよく案ずればひとへに親鸞一人がためなり[22]」と述べる言葉と連動していると言えよう。

唯円の最初の問いに対する親鸞の応答は、「喜ぶことができないことこそが　浄土往生が可能となる確証」である。それは喜ぶべき救いの道を恵まれていながら、それを喜ぶことができないのは「煩悩の所為」であり、そのような煩悩を持つ凡夫こそが、阿弥陀仏の救いのめあてなのであるから、阿弥陀仏の「他力の悲願はかくのごとし、われらがためなりけりとしられて、いよいよたのもしくおぼゆるなり」と述べるのである。

また、次の問いに対する親鸞の応答は、「速やかに浄土往生を願うこころがなく、少しでも病になると死を恐れて心細く思うのも煩悩の仕業」であって、そのような凡夫こそを凡夫の凡情のままで摂取するという阿弥陀仏の本願であるから「いそぎまゐりたきこころなきものを、ことにあはれみたまふなり。これにつけてこそ、いよいよ大悲大願はたのもしく、往生は決定と存じ候へ」と述べるのである。

この『歎異抄』における唯円と親鸞の対話を考察すれば、永観に始まった「病は善知識なり」という仏法者の「病の受容」とはいささか異なっているのではなかろうか。

「病は善知識なり」と病を受容する場合は、病をもって新たな世界に帰入する貴重なきっかけとして、自ら主体の上に引き受けることであり、病が仏道修行へのプラスのはたらきとして、転じられていくと語られる。病を冷静に見つめ、それによって自らの人生を見つめ、さらにはそれによって新たな世界へ踏み出していく。そのための契機として病が転じられていくのである。したがって、病を契機として、唯円の問いにも顕れたこの世の執着を離れた「道心者」「後世者」「仏法者」となることを志向する姿勢であろう。

これに対して、『歎異抄』に顕されるのは、少しの病であっても死ぬのではないかと恐れおののく凡夫の脆弱さであり、このような心持ちで往生は大丈夫であろうかという迷いや戸惑いである。これは、永観が「病はこれ真の善知識なり。我病痾に依りて、弥浮生と厭ふ」と述べるように、病を善知識として、いよいよ娑婆世界を厭う思いに至った「道心者」「後世者」「仏法者」である場合とは大きく異なっていると言えよう。ここで親鸞は、この世への執着を離れ浄土往生を願う心がまったく起こらず、少しでも病気になったら死を恐れてオロオロする凡夫の有り様を決して否定しようとしないのである。それらは「煩悩の所為」であって煩悩具足の凡夫の偽らざる姿であるこ

とを肯定し、

なごりをしくおもへども、娑婆の縁尽きて、ちからなくしてをはるときに、かの土へはまゐるべきなり。[23]

と述べて、今生に執着し続ける凡夫が、たのもしい阿弥陀仏の本願のはたらきによってこそ、この世の縁が尽きた時、直ちに浄土往生を遂げるとするのである。

このように、『歎異抄』第九条では、「煩悩の所為」とする凡夫の脆弱さや戸惑いを包むような阿弥陀仏の大悲の活動が示されている。これらを念頭に置いて、具体的にがん患者に対する看護者の浄土教的対応を考えてみたい。

四、「なぜ私はがんになってしまったのか」という患者の声に対して

仏教は縁起の思想を根本にしている。縁起とは「縁《よ》って起《お》こる」と解されるように、一切の諸現象が相依って起こるものであり、他に依っているということが、そのものの存在する条件となることを示すのが縁起である。したがって、すべてのものが生成することについて、「時間的にも空間的にも、また存在論的にも認識論的にも、あるいは論理的にも、あらゆるものは関係し合って成り立つもの[24]」であるとし、自ら単独で完結して存在するものは何一つとしてないとされるのである。

このように、ものごとの生成についての無限の関係性を顕すのが縁起の理法であって、釈尊は、釈尊がこの世に出現しなくとも、この縁起の理法はこの世に存在する真理であるとし、「私はこの縁起の理法を発見したのであって、発明したのではない[25]」と説くのである。

要するに、ものごとが生成する為には、様々な因や多数の縁が互いに関係し合い、絡み合って結果が導かれるこ

とを意味しているのであって、その因・縁・果は、固定的ではなく、また直線的で画一的な一因一果（一つの原因で一つの結果が生じる）として成立するものではないのである。

例を挙げると、京都の街中の細い路地で、南北に通っている道と東西に通っている道が交差している箇所で、歩いていたAさんとバイクに乗っていたBさんとが衝突した事故が起こったとする。本人たちや周りの人間は、その交差点でぶつかった事だけを見聞きしているが、もしこの時、事故のあった路地の角にビルがあって、そのビルの屋上から、事故が起こるまでの事の顚末を見ていたとする。

南から北にバイクで走ってきたBさんと、西から東に向かって歩いていたAさんがぶつかったのであるが、ビルの上からAさんが歩いてきた過程を見ていると、ぶつかった路地の五十メートルほど手前で工事があり、その工事を避けて歩道が迂回するようになっている。そこで、Aさんは迂回の歩道を通って、いつもより時間をかけて東に向かって来たのである（なお、この工事は、三日前に電信柱の横から飛び出した猫を避けようとした軽トラックが電信柱にぶつかって倒してしまった後始末の工事であった。さらに、その猫がどうして道に飛び出したのかは不明であって、知るべくもない）。

一方、バイクのBさんは、百メートル手前の信号で立ち止まり、かばん屋さんのショーウィンドウを覗いていたのがビルの上から見えたのである（実は、Bさんの子供が四月に小学生になるので、かばん屋さんのランドセルについ目がいって、信号を一回待ったのである）。

AさんBさんやその場で事故を目撃した人々は、ぶつかった瞬間しか目にしていないが、ビルの屋上から見ていれば、様々な因や多数の縁が複雑に絡み合って事故が起こったことが窺えるのである。

このように、自分が今置かれている状況は、到底自分で知ることのできる原因だけで起こったことなどではないのである。すべては、様々な因や多数の縁が複雑に絡み合って生じたことなのである。

したがって、「どうして自分だけががんになってしまったのか」といくら原因を追い求めてみても、自分で知ることなどは無数の因縁のほんの一部でしかなく、そのすべての原因を探すことにはあまり意味がないし、ましてやそれらの原因についてあれこれと思い悩むことはそれほど肝要なことではないと言えるのである。(26)

また、自らの命の根源は、自身に繋がる膨大な祖先の命やそれらの命を支えてきた様々な動植物の命の繋がりであることを考慮すれば、我々一人一人の命は、多くの命の関連によって成立しているのであるから、「俺のいのち」「私の人生」と言い放ってみても、それは決して自分個人だけの命でないことは明らかである。

よって、膨大な命の関連によって成り立っている「自分の命」を損ねる様々な因縁を、自分の経験の範囲だけで探ることにも意味はないと言えるのである。

五、「なぜ私が死なねばならないのか」という人間の根源的苦悩について

しかしながら私たちは、幼い時・物心ついた時に、「私は生きている」ことを知らされ、「私のいのち」「私の人生」であることを知り、と同時に「私は必ず死ぬらしい」と知らされるのである。西洋の哲学者は、人間存在を「投げ出された存在」と述べたが、自ら望んだ意識もないのに、突然この世に投げ出された私は、しかも必ず死なねばならないと知らされるのである。突然、生を与えられ、さらに不条理にも死なねばならないのである。

かつてはがんは不治の病とされたから、がんの宣告を受けると同時に、突然「死ぬ」ことが目前に突きつけられ

たのであった。この不条理に対して、当然「なぜ他の誰でもないこの私が死なねばならないのか」「まだあれもこれもしなければならないのになぜ私だけが死なねばならないのか」という思いが次から次へと起こってきたのである。けれども、先に述べたように、「どうして自分だけががんになったのか。なぜこんな病気になってしまったのか」といくら原因を追い求めてみても、正しい答えが分かるはずもないのである。

一方、「なぜ死なねばならないか」という問いは、視点を変えれば「なぜ生まれてきたのか」という問いになるのである。私たちは、「いったいなんのために生まれてきたのであろうか」。この問いに対して、釈尊は「生まれて老いて病いを得て死んでいく」という人間の根源的苦悩（生・老・病・死）を乗り越える道を探られたのである。いわば、人間はこの根源的苦悩を乗り越えていく道を求めていく為に生まれてきたのであるとされるのである。釈尊が生まれて直ぐに七歩歩まれたということが仏伝に示されるが、これは六道（地獄・餓鬼・畜生・修羅・人間・天人）という迷いの世界を抜け出されたことを暗示している。ただし、釈尊はその道を求めていくことに生まれてきた意義を見出されただけではなく、その道を求めて得た結果（覚り）を人々に説き示すために生まれてきたとされる。言わば、他の人々に幸せを与えるために生まれてきたとされるのである。人は自らが幸せになるために生まれてきたと語られる場合があるが、釈尊は他の人々に幸せを与えるために生まれてきたとされるのである。

釈尊が発見された通り、すべての生成は縁起の理法に基づくものであるから、仏教では、人間もまた五蘊によって成り立っているとする。五蘊とは色という肉体的現象一つと、受（感覚）行（意思）想（表象を想う想念）識（認識）という精神的現象の四つを併せた五つの要素であるが、これらが仮に和合して成り立っているのが人間であるとする。これを「五蘊仮和合(27)」というが、その五蘊はそれぞれ無常であって常に動いているのであるから、そこに固定的・実体的な我というものはないのである。あらゆる存在は縁起によって成り立ち、成り立たせている要素もまた無常であって動いているから、固定的な実体というものはなく、諸法はすべて「無我」である。したがって、人間を成り立たせている五蘊も無我である。しかしながら、人間は自己中心にしか考えられない煩悩によって、その真理を正しく見ることができずに、無常なるものを常住と見、無我であるにもかかわらず我に執着して我執を持つのである。

もちろん無我といっても、全く何も無い「無」ではない。固定的・実体的な「我」というものではなく、様々な因縁が寄り集まって出来上がっている自らの存在を「私」と意識する我は認めるのであるが、これを「仮我」「仮和合の我」「仮名人」とよぶのである。しかし、それは五蘊の「仮和合の我」であって、その五蘊も刻々と動いているのであるから、実は恒久的に変わらない「私」という固定的・実体的な我はあるわけではない。にもかかわらず人間は、「昨日の私」も「今日の私」と変わらないとし、生まれてから今に至るまでの固定的・実体的な「私」「我」があると考えて、我に執着する「我執」を持つ。これこそが、人間が生老病死の根源的苦悩から離れられない原因なのである。死によってこの固定的・実体的な「私」が無くなることに対する不安や恐怖はここから生じると言ってよいであろう。

そしてまさに釈尊は、厳しい自己統制と類まれなる精神力によって、大いなる智慧を得て「我執」から解き放たれ、無我の境地である涅槃（覚り）に入って、人間の根源的苦悩から解脱されたのである。しかも、大いなる慈悲の心でもって、根源的苦悩を除き涅槃へと至る方法を、人々の能力や環境に合せ、様々な道を説かれた（対機説法・応病与薬）のである。

しかしそれらの道の多くは、智慧ある者にしか歩むことのできない極めて困難な道であった。そのため釈尊が亡くなられて遥か後の時代に生きる人間、死を恐れて戸惑い悩むほかない愚かな人間には、どのような道が遺されているであろうかと訊ねていかれたのが、親鸞に至るまでのインド・中国・日本の浄土教の祖師方なのである。

六、生まれてきた意味といのち終えていく意味

人間の生死について『仏説無量寿経』には、

愚痴矇昧にしてみづから智慧ありと以うて、生の従来するところ、死の趣向するところを知らず。(28)

と説いて「自分が智慧あると思っている愚かな者は、何の為に何処から生まれてきたのか。いのち終わればどうなって何処へ行くのかについて、何も知ってはいない」と述べられている。また、

人、世間愛欲のなかにありて、独り生れ独り死し、独り去り独り来る。行に当りて苦楽の地に至り趣く。身みづからこれを当くるに、代るものあることなし。(29)

と説かれるように、人は誰しも孤独の内にこの世を去らねばならず、すべては自分自身が対処せねばならず誰も代わってくれるものはないのである。

したがって、がん患者の方が目の前に死を突き付けられた為に、動揺し恐れ慄くことは凡夫であれば当然のことなのである。また、その不安や悩みを自分自身で解決しようと試みたとしても、凡夫の身である者が、自らの知恵によって解決することはできないのである。よって、自分なりの覚悟を持とうとしなくてもよいし、また持てなくても一向に構わないのである。

『歎異抄』第九条に、

なごりをしくおもへども、娑婆の縁尽きて、ちからなくしてをはるときに、かの土へはまゐるべきなり。

と示されているのは、命終に際して冷静に死を見つめて対応することができずに、堪えきれない執着や膨大な後悔があったとしても、それらすべてを包み込む、たのもしい無限の大悲にゆったりと身を委ねることによって、新たな世界に出遇っていくことなのである。つまりは、不安や孤独が解消しなくても、仏のはたらきに身を委ねることによって、その不安や孤独のままで仏の大慈悲に包み込まれているという大いなる安堵が生まれるのである。その安堵のままで、この世の縁が尽きた時に、安養の浄土に往生することとなるのである。

そしてさらには、凡情を抑えきれない凡夫である身が、浄土に往生して覚りに至ったならば、仏の大悲の活動をすることとなるのである。親鸞は、

二つに還相の回向といふは、すなはちこれ利他教化地の益なり(30)。

と述べるが、「この利他教化地とは、浄土に往生したものが覚りに至って後、穢土に還り来って、衆生を思いのままに教え導くはたらきをする位のこと(31)」であり、『歎異抄』第四条に、

浄土の慈悲といふは、念仏して、いそぎ仏に成りて、大慈大悲心をもつて、おもふがごとく衆生を利益するをいふべきなり(32)。

と示される還相のはたらきのことである。

「なごりをしく」「娑婆の縁尽きて」「かの土へはまゐる」ったものが、今度は遺された家族や知己に対して、大慈大悲心をもって覚りに導く活動をすることになるのである。これはまさに、この世の縁が尽きたものが目指す新しい目標を示すものであると言えよう。

したがって、この阿弥陀仏の本願のはたらきに出遇ったならば、何のためにこの世に生まれ、何になっていくのかという応答が頂けるのである。

浄土真宗では、この阿弥陀仏の本願との出遇いを「ご縁でした」とよんできた伝統があるが、もしも、真宗人である看護者が、がんの患者さんに出会う場面において、

がんになったことによって、新たな私に出遇えました。何のために生まれて来て、何になっていくのかを教えられました。私にとってとても有難いご縁でした。

というような言葉を紡ぎ出される方に寄り添うことができたならば、看護者にとって、この上もない喜びであろう。何故ならば、患者さんと看護するものが、共に温かい阿弥陀仏の慈悲の世界に出遇い、お互いにその出遇いを語ることが何よりの喜びとなるに相違ないからである。

註

（1）「がん」という表記について、医学的にはがん全体を表すときはひらがなで表記し、胃癌などの上皮性（粘膜からできるもの）を癌、骨肉腫など非上皮性のものは肉腫といい、癌と肉腫をあわせて「がん」という。したがって「がん」「癌」という表記はあるが、「ガン」というカタカナは使わない。

（2）なお、筆者がこの調査記録の存在を知ったのは、実践真宗学研究科三回生の古谷謙宗氏の示唆に依る。

（3）『がんと向き合った七八八五人の声』（静岡がんセンター、二〇〇三年）「はじめに」

（4）同右、二二頁

（5）同右、一五頁

（6）同右、一六頁

（7）これは二〇〇三年のデータであるが、がん告知については、約二十年程前から行うようになったようである。当初は家族に確認してから本人に告知していたが、「個人情報保護法」以降は、国の指示により、まず本人に告知し

た後、本人の許可を得て家族に告知するようになり、最近は家族も含めて一緒に告知することがほとんどのようである。

また、患者の悩みについては、今も「なぜ自分だけががんになるんだ」という悩みが最も多く、一般的であり、医療従事者は「最近は国民の二人に一人はがんになり、少しも珍しいことではない」と説明するようである。

なお、以上は、森田眞照氏（一般・消化器外科医　元大阪府市立ひらかた病院院長）への取材に依る。

（8）池見澄隆『中世の精神世界――死と救済――』増補改訂版（人文書院、一九九七年）一一五頁以下
（9）『拾遺往生伝』巻下（日本思想大系七）三八一頁
（10）『日本往生極楽記』（日本思想大系七）一九頁の上記註
（11）註（8）池見前掲書、一一六頁以下
（12）『浄聖全』二・三二頁、『註釈版聖典』一六三頁
（13）『浄聖全』二・一〇五頁、『註釈版聖典』二六六頁
（14）『浄聖全』二・八三七頁、『註釈版聖典』七八九頁
（15）『浄聖全』二・一二四頁、『註釈版聖典』二九五頁
（16）『浄聖全』二・五八頁、『註釈版聖典』二〇〇頁
（17）『浄聖全』二・二〇八頁、『註釈版聖典』四〇九頁
（18）『浄聖全』二・一〇五八頁、『註釈版聖典』八三六頁
（19）『浄聖全』一・六九頁、『註釈版聖典』八一頁
（20）このような「後世者」のあり方については、梯實圓「日本人の生死観の一側面」（『浄土教学の諸問題（下巻）』永田文昌堂、一九九八年）に詳説されている。
（21）『浄聖全』二・一〇五八頁、『註釈版聖典』八三六頁
（22）『浄聖全』二・一〇七四頁、『註釈版聖典』八五三頁

(23)『浄聖全』二・一〇五九頁、『註釈版聖典』八三七頁
(24) 浄土真宗本願寺派勧学寮編『釈尊の教えとその展開――インド篇――』（本願寺出版社、二〇〇八年）四八頁
(25) 増谷文雄『仏陀――その生涯と思想――』（角川学芸出版、一九六九年）六二頁
(26) 但し、公害や薬害等の原因が関わっている場合は、その原因を徹底的に明らかにしていくことが重要であり、それによって新たな被害を防ぐことができるのである
(27) 註（24）前掲書、五六頁
(28)『浄聖全』一・六一頁、『註釈版聖典』七〇頁
(29)『浄聖全』一・五二頁、『註釈版聖典』五六頁
(30)『浄聖全』二・一三七頁、『註釈版聖典』三一三頁
(31) 浄土真宗本願寺派勧学寮編『親鸞聖人の教え』（本願寺出版社、二〇一七年）三一六頁
(32)『浄聖全』二・一〇五六頁、『註釈版聖典』八三四頁

〈研究ノート〉

宗教の社会的実践に関する浄土真宗の基本的立場

――新しい「領解文」を契機とする親鸞教義の倫理性への考察――

藤丸智雄

はじめに

二〇二三年一月十六日、御正忌報恩講御満座において、新しい「領解文」（以下、「新領解文」）を含む消息（新しい「領解文」〈浄土真宗のみ教え〉についての消息）[1]が発布された。「新領解文」は三段構成となっており、第一段では念仏のこころについて、第二段では歴代宗主の徳、第三段では念仏者の実践について示されている。その第三段に「み教えを依りどころに生きる者となり　少しずつ　執われの心を　離れます」とあり、この第三段の表現を材料として、浄土真宗の社会実践について考えてみたい。

この一連の言葉は、長年にわたり思索・考察が試みられてきた浄土真宗の社会的実践の原理について、大胆な意見表明がなされたものという印象を与える。後に続くフレーズ[2]と合わせると、善の実践が、善人になることによって実現するという構造が示されているように理解されるからだ。善を実践する原理（原因）が「分かりやすく[3]」示されているものと感じられるのだ。

浄土真宗の開祖親鸞（承安三〈一一七三〉年～弘長二〈一二六二〉年）が師源空（法然聖人、長承二〈一一三三〉年～建暦二〈一二一二〉年）より継承した念仏の教えは、「人間」を生涯煩悩から離れることができない凡夫として捉え、だからこそ阿弥陀如来の救いが必要であると説く。そのため、「善人が善を実践するのでなく、悪人が善を実践するという事態は、どのようにして可能か」、あるいは「念仏者が善をなそうとする事態は、どのように理解されるのか」というのが、親鸞思想における社会実践の長年の課題となっている。このたび、「新領解文」に用いられたフレーズは、それを易々と飛び越えた感がある（着地できたかどうかは別として）。

この問題について総合的に論ずるには紙幅が足りないため、本論では近年の関連する著作・論文に依拠しつつ、浄土真宗で社会実践を議論する時に、何が問題となるのかをまとめて、研究ノートとしたい。

一、教学の再考か――第三段に対する指摘から――

最初に「新領解文」第三段の特徴について、概観しておこう。第三段には、

少しずつ　執われの心を　離れます　生かされていることに　感謝して　むさぼり　いかりに　流されず　穏やかな顔と　優しい言葉　喜びも　悲しみも　分かち合い　日々に　精一杯　つとめます（傍線、筆者）

とある。傍線部を素直に読めば、執われの心を離れ、むさぼり（貪）・いかり（瞋）に流されないことによって、対人的な善（穏やかな顔・優しい言葉）を実践するという構図が示されていると言えよう。

「離れる」という表現、また「流されない」という表現が何を意味するのかは本文中だけでは明確でない。しか

し聖典の表現に戻るならば、「離れる」は『教行信証』にも引用される『浄土論』の「遠離我心貪着自身」等が想起され、煩悩を滅していく表現と感じられる[4]。

引用した第三段については、「新領解文」以前に出され多くの表現が踏襲されている、ご親教「念仏者の生き方」[5]との比較からも、疑義が呈されている。「念仏者の生き方」には「私たちはこの命を終える瞬間まで、我欲に執われた煩悩具足の愚かな存在であり、仏さまのような執われのない完全に清らかな行いはできません」（傍線、筆者）という文言があり、「新領解文」の第三段と整合性がとれないという指摘である。「念仏者の生き方」の表現も、やや読み取りにくく、違いが判然とはしにくい面もあるが、やはり「執われの心を離れます」と「命を終える瞬間まで……煩悩具足の愚かな存在」という両表現の間には、解消しにくい隔たりが感じられるのは否めないのではないか。

この違いは何に由来するのか。この点について、末木文美士氏は、朝日新聞の取材に対し「自力的なものを生かしていこう[6]」としていると指摘しており、また『中外日報』も「社会活動の推進だけでなく、行動原理となる教学を再考する機運が見られ[7]」、その流れの延長線上に、この第三段があると指摘している。二つの記事の言葉を借りれば、本願寺派において昨今、社会的実践を「推進」する動向が見られ、それは具体的な社会的実践を提案し宗派内の運動を活発化させるだけでなく、「行動原理となる教学の再考」が企図され、それは「自力的なもの」を生かそうという形で、「新領解文」に表現されているのだ。ただ「新領解文」自体は文字数が少なく、表現もごくごく簡潔で、「教学の再考」と言いうるほどには書き込まれているわけではない。そのため「再考」を促すような、あるいは必要とするような表現が、「新領解文」の中で用いられたと言うのが適切かもしれない[8]。

い。

二、親鸞教義（教義理解）は社会的実践を抑制するのか

前述の「行動原理となる教学の再考」に関連する近年の成果（主として書籍）について、本節で整理しておきたい。

親鸞著述のテキストを俯瞰すると、「他力」「雑行」「はからい」など、社会的実践を抑制するかのように感じられる術語が頻出する。「領解文」に「もろもろの雑行雑修自力のこころをふりすてて、一心に阿弥陀如来、われらが今度の一大事の後生、御たすけ候へ」（『註釈版』一二二七頁）とあるのも、その一例である。[9]そういう意味でも「新領解文」と「領解文」とはコントラストをなしている。

さて、念仏者の実践という点は、長年にわたり、真宗教学のテーマとなってきた。その歴史を網羅的に解説するのは、真宗教学を専門としない私には手に余る。そのため、上述の通り、近年出版・発表された四点の成果に限定し、まずは出版年次順に論点を確認してみたい。

①世俗と宗教とが呼応し合う

二〇一五年に発刊され、筆者も編者として参加した『本願寺白熱教室――お坊さんは社会で何をするのか？――』は、「公共性」から社会における宗教者の活動について問うている。

「公共性」とは端的には open という意味であり、[10]常に開かれており他者を排除しないことを意味する。他者とは、属性の異なるものを意味する言葉である。その属性の代表的なものが宗教である。宗教的信条の異なるものを

排除しないということは、信仰からの発言を除外しないということであり、むしろ「対話」という形で社会の中に宗教的なものを取り込んでいこうとする。

　こうした考え方は、近代国家が生み出した状況（厳格な政教分離）を修正する政治思想の一つ、コミュニタリアニズムの中で強調されるものだ。近代国家は、宗教を個人の信仰の中に、すなわち私的領域に閉じ込める傾向を持った［227］（以下、［　］は頁数）。しかし、現実には、宗教圏はむしろ個の信仰からはみ出し、世俗社会へ浸潤していく（＝ポスト世俗主義［134］）。世俗化が進んだはずの近代国家において、宗教が公的領域に強い影響を及ぼしている事例は枚挙に暇がないことがその証左となる。[11] 宗教と世俗との分離は容易でないのである。そもそも自己を世俗と宗教・文化などの精神性との二つの領域に分け、純粋な世俗的立場から（純粋な理性のようなものから）社会に関わるというのは不自然であり［134］、宗教のみならず精神活動の基板となる文化・歴史等が、意志決定に影響を与えることは避けられない［91］。こうした視点から、コミュニタリアニズムは「公共性」を説く。

　本書は「公共性」を通奏低音とし八本の論考が編まれている。それぞれにテーマが異なり一括りにするのは乱暴だが、近代を乗り越えようとする状況に対し、あるいは現代社会の種々の課題について、宗教が如何に応答していくかを根本的な課題としている。[12] そのため、信仰の中に、社会的活動を促す原理（行動原理）を見出そうとはしていない。人間が宗教性と世俗性とに分離できないのと同様に、人間が作り出す社会が世俗性に収まりきらず、世俗は宗教の応答を要請し、宗教は世俗の領域へと溶け出す。互いに響き合い始めた現代社会の現実から、世俗の場のふるまいについて繰り返し検証・議論が加えられているのが本書の特徴だ。社会に関与するための動機・理由ではなく、関与の作法に論点がある。

　しかしながら、近代国家のシステムに馴らされた宗教は、虚ろな反響を送り返すばかりであり、むしろ純粋信仰世界のようなものの内に自らの平穏を見出そうとする傾向も見られる。本書の第一章では、東日本大震災に例を取りながら、対話という手法によって、自ら閉じようとする信仰の内向性が剔出されている。

ここでいったん本書の記述に依りながら、発展的にまとめておきたい。世俗と宗教との呼応は、世俗社会と宗教社会との関係の中で見ることもできる一方で、（a）個人の中でも（むしろ個人の中でこそ）分離しえないという形で境界線のない聖俗が併存している。そうである以上、よほど教義が希薄な宗教としてか、もしくは（b）両要素を意識的・自覚的に分離させることによってしか、個の中で、教えが社会的・政治的に沈黙を貫けないだろう。第一章の「宗派色を出さないでと言われても、出ちゃいます」［34］という発言に象徴されるように、「にじみでる」［33］のである。意識的・無意識的にかかわらず、「日常生活の損得を超えた価値観」［127］が社会の問題に応答していく[13]。

もちろん仏教という宗教は教義に重みを置く宗教であり、前者（教義の希薄さ）は成立しえない。はたして後者（個人の中での意識的な分離）の可能性はどうか。次項②以降で三人の論者の立場を見ていくが、島薗進は、教義の根幹となるもの自体に社会的実践を回避する内容を持つものがあり影響していると分析し、木越康は、教義に対する誤解が意識的な分離をもたらし、真宗における実践のブレーキとなっていると指摘している。また木越説に応答した深川宣暢は、往生成仏という領域で理解すべきものが無闇に外側にまで広げられ、社会的実践に影響を与えていると論ずる。島薗は社会から遠ざかる教義（末法を基盤とする法然系浄土教）があるとし、木越・深川は主として親鸞思想への誤解・誤用が実践への批判を生んでいると論ずるのである。

②末法が仏教本来の社会倫理を喪失する原因となる

二〇一三年刊行の島薗進『日本仏教の社会倫理　「正法」理念から考える』は、「正法」を鍵概念とし、日本宗教の社会倫理について広範な議論を展開する。この中から、仏教の持つ国家理念（主に「第Ⅱ章　仏教と国家――正法を具現する社会――」）と、「末法」を背景とする仏教、とりわけ浄土教の持つ倫理的性格（第Ⅲ章・第Ⅳ章）における問題提起について見ていきたい。

本書冒頭に「日本仏教はその伝統を踏まえて、現代世界に力あるメッセージを発しているだろうか。日本仏教の声は足もとの人々に、また世界各地の人々に届いているか」［3］とある。日本仏教が「思想的に深められ」「実践的発信」ができていないことを問題視し、それが末法思想に影響を受けた日本仏教固有の特質に原因があると論じる。

まず、仏教の国家観、教えと国家（王権）との関係を論じた第Ⅱ章が興味深い。釈尊はシャカ族の王子として生を享け、釈尊自身が宿命的に国家を意識せざるをえない状況にあったため、仏教は「発生の当初から国家や政治への関与の姿勢」［69］を有していた。(14) その関与の仕方は、（時代が降るが）東晋・慧遠の『沙門不敬王者論』(15)に象徴的なように、国家権力への従属を拒否し［81］、権力との緊張関係を保つことを基本的な態度とする。(16) 転輪聖王(17)が理想的な君主像として経典中に説かれ、王は仏法に基づいて統治することによって、「共同生活の必要のために選ばれた者」［66］として、宗教的に王の地位が権威付けられる。王が基づくべき仏法は、「不殺生」を中心思想・倫理として説く。そのため、政治権力に集中する暴力が仏法によって牽制され、王権（暴力）が抑制されるという巧みな構造が成立していると島薗は指摘する。

ここで国家権力に対する仏教の倫理について論じるが[18]、浄土真宗本願寺派における国家権力への倫理面からの発信は希薄であり、その背景に大戦時の戦争協力への反省がある。「真俗二諦」という概念を都合良く利用して、翼賛体制へ協力していったことへの反動で、政治的問題への関与に積極的ではない[19]。ただ、この要因以前に、日本浄土教が思想的基盤とした末法意識（本書の副題にある「正法」と対概念）が、日本仏教全体の倫理性を削いでいると論じるのが第Ⅲ章・第Ⅳ章である。

法然・親鸞の浄土教は、末法という時代認識を背景として登場する。末法とは、「正法」「像法」の後に続く時代であり、釈尊の入滅以後、仏教は次第に廃れていき、末法の時代に至ると、行・証（修行・悟り）ともに消滅してしまう。最澄に仮託される『末法灯明記』の強い影響の下、鎌倉仏教の宗祖たちは、武士の社会到来という混乱とも相俟って、この末法思想という危機感を共有した。このことは仏教内の規範倫理と言える戒律受容に変化をもたらし[20]、持戒を求めない教えが開花する。この末法への絶望が、深い自己洞察へと結実したのが法然浄土教である。そのことによって、仏教が従来持っていた倫理性に変化が起き、独特な日本仏教の姿が立ち現れる。その分岐的にあり、思想的中心にあったのが法然であったと、島薗は論じる。

「個々人の救い、末法の凡夫の救いに徹しようとする時、（正法に基づく国会社会といった理念を：筆者補）放棄するしかないというのが法然の「選択」だった」ため、「正法国家の可能性を展望して戒律を守ることももはや意義がないというのが、法然の立場」［167］となり「法然『選択本願念仏集』においてこそ末法思想が絶対他力の信仰へと至り、正法の回復、正法時代への復帰という希望が完全に放棄される」［157］と説く。親鸞思想も、この延長線上にあることは言を俟たない。すべての者の平等な救いという結果は、戒律の遵守を前提条件としては成立しえないからだ。そのため、仏教の社会倫理を具現化する戒律の意味が否定され、法然浄土教に影響を受けた日本仏教は、正法を回復できなくなった。だからといって、単純に浄土教に倫理的性格が失われているとしない記述も見られる。「「末法」を唱えることは、逆説的に「正法」の理念の重要性を証している」［98］と。すなわち末法を教えの基盤として強調するということは、対概念である正法を重視している証左だとするのである。しかし、消極的な評価にとどまっていると言えよう。続けてこうも言う。「だが、浄土教において正法実現のための実践は後景に退く。浄土教の影響の強かった日本の仏教史を捉える際、正法の理念が見失われがちである一つの理由はここにある」と。

仏教は、本来、豊かな社会倫理およびそれを発信する力を持っていたが、日本仏教においては鎌倉仏教の基盤にある末法思想の隆盛によって喪失され、それが現在の日本仏教にも影響を与え続けている。その流れを転じて、正法の価値を再評価し、日本仏教の社会倫理を再生すべきというのが、本書の基本的な主張となっている。

論点をまとめつつ議論を発展させておきたい。法然―親鸞浄土教が基盤とする（c）末法意識が、仏教本来の正法を無価値化させ、正法の持つ規範倫理が失われてしまった。こうした主張を裏返せば、法然浄土教の系譜は、（d）正法に代わって、新たな社会倫理をもたらす役割もはたせず「現代世界に力あるメッセージを発して」いないということになる。つまり、こうした批判は（e）規範倫理（戒律はまさに規範である）という視点から主張される。ここにおいて、島薗の指摘は（f）新領解文の背景にあると推測された現状認識・問題意識と重なり合う面がある。すなわち、「穏やかな顔と　優しい言葉　喜びも　悲しみも　分かち合い」といった行動指針的要素は、規範倫理を無意味化させた日本浄土思想において、規範倫理を回復したいという意図なのだと。ただ、規範倫理面からのみ、浄土教の社会倫理を評価してよいのか、という点が課題として残る。

③真宗教義は実践のブレーキとなるのか

念仏者の社会的実践という点において、木越康『ボランティアは親鸞の教えに反するのか――他力理解の相克――』は、近年の最重要の書と言ってよいだろう。本書と、それに呼応する形で発表された深川宣暢「真宗念仏者における利他的行為（他者支援）の一考察――木越康・著『ボランティアは親鸞の教えに反するのか――他力理解の相克――』をめぐって――」とを対比させながら、木越説の論点を整理してみたい。

木越の根本的な問いは、東日本大震災の際のボランティア活動についての評価から生じている。東日本大震災に際して、多くの僧侶・宗教者が現地でボランティア活動を行ったが、浄土真宗大谷派において、ボランティア活動に対して「自力」であり「聖道の慈悲」(21)であると批判が生じた。(22)それに対し、木越は「ボランティア的な活動に対して、躊躇させるようなものとしてある真宗理解が、実は誤り」［i］として、考察を進めていく。

木越説は、まず仏教自体が「〈出世間〉を基本的態度」［23］とするので、「混乱を含めた社会の具体的な諸難に対して、自己の欲求に基づいてこれを望む方向に修正しようと積極的に関与することは、仏教者としては慎むべき」［25］とし、そもそもボランティア的活動を積極的に肯定する原理は、仏教という宗教において導けないとする。

しかし、だからといって否定されるわけではなく、原理は必要でないというのが、木越説の際立ったポイントだ。すなわち、ボランティア的活動を「他者の苦痛を取り除きたいとする情動に基づいて行われる活動」［3］とし、「情動」は「本能的な欲求に関わる素朴な感情」［3］であり、情動としての行動を親鸞は否定しないと言う。いや、むしろ情動に「ブレーキをかけることを、親鸞は否定している」［42］と論じる。その根拠の一つとなるのが「罪福信」への親鸞の否定的見解である。「罪福信」とは、善をなせば善果があり、悪をなせば悪果があるという考え方である[23]。この考え方に基づいて（他力に全託できず）往生を求めようとすることを親鸞は否定する[24]。このような善悪の判定に基づく行為は『正像末和讃』においても「善悪の字しりがほは　おほそらごとのかたちなり」と否定されており、「意図的になされる」行為、「恣意的になされる」行為［80］は「はからい」として否定される[25]。

一方で、「情動」による行為は異なる。「しりがほ」で「さかさかし」く善悪を判定とすることを前提としない、「情動」に基づいて「自然になされる」［80］行為は否定されるべきではないというのが木越の説である。

一見、「罪福信」は善の増進に結びつくように思われるが、「罪福信」の否定から、情動による善が否定されない状況が生まれ、善の実践が可能となるという指摘は興味深い。

これに対して、深川「真宗念仏者における利他的行為（他者支援）の一考察」では、「自力」や「罪福信」「聖道門」などで否定されるのは（木越が引いた「化身土文類」の用例も挙げつつ[26]）、あくまでも「往生・成仏」の領域においてであると指摘する。だとすれば、そもそも、浄土真宗で実践を躊躇させるような教学上の鍵概念は、往生・成仏を目指さない行為に対して、直接的にあてはめられないこととなる。言うまでもなくボランティアが往生・成仏の手段として実践されることは一般にないのであり、これらの概念を以て社会実践を批判的に見るべきでないと言えるのだ。この深川の指摘は極めて重要で、実践について親鸞思想を考察する場合、それが一般的な実践にまで拡大して理解してよい内容なのか、往生・成仏という証果に関係する領域に限定して理解すべき教えなのか、が重要なポイントとなり、厳密に親鸞思想を理解しようとすれば、救いの思想へのストイックな姿勢が窺われ、おのずと多くは後者で理解されよう。

さらに「情動に基づいて行われる活動」について、木越は「宿業」を用いた議論を展開する。「宿業」は『歎異抄』第十三条に説かれる有名なくだりに登場する言葉である。親鸞が唯円に対して「千人殺せば浄土往生が決定するなら、殺せるか？」と説く段である。唯円は、とてもそんなことはできないと応答するのだが、この巧みな思考実験を用いながら、親鸞は善悪が宿業に「もよほ」されて起こるのであり、自らの善悪の心で行為を制御しえないのだと力強く説く。この『歎異抄』のくだりを論拠とし、木越は「その人がどのような感情を抱き、どのような行為に出るのかは、すべてその人の永遠の過去からの無限の経験の積み重ねの結果として」［86］生じる。そのため、人を助けようと身が動く情動に基づく行為は、「はからい」「分別」［73］として親鸞によって否定されるようなものではない。そこが理解できていないことから、ボランティア等の活動に対して誤った批判が生じると述べていく。

この点について深川は、「現状がどのようにあっても、「それは宿業だから」とする態度になるのではないかと思われるが、それでいいのであろうか」［75］と簡潔だが鋭く指摘する。「宿業」という概念についてはしばしば問題となるものの、『教行信証』をはじめとする親鸞の自著には用いられない言葉であるため、概念規定が容易ではない。ただし、知的な判断でない情動こそが宿業に依拠する、あるいは知的判断は宿業によらない、情動のみが宿業によるといった理解は、危ういように思われる。

まず、宿業によって善悪が連鎖していくという考え方は差別思想に接続するし、宿業によって行為が決定されてしまうというのは、親鸞思想全体から見ると適切とは思われない。そもそも仏教は基本的に運命論、決定論を拒絶し[27]、親鸞はその立場を継承していると思われる。たとえば『教行信証』「信巻」に『涅槃経』六師外道の説を長文にわたって引用する[28]。仏陀の説く業論は、六師外道との論争の中にあるものであり、この『涅槃経』該当箇所を長文で引用したことから考えても、宿業によって行為が全面的に決定される、すなわち自由意志を認めていない決定論の立場を取ると理解するのは困難ではないか。

さらに第十三条の本旨は阿弥陀如来の救いの絶対性を強調するところにある。そうした文脈から第十三条を理解すれば、どのような感情に依ろうと、どのような知的判断に基づこうと、行いの善悪は宿業に影響を受けるのであり、そこから容易に逃れられない凡夫は阿弥陀如来の救いに身をゆだねるしかないと理解されよう。第十三条には、善悪に関する知的判断を直接に否定していない。もしそうなら、「本願ぼこり」が一方的に批判されなくてはならないはずだ。しかし、いったん否定される狭義の「本願ぼこり」は、（知的判断も、情動も、行為も）すべてが宿業の影響下にあり、だからこそ「本願ぼこり」の否定の否定が結論で説かれ、阿弥陀如来の救いをいただいている者は、誰もが「本願ぼこり」であることを免れないとされるのである。[29]

木越の著作は、（その全体を紹介しきれないが）最後まで重要な論点が続く。その一つが「規範」の問題だ。木越はたとえば「「このように生きよ」という規範や指示を、出してはくれない」［139］と言い、「まず重要なのは、親鸞はそのようなかたちで念仏者として生きる規範を提示しないということだ。「悪を為せ」との造悪無碍も、「善を為せ」との後世者ぶりも、親鸞はともに否定する。規範化されることの危険性を、十分に承知するからである」［139］と明確に指摘する。この指摘は、本論の問題意識の原点である「新領解文」に繋がってくる。規範は、意味なく示されていないわけではないのだ。確かに消息などに一部、規範を示すものが見られる。しかし、それがサンガを対象とする消息のような媒体に限られること、親鸞の膨大な著作の中に（仏教には律という規範が共有されているにもかかわらず）規範倫理的要素が極めて希薄であること。この二点は、木越が指摘するように、親鸞思想の際立った特徴として理解されるべきであり、規範化は親鸞思想を乖離することになりかねない。

以上、いくつか深川説を引きながら木越説の課題も挙げつつ、全体としては、ボランティア活動のような（g）社会的実践を抑制するものではないという点は両氏に共有され、この点を明確に問題提起した木越説の意味は実に大きい。さらに深川は、（h）そうした誤解が「往生・成仏」の領域で説かれた教えが一般化されて理解されたためという重要な指摘を行った。また、「新領解文」に直結する議論としては、木越の（i）「規範化の危険性」という点も重要である。親鸞の著作には善悪について言及が膨大にありながら、規範を具体的に説くことはない。ここには、相応の意味を見出すべきという指摘は、一層深められていく必要があるだろう。

おわりに

近年発表された書籍と、それに直接関連する深川論文の内容を見てきたが、最後に、私なりの視点で全体に一つの文脈を与えて整理してみたいと思う。

日本浄土教の倫理について考える場合は、やはり規範倫理が示されないと言える。特に親鸞において、そうした傾向が顕著であることに実践に関する諸課題の淵源があると見られる。そこに、（単純化の弊を承知の上で分かりやすく分類すると）実践の規範を示したいという立場と、規範を示すべきではないという立場が生じる。

仏教通史的な視点でいえば、島薗が指摘するように、末法という時代認識と全てのものが救われる教えという二つの要素が出会ったところに、こうした日本固有の浄土教が誕生した。別の言い方をすれば、末法という時代認識がなければ、仏教でありつつ戒律の意味を捨象した信仰世界を描くことは不可能であった。

しかし、二つの要因だけでは十分でない。規範を無化した意味を理解するにはもう一つの要因が見出される。本論ではそこに焦点をあてなかったが、法然・親鸞の人間洞察・人間理解が三つ目の要素とならなければ、規範無き仏教思想は完成されなかったろう。人間は欲望から離れられない、人間は自己中心的に世界を理解し、その外側で生きることはできない、善良な心で善をなしているというのは幻想である。そして、教えを喜ぶ念仏者は、どのように生きてきたか。規範提示を回避し、善人になって善をなすのではなく、人間の考える／実践する善への終わりなき疑念を持ちつつ、それでもささやかな善をなしえないかという道を模索してきたのではないか。（『本願寺白熱教室』の視点からすれば）もし今、実践が不足しているから規範を出すというなら、原因を見誤っていないか。原因は「にじみ出る」ほどの信が欠けている点にあると見るべきではないか。

この三つ目の要素を視野に入れることで、木越の指摘は、具体性を帯びてくる。すなわち「規範を説かない」ことこそが、浄土教に特有の意味を発揮している。わたしたちは、欲望を離れられない人間同士が、互いに関係し合いながら生きている。そこには、人間同士の関係を規定する規範が不可欠である。それ故、人間はさかさかしく、人間存在の愚かさの自覚を持ち、それを考え続けるしか道がない。それは、往生・成仏とは直結しない領域として、すなわち自力・他力を問うことが必要ない場としては可能なのであり必須でもある。

そして宗祖に属する規範が存在しないからこそ、私たちは、今、この世界の中で何をなすべきかを、問い続け、発信し続け、実践を試み続けるのであり、むしろ浄土真宗からは豊饒な倫理世界を開いていく可能性は、規範の欠如にあるものと筆者は考えている。たとえ、それがどれほどもどかしい迂遠な作業であっても、その終わりのない営みに真宗倫理の真価がある。

二〇二四年四月四日、ＥＭＰ（東京大学エグゼクティブ・マネジメント・プログラム）を力強く牽引されてきた横山禎徳先生がご往生された。先生と初めてお会いした時のことは忘れられない。「私は、安芸門徒だから。〈業なのお〉と言われて育った。現代社会に価値を発信する力が、浄土真宗にはあると私は思う。問題は、あなたがたに（＝浄土真宗本願寺派の人々：筆者注）、その覚悟があるかないかだけだ」と先生は仰った。〈業なのお〉の「業」は、人類が欲望によって生きていることを意味している。横山先生は、欲望から離れられないという人間理解を根っこに持ちつつ、日本を代表する経済人として活躍された。

「覚悟があるか」という先生のお言葉は、社会的実践に関する浄土真宗への遺言だったように思われる。

註

（1）https://www.hongwanji.or.jp/message/m_001985.html

（2）後には「生いかされていることに　感謝して　むさぼり　いかりに　流されず　穏やかな顔と　優しい言葉　喜びも　悲しみも　分かち合い　日々に　精一杯　つとめます」と続く。

（3）「消息」には「伝道教団を標榜する私たちにとって、真実信心を正しく、わかりやすく伝えることが大切」、「次の世代の方々にご法義がわかりやすく伝わるよう」、「『領解文』の精神を受け継ぎつつ、念仏者として領解すべきことを正しく、わかりやすい言葉で表現し」と、三度にわたって「わかりやすく（わかりやすい）」という表現が用いられている。

（4）本願寺からの教義に関連する多様な発信は、従来より聖典に根拠のあることが原則となっている。たとえば、「流されず」といった表現について、一つひとつ何に基づいての表現であるかが示されたなら宗門全体の共感が得られやすかったと考えられる。

（5）「念仏者の生き方」は二〇一六年十月一日から二〇一七年五月三十一日まで勤修された「伝灯奉告法要」の初日に親教（法話）として示されたもの。この題名からも、念仏者の社会的実践について、従来より強い関心が持たれていたことが分かる。法話である親教に対し、「消息」は前「宗制」において聖典に準ずるものと規定されていたものであり、勧学寮に諮問される手続きを必要とするように、より公的なものと理解されるものである。

（6）「自力か他力かについては、東日本大震災が起きて、浄土真宗の人たちがボランティア活動をする中で大きな問題になりました。自力を否定すれば、社会に対して自分から積極的に行動を起こしていくことが成り立たないのではないかという問題提起がありました。この新しい領解文には、自力的なものを生かしていこうとする発想があるのだと思います」（『朝日新聞』二〇二三年六月二十二日）

（7）「近年、宗教界の内外で宗教者の社会参画への関心が高まっている。……本願寺派では二〇一二年度の新基本法規施行後、特にそうした動きが顕著だ。／本願寺派で特徴的なのは具体的な社会活動の推進だけではなく、行動原理となる教学を再考する機運が見られる点だ」（『中外日報』）

（8）「領解」であるには曖昧さが回避されるべきなのに、「新領解文」が曖昧な表現に終始するため混乱を来しているように推察される。

（9）自力を明確に否定する「領解文」に対置される「新領解文」であるからこそ、自力を生かす方向性の表現がなされたと推測することもできる。なお、「新領解文」によって「領解文」が否定される乃至は使用されなくなることはないと、宗門行政の中核を担う総局から繰り返し説明されており、両者をどのような関係で理解すべきかも課題。

（10）「公共」という漢字はいずれも「八」（はちぶ）を部首としている。この部首は、開いている様子を示す象形である。

（11）アメリカでは福音派（Evangelicalism）によって支持されたドナルド・トランプ氏が大統領になり、日本では統一教会問題が浮上し、宗教右派勢力と保守政党との密接すぎる関係が顕在化している。

（12）「お坊さんは社会で何をするのか」という副題が、公共性が要請するものへの応答の書であることを示している。

（13）次項で島薗の二〇一三年の著書を扱うが、島薗は『本願寺白熱教室』の第三章においても、宗教的発信について寄稿している。ここで引用した「日常生活の損得を超えた価値観」は島薗の寄稿内に引用された大谷光真第二十四代門主の言葉である。

（14）鎮護国家として日本に定着した歴史を見ても、国家との関係は広く長く仏教通史の中にあるものと言える。

（15）時の権力者桓玄（三六九～四〇四）により沙門が王権に服従すべきと要請されたことに対して、東晋の廬山慧遠は『沙門不敬王者論』を著して拒絶した。慧遠は『般舟三昧経』に基づき念仏による修禅を実践し、著作に師・鳩摩羅什との書簡集『大乗義章』がある。

(16) 実際には、政治権力との緊張関係の維持は困難であり、特に中国ではたび重なる廃仏を経験し、強力な王権によって管理される仏教教団という性格を帯びていく（藤丸智雄「中国の廃仏」『新アジア仏教史07』佼成出版社、二〇一〇年）。

(17) 仏教ではブッダと同様に三十二の優れた身体的特徴（三十二相）を持つ者が、出家しなければ転輪聖王となって法（ダルマ）によって世俗社会を理想的に統治する。

(18) 中村元『宗教と社会倫理――古代宗教の社会思想――』（岩波書店、一九五九年）に多く依拠しつつ論を展開している。

(19) 本書は「真俗二諦」に立ち入らないが、和辻哲郎を引きつつ、「和辻は封建的な主従関係とともに形成されてきた人と人との間の強い信頼関係が、鎌倉仏教の教えに反映していると見る。法然の言葉にはこうした経緯が色濃く現れている。家人が主君を「たのみ」主君が家人を「たのむ」倫理意識のあり方と、ただひたすらに弥陀を「たのむ」法然浄土教の態度には「一味通ずるもの」がある［和辻一九五二：上・379］」と論じている。この和辻［一九五二］とは、和辻哲郎『日本倫理思想史』岩波書店（のちに岩波文庫、一九九二年）。この和辻の指摘は、中島岳志『親鸞と日本主義』（新潮社、二〇一七年）の立論に通じる面があるように思われる。

また『領解文』の「この上はさだめおかせらるる御おきて一期をかぎり、まもり申すべく候」という末尾の一文にある「さだめおかせらるる御おきて」との関係性も気になるところだ。諸説あるものの、「おきて」という言葉は、『御文章』「六ヶ条の掟」（『註釈版』一一五二頁）と対比させられ、時代的に、封建領主などによって定められたものも意味すると推察されている。

(20) 戒律が、仏教倫理の基本となるという認識がある。この認識に基づけば、明治以降に僧侶の妻帯が一般化した日本仏教（法的に妻帯が認められる以前にも、半数程度が実質的に妻帯していたという研究もある）は、仏教固有の倫理的性格が弱いと指摘しうる。

(21)『歎異抄』第四条（『註釈版』八三四頁）

(22)『本願寺白熱教室』第一章の対論にも見られるように、本願寺派では、こうした議論は顕著でなかった。

(23)漢文的表現に厳密に沿うなら「信罪福」とすべきではないか。漢文表現は、すべて「信罪福」であり「罪福信」という表現は存在しない。親鸞教学の一部において慣例的に「信罪福」と言うのかもしれない。たとえば宗学院編『本典研鑽集記』には「信罪福」「信罪福心」という表現が見られる。

(24)たとえば『教行信証』「化身土文類」に「定散の専心とは、罪福を信ずる心をもつて本願力を願求す、これを自力の専心となづくるなり」（『註釈版』三九九頁）

(25)通常は善を行うと楽果があり、悪を行うと苦果があるとする。善因善果・悪因悪果だと、善は善を導き、悪は悪を導き続け連鎖し続けることになる。

(26)註(24)に挙げた「化身土文類」の文章も「自力心」のことであり、証果（往生・成仏）に直接する因法に関する用例であると深川論文は指摘している［73］。その他、『正像末和讃』の「罪福信」の用例にも言及している。

(27)『季刊せいてん』一二七号（二〇一九年夏の号）

(28)『教行信証』「信文類三（末）」の「逆謗摂取釈」に長文にわたって『涅槃経』「梵行品」が引用される。ここでは六師外道の教えが説かれており、決定論などの考え方が否定され、善悪の行為が楽果・苦果を生む仏教の応報思想が示される。

(29)本願ぼこりを戒める人々に対し、そのような者も本願をほこっているのではないかと、本条の最後に述べられている。

参考文献・論文

小林正弥・藤丸智雄『本願寺白熱教室』法藏館、二〇一五年
島薗進『日本仏教の社会倫理――「正法」理念から考える――』岩波書店、二〇一三年
木越康『ボランティアは親鸞の教えに反するのか――他力理解の相克――』法藏館、二〇一六年
深川宣暢「真宗念仏者における利他的行為（他者支援）の一考察――木越康・著『ボランティアは親鸞の教えに反するのか――他力理解の相克――』をめぐって――」『真宗学』一三七・一三八、二〇一八年
真宗聖典編纂委員会『浄土真宗聖典（註釈版）』本願寺出版社、一九八八年

阿闍世の救いから考察する対人支援の基本姿勢

武田慶之

はじめに

殺父という逆罪を犯した阿闍世は、その後、どうあがいても解決しようのない苦悩に苛まれた。その阿闍世王を救おうとして様々に助言をする人物があらわれたが、王にはどんな言葉も響かなかった。精神的苦悩から身体的症状である皮膚病を発症するほどの苦悩は簡単には救われなかったのである。それほどまでに阿闍世の精神的苦痛は極めて深いところまで達していたといえる。

親鸞はこの阿闍世が救われていく過程を克明に描写している『大般涅槃経』（以下、『涅槃経』）から、重要だと捉えた部分を「信文類」の「明所被機（逆謗摂取、逆謗除取）」に引用している。親鸞がこの物語を引用する意図は「難治の機」である阿闍世が仏法によって救われたことを確認することで、阿弥陀如来の「逆謗摂取」の救いを人々に示すことに主眼があった。ところが、親鸞が見据えている阿闍世が救われるストーリー、そして親鸞の引用や省略の仕方に企図されている真意は、後学の者からすると図りかねるところがあることも事実である。

そして筆者は、『涅槃経』とそれを引用している「信文類」によって、阿闍世が救われていく過程を物語として紡がれた経説に、現代における対人支援のヒントがあると考えているので、そこに描写された釈尊と耆婆の姿勢を原点として、いまに生きている人々の苦悩に向きあう姿勢を考察していきたい。この閉塞する社会、苦悩の尽きない社会にあって、宗教的な救いが根本的な安堵につながると思うが、そこに至るのは単純な道のりではない。多くの縁、そして環境にめぐまれることによって、人は救われていく。そのことを、身をもって体現している人物が阿闍世である。本論は、そうした阿闍世が救われていく物語をモチーフとして、現代における人の救いとその苦悩する人への支えのありようを考えていこうとするものである。家族内の思うに任せない難しさは、普遍的な問題であると同時に、人の救いも普遍的である。仏法はすでに、人間の本質が、いかなる時代においてもさほど変わることがないということを教示してくれている。そして、その人間的な苦悩に救いをもたらす仏法は普遍の教えである。

このように本論においては、耆婆と釈尊の態度・姿勢から現代における対人支援のヒントを考察していくことを目的としている。なお、紙数の都合からも月愛三昧までを考察の対象とする。(1)

一、救われるはずのない阿闍世の苦悩と親鸞の視座

「信文類」「明所被機」は、その大半が『涅槃経』引用文からなる。親鸞は、浄土や本願を説かない『涅槃経』の説示全体をとおして、逆罪を犯したような、本来は救われ難き罪深き存在こそが、阿弥陀如来の救いの目当てであることを明かしていくのである。その救われ難き存在とは、謗法罪の者、五逆罪の者、一闡提の三種の機である。そのことを『涅槃経』を引用することで明かしている。

それ仏、難治の機を説きて、『涅槃経』（現病品）にのたまはく、「迦葉、世に三人あり、その病治しがたし。

一つには謗大乗、二つには五逆罪、三つには一闡提なり。かくのごときの三病、世のなかに極重なり。ことごとく声聞・縁覚・菩薩のよく治するところにあらず。(2)

ここには、謗法の者、五逆の罪を犯した者、一闡提の三種の病人の病は、世の中でもっとも重い病であるために治すことができないとある。すなわちその闇から救うことも成仏させることもできないというのである。つづく親鸞の引用は次の文である。

善男子、たとへば病あればかならず死するに、治することなからんに、もし瞻病随意の医薬あらんがごとし。もし瞻病随意の医薬なからん、かくのごときの病、さだめて治すべからず。まさに知るべし、この人かならず死せんこと疑はずと。(3)

この部分の原文は「譬如有病必死難治。若有瞻病随意醫藥。若無瞻病随意醫藥。如是之病定不可治。(4)」とあり、通常は「たとえば病あり、必死にして治すことなきがごとし。もしは瞻病随意の医薬あるも、もしは瞻病随意の医薬なきも、かくのごとき病はさだめて治すべからず(5)」と読むところである。そうであれば「どれほど治療を施しても助かる見込みのない病気のようなものであって、死に至ることは必然である。もし瞻病（看病人）がどんな病状も適切に治す医師がいて、治療薬をもっていても、医師がいなくて薬がなくても、この三つの病気だけは治すことができない(6)」といった意味となる。ところが親鸞はここで独自の解釈をしている。親鸞の読み方は、この文章の前半部分を「そのままでは治すことができずに必ず死んでしまう病にかかったとき、適切な看病と名医と良薬があって、その人が適切な治療を受けることができたならば治る可能性はある」と解釈しているのである。「信文類」「明所被機」の流れを先取りすることになるが、ここにいう看病人とは『涅槃経』においては耆婆であり、名医とは釈尊のことであり、良薬というのは釈尊の説法のことであろう。そして親鸞からすれば、名医とは釈尊のことでもあるが、特に釈尊入滅後の末法に生きる私たちにとっては阿弥陀如来でもある。良薬とは、この『涅槃経』引用の後、親鸞自身の言葉で語られる「本願醍醐の妙薬」[7]となるであろう。

救いようのない阿闍世が救われるというのは常識では考えにくいことであるので、『涅槃経』においては、難治の三機である阿闍世は救われないとなっていた。ところが、親鸞は、阿闍世も摂取不捨の阿弥陀如来の大悲による救いの目当てであるという観点から解釈しているのである。だからこそ親鸞は、阿弥陀如来やその浄土を説かない『涅槃経』によって「逆謗摂取」を論証していくのである。親鸞の『涅槃経』の見方は、一貫して阿闍世も救われる可能性があるという姿勢である。

この「現病品」につづいて、「梵行品」は長引されるので、次節での考察に先立って、ここで『涅槃経』における阿闍世が救われていく物語の全体的な概要を確認しておく。まず、阿闍世が生来、暴虐な性格であったことが伝えられる。そして悪友・提婆達多にそそのかされて、罪のない父王を非道にも殺害したが、その逆罪を後悔したことにより熱を生じる。阿闍世は皮膚に悪性の腫物ができ、それが化膿し悪臭を放つほどの皮膚病に苦しみ、誰も近づくことができなかった。この場面は阿闍世の孤独を象徴していると思われる。阿闍世はこの病が父王を殺害した報いであると考え、堕地獄が目の前に迫ってきて苦悩の底に沈むのである[8]。そこで、母である韋提希が薬を塗るなどして看護をするが一向に治らない。その皮膚病は地獄へ堕ちるという恐怖心から生じた心因性のものであったからである。このように苦しむ阿闍世のもとに六人の大臣があらわれ、いわゆる六師外道[9]の教えをもって助言する。しかし異教徒の教えでは阿闍世は救われなかった。そこへ耆婆[10]があらわれ、仏法を説き、釈尊のもとへ赴くことを勧めるのであった。そのとき釈尊は自身の入滅の地であるクシナガラの沙羅双樹林にいたが、神通力で阿闍世の苦しみを知り、月愛三昧に入るのである。その光は王舎城にいた阿闍世のもとにも届き、そこで耆婆はその月愛三昧の意味を明かすことで仏法を伝える。そして阿闍世は釈尊のもとに行くことを決意するが、その道中で耆婆の説法に出あう。沙羅双樹林に到着した阿闍世に釈尊が声をかけ、そこから釈尊の説法がはじまるのである。[11]

二、六大臣の助言

本節では六大臣の助言を考察していくが、阿闍世と大臣のやりとりはほぼ定型となっているので、まずは、その共通する内容を確認する。六人の臣下は、最初にそれぞれに心配する言葉をかけるが、阿闍世は「どうして身も心も痛み、苦しむことがないことであろうか。私は罪のない父王を殺害してしまった。私は以前、智者から聞いた記憶がある。五逆罪を犯した者は、堕地獄は免れない。どんな名医でもこの心身の病は治せないだろう」という趣旨の応答をする。それに対して、六大臣は、地獄という世界の有無や殺害という行為（業）について論じていく。彼らは共通して、独自の論理でもって「殺害がなかった」とか「地獄はない」などと説くのである。それは阿闍世王が無罪、ないしは無辜であるという方向にもっていくことで、その苦悩を取り除こうとしているのである。そして、それぞれの師のもとへ赴くことを勧めるのである。

このやりとりにおいて、まず気づかされることは、阿闍世のもとに仏法が届いていたということである。阿闍世はいまだ仏法に帰依はしていないが、おそらく頻婆沙羅王のもとで釈尊の説法を聞いていたのであろう。それによって罪の意識を感じたことから、このように強く後悔するようになったのである。

これより各大臣の言説を確認していくが、重複する内容は取り上げず、親鸞の引用意図を考慮しつつ、特徴的な内容のみを考察していく。[12]結論からいうと、もだえ苦しむ阿闍世はこの六大臣の助言では救われなかった。それを念頭に置いて、六大臣とのやりとりを確認していく。

一人目は、月称という大臣である。月称は、まず王の顔をみて「なぜ愁え悲しみ、顔色がすぐれないのですか。体が痛むのですか。心が痛むのですか」と慰問の言葉をかける。すると阿闍世は先にあげた応答をする。それに対して月称は、地獄について「誰が地獄を見てきたというのですか。地獄は世間の智慧者が説いているだけです」と応えるが、この説は根拠も説得力もない。「華報[13]」として地獄を現前に見ている人に対して、根拠もなしに「地獄はない」といっても、当人は地獄を見て苦しんでいるのだから、その苦悩が除かれることはない。そして月称は、

もしつねに愁苦せば、愁へつひに増長せん。人眠りを喜めば、眠りすなはち滋く多きがごとし。婬を貪じ酒を嗜むも、またまたかくのごとし[14]。

と助言する。この詩偈は、六人の大臣がみな挙って献言している句なので、六臣下のアドバイスを象徴する言葉ともいえる。このフレーズは「いつも愁え苦しんでいると、それはますます増長します」という意味だが、裏を返せば「愁えるな、苦しむな、悩むな」という意味になるだろう。悩み苦しむ人に対して「悩まなくていい」というアドバイスをして、それで悩みが解消することもあるかもしれないが、そうであるならば、それはたいした悩みではなかったということであろう。阿闍世の苦悩はそれほど浅いものではないことは明らかである。その阿闍世にこの言葉は響くはずはない。

その後、月称は富蘭那という名医のもとへ赴くよう勧めるのだが、この富蘭那の思想の趣旨は、「黒業（黒行、悪い行い）はないから、黒業の報いもない。白業（白行、善い行い）もないから、白業の報いもない。行いにすぐれるも劣るもない」というものである。この思想は道徳と因果を否定する考え方であって、仏教と相容れないどころか、世間の倫理道徳をも否定する。このような考え方が蔓延するならば、無秩序極まりない社会となるだろう。

二人目にやってきた大臣は蔵徳である。蔵徳は、王の表情が憔悴し、唇が乾燥し、声がか細くなっていることに気づき、「身体が痛むのですか。心が痛むのですか」と見舞う言葉をかける。阿闍世王はこれに対して「私は智慧がない。だから悪人の提婆達多にいわれるままに、正しい父王に逆害を加えてしまった。私はかつて智慧者が両親や仏やその弟子に対して悪行を起こすならば無間地獄へ堕ちると聞いたことがある。だから私は恐れおののき大苦悩を生じている」と応えるのである。ここは明らかに五逆罪のことを述べている。阿闍世はかつて聞いた仏法のことを少しずつ思い出しているのかもしれない。それを聞いた蔵徳は、仏法（原文は「出家の法」）と王法の二つの法があることを示し、王法のもとで父や兄を殺害するという逆罪は、その実は罪にならないと進言する。それに対して仏法では蚊や蟻を殺しても罪となると伝えるのである。確かに阿闍世は王であるので、国家の法に縛られないのかもしれない。しかし、阿闍世のもとにはすでに仏法が届いているのである。だから苦しんでいるのである。この苦しみは王法の論理では解決できない。

また蔵徳はここで迦羅羅虫と騾馬を譬えに出しているがこれも的外れの感が否めない。なぜならそれらの生き物は、王法や仏法ないしは世法といった一つの法体系の支配下に生きていないからである[15]。親鸞が蔵徳とのやりとりを引用してあらわそうとしたことは、仏法が届いている阿闍世に対して、王法の論理で解決しようとしたことによる齟齬であろう。そして蔵徳は、末伽梨狗賒梨子という師のもとへ行くことを勧める。ここで蔵徳は、末伽梨狗賒梨子の思想を「衆生を赤子のように哀れみ、みずからは煩悩から離れて、衆生の身に突き刺さっている三毒の鋭い矢を抜き取ってくれる」と説明している。もっともらしい説であるが、ここで親鸞が省略している『涅槃経』の内容は無因無縁説・自然決定論・運命論と呼ばれる思想である。この思想で阿闍世が救われるべくもない。

三人目にやってくるのは実徳である。実徳は、王が装飾品を外し、髪が乱れていることを指摘したうえで、心身の痛みを心配する言葉を投げかける。この六大臣は共通して、最初に阿闍世王の外見の変化を指摘する言葉を伝えていくが、その様子の変遷から阿闍世の苦しみが深まっていることがわかる。その意味では、この叙述は第三者である私たちにとっては意義深いものではあるが、阿闍世に対して、外見上の様子を伝えることに何の意味があるのか疑問に思うのである。親鸞も、二番目の蔵徳とこの実徳の後半部分、そして四人目以降の外見を指摘する言葉を省略しているが、それは意味をなさない言葉であると解釈しているのだと推察する。外見の変化は誰の目から見ても明らかなことで、たとえば「痩せた」なら、そこに痩せた原因があるわけで、阿闍世の場合、それは心因性のものであるのだが、外見ではなく内面に目を向けることが、その人を本当に心配する気持ちのあらわれというものであろう。

さて、阿闍世はこの実徳の慰労の言葉に対して「父が占い師に「この子は生まれた後、必ず父を殺すでしょう」と言われたにもかかわらず、自分を大事に育ててくれた。だから私は無間地獄に堕ちるほかはない」という趣旨の言葉を返す。この占い師の言葉は「王舎城の悲劇」の発端となる出来事の一場面であるが、この阿闍世の言葉のなかには頻婆沙羅王が仙人を殺害したこと、および生まれてくるわが子を殺めようとした事実は出てこない。阿闍世はそのことを認知していなかったわけではないだろうが、ここでは阿闍世は父のことを「わが父先王、慈愛仁惻にして、ことに見て矜念せり。実に過咎なきに……[16]」と評している。慈愛深く育ててくれた実父を殺害したことの罪悪感はとてつもなく深いものだろう。他人からは到底はかり知ることはできない。

この阿闍世王に対して、実徳は「先王の頻婆沙羅王に余業（過去の業の残り）があって、殺害されたのならば、阿闍世王には何の罪もありません」という趣旨の返答をする。そして、刪闍耶毘羅胝子を勧めるが、親鸞は名前をあげるのみである。この刪闍耶毘羅胝子は、宿命論・不可知論を説いたとされるが、親鸞はそれをここに引用する必要はないと判断したのだろう。王舎城の悲劇の全容を知れば、頻婆沙羅王の死は自業自得であるともいえるが、阿闍世王に罪はないというのは誤りで、引用された内容からは、阿闍世の心理的苦痛に目を向けるべきだとの意図があると窺える。

四人目の悉知義の部分では阿闍世を見舞う言葉は省略されているが、これは引用するまでもないということだろう。それに対する阿闍世の返答もこれまでと同内容である。ここまで続くと阿闍世の疲弊は増すばかりであろうと想像する。そして悉知義は「過去に父王を殺害して王位に就いた王は数多くいるが、誰も地獄に堕ちていないそうです。[17]地獄を見た人もいません」と助言する。さらには、世界には人間界と畜生界しかなく、無因無縁説と自然決定論にもとづいて、どちらの世界に生まれるのも、因縁によるのではなく、それは自然に決定するのであるという思想を展開する。そして最後に、阿嗜多翅舎欽婆羅のもとへ行くことを勧める。この阿嗜多翅舎欽婆羅は唯物論者で目に見えるものだけしか存在しないという考えである。

五番目は吉徳である。親鸞は見舞いの言葉は省略して、吉徳の助言を引用している。吉徳は地獄について独自の解釈を提起するのだが、[18]要するに「地獄」という言葉を聞いて、吉徳の立場からいう本当の意味での地獄を知らずに恐れるのは無意味だと主張するのである。そして殺害も存在しないという。ここで一々を考察する暇はないが、彼の説は仏教からいうと妄語なので、これで阿闍世は救われるはずもなかった。そして吉徳は、迦羅鳩駄迦施延という師を紹介する。

最後の六番目の無所畏については、親鸞はその名と師の尼乾陀若提子の名をあげるだけである。『涅槃経』に説かれる内容は、他の大臣と同じように「父王の殺害に罪はない」という趣旨を述べて、その根拠は「究極的にはすべての存在は滅無である」という思想である。親鸞がなぜここを省略したのかという理由は判然としないが、おそらく引用に値しないと判断したのだろう。

以上、六大臣それぞれを見てきたので長くなったが、ここでひとつ疑問に思うのは、親鸞が仏教以外の思想を「方便化身土文類」ではなく、「真実信文類」に引用される理由は何であろうかということである。その理由は、まずは仏教思想とは異なる思想があるということは当然だが、それらの思想における地獄の存在論や罪の認識方法と仏教の考え方の違いを際立たせるためだと思われる。(19) そういう思想状況であるからこそ、阿闍世においては仏法に出あうまで、そして救われるに至るまで、さらにいうと後世の人にとっては、本願に出あって、信心を獲得していくプロセスは簡単ではないことを示すためだと考えられる。

ここで、六師外道の思想についてまとめると、根拠もなしに「地獄はない」「殺害の罪はない」と語り、そして、因果の道理も無視していたということであった。このことはすでによく指摘されてきたことであるが、もうひとつ加えると、苦悩する阿闍世の心情を見ないで、自身が信奉する思想を一般論として一方的に説いていたことが問題であると思われる。それに対して、釈尊の慈悲や阿弥陀如来の本願大悲は、「親鸞一人がため」という言葉に代表されるように、個々人の固有の苦悩に目を向けているのである。そのことを以下に考察していく。

三、耆婆と頻婆娑羅の勧めから釈尊による救い

六大臣の後に見舞いに来たのは、名医である耆婆であった。耆婆はまず「大王、いづくんぞ眠ることを得んやいなや」(20) と阿闍世のことを心配して問う。ここは通常は「大王、安眠を得やいなや」と読むところである。親鸞は「安眠できていますか」ではなく、「安」を後ろに推量をともなう反語として解釈し、「どうして眠ることができよ

うか。いや、おそらく寝ることすらできていないのだろう」と推察しているのである。ここに六大臣との違いが垣間見られる。六大臣もみな最初に心配する言葉をかけるが、ほとんどが見た目の変容を指摘する言葉であった。最後に「心の苦しみや痛みはありますか」と声かけをするが、第二節の考察を終えてみた印象としては、とってつけたような感もある。外見が変容しているのは、心持ちとそれにともなう生活に何か変化があったからである。耆婆は、阿闍世が眠れていないだろうから、それを察してその原因となる苦悩を尋ねようとしているのである。阿闍世のことを心配しているからこそ出てくる言葉である[21]。

そして、「信文類」に引用されている阿闍世の返答は、これまでの六大臣に対するものとさほど変わらないと見受けられるが、『涅槃経』においては、まず阿闍世は最初に偈文でもって、みずからの思いを吐露する場面があり、これまでよりも多くのことをみずから語っていることから、阿闍世に何かしらの変化があったことがわかる。けれども親鸞は、その内容が「信文類」にそぐわないからか、それをすべて省略している[22]。

そしてこの後の耆婆の対応は、これまでの六大臣とは異なるものであり、阿闍世の救いにおいても重要な転機となる。六大臣は「王には罪はない」といい、罪の自覚に苦しむ阿闍世の意識とに乖離があったのに対して、耆婆は罪を自覚して慚愧している意識をそのまま認め、受け容れているのである。六大臣はある意味、功利心で手柄を立てようと思ったからか、速やかに解決しようとする姿勢が見られた。自身の思想の結論的な考えを持論として提示し、それを押し付けようとしていた感がある。それに対して耆婆は、阿闍世の内面的態度を受け容れて肯定的に評価しているのである。耆婆は、阿闍世の発言に対して次のように応答する。

〈善いかな善いかな、王罪をなすといへども、心に重悔を生じて慚愧を懐けり。…中略…慚はうちにみづから羞恥す、愧は発露して人に向かふ。慚は人に羞づ、愧は天に羞づ。これを慚愧と名づく。無慚愧は名づけて人とせず、名づけて畜生とす。慚愧あるがゆゑに、すなはちよく父母・師長を恭敬す。慚愧あるがゆゑに、父母・兄弟・姉妹あることを説く。善きかな大王、つぶさに慚愧あり。(23)

耆婆の第一声は「善いかな」である。もちろん過去に犯した罪の事実は消えないが、みずからの行為の罪深さを感じて、悔恨の思いから慚愧の念をいだいていることを尊い人間だと是認しているのである。後悔という思いも「過去を悔いて反省する」という意味では大事ではあるが、「あんなことをしなければよかった」とみずからの過去の行為を否定しようとしたり、消そうとしたりする気持ちも含まれる。それに対して「慚愧」とは、みずからの罪をしっかりと見つめて、自覚して、心から恥じ入ることである。そして他者や「天」（仏・菩薩）に対しても、その気持ちを表明して恥じることである。みずからの罪のありようから目を逸らさない慚愧があるからこそ、人間といえるのである。耆婆の対応は、六大臣と大きな違いがある。六臣は阿闍世の心をコントロールしようとしていた。相手の気持ちを変えようとするということは、相手の現状を否定していることでもある。そして、仮に阿闍世が六臣の助言にしたがって、その事実を忘れようとしたり、無罪であると弁明したりしても、それでは根本的な解決にはならない。耆婆は方向性が反対で、阿闍世の苦悩する気持ちから目をそらすことなく、そのまま肯定的に受け容れているのである。

そしてこの後、耆婆が釈尊のもとへ行くように勧めることを後押しするように、虚空から声が聞こえてくるのである。(24)その声の主は、阿闍世に対して、悪業の報いを受けることは不可避であるので、釈尊のところへ行き到るように導くのである。(25)その声に対して阿闍世が、この声の主に「あなたはだれですか」と尋ねると、次のように返ってくるのである。

〈大王、われはこれなんぢが父頻婆沙羅なり。なんぢいままさに耆婆の所説に随ふべし。邪見六臣の言に随ふことなかれ〉と。[26]

ここで空中から聞こえてきた声の主は頻婆沙羅王であることが判明する。その頻婆沙羅王は「耆婆の説くことに従うべきで、邪見の思想家である六臣下には従うべきではない」と説くのであった。この頻婆沙羅王の声を聞いた阿闍世は、悶絶して地面に倒れこんでしまう。そして皮膚病はさらに悪化し、薬で治療しても治るべくもなく、悪臭はさらに強まっていった。それは罪の現実を突きつけられ、同時に父の慈愛を感じたことで、その恩に仇をなす行為を犯した罪の大きさをあらためて自覚せしめられたのである。頻婆娑羅王[27]は、わが子を甘やかすことなく、また責めることもなく、ましてや恨む心など感じていなかった。逆害を犯した人物ではあるが、わが子であることに変わりはなく、そこに慈愛を注ぎ続けたのである。そのやさしさが、かえって阿闍世の懊悩を深めたのである。

釈尊は、神通力でもって阿闍世が悶絶して倒れたことを知り、「阿闍世王の為に涅槃に入らず[28]」と述べるのである。そしてこの釈尊の「為」という思いは、「一切凡夫の為」であり、「仏性を見ることのない衆生の為」であることが明かされる。ここから「阿闍世の為に」という言葉は、たんに「阿闍世が救われないと私は入滅できない」という阿闍世個人のレベルを問題としているのではないことがわかる。法蔵菩薩の四十八願にある「若不生者不取正覚」といった誓願である。すなわち阿闍世を救うことができなければ、他の人も救うことができないし、私は涅槃のさとりを得たとはいえないのであって、阿闍世を救うことで同時にすべての者をも救うという誓いを立てた、ということである。ここから釈尊は月愛三昧に入っていき、そこから放たれる清々しい光が、孤独だった阿闍世王を包み込み、王の皮膚病が治癒するのである。そして耆婆は「その後に心も軽くなるでしょう」と説くのである。この治る場面だけみると何か神秘や奇跡のように捉えられるかもしれないが、決してそうではない。耆婆の寄り添いなどこれまでのプロセスがあったことで、皮膚病の原因であった心の面が徐々に変化していたのだろう。

耆婆によれば、月愛三昧とは、身分や職業に関係なく「ただ衆生の善心あるものを観そなはす[29]」というように、あらゆる人々の善心につねに届けられるのであり、そのはたらきは、月の光が青蓮華を開花させるように人々の善心を開かせたり、道行く人の心に歓喜を生ぜしめたりするのである。耆婆が阿闍世の慚愧する心を善心とみて、釈尊はまず体の病を治そうとして光明を放たれたのである。この体の病も心因性のものであるから、この光明によって、心の毒が消え失せて、皮膚病も治癒したのだろう。

さて、鍋島直樹は、この月愛三昧について、二つの深い意味を見出している。ひとつは「相手のありままの苦しみを黙ってそばで受けとめる慈愛の象徴」、もうひとつは「言葉を必要としない心の触れ合い[30]」である。苦しむ人からすると、信頼できる人（釈尊・名医）が、心のそばに、ただ何も言わず、黙っていてくれるだけで、塞がれて凝り固まった心が、解きほぐされていくような心理的変化がもたらされる。それが月愛三昧の特質である。

また、思うに、月は夜に光る存在である。この夜の闇は阿闍世王の心の闇をあらわしているのではないだろうか。そして月光は、太陽の光とは違ったおもむきがある。陽光は闇を破るはたらきがあるが、月は夜に輝く。闇が晴れわたるような救いもあるかもしれないが、夜という闇のなかで、あわい光をはなつ月が確かにそこにあるという救い、それが阿闍世の救いである。太陽の光は、ここに明るさとぬくもりを届けてくれる大切な存在であるが、月は、冷えきった闇夜に輝くのである。

また、釈尊は阿闍世王に対して、どんな言葉でも救うことができないと自覚して、言葉にたよることなく、三昧（禅定・瞑想）に入った。阿闍世王は、言葉として表現しえない釈尊の思いが伝わったことで救われたのではないだろうか。仏教では、身口意の三業のうち、意業が根本であると考えることからも、身業や口業によるのではなく、意業、すなわち思いや願いが阿闍世に伝わったのである。

まとめ――釈尊の態度に学ぶ現代における対人支援――

最後に、六大臣と耆婆・釈尊の違いを対比することから見えてきた対人支援のヒントをまとめておく。人はそれぞれ固有の悩みを抱えていて、性格もそれぞれである。だから苦悩する人への接し方も、その人に対する適切な対応が求められる。その前提として、支援する側に揺らぐことのない基軸がなければならない。筆者にとってはそれが仏法であるが、それは根っこに携えているだけで、実際の現場においては、表には出ていない。その軸が揺らがないことが基本となるだろうが、相手に接していく中で、支援者側の心の揺らぎや柔軟性は必要となるだろう。

六大臣は阿闍世の心を変えようとしていた。それに対して釈尊は、神通力によって阿闍世の心の苦悩を見知ったであろうが、その心をコントロールしようとはしなかった。そして釈尊は、どんな言葉も届かない阿闍世のために、おそらく時間がかかることは自覚したうえで三昧に入った。私たち凡夫は神通力をもちえないが、この「あきらめない」「見放さない」という釈尊の姿勢に学ぶことはできる。そして耆婆は、悔恨する阿闍世をそのまま受容して、その姿勢を慚愧するすがたとして認めていった。阿闍世からすると、受容されるという経験は苦しみに塞がれた心が楽になっていく端緒となったであろう。現代における実際の現場でも、「自分が悪い」と思って苦しんでいる人に「あなたは悪くない」という言葉を掛けがちである。もちろん本心からそう感じたならば、それでいいのかもしれないが、「悪い」と感じて苦しんでいる気持ちをそのままに受け容れることが大切である。

さて、現代の対人支援において相談者にアプローチする手法は様々にあるが、まず大きな方向性としては、「問題解決」と「伴走支援」があり、その両輪が機能することが理想であるとされることが多い。六大臣は、心境と考え方を変化させることで、阿闍世の苦悩を解決しようとしていたが、そこには無理があった。簡単には解決できない深い苦悩であったからである。釈尊はこのようなアプローチとは一線を画していた。深い苦悩を抱えている人に対して、三昧に入って、ただ黙って静かに、その苦しみを包みこんでいったのであった。耆婆も伴走支援型であったが、現代の対人支援において重要なことは、伴走するにしても、目の前の人の外見上の変化に気づくだけではなく、その人の気持ちに寄り添えているかどうかが重要である。そこで「聴く」「聞く」「よりそう」という営みが大事になってくる[31]。

また、凡夫はもちろん神通力をもちえないが、そこを意識することが大切であると考える。つまり「わからないけれども、わかろうとすること」が大事である。表面上の言葉だけでなく、相手の「声なき声」も聴きとろうとすることが大事なのである。自分の立場からの想像で決めつけずに、また表層上の言葉の意味から理解するのではなく、奥底にある気持ちに目を向ける。なぜそういう言葉が発せられたのかと想像力をはたらかせるのである。「傾聴」というとただ聞くだけと思うかもしれないが、より詳しくいうと、気持ちは前のめりになって、積極的に、あるいは徹底的に相手の心に耳を傾けることが大事になってくる。ただし、支援者側が能動的に語る必要はない。あくまでも相談者が中心である。『涅槃経』における耆婆は饒舌なほどに説法しているが、「信文類」では、その語りがほとんど省略されている。「信文類」における耆婆は、「無上の大医」たりえる釈尊へとつなぐ媒介者的役割を担い、よき看病人であった。

これらの基本的態度を持ちながら、相手の心に近づいていくような対人支援を展開していくことで、相手との信頼関係が築かれていくであろう。それによって効果的な援助を行うことができる。凡夫は釈尊のような大医にはなれないし、またなろうとする必要もない。耆婆のような看病人、ないしは善き友であればいいし、そのような看病人がより多くいることが艱難辛苦する人の心の支えとなり、救いにつながっていくだろう。

註

（1）筆者は特定認定非営利法人「京都自死・自殺相談センター」の広島支部「ひろしまSotto」の代表として、「死にたい思いを抱えた方のための居場所づくり」の活動をしている。そこでの個々の事例における個別な対応の仕方は、その現場において柔軟になされるものであって、言語によって固定的に表現しにくい面があり、本論ではその基本姿勢を仏典に学ぶという姿勢で考察していく。「死にたい」と思う人の中には、罪悪感や自責感をもつ人も多いので、阿闍世の救いを考察することは、そうした方の心の支えとなるためのヒントとなるとも考えている。

（2）『浄土真宗聖典註釈版〈第二版〉』（以下、『註釈版』）二六六頁。『浄土真宗聖典全書（二）宗祖篇上』（以下、『浄聖全（二）』）一〇五頁。

（3）『註釈版』二六六頁。『浄聖全（二）』一〇五頁。

（4）『大正蔵』一二、四三一頁中。

（5）『註釈版』二六七頁脚註参照。また、このあたりの親鸞の読み替えについては、井上善幸「逆法摂取釈の研究」（『宗学院論集』七五号、二〇〇三年）を参考にさせていただいた。

（6）『涅槃経』の意訳は、田上太秀『ブッダ臨終の説法②――完訳大般涅槃経――』（大法輪閣、二〇〇二年、七四頁）を参考にさせていただいた。

（7）『註釈版』二九六頁。『浄聖全（二）』一二四頁。

（8）ここまでに親鸞は二箇所、省略しているが、引用する意味がないと考えたと推察する。

（9）「外道」という言葉は、現代では「邪道」や「邪悪な人を罵るときに用いる語」などの意味があるが、本論ではもともとの意味である「仏教以外の思想」という意味合いで使用している。

(10) 耆婆は阿闍世の異母兄であるという説がある。拙論「『観経』「是栴陀羅」の解釈」(『真宗研究』第六七輯、二〇二三年)において若干の論考をしている。

(11) 本論においては、六大臣と耆婆・釈尊の基本姿勢を確認していくに留める。先哲も、この「信文類」「明所被機」の講釈は苦心している雰囲気がうかがえる。特に『涅槃経』引用文にある釈尊の説法については、それが難解なこともあるのだろう。これについては別稿にて論じる予定である。

(12) 松尾宣昭は「阿闍世王への釈尊への説法」(『龍谷大学論集』四七八号、二〇一一年)において、六大臣の助言全体の内容を分類・分析している。本論では「信文類」における『涅槃経』引用文の流れを確認していきながら、それぞれのやりとりを継続するなかで、阿闍世の救済の物語が進行していくことに着眼していて、そこから対人支援のヒントを考察することを目的としているので、一々の大臣の所説を取りあげた。

(13) 『涅槃経』「梵行品」引用文にある、阿闍世自身の言葉としての「われいまこの身にすでに華報を受けたり、地獄の果報まさに近づきて、遠からずとす」(『註釈版』二六七頁)にある「華報」のこと。「華報」とは「当来の果報にさきがけて、現世においてあらわれる報い」(『註釈版』脚註)のことである。

(14) 『註釈版』二六八頁。『浄聖全(二)』一〇六頁。

(15) 西山邦彦はこのことを指摘したうえで、「もっとも、蔵徳のいい分を裏返していえば、虫けらの生存競争も王見(筆者註:「王権」のことか)の争奪もさしてかわりがないという皮肉として受けとることもできるであろう」との見解を示している(『親鸞Ⅱ『教行信証』信の巻(本・末)論讃』法藏館、二〇〇七年、四〇一~四〇二頁)。

(16) 『註釈版』二七〇頁。『浄聖全(二)』一〇八頁。

(17) 『仏説観無量寿経』(以下、『観経』)において、月光と耆婆が阿闍世を諌める場面で、こうした王のことを「悪王」と呼んでいるが、これが仏法の観点であることはいうまでもない。『註釈版』八八頁。『浄土真宗聖典全書(一)三経七祖篇』七八頁。それに対して、悉知義は「悪くない」というのである。

(18) 「地獄」の「獄」を「天」と定義するのは、意味不明である。

（19）　鍋島直樹は、この六師外道のアドバイスがほぼそのまま「信文類」に引用されていることについて、「おそらく親鸞は、縁起思想とは異なる諸思想が存在することを、この世界の現実の姿としてありのままに知っておく必要があると感じたからであろう。その意味では、これらの六師外道の思想は、単なる過去の思想、パラダイムとして軽視せずに、時代や地域を超えた現代社会においても、なお存在している思想として見直していくことができるだろう」（『アジャセの救い――王舎城悲劇の深層――』方丈堂出版、二〇〇四年、一六三～一六四頁）と述べている。

（20）　『註釈版』二七四頁。『浄聖全（二）』一一〇頁。

（21）　この「大王、いづくんぞ眠ることを得んやいなや」の文章を藤場俊基は、「親鸞の読み方は反語になっています。「どうして眠ることができましょうか、いや眠れるはずはないでしょう」とかなり強い調子で耆婆に言わせています。耆婆は責任を転嫁しようとしないで、「のうのうと眠れるはずはないではないか、自分の苦悩から目をそらせるな」と言うわけです。六師を紹介しようとした他の大臣の接し方とは根本的に違います。罪の自覚に迫る方向が最初の一言からでてきます」（『親鸞の教行信証を読み解くⅡ信巻』明石書店、一九九九年、二六七頁）と解釈している。しかし、阿闍世はすでに罪の自覚をしているし、苦悩から目をそらしていないし、耆婆が阿闍世を責めるような態度をとったとは思えない。池田勇諦は「つまりギバの心はアジャセに対して「今あなたはあなたの犯した罪の苦しみで悩んでおられるのでしょう」とズバリ言い当てたわけです。今まで6人の家臣が入れ代わり立ち代わり訪れて申したことからは、苦しみ悩むアジャセの琴線に触れる言葉が聞けなかった。今初めてギバによって、このひと言を聞いた。これはすごいですね。ここがアジャセがお釈迦さまをお訪ねしようという心が動き出す縁となったのです」（『仏教の救い3――アジャセ王の帰仏に学ぶ――』北國出版社新聞局、二〇一六年、四五～四六頁）との理解を示している。確かに罪を帳消しにしようとした六大臣とは違う態度ではあるが、阿闍世としては「言い当てられる」というよりは、「この苦しみをわかってくれている」という思いだったのではないだろうか。西山邦彦は、「親鸞がこの言葉に注意するのは、眠ることができないのが地獄のはじまりだからである。…中略…わが父の最後を思うにつけてどうして眠ることができようか」（註（15）西山前掲書、四一四頁）と多くは語っていないが、眠れていない苦しみを心配していると解釈している。

(22)　この阿闍世の返答の冒頭は偈文で述べられるが、親鸞は、「信文類」に「王、偈をもつて答えていはまく、」まで引用して、偈文全体は省略している。この偈文（『大正蔵』一二、四七七上・中）の趣旨は、「さとりに至れば安眠できる」という内容である。そして『涅槃経』の偈文において、この「安眠」という言葉は「安穏眠」という言葉で示され、それは「さとり」を象徴的に表現していると思われる。ここから推測するに、阿闍世はこの時点で、自力によって「さとり」を求めたのではないかとも思われる。親鸞は、この偈文は本願大悲の救いとは相違する内容なので省略したのだろう。

(23)　『註釈版』二七五頁。『浄聖全（二）』一一一頁。ちなみに『涅槃経』では、阿闍世の問いに対して、耆婆がその冒頭で、この「慚愧」の説明をした後、釈尊の説法の内容と釈尊が多くの人を救ったという事例について、かなり長きにわたって語っているが、親鸞はその大部分を省略している。「信文類」に引用しているのは、①釈尊の生まれと名前を示す文、②釈尊がその仏智で衆生の罪障を取り除くことを示す文、③提婆達多の重罪を軽くしたことを示す文、続く耆婆の助言である最後の部分、④天からの頻婆沙羅王の声として「耆婆のいうように釈尊のもとへと行くように」と勧める言葉の最後の部分、である。親鸞とすれば、これらを引用すれば事足りたのである。少し恣意的な解釈にはなるが、この「信文類」においての耆婆は、「慚愧」以外は特に説法をしておらず、阿闍世を釈尊へとつなぐ媒介的役割が中心であったと見ることができると思う。

(24)　「信文類」には引用されていないが、『涅槃経』には、釈尊のもとへ行くことを勧めるにあたって、阿闍世が躊躇していることが説かれる。「吾今既是極悪之人。悪業纒裹其身臭穢繋属地獄。云何当得至如来所。吾設往者恐不顧念接叙言説。卿雖勧吾令往仏所。然吾今日深自鄙悼都無去心。（これに比べて私はなんと極悪人であろうか。悪業にまとわれ、身体は臭く、汚れ、地獄に縛られているようだ。こんな私がどうしてブッダのもとに行けるだろうか。もし側近くに行けたとしても顧みられることも、面接されることも、言葉をかけられることもないだろう。お前が私を連れていこうとしても、いまの私の気持ちは恥ずかしく、後悔だらけで、まったくここを離れたいと思っていない）」（『大正蔵』一二、四八〇上。意訳は註（6）田上前掲書、三六三～三六四頁）、ここには阿闍世の信罪福心と仏智疑惑があらわれていると思われる。しかし、こうした思いは、如来の救いの前では問題とならない。

(25)『註釈版』二七六頁。『浄聖全（二）』一二二頁。「「やや願はくは大王、すみやかに仏の所に往づべし。仏世尊を除きて余は、よく救くることなけん。われいまなんぢを愍れむがゆゑに、あひ勧めて導くなり」と」

(26)『註釈版』二七七頁。『浄聖全（二）』一二二頁。

(27)家族の問題は普遍的な難しい課題である。近い存在だからこそ、わかったつもりでいて、全然わかっていなかったり、すれ違いを生じたり、ということはよくあることではないだろうか。そのことは『十誦律』に伝えられる頻婆沙羅王の最期のエピソードからも窺える。阿闍世は韋提希から次のような話を聞かされた。「阿闍世が幼いころ、指にできものができて、頻婆沙羅王はその指をしゃぶって、できものを治した。すると阿闍世はすやすやと眠ったが、指の傷口から膿みが出てきた。また痛みが出ることを心配した頻婆沙羅王はその膿みを飲みこみながらしゃぶり続けたのであった。それを聞いて愕然とする阿闍世に韋提希は父を釈放するよう願い出ると、阿闍世はそれを聞き入れた。すると群衆が牢獄の近くに押し寄せ、「王が釈放されるぞ」と叫んだ。そのざわめきを頻婆沙羅王は、また引き出されて責め苦をうけると勘違いし、床下に身を投じて息絶えた」（『大正蔵』二三、二六〇頁上。定方晟『阿闍世のすくい――仏教における罪と救済――』人文書院、一九八四年、一一六～一一八頁）という話である。頻婆沙羅王に神通力があれば、阿闍世の思いには気づいたのかもしれない。

(28)『註釈版』二七七頁。『浄聖全（二）』一二二頁。なお親鸞は引用していないが、『涅槃経』には、「是大衆中無有一人謂我定入於涅槃。阿闍世王定謂我当畢竟永滅。是故悶絶自投於地。（ここにいる大衆は誰ひとり私が涅槃に入るとは思っていないだろうが、阿闍世王は私が入滅すると思っているので、彼は悶絶して倒れた）」（『大正蔵』一二、四八〇頁下）とある。それゆえに「私は涅槃に入らない」という言葉が発せられたのである。これは「如来常住」の思想にも関連する。

(29)『註釈版』二八〇頁。『浄聖全（二）』一一四頁。この善心について岡亮二は、「ここにいう善心とは、法を聞く耳を持っているか否かということです。仏は法を聞く耳を持ち、法を聞きたいと願う人に教えを語られるのです」（『教行信証口述50講――親鸞の心をたずねて――第二巻（下）』教育新潮社、一九九七年、二二一頁）との理解を示している。単純に「善人」とは直結しない。

（30）　註（19）鍋島前掲書、一二三～一二四頁。

（31）　『観経』において、韋提希が救われていく場面では、釈尊はまず韋提希の思いを聞くことに徹していた。この「聞く」という行為が苦しむ人の救いにつながるのである。梯實圓は「韋提希のこの問いかけに対して、釈尊は全くお答えになりません。ただ黙然として、彼女のくりごとを聞いておられるばかりでした。たしかに韋提希の問いに答えはありません。答えのない問いとは、問うている人そのものが問題なのであり、彼女自身が転換しないかぎり解決しないほどの深い問題だからです。しかし全身全霊をあげて、自己自身を問い続けている彼女を、釈尊は、大悲をこめて暖かく包み、その痛みを共感しながら、その悩みを聞きうけ、彼女の心が次第に転換していくのをじっと待ちつづけられます。実はこの釈尊の沈黙の説法こそ百の説法よりも、すばらしい教化だったのです」（『聖典セミナー「浄土三部経Ⅱ観無量寿経」』本願寺出版社、二〇〇三年、七三頁）と論じている。

無縁社会における墓と真宗

西村慶哉

はじめに

浄土真宗の開祖親鸞聖人（一一七三～一二六二）は、「閉眼せば、賀茂川にいれてうほにあたふべし」（『改邪鈔』、『聖典全書』四・九三七頁）と述べたといわれている。しかし、遺された門弟たちは聖人を荼毘に付し、廟堂を大谷に建立して、現在まで護持してきた。有縁の故人を葬り、墓所を建てるという行為は時代を超えて行われてきたということであろう。しかしながら、「弔う」方法や墓所の「在り方」というものは、時代とともに大きく変化し続けている。現代は、「葬式は要らない」といった言説が頻繁にメディアに登場し、「直葬」「ゼロ葬」という宗教者の介在しない、もしくは簡略化された火葬式が台頭し、併せて「墓はいらない」という風潮も高まっている。また、生活様式の変化から地縁・血縁が希薄になったことにより、そもそも「無縁墓が増加している」という言説も散見されるようになってきた。このように現代の日本では、社会状況の変化に伴い、葬儀の在り方をはじめとして、墓や納骨堂の在り方までもが大きく変化しつつある。

このような状況を受けてか、浄土真宗本願寺派においても「宗教的感動を共有できる法要や葬送儀礼を確立し、普及を図る」ことに関心が置かれ[1]、大谷本廟や各地別院においても納骨堂や合同墓の増設が進んでいる。そこで本論では、「これまでの墓」と「これからの墓」という視点より、現代における墓地の問題点を概観しつつ、これからの墓と浄土真宗の在り方について考察を試みたい。

一、「これまでの墓」と「これからの墓」

近代以降、日本の墓制度の主流は「家墓」であった。先祖代々より伝わる「家墓」を、その子孫たちが面倒を見ることで「墓」が継承・維持されてきた。現在でも、墓参りに墓地へと赴けば「先祖代々之墓」と刻まれた墓石が立ち並んでいるのを目にすることができる。しかし、生涯未婚率の上昇や家族構成の変化（核家族化）、貧困化などによって「家墓」の継承・維持が困難となり、いわゆる「無縁墓」や「墓じまい」、「改葬」に迫られる「家墓」が増加してきた。つまり、「これまでの墓」は社会状況の変化とともに、新たな様式への変更を迫られているということができるだろう。それでは、「これまでの墓」はどのように変化するだろうか。槇村久子氏は、「これまでの墓」は、「尊厳性」「永続性」「固定制」を持っていたと定義づけた上で、

尊厳性は「個人化」へ、永続性は「無縁化」へ、固定制は「流動化」へと変化する（槇村［二〇一三］、七四頁）

と指摘している。すなわち先祖代々の土地で子孫が継承し続けてきた墓は、主流では無くなっていくと予測されるのである。昨今の社会では、「多死社会」といわれるように、日本の死亡者数は出生数を上回ってきている。ただし、「一般墓」という言葉があらわすように、「家墓」の主流であったカロート式の墓石[2]は、不要とまではいかなくとも、多くある「墓」の選択肢の一つとなっている。一方で小規模の納骨や「樹木葬（墓）」、「合同墓」など、い

わゆる「残された者に手間をかけない」「後継者に迷惑をかけない」墓・納骨への関心も高まっている。[3]二〇二一年に実施された日本消費者協会のアンケートでも、墓についての心配事として「子どもの負担」（四二・二％）、「将来の管理」（三六・六％）、「墓の継承者」（二二・二％）が上位に挙げられている。これらの状況はまさに、墓が個人化、[4]無縁化、流動化したことに起因したものではないだろうか。特に、このアンケート結果からは、これまでの墓の特徴であった「永続性」が負担になっていることが想像される。

このように墓の変化にはさまざまな要素が考えられるのだが、本論ではこの中でももっとも注視される「無縁化」（すなわち「永続性」への負担）という問題に主眼を置きながら、真宗教学とも照らし合わせつつ、「これからの墓」について考えていきたい。

二、現代社会が直面する「無縁化」の問題

1　高齢社会と人口減少

周知の通り、昨今の日本社会は目まぐるしい変貌を遂げ続けている。その中、現代社会をとりまく大きな問題として、

①超高齢社会
②生涯未婚率の増加
③家族構成の変化

の三点を挙げることができる。実際の数値とともに①②③の現状を確認してみよう。

①総務省統計局「統計からみた我が国の高齢者」（二〇二三）によれば、高齢者の人口は年々増加傾向にあり、二〇二二年度には過去最高の三六二四万人となっている。二〇二三年度は三六二三万人と総数は減少しているが、割合でいえば総人口の二九・一％を占めており、前年度（二九・〇％）を上回っている。また、七十歳以上の高齢者に限れば、二〇二三年度は二八八九万人と、前年度より二十万人増加している。加えて、②二〇二〇年度の国勢調査によれば、五十歳以上の未婚率（生涯未婚率）は、男性二五・七％、女性一六・四％にのぼり、男性の四人に一人は生涯未婚であると予想される。そして、③家族構成も大きく変化してるのである。厚生労働省「国民生活基礎調査」（二〇二二）の統計によれば、二〇二二年時点で高齢者の五一・六％が単独世帯、四四・七％が夫婦のみの世帯であるとの調査結果が出ている。このように、高齢者の人口は年々増加する中で、その半数以上は単独で暮らしており、さらに五十歳以上の男性の約四分の一は未婚である。すなわち統計的にも「おひとりさま」の高齢者世帯が増加していることは明白である。加えて現在の日本は、政府が「異次元の少子化対策」に打って出なければならないほどに出生率も低下している。

このような状況が続けば、「おひとりさま」や後継者のいない世帯は増加の一途をたどることは想像に難くない。つまり社会全体において「無縁化」が現在進行形で進んでおり、それは墓や遺骨の「無縁化」にも波及していくことになるのである。

2　遺骨・墓の「無縁化」

これらの数値とともに増加しているのが「引き取りがない遺骨」、すなわち骨を引き取る親族がいない、いても引き取ってもらえない遺骨である。この問題はＮＨＫ『クローズアップ現代＋』「さまよう遺骨」[5]や『朝日新聞』「無縁遺骨を追う」[6]など、メディアでもたびたび取り上げられており、浄土真宗本願寺派も『宗報』（二〇二〇-三）において問題視している。すなわち、教団はもとより、現代日本における深刻な問題の一つであるといえよう。この「引き取りがない遺骨」は、身元不明は勿論のこと、遺族が引き取りを拒否するというケースも見られるようであり、引き取り手がない遺骨は、火葬場に一定期間安置された後、無縁仏として合祀されることとなる。これは日本に限ったことではなく、単身世帯が増加している諸国でも問題となっており[7]、遺骨の「無縁化」は広範囲の地域で年々増加している。このような状況を受けて、横須賀市が一人暮らしの高齢者を対象に自身の葬送の要望などを生前契約する「エンディング・サポート事業」を創設するなど、「無縁化」は行政単位で取り組むべき問題となっている。

これらの問題とともに話題になってきたのが、既存の墓から遺骨を移す「改葬」や、墓そのものを放棄してしまう「墓じまい」である。現在、「イエ」制度の崩壊つまりは単身世帯の増加、生涯未婚率の増加による後継者不足、あるいは経済的な貧困化が影響して、家墓の維持が困難となるケースが増加している。そのような中で、墓そのものを放棄するという選択肢が現れるのは、先ほども指摘したように、従来の墓にそなわっていた「永続性」という特徴が負担になってきているということが原因と考えられる。近年では、「墓じまい」を前向きに捉え、推奨する書籍も散見されるが、同時に、代々維持されてきた墓を放棄することは重大な決断であるという側面も忘れてはならない。宗教学者の島田裕巳氏も、「墓じまい」を行うことを推奨する一人であるが、著作中において、

ただ、墓じまいをしてしまえば、後戻りはできません。
決断には十分に時間をかけ、どうしても墓じまいせざるを得ない時まで待つ必要があるのかもしれません。

（島田［二〇二二］、二二八頁）

と、墓じまいには慎重な姿勢が必要であると述べている。先祖代々大切に護持してきた家墓を放棄することは間違いなく大きな決断である。しかし、裏を返せば、島田氏が指摘する「どうしても墓じまいせざるを得ない」状況に面する機会は、今後も増加していくのではないだろうか。

また、既存の墓であっても、放置されたり墓じまいが思うように進まずに「無縁化」してしまうといった現象も起きている。(8) 死後に自身の墓を守る者が見当たらない、もしくは守るべき墓を守れない。文字通り、故人が「無縁化」しているということができるのではないだろうか。また、公営墓地では三〜五箇年管理料を滞納したり、墓地使用権者の死亡により継承者が不明となった等の事由により、墓地使用権が消滅し、墓石は撤去されてしまう可能性がある。生前より、このような「誰が自身の墓を維持してくれるのか」という関心が、また「墓じまいまでは気が引けてしまう」という判断が、ひとまずは墓が撤去される不安のない「樹木葬」「合同墓」「納骨堂」の増加にあらわれていることは想像に難くない。

三、現代において求められる墓

この「無縁化」という問題に関連して、「これからの墓」のあり方も変化している。槇村［二〇一九］は、墓が個人化、無形化、流動化へ変化したしたことにより、「共同化、無形化、有期限化」という方向性が導かれたと指摘する。すなわち、地縁・血縁によらない共同墓地や、海洋葬・樹木葬といった形の無いお墓、期限を迎えれば合葬等がなされる期限付き墓地などがこの分類に当てはまる。

日本消費者協会のアンケート（二〇二一）でも、「どのような墓地・墓を希望するか」との設問に対し、多くは「個人墓地」（一七・八％）「遺族の意思に任せる」（一四・四％）と回答しているが、「永代供養墓」（一四・五％）、「自然葬」（一三・六％）といった回答も高い数値を残している。代表的なものを挙げつつその特徴を概観してみよう。なお、浄土真宗においては「永代供養」ではなく「永代読経」等の呼称を用いる場合が多いが、本論では便宜的に「永代供養」という言葉を用いる。

1　樹木葬墓地

一九九九年に日本で初めて認可を得た樹木葬墓地は、現在では既に主な選択肢の一つとなりつつある。一言に「樹木葬墓地」といっても、近年では「里山型」「樹林型」「ガーデニング型」「シンボルツリー型」などと類型化されるように、[9]ニーズに合わせて多種多様な形式の樹木葬墓地が登場している。

株式会社鎌倉新書が二〇二四年に実施した「第15回　お墓の消費者全国実態調査」（https://guide.e-ohaka.com/research/survey_2024/）では、新規に購入した墓の種類について、「樹木葬（墓地）」が四八・七％であったとの調査結果を出している。この数値は、二〇二三年一月の同調査結果（五一・八％）からはやや減少しているものの、「一般墓」（二一・八％）や「納骨堂」（一九・九％）に比べても圧倒的に多いものである。二〇二二年三月の時点で、日本において開設されている樹木葬は一〇〇〇箇所に迫る勢いであるという調査結果もある。[10]では樹木葬墓地はどのような点が支持されているのか。

浄土真宗本願寺派『宗報』（二〇一九-七）では、櫻井義秀氏による樹木葬墓地の購入者を対象としたアンケート調査の一部を掲載しているが、その中、「樹木葬墓地を選んだ理由」（**表1**）について、「継承者がいなくてよいか

表1　樹木葬を選んだ理由

項　　目	比率（%）
継承者がいなくてもよいから	60.3
誰でも一緒に入れるから	18.8
自然に帰りたいから	66.5
木をうえ里山再生に貢献できるから	31.8
樹木葬のほうが安かったから	7.9
家から近かったから	3.8
家族からの遺言があったから	4.7
永代供養してくれるから	2.1
寺の中の静かな環境がよいから	25.0
従来からの石のお墓ではないから	25.6
子どもに墓の面倒をかけたくないから	55.9
その他	6.5

ら」（六〇・三％）や「子どもに墓の面倒をかけたくないから」（五五・九％）が上位に挙げられている。また、「墓を選ぶ際に重視した事」（**表2**）では、「墓の形式」（六五・〇％）や「永代供養であること」（五四・九％）、「墓の周辺環境」（五二・八％）「墓の費用」（五二・二％）が高い数値を示している。これらの数値が示すように、樹木葬墓地は後継者へ費用面や管理面で「残された者の手間をかけない」「後継者に迷惑をかけない」墓地であることが支持される要因であると考えることができる。これらは墓の「永続性」が負担となっていること、つまり「永続性から無縁化」という社会状況を反映するものではないだろうか。

宗教法人もこの流れを敏感に感じ取っているようで、上田裕文［二〇二二］の調査によれば、インターネット上に掲載される九〇五件の樹木葬墓地のうち六九一件（つまり七六％）は宗教法人が経営主体であったという。ただし樹木葬墓地は、実際の経営は民間に委託し、「宗派を問わない」を宣伝文句にするところも多い。すでに宗派を問わない合同墓地は全国各地に開設されているが、今後は宗教法人が経営する「宗派を問わない」墓地の数も増えていくかもしれない。

アンケート①を見ると、「樹木葬を選んだ理由」（表1）として、「寺の中の静かな環境がよいから」（二五・〇％）や「永代供養してくれるから」（二一・一％）と、宗教性に関する項目はあまり高い数値を示していない。一方でアンケート②の「墓選びに重視したこと」（表2）では、依然として「永代供養であること」は五四・九％の数値を保っていることが窺える。数値の上からいえば、多く宗教法人が経営する樹木葬墓地では、「永代供養」や「寺の中にある」といった宗教性についてはあまり求めておらず、「自然に還る」、「里山再生に貢献できる」といった自然回帰を求める方に需要があることが窺える。ただし、「永代供養」を求める声も少なからず上がっていることも注視すべきであろう。

表2　墓を選ぶ際に重視したこと

項　　目	比率（%）
墓の費用	52.2
維持管理費	37.4
墓へのアクセス	29.1
墓の形式	65.0
墓の周辺環境	52.8
宗派	11.0
お墓の面積	12.5
永代供養であること	54.9
寺の中にあるということ	30.6
住職の雰囲気	25.2
その他	10.4

2　納骨堂

樹木葬墓地と共に注目すべき「これからの墓」は納骨堂（納骨壇）である。二〇二〇年度の厚生労働省「衛生行政報告例」によれば墓地の総数は八六万八二九九基であり、二〇一〇年度同報告例の八七万三七九〇基からおよそ五〇〇〇基ほど減少している。しかし、納骨堂を比較してみると、二〇一〇年度は一万一八一〇基であった納骨堂の件数が、二〇二〇年度は一万三〇三八基と増加傾向にある。内訳を見ると、宗教法人の持つ納骨堂が増加（七五六八→九一二八）していることがわかる。浄土真宗本願寺派内を見ても、例えば大阪の本願寺津村別院が二〇一九年に納骨壇を新設したり、東京の築地本願寺が納骨堂の募集を二〇二一年十二月で終了したことを承けて納骨壇を増設しているなど需要が高まっていることがわかる。また二〇一五年に実施された「第10回宗勢基本調査」によれば、納骨堂を所有していると回答した本願寺派寺院は、三三・八%と、第9回（二〇〇九）より四・五%増加しており、寺院の施設で最も大きな変化を示している。更に第11回（二〇二一）では、三八・一%まで増加している。このように宗教法人による「納骨」の件数は増加傾向にあるといえよう。納骨堂の利点は、上記樹木葬と同じく、費用面や永代供養、管理の利便性などが挙げられるが、他にもアクセスの良さを挙げることができるだろう。上記の納骨壇を例に取っても津村別院や築地本願寺は都心で駅からもすぐにアクセスすることが可能であるという特徴を挙げることができる。「エンディングパーク」が二〇一四年に納骨堂購入者を対象に行ったアンケートでも「跡継ぎの不安」（五七%）の次に「お参りに行きやすい」（四八%）が上位に挙がっている（ただし、お参りに行きやすいというのは、「遺族」を指すのか「購入者」を指すのか、それともその両方を指すのかまでは示されていない）。

また、多くの納骨堂では「永代供養」もしくは「数十年後に合葬」という契約が主流となっている。例えば津村別院納骨壇では、納骨方法として「永久納骨」と「申込日から五十年」の二種類を提示している。また、東京の築地本願寺では、納骨堂の継承が困難である者を対象として、十五年維持管理後に後述の合同墓への改葬を行う「永代措置」、三十年維持管理後に合同墓への改葬を行う「特別措置」を設けている。

これらは樹木葬墓地とは異なった特徴ともいえよう。つまり、納骨壇への納骨では、「永代供養」や少なくとも半世紀以上は管理してもらえる、墓の「無縁化」を心配しなくて良いというメリットである。

3　合同墓

一言で「合同墓[11]」といっても、寺院が経営する墓地、公営墓地、企業やＮＰＯなどの団体が運営する墓地、合祀するタイプや個別に埋葬のタイプなど、さまざまに分類することが可能である。「樹木葬」も広義でいえば合同墓といえよう。非常に分類が難しいが、ひとまず真宗寺院においても「合同墓」と呼ばれる墓は増加傾向にある。第11回の宗勢基本調査においても、「二〇一〇年以降に新設・増設したお墓」として、「合葬墓（合同墓）」が最も高い二六・四％（一一六一件）という数値を示している。[12]築地本願寺が二〇一七年に合同墓を新設したことが大きくニュースに取り上げられたことも記憶にも新しい。このように、寺院における合同墓の新設・増設も近年増加している。

問芝志保氏は、寺院墓地の合同墓について、無縁化が進む「むしろ現代にこそ大きな意義を持つ形態なのではないだろうか[13]」と指摘しているが、これも「納骨堂」と同様の理由、すなわち「永代供養であること」「後継者を問題としない」等の理由からである。全日本仏教会が二〇二一年度に実施した「仏教に関する実態把握調査」においても、「菩提寺があることのメリット」として「法事・法要の依頼がスムーズ」（四一・五％）の次に「お墓の管理が安心」（三四・六％）が挙げられている。実際に築地本願寺のホームページを見ても（※は筆者注）、

先祖代々の墓を守り続けるのが難しい、…（※永続性への負担）
墓地を求めても相続する身内がいない、…（※無縁化）
家族にお墓の心配をかけたくないなど[14]…（※個人化）

といった文々句々が大きな文字で表示されている。このように、これらの謳い文句も「永続性」「無縁化」「個人

化」という社会状況を反映したものと分析することができるだろう。このように、増加傾向にある墓・納骨には、「永代供養」「後継者がいない／迷惑をかけない」という点を特徴として挙げることができる。つまり、現代に求められる墓とは、自己で完結するものであり、家族に迷惑をかけない墓であるとも換言できるのではないだろうか。

一方で、「自己完結」できて「家族に迷惑をかけない」という点からみたとき、「宗派を問わない」などの宗教的要素を排除した墓についても関心が高まっている。加えて、島田氏が近年、「ゼロ葬」という言葉を提示しているように、海洋散骨などを行うことで、そもそも墓そのものを持たない、という選択肢もある。これは、「自身は無宗教である」「自然に還りたいと考える」といった者にとっては魅力的な選択肢かもしれない。しかし、「墓じまい」と同様に墓そのものを放棄することは、慎重な検討を要することに違いはない。墓とは、自身の骨を埋葬する場所でもあるが、遺族にとっては、故人との繋がりを感じることのできる場所、そして弔いを行う場所でもある。さて、この「弔う」という行為について、浄土真宗はいかに向き合ってきただろうか。次節で考えてみたい。

四、浄土真宗と「弔い」

1　弔うとは何か

いま、現代の墓において重要視されるものとして、「永代供養」と「後継者に迷惑をかけない」という二つの特徴を示した。さて、「永代供養」というと、「寺院などが永代にわたって亡き人への追善供養を行う」というのが一般的な認識ではあるが、阿弥陀仏による他力回向を説く浄土真宗では、僧侶の自力での回向となる追善供養は行わないため、「永代経」「永代読経」などの名称が用いられ、その目的も「阿弥陀仏への報恩謝徳」に重きが置かれる。そもそも本願寺派において「葬送儀礼」全般は、

本願を信じ念仏するものとして、故人も後に遺されたものも、阿弥陀仏に等しく摂め取られていることに対する「報恩感謝」の思いをめぐらせる場となるものであり、また、人生の拠り所を阿弥陀仏の浄土に見据えて歩ませていただくという「法縁」にであう場となるものです。（『浄土真宗本願寺派葬儀規範』解説』九頁）

と定義されるものである。このように浄土真宗の法要・法事では、「阿弥陀仏」が儀式の中心とみる場合が多く、「故人」をどのように位置づけるかについてはあまり議論されてこなかった。そこでここでは、浄土真宗において「弔う」とは何か、について考えてみたい。

まず「とむらう」とは、『日本国語大辞典』（第二版、小学館）では「①人の死をいたみ、その喪にある人を慰める。②死者の霊を慰め冥福を祈る。法要をする。③葬式をする」とある。川村邦光氏は、この「弔い」ということについて精緻な考証を行い、それを要約するかたちで、

亡き人の縁を想い起こして、何らかの形で継承していくのも弔いとなろう（川村［二〇一三］、序四頁）

と述べている。いま浄土真宗における「弔い」を考える上でも、示唆に富むものである。さて、浄土真宗では墓をして故人をどのように扱い、弔ってきたのか、先哲の言葉を参考に検討してみたい。

2　恩所への礼をなす

江戸時代の本願寺派の学僧、玄智（一七三四〜一七九四）師が著した『考信録』では、浄土真宗における墓参りについて以下のように示されている。

墓所は祖宗以下の遺骨を蔵むるの処にしてなくんばあるべからず。……宗徒の如きは祖宗・父母・師長等の恩所の墓へは、遺体のある処なれば、ただ世間の報恩・孝養の念をなして礼謁すべし。然らずんば孝子の情に非るべし。（自筆七巻本、巻三・二五丁右）

師はまず、墓所とは代々の遺骨を納める場所であると規定するが、その上で、真宗門徒は先祖や父母、恩師や目上の人への墓へは、報恩や孝行の思いから礼意を示すべきであると述べている。このように、恩所（恩人）の墓におもむき感謝の気持ちより礼をなすことは、真宗門徒としてもおこなって当然のことと示されている。本願寺三代宗主覚如（一二七〇～一三五一）上人についても、礼を尽くして恩所への墓参りをおこなっていた様子を窺うことができる。『最須敬重絵詞』巻六第二十三段では、

尊儀の先親金吾禅門の墓所、蓮台野芝築地と云所なりけるを……父祖の墓に参詣したまうことをこたりなかりけり。頃年よりこのかた古墓のありさま荒廃きはまりなきゆへに、大谷の本所安堵再興数年の後、かの芳骨を御廟にうつし奉て、本願寺聖人の御骨とともに毎日の頂戴をいたされける。（『聖典全書』三・四六四～四六五頁）

と、父の墓へと参るすがたが描かれている。さらにここでは、老朽化した墓を再興したばかりの大谷本廟へと移し、宗祖親鸞聖人の骨とともに大切に扱ったという記述も見えるのである。覚如上人にとって親鸞聖人は、先祖でもあり浄土真宗を開山した先師でもあり恩人でもある。それは真宗門人が大谷本廟に分骨をおこなうことも、このようなさまざまな「恩所への礼」の思いよりなされるものであるということができよう。ただし、礼をなす対象が墓であったとしても、合掌・読経をおこなう対象は阿弥陀仏であることは明白である。『慕帰絵』巻九第三段には、同じく覚如上人が墓参りをおこなっている様子が描かれているが、そこでは、

かよひどころ西山久遠寺にまうでつつ、としごろ同宿の禅尼の墓所にて心しづかに仏像に向ひ、ねむごろに名号など書て経木のうらに恋慕のこころざしをしるしつけ侍ける。
（『聖典全書』三・四〇六頁）

と、亡き妻善照尼の墓参りの際も、墓ではなく仏像・名号に向かっている様子が記されている。親鸞聖人が「念仏は行者のために、非行・非善なり[15]」と示すように、真宗においては自力無功、すなわち「私」の行為は往生のためには意味をなさない。したがって、「私」が故人を回向する、追善するといった行為も意味をなさないことは論を俟たない。しかしそれは、故人を軽視するという解釈にはならない。むしろ先人の遺徳を偲び、恩返しの思いより礼をなすべきであるということが、先哲の解釈からも窺えるのである。その点からいえば、遺骨を墓に埋葬することや、同じく恩所である親鸞聖人の廟所である大谷本廟へと分骨することも、真宗門人にとっては意味のある「弔い」であるということができよう。

3　「永代」に読経することは可能か

以上の点からみれば、浄土真宗において墓とは、故人の遺徳を感謝し、それを機縁として阿弥陀仏に手を合わせる場所と定義することも可能に思われる。そして「永代墓」や「永代経」もこのような思いから受け継がれてきた儀礼であるといえよう。しかし「永代」という言葉にはいささか疑問も残る。実際に、「永代供養」とはいっても、本当に永久に読経したり墓を管理してもらうことは可能なのか。永代供養墓とはいっても、寺院そのものが廃寺になったらどうなるのか。実際に「永代」という言葉は正しいのかという指摘もある[16]。先掲の玄智師『考信録』の中では「永代経」をあげることについて、

永代と云へばその際限あるべからず。大院名利は且く論ぜず。小寺草庵の類は変事無時、永代の法固必すべか

らず。僅に五十年百年を歴れば其式退廃するもの触目みな是なり。施主の素志何くんかあるや。些少の施財を利して永代の事を保任すること軽卒の至と云べし。（『真宗史料集成』第九巻・四八七頁下）

と、大寺院や歴史のある寺院は擱いても、一般の寺院が「永代」の読経を簡単に保証すべきではないと評している。浄土真宗本願寺派では、

永代経の懇志は、永代にわたって法座や諸堂の維持など、お寺が存続し、「み教えがますますひろまるように」とのこころで納められるものです（『浄土真宗必携み教えと歩む』三六二頁）

と、永代は必ずしも無期限であるとは定義づけていない。しかし、一般的な認識は「永代に供養してもらえる墓」（鈴木岩弓［二〇一三］）であるから、玄智師の指摘通り宗教者は、「永代供養」の言葉を軽率に使用しないよう、「永代」という言葉の意味を重く受け止めなければならないだろう。寺院の継承者や経済面の都合で廃寺となることは止むを得ないが、「無縁化」の心配から求められている「永代供養」の墓や納骨堂を「無縁化」させてしまっては本末転倒である。

五、「無縁」と寺院

次に「遺族に迷惑をかけない」こととは、「無縁社会」とそのまま換言できるかと思われる。「無縁社会」そのものを解決するためには多くの人員と労力、そして時間が必要になることが予想される。しかし、一人ひとりが「無縁」に対して寄り添うような場所や取り組みを行うことは可能ではないだろうか。そのような視点を持ちつつ、無縁と墓について考えてみたい。

1　「忘れ去られる」という死後の不安

『仏説無量寿経』には、人間とは「独生独死独去独来（独り生れ独り死し、独り去り独り来る）[17]」の存在と説かれている。「愛別離苦」の言葉が示すように、大切な存在がいればいるほど、別れは苦しみへと転換されよう。このように人間とは孤独を苦悩と感じつつも、一人で命を終えていかなければならない。実際に「死」が近づいた時、どのようなことが不安になるのか。その答えが、今の墓の在り方にも現れているのではないだろうか。長年、宗教者として終末医療の高齢者と接してきた龍谷大学准教授・打本弘祐氏に、死期に面した高齢者たちの心情について聞き取りを行った[18]。打本氏によれば、死期に面した高齢者たちからの多種多様な不安を耳にする中、最も多かった意見は、「死後、自分が忘れられないか」であったという。このような意見は、「無縁化」を身近に感じるからこそ出る意見かもしれない。この点に関して佐藤弘夫氏が示唆に富んだ指摘をしている。佐藤氏は、近代以前と以降で、死者と生者の関係性・捉え方が大きく変わってしまったといい、近代は「生者の世界から死を完全に排除しようとした時代」であり、死者は「生者による一方的な追憶と供養の対象と化して[19]」しまったのだという。つまり、生者と死者は同じ世界には同居できず、死者は生者の記憶の中の存在と化すことが現代日本の死生観である。故人は「追憶」する対象であるならば、「自分が忘れられないか」という死後の不安が多く寄せられるということも首肯できる。換言すれば、現代人が死後に求めるものは、「追憶」や「供養」なのかもしれない。近年、手元供養が増加しているというニュースをよく目にするが[20]、故人を近くで追憶できることが現代の死生観に適合した結果とも考えることができる。先哲が指摘する、「恩所に礼をなす」という墓の「在り方」は、この「追憶」という在り方とも、ある種共通する考え方ではないだろうか。

2　墓参りの重要性

自身の墓を購入する時、「後継者に迷惑をかけない」ことが重要されていることを確認したが、遺された者たちが「墓参り」をすることについては前向きな考え方が多いようである。NHKが実施した「「日本人の意識」調査」(二〇一八)では、「年に一・二回程度は墓参りしている」と回答した者は、二〇一八年時点で七〇・九%にのぼっている。この数値は二〇一三年の七二・〇%よりわずかに減少しているものの、一九七三年の六二・〇%より年々増加傾向にある。このように、多くの日本人にとって墓参りは依然として大切な慣習として受け継がれているということができる。ただし、墓参りを機縁として寺院を訪れる人びとの中には、堂内や僧侶との接触のないまま素通りしてしまう人も少なくない。

真宗教団連合が実施した「浄土真宗に関する実態把握調査（二〇一八年度）」では、「菩提寺での僧侶との関わり」について、「お墓や納骨堂へのお参り」と回答された人は全体で五四・三%、真宗十派の門信徒であっても五八・八%であった。

浄土真宗においても、境内地墓地を有する寺院は少なくないと思われるが、墓参りは決まった時間に行うものではないため、僧侶と参拝者が出会う機会もあまり多いものではないと思われる。しかし、問芝氏も指摘するように、墓参りは「寺檀関係をつなぐ1つの要となりうる[21]」ものである。この点について、もう少し掘り下げてみたい。

3　寺院と墓が依りどころとなる

墓参りを機縁に、寺院が「心のよりどころになる」ことを期待する声は少なくない。現在は、寺院が「葬式仏

図1　生活と支え合いに関する調査　会話頻度

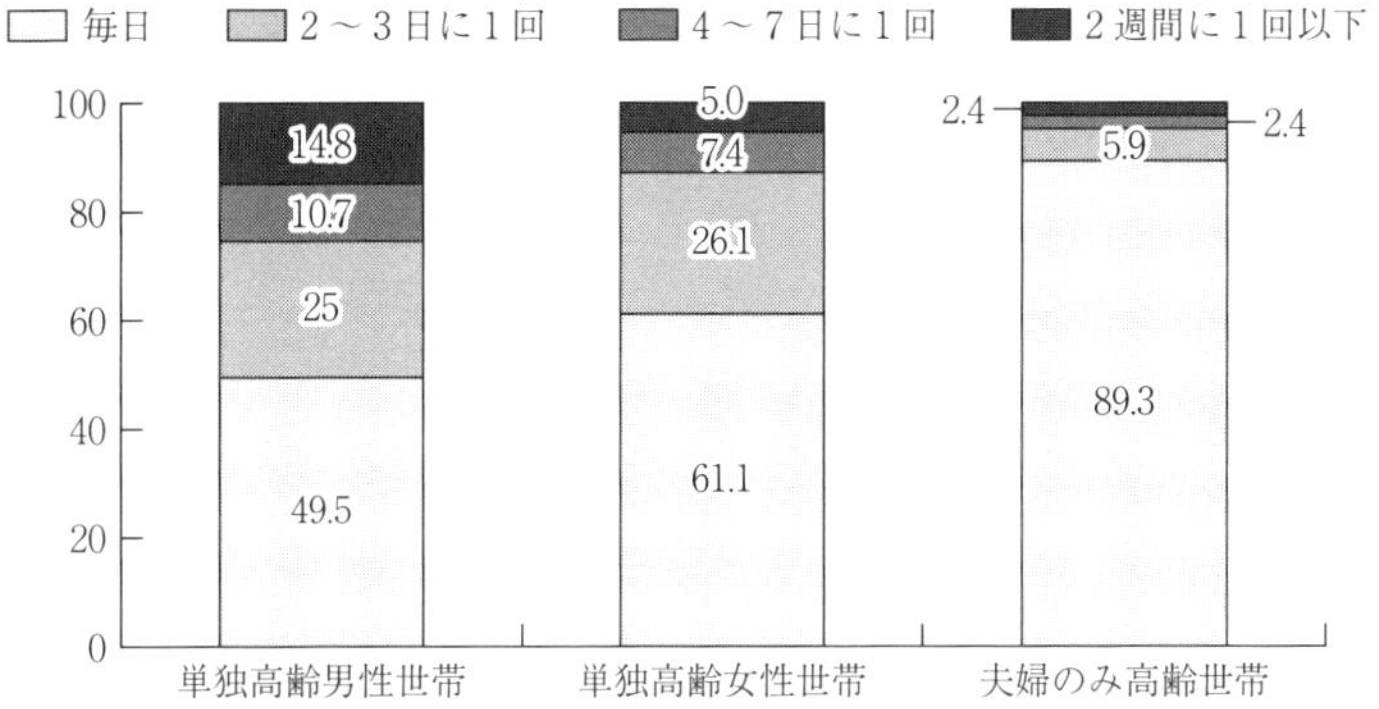

教」と揶揄されて久しく、「旧来の儀礼は消滅し、断絶していると言わざるを得ない[22]」状況にある。そのような中で、寺院に頻繁に足を運ぶ檀信徒も決して増加傾向にあるとはいえない。しかし寺院は元来、地域のコミュニティを繋ぐ場所として機能してきた側面も持つ。

令和になり、新型コロナウイルスの蔓延、景気の停滞、国同士の紛争やそれに紐付いてもたらされる物価やエネルギーの高騰などの情勢不安。さまざまな要件が相俟って、コミュニティの場が減少したり、変化してきている。また先述のように家族構成の変化によって単独世帯化の進む日本では、地縁や血縁のつながりも希薄になりつつある。国立社会保障・人口問題研究所が二〇一七年に行った「生活と支え合いに関する調査」（**図1**）では、実際に六十五歳以上の男性単独世帯の約半数、女性単独世帯の約三八%が日常的に会話をしていないという結果も出ている。

そのような中で、寺院の活動や施設には、以前がそうだったように、人びとの孤独に寄り添うコミュニティの場所としての機能を果たす役割を期待できよう。寺院と人を繋ぐ機縁の一つとして、「墓参り」は重要な役割を担っているといえる。しかし、それでは後継者問題などで墓参りをする者がいなくなると、寺院との関係性は途絶えてしまうようにもみえる。しかし、永代供養墓事業を行う樺山玄基氏は、実例に基づきつつ、むしろそ

れは逆であって、

個人が生きているうちに選び申し込むことが多い永代供養墓は、継承者がいないので家族や親族のしがらみがないか、とても薄いお墓です。その分、血縁に必ずしもとらわれない人々―例えば友人など―に、永代供養墓やそれをもうけているお寺の良さが広まりやすいのです。（樺山［二〇二〇］、一六〇頁）

と指摘している。全ての例が同じように、寺院との繋がりに結びつくとはいい切れないが、「無縁化」の進む現代の日本においては、永代供養墓が、寺院と故人やその関係者を結ぶもの、そして心のよりどころに関わるものとして重要視すべきものの一つであるということは間違いない。しかし、それはあくまで寺院の方からも、無縁化に対して寄り添う姿勢が必要であることはいうまでもない。

このように、「無縁化」が要因の一つとして、「合同墓」など「永代供養墓」が求められる傾向にあるが、実は墓を通して、寺院が「無縁化」に寄り添う装置となることも期待できるのではないだろうか。

おわりに

以上、「これまでの墓」と「これからの墓」という観点から、現代における墓の在り方について考えてきた。社会状況の変化により単身世帯が増加し「無縁化」が深刻な状況になる中、墓も「無縁化」に合わせて変化している。そして後継者がいない、もしくは子どもに迷惑をかけたくないとの理由から「永代供養」など管理不要の墓地である、合同墓、納骨堂、樹木葬に関心が高まってきている。浄土真宗本願寺派においても、葬送儀礼は阿弥陀仏への報恩感謝の場である前提のもと、墓については故人の恩（恩所）を偲ぶ場所としても大切にされてきた側面を持つ。

その最たるものが、「大谷本廟」であろう。

今後、「無縁化」はさらに加速し、さまざまなメディアでも取り上げられていくことが予測される。後継者に不安を抱える者にとってそれはますます「忘れ去られる不安」というかたちで現れてくるであろう。そのような中で、寺院は墓や墓参りを通して「無縁化」の不安に寄り添うことができるのではないだろうか。浄土宗僧侶である北川順也氏は以下のように述べる。

無縁社会と言われる現状を解決してゆくための第一歩は、言い古された言葉だが、人びとの悲しみを理解し、慈しむ心をもって、人に寄り添い、人を思いやり、弱者に手を差し伸べることではないか。

（北川［二〇一一］、一〇頁）

無縁化に起因する墓の変遷は、いわば無縁化にさせない日頃からの取り組みが重要なのかもしれない。その上で、「無縁となっている人、そしてそのような方への葬儀を考えていく必要性があるのではないか[23]」と思われる。

註

（1）【付記】本論は当初、浄土真宗本願寺派総合研究所において、「宗門総合振興計画推進事項（6）-⑮「宗教的感動を共有できる法要や葬送儀礼を確立し、普及を図る」の成果の一部として二〇二二年度に作成したものの、当該年度に同研究所との契約が終了となったため掲載できなかった原稿を一部修正し、体裁を整えたものである。そのため、一部の主語や根拠が「浄土真宗本願寺派」となっている箇所があることを予め断っておきたい。なお、当該成果は執筆者を変更した上で『今知りたいお墓のこと』（本願寺出版社、二〇二四年）として発行されている。

（2）カロートとはお墓の地下などにある遺骨を納める空間のこと。一般的なお墓の構造。

（3）これには「無縁墓・無縁仏・無縁死は恐ろしいものであり周囲の迷惑だとする社会通念があり、それは無縁社会論をめぐるメディア報道によって増幅されてきたと言えるのではないか」（問芝［二〇二二］）という指摘もある。

（4）なお、ここでいう「尊厳性から個人化へ」とは、墓に対する意識が「先祖供養から自分の死後設計へ」（槇村久子［二〇一八］、八八頁）と向かっているという指摘であり、墓そのものの尊厳性が失われているという意味ではないと理解している。

（5）本内容は、『さまよう遺骨――日本の「弔い」が消えていく――』（二〇一九年）として書籍化もされている。

（6）本連載も、森下香枝『ルポ無縁遺骨』（二〇二三年）として書籍化されている。

（7）サラ・マレー［二〇一四］は「引き取り手のない遺体」と題して、単身世帯が増加しているアメリカにおいても孤独死が増加していることを綴っている。

（8）『宗報』（二〇二一-二）「考えさせられる葬儀（十二）」参照。

（9）上田裕文［二〇一八］、一一七～一二七頁参照。

（10）上田［二〇二二］。

（11）合同墓には、共同墓、合祀墓、合葬墓などさまざまな呼び名があるが、ここでは統一して「合同墓」の名称を用いる。

（12）『宗報』（二〇二三-一）、八頁。

（13）問芝［二〇一九］、一五三頁。

（14）https://tsukijihongwanji.jp/service/goudoubo/special/（二〇二四年三月二十五日閲覧）。

（15）『聖典全書』二・一〇五八頁。

（16）森謙二［二〇〇〇］など。

（17）『聖典全書』一・五二頁。

（18）打本弘祐氏（龍谷大学農学部准教授）への聞き取り調査は、二〇二二年三月二十三日、浄土真宗本願寺派総合研究所（伝道第三本部）二階演習室において行った。

（19）佐藤弘夫［二〇二一］、二四六頁。
（20）例えば『朝日新聞』二〇二〇年十月十四日号夕刊「宅墓」。
（21）問芝［二〇一九］、一四七頁。
（22）蒲池勢至［二〇二二］、五九頁。
（23）『宗報』（二〇二〇・一一・一二）三九頁。

参考文献

森下香枝『ルポ　無縁遺骨』朝日新聞出版、二〇二三年
蒲池勢至『真宗と現代葬儀　「葬儀」と「死」のゆくえ』法藏館、二〇二二年
問芝志保「メディア報道にみる無縁墓の戦後史」（『死生学年報 2022　スピリチュアルケアの可能性』有限会社リトン、二〇二二年）
鈴木岩弓「昭和時代の「永代供養墓」構想」（山田慎哉・土屋浩編『無縁社会の葬儀と墓』吉川弘文館、二〇二二年）
第12回「葬儀についてのアンケート調査」報告書、一般財団法人日本消費者協会、二〇二二年
島田裕巳『「墓じまい」で心の荷を下ろす』詩想社、二〇二二年
佐藤弘夫『日本人と神』講談社、二〇二一年
樺山玄基『令和時代のお墓入門』幻冬舎、二〇二〇年
浄土真宗本願寺派総合研究所「「考えさせられる」葬儀（十）」（『宗報』二〇二〇年十一・十二月合併号）
浄土真宗本願寺派総合研究所「「考えさせられる」葬儀（七）」（『宗報』二〇二〇年三月号）
ＮＨＫ取材班『さまよう遺骨――日本の「弔い」が消えていく――』ＮＨＫ出版、二〇一九年
問芝志保「寺院と墓地の現在――「墓じまい時代」の課題――」（『岐路に立つ仏教寺院』法藏館、二〇一九年）
鈴木岩弓・森謙二編『現代日本の葬送と墓制』吉川弘文館、二〇一八年

槇村久子「個人化・無縁化する社会の公共墓地の変化と対応」（『研究紀要』三一、二〇一八年）
上田裕文『こんな樹木葬で眠りたい――自分も家族も幸せになれるお墓を求めて――』旬報社、二〇一六年
小谷みどり『〈ひとり死〉時代のお葬式とお墓』岩波書店、二〇一七年
川村邦光『弔いの文化史』中央公論新社、二〇一五年
サラ・マレー『死者を弔うということ』草思社、二〇一四年
川村邦光『弔い論』青弓社、二〇一三年
槇村久子『お墓の社会学――社会が変わるとお墓も変わる――』晃洋書房、二〇一三年
北川順也『お寺が救う無縁社会』幻冬舎、二〇一一年
浄土真宗本願寺総合研究所　仏教音楽・儀礼研究所編『『浄土真宗本願寺派葬儀規範』解説』本願寺出版社、二〇一一年
森謙二『墓と葬送の現在』東京堂出版、二〇〇〇年

〈エッセイ〉

救いと救いに出遇った後の生きる意味

竹本了悟

念仏の教えを主体的に聞くようになった当初、阿弥陀如来のはたらきはいつでもどこにでも私の元に届いていると聞かされても首肯し難かった。それは、私自身が小学生から中学生の時期にいじめに遭っていた際、阿弥陀如来は実際に救ってはくれなかったという思いがあったからかもしれない。さらに、そもそも救われるとは一体全体どのような状態なのかがよく分からなかった。

しかしながら繰り返し聞かせていただくなかで、よくよく思い返してみれば、かつて苦しみの真っ只中にいた時にも、確かに周囲の存在から温もりが届いていたことに気付かされた。いつでも味方でいてくれた先生、決していじめに加担しなかった級友、どこまでも信じてくれた母親。なぐさめてくれた木々、世界の大きさを感じさせてくれた大海原。仏法を通して過去を追体験するなかで、いつでも阿弥陀如来の救いは、様々な姿で届いていたのだと感じ、涙がこぼれた。

親鸞聖人が顕らかにしてくださった他力本願の救いとは何か。私自身の領解においては、「絶望的な孤独からの解放」と「生きる意味の付与」と表現できる。

まず「絶望的な孤独」について考えてみる。

「絶望的な孤独」とは、『仏説無量寿経』に説かれる「人、世間愛欲のなかにありて、独り生まれ独り死し、独り去り独り来る。行（自己のなす善悪の行業）に当りて苦楽の地に至り趣く。身みづからこれを当くるに、代わるものあることなし」という私たちの現実である。どれほど愛おしい存在が居たとしても、本来的にどこまでも別の存在である。物質的な世界に私たちが存在しており、別々の肉体を持っている以上、完全に一つになることなど叶わない。究極的な意味で分かり合えることはなく、代わることもできない。どこまでも孤独な存在なのだという事実が示される。

そして、この「絶望的な孤独」から解放してくださるのが南無阿弥陀仏となってはたらく阿弥陀如来であることが、『仏説無量寿経』に「無量寿仏（阿弥陀如来）の名を聞いて喜びに満ちあふれ、わずか一回でも念仏すれば、この人は大きな利益を得ると知るがよい」と示される。この阿弥陀如来のはたらきを、親鸞聖人は「十方微塵世界の念仏の衆生をみそなはし　摂取してすてざれば　阿弥陀となづけたてまつる」と味わっておられる。どこまでも孤独であった存在が、阿弥陀如来に摂め取られた、すでに孤独ではない存在になるというのだ。

童謡詩人の故・金子みすゞさんの次の詩は、孤独をテーマとして様々な他者との関係性における孤独感に対する様相をよく表現している。

「さびしいとき」

私がさびしいときに、
よその人は知らないの。

私がさびしいときに、
お友だちは笑うの。

私がさびしいときに、
お母さんはやさしいの。

私がさびしいときに、
仏さまはさびしいの。

「私がさびしいときに、ほとけさまはさびしいの」と、私の孤独感を私と全く同じように感じてくださるというのだ。

ここで、孤独と孤独感の違いについて確認しておきたい。孤独は、文字通り一人である状態を指す。これは物質的な存在の根本的な事実であり、他者と隔てられていることを意味する。一方で、孤独感は、たとえ他者と一緒にいても感じることのある心の状態、つまり感情である。この感覚は、他者とのつながりや理解が欠如していると感じるときに生じる。孤独感は主観としての感情であり、実際の環境とは関係なく感じることがある。つまり、孤独は実際に一人である状態を指し、孤独感は心の感覚や状態を指す。孤独な状況にいても孤独感を感じないことがあり、逆に多くの人に囲まれていても深い孤独感を抱くことがある。

みすゞさんがこの詩の各段落の前半で「私がさびしいときに」と表現している部分が孤独感である。後半で「よその人は知らないの／お友だちは笑うの／お母さんはやさしいの／仏さまはさびしいの」と表現しているのは事実であり、感情ではない。そしてこれらはどれも孤独である状態に変わりはない。それに対して「仏さまはさびしいの」は「私がさびしいときに」と完全に感情が一致している状態を示しており、はじめて孤独を超えた状態として、特別な関係性を示しているのだ。

このような事態を、私は「絶望的な孤独からの解放」と表現している。

次に「生きる意味の付与」とは、なぜ人は生きるのかという人生の最も基本的な問題に解決が与えられることである。人生の壁に突き当たり生きづらさを感じるとき、生きる意味を問わざるを得ない状態になる人は多い。私の場合、小学三年生の時にいじめられたことをきっかけに「ぼくは何のために生きなければいけないのだろう」という、自己の存在そのものに疑念を持つようになった。この想いは心の内奥にひっそりと棲みついて、孤独感を感じるたびに顔をのぞかせる。一度、生きる意味を問わずにおれない病に罹ったならば、そう簡単に抜け出すことはできない。

しかしながら、親鸞聖人の教えを通して阿弥陀如来の救いを聞けば聞くほど、「生きていても意味がない、死んだほうがましかもしれない」と思っていた私が、はじめて心から「私は生きていてもいいのだ」と頷けた。私の生きる意味までも与えてくださる教えなのだと、心から救われる思いがした。それから私のなかで次第にそれまでとは違う人生観、「生きる意味」が開けてきた。

親鸞聖人は「他力の信をえんひとは　仏恩報ぜんためにとて　如来二種の回向を　十方にひとしくひろむべし」（『皇太子聖徳奉讃』）と、阿弥陀如来の救いに出遇った者の役割を示してくださっている。救いは「不可思議不可称不可説」（『三経往生文類』）のはたらきを釈尊が阿弥陀如来として示してくださり、時代を超え地域を超え、脈々と今にまで善知識の方々が受け継ぎ、いま私の元に届いている。

私が人を通じて出遇えたように、阿弥陀如来の救いは人を通じて届く構造になっているのだ。そして今、そのたすきを私も受け取っている。私には生き永らえる役割がきちんと付与されているのだ。これを「生きる意味の付与」と味わっている。

さて、私は二〇二〇年に十人の仲間と京都自死・自殺相談センター Sotto を設立した。目的は、死にたい気持ちを抱える方の孤独感を和らげることである。残念ながら、私たちは身体という壁がある故に、阿弥陀如来のように目の前の苦悩を抱える方と同じ気持ちになることはできない。しかしながら、そっと傍に居てその方に触れることはできる。「絶望的な孤独からの解放」でなくても、せめてひと時の孤独感を和らげたいと思っている。かつての私が沢山の方々から温もりを与えられたように、「この世界も捨てたものではないな、温かな存在もあるのだな」と感じていただきたいのだ。

そしていつしか、その方が自ら救いの道を求め、阿弥陀如来の救いを聞く際、かつて死にたい気持ちでいっぱいであったあの時も、確かに温もりは届いていた、と実感していただける時が来ることを願っている。

森田眞円先生古稀記念論集
真宗の教学と実践

二〇二五年三月三一日　初版第一刷発行

編　者　森田眞円先生古稀記念論集刊行会

発行者　西村明高

発行所　株式会社　法藏館
京都市下京区正面通烏丸東入
郵便番号　六〇〇-八一五三
電話　〇七五-三四三-〇〇三〇（編集）
〇七五-三四三-五六五六（営業）

印刷・製本　中村印刷株式会社

ISBN 978-4-8318-7790-1 C3015

執筆者紹介〈五十音順〉

内田准心（うちだ・じゅんしん）　龍谷大学准教授
釋氏真澄（きくち・ますみ）　龍谷大学非常勤講師、京都女子大学非常勤講師
眞田慶慧（さなだ・けいえ）　龍谷大学非常勤講師
高田文英（たかだ・ぶんえい）　龍谷大学教授
武田慶之（たけだ・よしゆき）　認定ＮＰＯ法人京都自死・自殺相談センター理事、同法人広島支部ひろしま Sotto 代表
竹本了悟（たけもと・りょうご）　認定ＮＰＯ法人京都自死・自殺相談センター代表、TERA Energy 株式会社代表取締役
谷治　暁（たにじ・あきら）　龍谷大学非常勤講師
東光直也（とうこう・なおや）　元龍谷大学非常勤講師、元京都女子大学非常勤講師、元安居事務所主事
那須公昭（なす・きみあき）　浄土真宗本願寺派総合研究所研究員、京都女子大学非常勤講師
西村慶哉（にしむら・よしや）　龍谷大学世界仏教文化研究センター博士研究員
深見慧隆（ふかみ・けいりゅう）　龍谷大学非常勤講師、国際仏教学大学院大学日本古写経研究所兼務職員
藤丸智雄（ふじまる・ともお）　武蔵野大学客員教授、岡山理科大学非常勤講師
藤原慶哉（ふじわら・けいや）　龍谷大学大学院文学研究科真宗学専攻修士課程修了

国際伝道と女性
――戦前における日系アメリカ人二世への伝道とその受容例――

釋氏真澄

はじめに

アメリカ合衆国本土に1899年創設され、日系移民と共に歴史を歩んできた浄土真宗本願寺派北米開教区（Buddhist Churches of America,[(1)] 以下BCA）は、移民に真宗門徒が多かったことに加え、日本の仏教他宗派より先駆けて開教が始まったという背景もあり、アメリカ西海岸を中心にその教線は拡大の一途をたどっていった。1934年の教団記録によれば、その傘下には教会数138（独立教会36・支部教会102）、そして開教使数61人、独立教会所属正会員１万123人・日曜学校生9730人・婦人会員5123人・仏教青年会員2308人・仏教女子青年会員1551人・ジュニア仏青727人・ジュニア女青471人（支部教会・出張所の人数が記入漏れし実数は約３倍と考えられる）を擁しており、日系人全体数の４分の３ほどの割合を占めていたという。[(2)] また、アメリカ政府の1940年の調査[(3)]によると、当時アメリカ合衆国全土には約５万6000人の仏教徒が存在しており、人種内訳で見ると最も多かったのが日系人の５万5000人であったという記録が残っている。さらに第二次世界大戦中の1942年に、アメリカ政府の戦時転住局（War Relocation Authority〈WRA〉）がおこなった日系人強制収容所での被収容日系人11万1170名（一世３万8520名、二世７万6650名）を対象とした宗教調査では、仏教徒が最も多く日系人全体の55.5％（６万1719名）で、それは一世の68.5％（２万6392名）、二世の48.7％（３万5327名）であった。これは次に多い「プロテスタント」の28.9％（３万2131名；一世8419名〈21.9％〉、二世２万3712名〈32.6％〉）の約２倍であっ

た。これらの記録により、アメリカ本土の日系人間では仏教徒、特に本願寺派が最大勢力であったことがうかがえる。[(4)]

本論では戦前のアメリカ本土において、日系移民に対してどのような仏教伝道がおこなわれていたのか、特にBCAがおこなった日系二世女性への伝道と彼女たちの仏教信仰の内容に焦点を当てて検討をする。

1、日系アメリカ人二世とアメリカ社会

それではここで、戦前における日系アメリカ人二世が置かれていた社会的状況について言及する。

1920年代半ばの日本人移民は、人種差別行為や不平等な法律と闘い敗れ、制度化されたアメリカの人種差別体制に従うほかないことを痛感していたが、 特に1924年に制定された移民法（排日移民法）は日本からの新規移民を禁止とし、人種に基づく排斥の決定的な出来事となった。[(5)]

移民初期に渡米した2万人以上になる日本人（日系一世）女性のほとんどが、移民労働者に呼び寄せられたピクチャーブライド（写真花嫁）であったが、1915年前後をピークとして、大半が1908年から1920年の間に（1920年にアメリカ政府が花嫁の移住禁止を突然おこなうまで）、彼女たちは新天地での理想的な暮らしを夢見て海を渡った。しかし現実は絶望・窮乏・苦闘の連続で、畑の労働等のかたわら家事や育児についても責任を負いつつ、彼女たちは二世であるアメリカ市民の子どもたちの人生に一筋の希望を託したという。

1930年代に平均年齢が60歳に近づいていた一世男性の子息である二世の大多数は、1915年から1940年の間に誕生しているため[(6)]、多くの共通体験や共通する性格の特徴を持っていると言われる。[(7)]第二次世界大戦前、ほとんどが10代で、学校などアメリカ社会に活動の場があった二世たちは[(8)]、国中を席巻した過激な排日感情により、公衆の面前での罵倒、職業・住まい・娯楽施設の出入りへの制限等、親の世代よりも自尊心が深

く傷つけられることもあったという[9]。なお、戦前の二世の就業先は人種差別によって限られており、1940年に就業中の二世女性総数6884人のうち、家政婦は1771人、農業従事者1675人、一般事務1574人と続き、その他に、お針子や日系企業の事務員、店員、経理係などの職に就き、専門・技術職への就業者は300人にすぎなかったという記録も残っている[10]。

また仏教徒に対しては、当時の欧州系アメリカ人のアジア文化に対する無知・偏見から起こった「宗教」差別もあった。二世仏教徒が仏教会を「temple」ではなく、キリスト教の教会を指す「church」と呼称した点からも、仏教に対する差別が強かったことがわかるが、仏教徒が大多数であった日系コミュニティの中から、戦前・戦中とキリスト教に改宗する二世も存在した。彼らがキリスト教教会に通った理由は、何ごとであれアメリカ人に同化したいと強く願ったことに加え、礼拝が英語でおこなわれ、より実生活に即した社交行事や教育活動がおこなわれたことによるというもので、中には「仏教徒より偉くなったような気がしていました」と語る二世女性もいた[11]。

さらに、言語と文化の上で全く異なる二つの世界（bicultural reality）の社会の狭間で幼少期を過ごした二世は、「立派なアメリカ人」であると同時に「立派な日本人」であることが一世から期待された[12]。ほとんどの二世は、平日の放課後か土曜に日本語学校（本願寺派仏教会に併設されている場合も多く、開教使が校長や教師の職を担う場合も多かった）で、日本語に加え、「よきアメリカ市民[13]」となるために「日本精神」（終身）を学んだ。

この日本語学校で修身に重点を置くようになった大きなきっかけには、「フクナガ事件」があったという。この事件は、1928年９月、19歳のホノルル在住二世マイルズ・ユタカ・フクナガが、一世の両親に対し家賃滞納を理由に立ち退きを求めた金融会社の白人幹部の息子を誘拐し殺害したというもので、この事件は、アメリカ社会で信頼を得ようと、それまで地道に努力を重ねてきた日系社会に、大きな衝撃と落胆を与えたと

いう[14]。この一世たちが考えた「日本精神」とは「日系人の民族意識」、つまり集団を重視するという「日本的価値観」であったが、具体的には「我慢」「遠慮」「義理」「親孝行」「恥」を重要視するものであった。しかし二世たちは、一方でアメリカ社会や公立学校で個人主義重視の「アメリカ的価値観」を学んでいたため、両方の狭間で苦悩や混乱が生じることも多かったという[15]。

それらの差別や混乱に加え、二世女性は、一世が日本から持ち込んだ明治時代の男尊女卑・家長制度の文化から生じた「性」による差別からも逃れられなかったという。ゆえに日系二世の女性仏教徒たちは、「人種」「宗教」「性」という幾重もの差別の蔓延る社会を生き抜かねばならなかったが、彼女たちの苦悩に寄り添い支える役割を果たしたのが「仏教女性青年会」の存在であった。

2、日系二世女性への仏教伝道と受容

(1) 仏教女子青年会と教化雑誌

1900年ごろの初期BCA仏教会の多くは、日本からの若い一世移民男性によって組織された仏教青年会（以下、仏青）を起源として設立されていったが、1920年代には彼らの子どもたちである二世たちが青年期に達したため、各地の仏教会で二世のための新たな仏青[16]が設立され、やがて仏教女子青年会[17]（以下、仏女青）も徐々に設立された。そして1925年、本願寺派管長代理・大谷尊由[18]の北米巡錫での青年子女訪問が連盟結成の急速な進展を招き、1926年1月に北米仏教青年会連盟[19]、翌1927年7月に北米仏教女子青年会連盟（NAFYWBA）が設立され、1937年にはカリフォルニア仏教青年会[20]が結成され、その後男女合同で活動した[21]。この二世で構成された仏青・仏女青は、一応超宗派組織という体裁ではあったが、会員のほとんどがBCA所属であり、指導を担っていたのもBCA開教

使だったため、実質的には当時アメリカで大きく教線を伸ばしていた浄土真宗本願寺派傘下の組織であったと言える。

ここで日系二世アメリカ人、特に二世女性に対してどのような仏教伝道がなされ、彼女たちがどのように仏教を受容し信仰してきたのか、戦前の仏女青の出版物を基に考察する。検討対象の資料は以下の通りである。

①『白蓮華（英題：Byaku Renge）』（1927年）中加仏教女子青年会連盟発行（邦文45頁・英文38頁）

・開教使（九條武子含）記事12[22]：邦文10＆英文２

・女性会員記事29[23]：邦文17＆英文12

②『兄弟（英題：BHRATRI）[24]』（1932年）北米仏教青年会連盟・北米仏教女子青年会連盟発行（邦文33頁・英文146頁＋会員名簿）

・開教使記事10[25]：邦文７＆英文３

・女性会員記事39[26]：邦文６＆英文33

③『第二回汎太平洋仏教青年会大会紀要（英題：THE PRPCEEDINGS OF THE SECOND GENERAL CONFERENCE OF PAN-PACIFIC YOUNG BUDDHISTS' ASSOCIATIONS, Held at Tokyo & Kyoto, July 18-23, 1934）』（1935年）全日本仏教青年会連盟発行（邦文75頁・英文92頁＋参加者名簿）

・北米仏教女子青年会連盟報告２[27]：邦文１＆英文１

特に『白蓮華』は、筆者がフレスノ別院屋根裏倉庫を調査した際に発見したものであり、先行研究では未出の新資料となる。

ここで、本論において注目する『白蓮華』を発行した「中加（中部カリフォルニア）仏教女子青年会連盟」についても触れておく。本連盟の創立は1926年１月31日で、本部はBCAに所属するフレスノ仏教会に置かれていた。連盟結成に先立ち、広島からの移民も多くアメリカでも有数のご法義地と言われていたフレスノの地に、まずフレスノ仏教会仏教

女子青年会が1920年に結成されている。その後このフレスノを中心として、中加地域の諸仏教女子青年会（フレスノ、フラワー、ボールス、セルマ、パレア）は、1926年に連盟を創立した。

本誌英文部分（『Byaku Renge』）に掲載されている、「中加仏教女子青年会連盟規約」の「目的」の項目には、「この連盟の主な目的は、中部カリフォルニアの女性たち（girls）の相互の友情を促進し、仏教会の活動への関心を高めるために協力して取り組むことである」（筆者訳）とある。

また、本誌邦文部分（『白蓮華』）の「中加仏教女子青年会連盟に就いて」（大田いさみ）という記事には、「同じ御仏の慈悲を受けながら、遠き母国をはなれて、このアメリカに働く同胞の中にも、第二世の少女が大分成長してまいりました、中加の日本人社会は沢山の地方集団によりて成立いたしておりますので、各地方のソーシヤルセンターに仏教女子青年会の組織せらるるを見るに至りました。ここに於て同じ道を進む姉妹たちが、自分たちの目的をより好く成し遂げん為に、千九百二十六年、春まだ浅き一月三十一日、中加仏教女子青年会連盟を創立いたしたので御座います」と記されている。

本連盟が、農村地帯である中部カリフォルニに住む10～20代の日系二世女性の信仰の場、そして数少なかった日系人たちの社交の場として機能していたことがわかる。また本連盟や各仏女青の行事については、皆が集まり礼拝に参加するほか、討論などをおこなう会議や、様々なリクレーションもおこなわれていたようである。例えば本誌（英文部分）には、フレスノ仏教会釈尊降誕会法要参拝の後、各クラブ（支部）で余興を出し合ったり、地元の特産物である干しブドウのお祭りであった「レーズン・デイ・パレード」への参加や、「中加女子オリンピック」（スポーツ大会）の開催等、盛んな活動がおこなわれていたことがうかがえる。

(2) 日系二世女性への教化例

次に二世女性への教化例として、前掲資料『白蓮華』に掲載された開教使（九條武子含む）の記事を、「a. 社会生活の中での実践：報恩行と六波羅蜜」「b. 女性・母親としての役割」「c. 世界平和への貢献」「d. 超宗派としての米国仏教」「e. 日本精神」というテーマに分類し、内容を例示して検討を加えていく。

a. 社会生活の中での実践：報恩行と六波羅蜜

①『白蓮華』：中加仏教女子青年会向けの教示

九條武子[28]は、西本願寺宗主大谷光瑞の実妹で、当時本願寺派仏教婦人会総連盟本部長であった。関東大震災（1923年）後、東京に住んでいた武子は震災復興や社会福祉事業に奔走したが、敗血症を患ってしまう。彼女の42歳での往生（1928年）の前年に発行された『白蓮華』には、中加仏教女子青年会連盟がBCAの佐々木総長を通し武子に依頼した巻頭記事（「報謝」[29]）が掲載されている。本誌末の「編輯たより」（大田いさみ）には、「斯如く深い意味をもつ私共の雑誌が、海遠い日本から、特に九條男爵夫人武子様の最近の御写真及御玉稿を頂く事の出来ましたことは、身に余る光栄と存じます。御写真並びに御玉稿を頂くにあたり、北米開教総長佐々木先生が、一方ならぬ御尽力下さいました事を此の機会に於て厚く御礼申上げます」と記されている。

記事の冒頭でまず武子は、

> 何人も宗教を語り、教義を談ずることは容易でありますが、自ら宗教生活の体験をもつことなくして宗教的救済の恵みに浴することは出来ません。救いの悦びはただ仏陀の慈悲を信ずる者にのみ恵まれるのであります。ゆえに自らの営みを、信仰の世界にまで引上げて、現実生活ことごとくが、仏陀の光明の裡に抱擁せられるとき、常凡な日常生活の中にも、何か力強い、平安な心の悦びを見出すであり

ましょう。

と、生活の上で仏教信仰が最重要であることを述べている。また記事の終わりには、

日常の生活に疲れた魂は感謝の揺籃に憩い、悩み多き人生に対しては報謝の行によって甦生し、前進してゆく、それはただ祖聖の御同朋御同行の一味法楽の新世界に出でてのみ成し遂げられるのであります。

と、自我を反省しつつ苦境も逆縁とし、仏の救済への報謝の心をもって生活をする重要性について説き、超宗派団体向けの記事として、阿弥陀・親鸞等の語を用いることなく真宗教学上で実践の要となる「仏への感謝・報謝の行」を、力強く勧めている。そして最後に、

たとへ幾千里己がふむ国土は隔つるとも、仏陀のみ弟子として、御同朋の法悦の范生に、互ひに手をとり合って生活している、光輝ある法悦の友をかぎりなく祝福もうしたいと思います。

と、遠くアメリカの同朋女性の団結を讃えて、3頁にわたる祝辞を結んでいる。

フレスノ仏教会主任開教使で中加女子青年会連盟の顧問を務めていた京極逸蔵(30)は、すでに開教使としてアメリカ伝道に8年間関わっており、アメリカの宗教的風土や日系二世のことを熟知していた。東京帝国大学英文科を卒業し語学に堪能であった京極は、英語伝道の必要性が高くカリフォルニア州の農業の中心地で多くの門信徒を集めたフレスノ仏教会で、英語での二世への仏教教育を積極的に進め多大な功績を残している。また大多数の一世門信徒が農業従事者であったフレスノ仏教会には、農繁期に高校やカレッジの二世の学生を預かる寄宿舎が併設されており、京極は、二世の彼らと寝食を共にしながら仏教青年会（YBA）を組織させ、熱心に仏教教育を施した。後にこのフレスノ仏教会の二世たちは、BCA 教団や日系社会の中枢を担う中心人物となり活躍をしたという。

BCA で「日曜学校の父」とも讃えられる京極の国際伝道の課題とは、

アメリカ人としての価値観を持った日系二世にいかに仏教を知らしめるかというものであったが、京極（「仏教徒の社会生活大乗菩薩道」[31]）は記事の冒頭で、

> 仏教に対する世人の誤解が数ある中に、仏教は出世間的、厭世的な宗教で、現在の世間的社会的生活に処する道は、少しも其中に説かれてないと思われて居ることも大なる誤解の一つである。

と、仏教は社会生活で用いられる実践を説いていることを述べた上で、大乗の菩薩道としての六（十）波羅蜜の、一つ一つを詳しく解説し、「この大道（六（十）波羅蜜）を行持し、実際生活と信行との其融合統一を得て、大乗仏教徒として浄仏国土の大行につとめたいものである」と、アメリカ社会に生きる二世の若者への新しい伝道手段として、「大乗仏教徒」としての「六波羅蜜（九菩薩道）」の実践を勧めている。この真宗信者の「六波羅蜜」の実践活動は、京極がアメリカで導入したものであり、中でも「布施波羅蜜」は、「ダーナ」の活動として現在も仏教婦人会活動の柱となっている。

武子と京極の共通点は、「女性」「母」という語を用いることなく、また社会における性的役割についても言及せず、男女平等の視点のもと、仏教信仰から生まれる社会生活上での実践の重要性を教示していることである。

b. 女性・母親としての役割

①『白蓮華』：中加仏教女子青年会向けの教示

BCA 第五代総長・佐々木芳照[32]（「青年女子に対する希望」[33]）は、女性が「男性に対する対抗的な声」や「自己の地位を高めんが為めの要求的な声」をあげることなく、釈尊が女性の最も尊き美徳であると示したという「柔軟、忍耐、慈愛の三徳」より研きあげられた「女性美」というものに「覚醒する反省のうなり」を持つ母親となることこそが、世の中の幸福に繋がるのだと述べている。

藤井龍智[34]（「THE MIDDLE PATH, THE TRUE WAY OF THE LIFE OF WOMAN：中道、女性の人生の真実なる道」[35]〈以下、英文記事筆者訳〉）は、女性の真の生き方として、釈尊の示す中道思想を挙げている。この藤井が示す一方の極端は「フェミニズム」であり、それは女性に優越性を持たせ家庭生活に逆らうように導くとし、もう一方の極端は女性が他者に服従することで、これらの両極端は避けなければならないと主張する。そして女性が従うべき中道とは、女性が男性と平等で男性から自由な身でありつつ、母親になれるという持って生まれた性質の重要性を自覚し、謙虚で愛情深い母性愛こそが真の人間愛の源であるということを理解するべきであると述べる。

佐々木と藤井は、釈尊が女性に対し特に丁寧に説法をしたと前置きを述べた上で、女性は決して地位向上を求めるべきではなく、忍耐強く慈悲深い「母親」になることこそが大切だと説いているが、彼らの女性観は明治生まれの一般的な日系一世たちとほぼ同様であったことも、同誌に寄せられた一世女性・小川芳子（デルレー日本語学園）の「第二世諸嬢へ」の「功明の念に燃えて人間と天賦、特に女性の本質を忘れてはなりません、軈ては母と成る可き女性である諸嬢よ…、何卒自重して下さい。女性は偉人の母であると云ふ事を記憶して居て下さい。朝に夕に御仏の御名を称ふる時、自らを省みて、そして優さしい女になって下さい」[36]という記事からもうかがわれる。

c. 世界平和への貢献

②『兄弟』：北米仏教青年会連盟・北米仏教女子青年会連盟会員向けの教示（男女対象）

ハワイ教団英語伝道部（ホノルル）のアーネスト・真覚・ハント[37]（「TRUE CITIZENSHIP：真のアメリカ市民」[38]）は、アジア系二世アメリカ人の一部の若者が、両親の祖国の東洋的慣習やすばらしい文献を無知により軽蔑・拒否し、それが「真のアメリカ人」である証明だと考えてい

るが、多くの知的な西洋人が熱心に東洋の文献に目を向けていることを知るべきであると述べている。またハントの言う「真のアメリカ人」とは、国旗を振る人ではなく助け合い共感する方法を知っている人で、人種・肌の色・信条に関係なく絶対的な宗教の自由と平等な機会を信じ、その言葉と行動で普遍的兄弟愛と平和の日をもたらすことに向け努力する人だと述べている。そして釈尊が説いた「すべてのいのちのワンネス」という仏教の教えを道徳の確かな基盤とし、真のアメリカ市民としてだけでなく、真の「世界市民」として人種的・国家的偏見を持たず、思考・言葉・行為により人類の同胞の国をもたらそう、と最後に結んでいる。

BCA開教使（サンフランシスコ）寺川湛済[(39)]は、開教使の職とスタンフォード大学の就学を両立させながら、1926年に北米仏教青年会連盟を発足させて自ら初代会長となり第一回・第二回の汎太平洋仏教青年大会（1930・1934年）のBCA教団代表者となった。彼の記事「THE SECOND GENERAL CONFERENCE OF PAN-PACIFIC YOUNG BUDDHISTS' ASSOCIATIONS：第二回汎太平洋仏教青年会大会[(40)]」には、汎太平洋の国々の若い仏教徒が、各仏教青年会・宗教教育の活動・管理に関する報告をし、世界の平和問題・社会問題の議論をするが、これは特に太平洋の平和維持に対して重要であると述べている。

ハントと寺川は当時の第二次世界大戦前という状況下で、日米の二国に繋がりを持つ二世仏教徒が世界平和に貢献できる可能性を強調している。

d. 超宗派としての米国仏教

②『兄弟』：北米仏教青年会連盟・北米仏教女子青年会連盟会員向けの教示（男女対象）

前出の京極逸蔵[(41)]（「釈尊を中心として」）は、米国仏教の中核は、時と場所によって異なる宗派的色彩を持つべきでなく、各宗共通である釈尊

の教説であるべきだと主張している。そして、米国仏教の構築を目標として進むべき二世仏教徒は、宗派を超えた釈尊の真精神を学ぶべきで、これこそが真実に宗門を生かす唯一の道であると述べている。また京極は英文記事（「BUDDHISM AS A WHOLE, NOT AS A SECT：宗派でなく全体としての仏教」）(42)においても同様に、日本の宗派主義的な仏教宗派間の対立という過ちをアメリカにもたらさないよう二世は努力すべきで、最も若い仏教国・アメリカの果たすべき大きな役割とは、南アジアの原始的形態の仏教から北アジアの発展した仏教まで、すべての宗派の教えを包括し、仏教全体の観点からそれらを整理することであり、それにより仏教の新しい段階が構築され、それがアジアの仏教国に伝わり至る所で輝くのだ、と述べている。このように京極は、邦文・英文の両方で、「超宗派仏教」こそが「米国仏教」になると強く主張している。

e.　日本精神

②『兄弟』：北米仏教青年会連盟・北米仏教女子青年会連盟会員向けの教示（男女対象）

　バークレー仏教会開教使・塚本洸月(43)（「日本精神」(44)）は、日本語を通じて日本精神を子孫に伝えることは一世の義務であるとか、また日本語の素養のない二世女性は結婚と縁遠いなどと周りから言われて、二世を日本に訪問させたり、日本で教育を受けさせることが流行のようになっていることについて、まず言及している。当時、日本の教育を受けるために幼い頃日本へ送られた二世はアメリカに帰国後、「帰米」と呼ばれたグループを組織し、第二次世界大戦までにその数は、1万人近くにのぼり、1935年から1940年までの間に帰国した者が最も多かったという。塚本は単なる流行で日本精神を学ぶのではなく、「信心・慈悲・智慧」という仏教の真髄の中にこそ日本精神が発見され、日本精神は仏教によってこそ光輝を増すと述べている。

(3) 日系二世女性の受容例

次に二世女性の仏教受容として、『白蓮華』掲載の仏女青会員（二世女性）記事を、「a. 真宗信仰と親への恩」「b. 釈尊の教示と生活倫理」「c. 日本精神」「d. 御同朋」「e. 悲嘆と仏への希求」というテーマに分類し、内容を例示して検討を加えていく。

a. 真宗信仰と親への恩

①『白蓮華』：中加仏教女子青年会会員

本誌邦文編集者で11歳の時に両親とアメリカに来た18歳の大田いさみ(45)は、本書に多数記事を寄せているが、その一つに本誌巻頭に掲載された、「中加仏教女子青年会連盟の声」（連盟歌）の歌詞がある。

一、やさしき慈悲の御手の内　貴きみ教へ聞きながら
　　楽しく暮すわたしらは　如何なる恩恵ぞ貴しや。
二、中加の清き大空に　包まれながらわたしらは
　　ゆたけき自然もろともに　のびのび生立つ嬉しさよ。
三、やさしき父母の膝元に　姉妹心を一つにして
　　暮す月日の楽しさよ　何時も御恩を忘れまじ。
四、何事なすも一致して　ともに受けなむ慈悲心
　　ともにみがかん我が心　ともにつとめん人の為。

歌詞の1～3番では、阿弥陀仏・自然・父母に対する報恩感謝の心を表現し、4番では「ともに」という語を繰り返して会員相互の連帯と団結を強調しつつ、他者への奉仕を勧めている。

また大田は「山を出でし釈尊」(46)という記事で、釈尊伝の苦行直後の物語を記した後、

「あなたの宗教は何ですか」と聞かれた時、「先祖代々仏教なので仕方なしに仏教です」とか「お寺へ参らなければ親が叱るので…」などしばしば耳にする事です。それらは、なんといふ淋しい惜むべき

事では御座いませんか、せっかく得難い機会を、もちながら、それを最もよく活かして使ふ事が出来ないとは…。しかしこれらの人も、み仏の貴い慈悲を心深く自覚させて、いただいた時は、自ら先祖に謝し、叱った親の恩の高きを、嬉ぶ事が出来るので御座います。（中略）私は、仏教は、社会の平和をたもち、人世の進歩及幸福を、ほどこす唯一の物であると信じるので御座います。

と、まず先祖や親の恩に感謝を表した上で、仏教こそが社会の平和を保つ教えであると述べている。そして大田の寄せた「数へ歌」[47]は、「二つとや、不思議の願力そのままに　助かる我等は幸福よ」「六つとや、無始のころより作りたる　悪事を如何でかみのがさん」「九つとや、此の世と我が身を知るなれば　御親の慈悲もわき出ずる」等と、十代の若者とは思えないほどの深い真宗の味わいを表現している。

奥田綾子（「我が心」[48]）もまた、「慈悲なるみ親の手にすがり　清くなれども知らぬまに　またにごらんとす我が心」と、深い真宗の信仰が表現された詩を寄せている。

松井清子（「親を思ふ」[49]）は、「此んな、親の愛に、むくゆる為には出来得るだけまじめに勉強をし、白人以上の立派な人間にならなければなりません。（中略）私共は、自身の考へで、見て悪いと、思う事は決して、なさないようにして行かなければなりません。そして、何人の前に出ても、はずかしからぬ立派な人となって、はじめていままで苦心してくださった親の御恩にむくゆる事が出来ると私は思うのであります」と、倫理性や精進の重要性を述べた上で、立派な人になることがアメリカで苦労を重ねる親への恩返しであると述べている。

②『兄弟』：北米仏教女子青年会連盟会員

高橋壽枝（「友に」[50]）は、叔父との４か月間の日本滞在前、父が仏前に伴いつつ、「お前は米国市民であると同時に大和民族の一人だと言う事を忘れてはならない。此の後お前は浮き浮きした米人娘の如きではなく

世界中最も勝れた日本婦人の精神を持たなくてはならない。母亡き今日のお前は固い決心で精神修養につとめよ、百聞は一見に如かず、日本に行って国状風俗、習慣を見よ」と注意し、「最後に今一つ大きな使命がある、それは母が生前常に今一度祖父を見舞いたい、そしてお寺参りの嫌な彼を是非信仰に導き度いと言った事をお前は知って居るだろう。而し母は希望を達せず亡き人の数に入った。此の機会にお前は母の遺志をついでくれ。これがせめてもの母に対する孝だ」と告げたという。そこで祖父に会った壽枝は「お母様はあんなにもあなたに会ひたがっていらっしゃいました。お祖父様御浄土に参って御母さんにあって下さい。どんなにお喜びになるでしょう」と伝えると、祖父は両眼を閉じ手を膝に置いて何事も言わず泣いた。そしてそれから、出発日まで祖父は毎日、壽枝とお寺参りをし、その後も毎日お参りを欠かさなくなり、壽枝の父はそれを聞き、「只々み仏様のあつい御慈愛故だ」と喜んだという。

また野村繁子（「筆にまかせて」[51]）は、親鸞の生活の力強さを偲び、他人にいかに裏切られても裏切らざる如来の願力を感ずることができた友人がいるという話を述べる。そして、両親の慈愛の懐に抱かれ、仏の教えによって自重し反省して一歩ずつながら理想へと歩み続けさせて頂きながら育ててもらったのに、その御恩に対して報恩を尽しておらず申し訳がないと述べ、私たち第二世はよく父母の大恩を思い孝養を尽さればならない、と呼びかけている。

高橋・野村の記事には、仏・両親への深い報恩の思いが真宗の信仰と共に表現されている。

b. 釈尊の教示と生活倫理

①『白蓮華』：中加仏教女子青年会会員

仏教女子青年会連盟の会員には日曜学校教師も多くいた。松田繁子（「願生」[52]）は、悪い生徒を叱ることもあるが、実は生徒より自己の心の方が汚れていると懺悔している。そして「たとえ醜い汚れた私でも、光

明に燃える私の生命が教壇に立ったら、四間に五間二十坪のそのままが、際限のないお光、そのままの、広大無辺な精舎に変わる事でしょう」と、救いの喜びを表現している。

二宮繁子（「日曜学校」[53]）は、前の年からフワラーの日曜学校ができて、毎週通ってお話を聞き仏さまの事がわかるようになったこと、そして釈尊の教えが、インド・中国・日本・アメリカと渡り、自分が今聞くことができたという喜びを語っている。また食事の場では弟・妹と仏さまを拝んでご飯をいただき、けんかや悪い事を思うことがあっても仏さまの事を思うとできなくなるようになったが、これもすべて先生や日曜学校のおかげで、これから雨の降る日も、風の吹く日も、たゆまず勉強し仏さまの事を聞かせていただき、社会のために尽くすような偉い人間とならねばならないと述べている。

三宅春野（「ジョンの夢」[54]）は、日曜学校をさぼり生き物の命を取っていたジョンが夢で鬼に叱られ、次の日曜から欠かさず日曜学校に行ったという話を書いている。

これらの記事から、二世にとって日曜学校は、仏教信仰を深めるのみならず、人格形成においても重要であると考えてられていたことがわかる。

②『兄弟』：北米仏教女子青年会連盟会員

ノブエ・タニ（「SILENT PEACE：静寂の平和」[55]）は、釈尊が菩提樹下で静かに瞑想し悟りを得たように、沈黙から生まれる深い思考がこの騒々しい生活の中では重要であり、また無言で共に居られるような友人も大事であると述べている。また同じくノブエ・タニ（「BE YOURSELF: 自分自身であれ」[56]）は、私たちはみな善でも悪でもないが、エゴイストは嫌われ、謙虚さは他者を喜ばせる。他人になろうとせず、自己を知り自己の気分・好み・感情を楽しむことで本当の人間になると述べている。

チヨ・フジモト（「LIFE'S FOUNDATION：人生の基盤」[57]）は、釈尊の「努力・自制・節制により賢者は、激流に耐えうる島をつくれ」（『法句

経』）という言葉を引用し、この「島」とは「堅固な信仰」という「生命の基盤」だと表現している。そして「我々若い仏教徒はどのような苦難が将来起ころうとも、仏の聖なる言葉に従い努力することにより、真実の光に導かれ永続的な平和と喜びを見つけられる」と述べている。また同じくチヨ・フジモト（「RELIGION AND WORK：宗教と仕事」[(58)]）は、日系一世たちは50年前アメリカで苦労し、彼らの正直さと忍耐と犠牲は二世に生活を与えたが、その背景には釈尊・仏法・サンガに対する信仰という宗教的生活があり、日々の生活の中で釈尊のみ教えを敬い実践したことを述べている。そして過去の仏弟子は世俗を捨てたが、現在の我々は世俗に身を置きながらも、別の方法で出家の人と同様の宗教的生活を送ることが可能であると具体的に以下の事柄を挙げる。まず釈尊の八正道の教えに従えば、悪習を生む自我を克服でき、釈尊の教えの精神のもとに心と習慣を清く保てば、よい仕事をする準備ができる。そしてよい仕事をするために最初に必要なことは仕事を愛することで、第二にそれが上手にできるという信念を持つことであり、よい仕事をし、よい習慣を形成することによって、私たちは日常生活、仕事、そして遊びにおいて、釈尊の教えがこの世界で効果的であることがわかると述べている。そして最後に、仏は真実であり真実は永遠であるゆえ、仏に帰依しサンガに帰依することを勧め、涅槃（Nirvana）の平和があなたと共にありますように、と結んでいる。

ノリコ・ヤマウチ（「THE SECOND GENERATION ENVIRONMENT：二世の環境」[(59)]）は、統計上で移民を両親に持つアメリカ市民は、人種差別を受ける上、低所得になるという劣悪な環境のもと、犯罪者になることが多いとあるが、幸いに日系人は一世たちが忍耐強く苦労し良い教育や環境を与えたことにより、二世はそれら犯罪者グループから距離を取ることができたと述べている。そして釈尊の「影がそのからだから離れないように、行為はその人につきしたがう」（『法句経』[(60)]）という言葉のように、日常の行動に関する厳格なルールを守り、今の良い環境を最大限

に活用せねばならないと結んでいる。

シズエ・オオハシ（「ADVICE：アドバイス[(61)]」は、過去を思い悩まず、未来のために努力し毎日仕事に励むことが大事であると述べている。

ツヨコ・アベ（「PROGRESS THROUGH ACTIVITY：活動による進歩[(62)]」）は、ハワイの二世がすでに政府等の国の他の高い地位に就いていることを見習い、成績は良いのに学校活動で尻込みしがちなアメリカ本土の二世も、日本の素晴らしい歴史や文化を誇りに思い意欲を見せ、学校でもっと活躍すべきであると述べている。そして「ローマは一日にしてならず」を心に抱き、今後長年苦労するとしても、この国から「入場禁止」等のすべての人種差別ルールを撤廃していこうと呼びかけている。

エラ・ヨシナガ（「ENDURANCE：忍耐[(63)]」）は、厳しい冬に耐え忍び美しく咲く梅の花と比較すれば、些細な務めにさえ不満を言う私たち人間は愚かに思えると述べる。そして私たちが困難を乗り越え成功と繁栄を得て、最後に永遠の国・涅槃（Nirvana）に至るために、「忍耐」を学ぶべきであると述べている。また同じくエラ・ヨシナガ（「OUR TIMES：私たちの時代[(64)]」）は、私たちの服・髪形、交通、建築が変化するように、私たちの理想も変化する。もしいま私たち若い仏教徒が聖なる仏教の教えを維持できなければ、未来の人の心から仏陀の神聖な教えが消えてしまうかもしれない。私たちはニルヴァーナに到達する方法について学んだことを感謝するだけでなく、それを人生に苦しむ他者と共有するという義務を果たすべきで、仏と共にありながら、人生の変化を通して仏陀をアピールしなければならないと呼びかけている。そして最後に、時代の変化の中、仏の教えが永遠に生き続け繁栄するようにと結んでいる。

トミ・ヨシムラ（「THE SUNDAY SCHOOLS OF AMERICA：アメリカの日曜学校[(65)]」）は、アメリカの寺院は各地方の日系人街の中心にあり、日曜学校では儀礼の変化と教授法の確立が見られ、開教使の釈尊伝・釈尊の教え・若者の日々の義務についての話の後、讃仏歌が歌われ、日曜学校教師の一人から話があると説明する。そして仏教の深い知識のある若

い日曜学校教師（高校生・大学生や卒業生）たちと生徒との協力・誠実さにより、真の宗教的な雰囲気がここ数年で徐々に高まっていると述べている。

c. 日本精神

②『兄弟』：北米仏教女子青年会連盟会員

テルマ・ヤタベ（「WHERE DO WE STAND?：私たちはどこに立つのか？」）[(66)]は、私たち二世は18年以上この土地に住む中で、「日本」「アメリカ」の考え方と習慣という魅力的な二つの道の間にいるよそ者のようで、外見において「ジャップ」と呼ばれていると述べる。そして日本人の最も優れたものである「大和魂」の精神を忘れず、アメリカの理想だけの追求をやめて日米両国に平等に献身する必要があり、アメリカ市民ゆえアメリカに献身をしつつ、祖先を尊敬するゆえ日本にも献身するべきと勧めている。そして最後に、二世は幸せ・トラブル・人生の荒々しい道のりを通し、多くの問題に直面するだろうが、真に忠実な国民になって世界の歴史の中で輝かしい人生を創造するために努力しようと結んでいる。

タケコ・フチガミ（「BOTH BUDDHISM AND CHRISTIANITY ARE VITALLY IMPORTANT TO SECOND GENERATION：二世には仏教・キリスト教の両方が重要」）[(67)]は、日系二世は英語が話せても外見を変えることはできないので本物のアメリカ人にはなれない。ゆえに英語だけでなく日本語を学び、日本人の勝れた特性を引き継ぐべきであると述べる。そして、宗教も同様で、二世は仏教・キリスト教の両方の知識を持つべきであり、将来、仏教の美しい道徳がすべての人に理解され認められる日が来れば、嬉しく価値のあることを成し遂げたと感じるだろうと述べている。

ヨシコ・B・ハヤシ（「WHY JAPANESE?：なぜ日本語を？」）[(68)]は、東洋に対する商業的関心の高まりから、二世が日本語を習得することはビジ

ネスにおいて将来的に有利であり、父母を含める一世たちとの共感と理解を維持・促進することにより、社会活動やコミュニティ活動に大きく役立つと述べている。また両親がアメリカに来て英語が話せないという障害を抱えつつアメリカでの生活の確立を成し遂げたという勇気と忍耐に対して感謝を示すためにも日本語を習得すべきで、私たちの祖先の言語に対する関心が他国を尊重する心を私たちにもたらし、日米両国間の善意を大きくしうると結んでいる。

タマ・ヤタベ（「RELIGION：宗教」[69]）は、世界には種々の宗教があり、信仰する神・仏も異なるため、二世は仏教・キリスト教のどちらを選択するかという問題に直面する。アメリカに住みキリスト教の環境にいることで、キリスト教徒になるのが当然だろうが、祖国の「大和魂」の精神を守らざるを得ない仏教徒もいると述べ、宗教がなければ、私たちは多くの場合、魂が大きな苦痛を味わうことになると結んでいる。

スマコ・フクダ（「ON TO JAPAN!：日本へ！」[70]）は、これから汎太平洋仏教青年会大会のために行く日本は、菊の国・桜の国・太陽の昇る国・「大和魂」の国であり、歓喜の仏光に満ち仏教の真理を理解する仏弟子たちの国であると憧憬している。

ヨシコ・ヤタベ（「THOUGHTS ON SECOND GENERATION YOUTHS：二世の若者の思想」[71]）は、二世の若者は、学校生活で多くの国籍の子どもたちと一緒に学び、遊び、家では日本の習慣に従うが、そこに前進を妨げる２つの大きな障壁があると述べている。一つは「完全なアメリカ化」であり、言語・習慣・アイデアがアメリカ化された二世の若者は人種が原因で障壁を越えることはできないと指摘する。そしてもう一つの壁は「日本化」で、日本の文化を知るがアメリカの方法を知らないため進路は暗いと言及する。したがって二世のアメリカ化と日本化は極端を避け、学習と行動において適度であるべきであり、それはアメリカで前進するための唯一の方法であると示唆する。そして最後にこの世界でより幸せな役割を果たすために先祖の土地と言語についても知る必要があ

り、知識は力なので今ここでチャンスを得ようと呼びかけている。

ヴァイオレット・スミコ・ハマタカ（「REGRE：後悔」[72]）は、トラオというある青年の失敗談を通じ、二世の就職は大学教育ではなく日本語の読み書きの方が有益であると述べている。

d. 御同朋

②『兄弟』：北米仏教女子青年会連盟会員

ミツコ・ワダ（「YOUNG WOMEN'S BUDDHIST ASSOCIATION AND THE PREPARATION FOR LIFE：仏教女子青年会と人生の準備」[73]）は、仏教女子青年会等の組織の目的は、世界への仏教普及の促進に向けメンバーと協力し、相互の善意と理解を育むことであると述べている。そしてさまざまな活動において、純粋さ・清潔さ・誠実さ・効果的に協力する能力などの質の向上を追求するよう努め、これらはすべて、より完全で充実した生活を送るのに役立つと勧める。また日本語という両親が使用する言語の研究を通じて文化的・歴史的に日本の知識を獲得すべきで、人生においてより良い地位に就く資格があるのかという問いに、もし肯定的に答えることができれば、仏女青の組織活動は善良な市民になることに役立つであろうと述べている。そして最後に仏女青メンバーであることを誇りに思いより良い人生の準備ができていると結んでいる。

③『第二回汎太平洋仏教青年会大会紀要』

1934年日本で開催された「第二回汎太平洋仏教青年会大会」における中村久子による北米仏教女子青年会連盟の報告[74]によれば、会員は大会等の際での「会員制服」「会員章ピン」「同色同形の珠数」の使用により姉妹感を持ち、日英両語の連盟歌を歌い、念仏を唱え、そして讃仏の聖句を口吟みながら共に仏に感謝の心を捧げる時、言い知れぬ感慨に打たれると述べている。なお、当時の会員制服は白色ドレスで、胸には紫色銀杏形のモノグラムの会員章ピンを着用し、そのピンの縁の色や形で、所

属地方連盟がわかるようになっていたという。また仏女青会員は日曜学校教師も兼ねていることが多く、BCAの年次仏教日曜学校教師大会・仏教講習会では、あわせて仏女青連盟大会がおこなわれていた。そして中村は報告の最後を、「会員相互心の友情親密の度は弥増しに濃く其の地理的距離等に支配される事無く、母体たる連盟を中心に真の姉妹愛の世界は現出されているのであります。然して此の美しい雰囲気の中に育くまれる私共若き仏教女性は其の不滅の信仰をたよりに貴き御仏の慈光に守られて永遠たる楽しい世界の建設を期しているのであります」と結んでいる。

当時アメリカ社会から差別を受け社会から孤立していた日系二世女性たちにとって、仏女青の活動が、あたたかな御同朋の姉妹感と安心感を与え、彼女たちの心を支えていたかということが、中村の言葉で想像できよう。

e. 悲嘆と仏への希求

①『白蓮華』：中加仏教女子青年会会員

三夜路（ペンネーム）の詩「流浪者の若き胸から[75]」には、移民は生活の場を求め移動をし続けるという、二世の悲しみと孤独の心情が描かれている。

また志津（ペンネーム）の詩「星空[76]」には、友もなく一人さびしく、とぼとぼと歩く自己のありのままの姿が描かれている。

これらの詩には、当時の日系二世の若者たちが抱えていた孤独感が描写されている。

②『兄弟』：北米仏教女子青年会連盟会員

アン・オオシマ（「WHERE DO WE GO FROM HERE?：ここからどこへ行くのか？[77]」）は、一世の苦労を称賛した上で、二世が受けている不平等な人種差別により劣等感を抱えていると述べた上で、しかしその状況を

冷静に受け止め、希望と夢を忘れず勇敢な開拓者であった一世のように、二世は若さをもって堕落することなく人種偏見の撤廃に向け諦めるべきではないと結んでいる。

ドロシー・キミコ・タニグチ（「PLEASE, LORD BUDDHA：どうか仏様」(78)）は、「Please Lord Buddha（仏様、どうか）」と呼びかけて、今の悲しみの現状を訴え、安らかな眠りがほしいと述べている。

グレース・ヨシコ・タジリ（「JUST FOR TODAY：ただ今日だけでも」(79)）も、仏様（Lord Buddha)、明日はいいから今日だけでも、罪から遠ざけ、仕事と祈りをきちんと頑張り、言葉や行為を親切にし、怠惰な言葉を無意識に使わず、信仰深くなるように私を導きたまえと述べている。

エヒモ・オオハシ（「SHOES：靴」(80)）は、「ベティが靴を選ぶためドアを開けるたびに、私は跳び上がって笑顔になるが、彼女は私を見ずに友人のハイヒールの金髪であるブロンディを取り出し、ほとんどのダンスに連れて行く」と、自分を選ばれない靴に喩え、外見による人種差別を連想させる記事を寄せている。

むすび

本論では、戦前の日系二世の女性たちを取り囲んだアメリカの厳しい社会状況について触れた上で、当時の開教使が仏女青に対してどのような伝道をおこない、会員である二世女性たちがどのように仏教を受容していたのか、仏女青（仏青）連盟の発行誌を資料として検討した。

まず『白蓮華』誌上での女性への伝道では、「a. 社会生活の中での実践：報恩行と六波羅蜜」「b. 女性・母親としての役割」、そして『兄弟』誌上での男女共通への伝道として、「c. 世界平和への貢献」「d. 超宗派としての米国仏教」「e. 日本精神」というテーマに基づいた記事が見受けられた。

前述したが、日本語学校は浄土真宗の仏教会に併設された場合も多く、開教使が校長や教師の職を担うことも多かった。それゆえ「日本精神」（修身）を二世に対していかに与えるかという、日系人コミュニティの議論の中心的立場にもいたため、必然的に二世への仏教伝道内容にもその影響が見られる（特に、「b. 女性・母親としての役割」「e. 日本精神」）。またある開教使は、「現在の第二世が、仏教徒として素直に私達になついているのは、我我の説教なり、また教化なりの力ではないと思う。それは毎日、日本語を教えたから親しくなっているのである。そして、親達が子に求めた事は日本語を覚えて欲しかっただけである」[(81)]と述べており、当時一世が二世を熱心にお寺に通わせていたのは、仏教会で日本的価値観、つまり「日本語」や「日本精神」を学ばせたいという状況があったことは留意すべき点であろう。

また戦前、二世に向けて京極が説いた六波羅蜜の実践、特に「ダーナ（布施）」の実践は注目すべきである。現在ダーナ活動は国内外の浄土真宗本願寺派仏教婦人会で推進されているが、その起源は、京極が教育し、「Dana is joy!」を掛け声に実践していたアメリカの日系二世の活動にあった。第２回世界仏教婦人会大会が1965年５月ニューヨーク（ウォルドーフ・アストリアホテル）において、「慈悲の心で平和を」というテーマで開催され、「仏教婦人会連合本部」の本部長として活躍しつつ、社会福祉に尽力した九條武子の遺志を受け継ごうという意志のもと、彼女の命日にあたる２月に「布施の日」をおこなうことが制定された。また同年８月総連盟は臨時評議員会を協議し、「布施の日を毎年２月の第２日曜日とする」等と決定したが、その後の評議員会で「布施」という用語に関して種々の意見があり、検討を加えた結果、仏教婦人会を何とかして盛り上げたかった当時の大谷嬉子総裁（裏方）の主導により、アメリカで使用されていた新鮮な響きのある布施の梵語「ダーナ」を充てることにし、「ダーナの日」を正式な名称とした。それは、奇しくも約40年前フレスノで出版された『白蓮華』に遺稿を送った武子の慈善活動の

精神と、同誌で京極が提案した布施（ダーナ）の実践が、念仏に生きる女性たちの社会実践として後世に結びついたものであった。

次に二世女性の仏教受容として、「a. 真宗信仰と親への恩」「b. 釈尊の教示と生活倫理」「c. 日本精神」「d. 御同朋」「e. 悲嘆と仏への希求」というテーマに基づいた記事が見受けられた。彼女たちの記事から浮かび上がってきたのは、一世の苦労や仏教信仰の堅固さを敬い讃え、その恩に報いようとする真摯で謙虚な姿であり、その「報恩の精神」と「真宗・仏教信仰」の二つの結びつきの強さが、戦前の日系二世女性の仏教・真宗受容の特徴の一つであったことが明らかになった。

また二世の女性たちは「姉妹感」を深めるために、仏女青の行事で揃いの制服や会員章を身に着けたというが、この連帯感は、その後の第二次世界大戦中の日系人強制収容という境遇[(82)]を生き抜くための精神基盤を形成する上で重要な意義があったと考えられる。そして幾重にも存在した差別の渦中で、彼女たちが孤独・悲嘆・劣等感を抱えながらも、仏教に安らぎと生きる方法を見出していたことが、彼女たちの記事より浮き彫りになった。

当時アメリカ社会で表舞台に出ることがなかった彼女たちの「足跡」は、日系人仏教徒の子や孫の世代、そして欧州系をはじめとする他人種に広がりを見せ、現在拡大をつづける「アメリカ仏教」という大きな絵画に欠かせなかった一部（ワン・ピース）であったことは疑う余地もない。

なお、男女会員の仏教受容の差異を『兄弟』誌を例として挙げるとするならば、男性会員は「仏教のアメリカ化」「仏法相続」という二世仏教徒たちや教団全体としての課題を取り上げた記事の割合が比較的多く見受けられるのに対し、女性会員の記事には詩の割合も多く、個人の内側にある情感を吐露する内容の割合が比較的に多く見受けられていたことは、興味深い相違点であった。

最後に、本論で取り上げた発行誌の出版後の時代における二世の仏教

受容についても少し言及しておく。

第二次世界大戦の開戦とともに、アメリカ生まれの二世も含めた西海岸在住の約12万人もの日系人は、急遽敵国人というレッテルを貼られ、財産没収の上で強制収容という悲劇を経験する。しかし強制収容所内では、戦前より一層活発な仏青（戦時下では男女合同の会員組織）の活動が展開され、その発行誌上では会員の熱心な議論が展開された。会員の記事を大別すると、「通仏教を基にした倫理性」「阿弥陀仏に対する救い」「御同朋」「アメリカへの愛国心」「仏法相続」というテーマが見出されるが[(83)]、強制収容まで論じられていた「一世への御恩」や「日本精神」というテーマは影を潜め、戦時下では「アメリカ仏教」を掲げつつ、「いかに善良なアメリカ人仏教徒となり、一致団結して力強く生きるか」という事柄を論じるテーマが、男女共に仏青会員記事上で多く見受けられた。そして日系二世たちが求めた仏教の「アメリカ化」という命題は、戦後のBCA教団の重要な課題へと発展し、現在もなお議論は継続しているのである。

註

（1）　本論の研究対象は、1899年に創設された浄土真宗本願寺派のアメリカ合衆国本土における伝道組織「北米開教区（米国仏教団）」であるが、1899年教団創設時からの「Buddhist Mission of North America（BMNA）」という英語名称は、1944年4月に「Buddhist Churches of America（BCA）」へと変更がなされている。本論では表記の煩雑さを回避するため、以下「BCA」と頭字語表記を統一して用いる。

（2）「北米仏教団現況一覧」（1934年7月1日現在）（本願寺北米開教本部・寺川抱光『北米開教沿革史』内外出版、1936年、583-585頁）。

（3）　WRA (1942)「WRA Community Analysis Section, 'BUDDHISM IN THE UNITED STATE, Community Analysis Report No. 9,' U.S. Department of the Interior, 1944」。

（4）　政府の調査結果は以下の通りである（筆者訳）。

1．仏教徒55.5％，6万1719名（一世68.5％，2万6392名、二世48.7％，5327名）

2．プロテスタント28.9%，３万2131名（一世21.9%，8419名、二世32.6%，２万3712名）

3．カトリック２%，2199名（一世1.2%，464名、二世2.4%，1735名）

4．天理教等神道0.4%，422名（一世0.7%，278名、二世0.2%，164名）

5．生長の家0.05%以下，37名（一世0.1%，33名、二世0.05%以下，４名）

6．無回答13.2%，１万4942名（一世7.6%，2934名、二世16.1%，１万1708名）

（United States War Relocation Authority (1946) 'Religious Preference by Nativity, under 14 years old and older: Evacuees to WRA in 1942,' *The Evacuated People - A Quantitative Description, U.S. Department of the Interior*, University of Michigan Library, Table 24, 79.）

（5）　東栄一郎（飯野正子翻訳）『日系アメリカ移民 二つの帝国のはざまで：忘れられた記憶 1868-1945』明石書店、2014年、110・114頁。

（6）　統計によれば、1918年から1922年にかけての出生率が著しく高いが、その背景に1908年ごろに写真花嫁が入国しはじめ1920年に突如中断されたのに続き、1924年には日本人移民の全面禁止が打ち出されるなど、移民に関する状況の変化により、二世の誕生も1940年までには事実上終わったことがある。

（7）　メイ・T. ナカノ（サイマルアカデミー翻訳科翻訳）『日系アメリカ女性：三世代の100年』サイマル出版会、1992年、90頁。

（8）　註（5）東前掲書、196頁。

（9）　註（7）ナカノ前掲書、90頁。

（10）　註（7）ナカノ前掲書、106頁。

（11）　註（7）ナカノ前掲書、105頁。

（12）　黒木雅子「日系アメリカ女性の自己再定義：エスニシティ・ジェンダー・宗教の交錯」日本社会学会編『社会学評論』50（1）号、1999年、62頁。黒木はまた、著書『混在するするめぐみ』（人文書院、2004年）で、日系アメリカ人キリスト教女性のアイデンティティに関して詳説している。

（13）　註（5）東前掲書、218頁。

（14）　註（5）東前掲書、227頁。

（15）　註（7）ナカノ前掲書、92-93頁。

（16）　Young Men's Buddhist Association; YMBA と略。

（17）　Young Women's Buddhist Association; YWBA と略。

(18) 大谷尊由（おおたにそんゆ）(1886-1939)。本願寺21代宗主明如の四男、22代鏡如の弟。1908年別格別院善福寺（現在の神戸別院）の住職となり、同年から1912年まで本願寺の執行長を務めた。1914年に鏡如が宗主を退職し、それに伴って設置された管長代理に1921年に就任した。立教開宗700回記念法要の勤修、「差別撤廃に関する垂示」の達示、関東大震災の救援と復興の支援、龍谷大学で発生した浄土教批判問題への対応や、信教の自由をめぐる政府との交渉などに尽力し、国内はもとより、台湾、朝鮮、北米、ハワイを巡化した。1927年に管長代理を退くと、貴族院議員、拓務大臣などを歴任し、本願寺派護持会財団理事長に就いた。

(19) The League of Young Men's Buddhist Associations of North America; NAYMBAL と略。

(20) The California Young Buddhist League; CYBL と略。

(21) BCA (1998) *Buddhist Churches of America: A Legacy of the First 100 Years*, 10p.

(22) これより以下、〈 〉内の英文記事執筆者の日本語名は邦文目次の表記による。「報謝」九條武子、「在米の同胞へ」(『無憂華』より) 九條武子、「青年女子に対する希望」北米仏教開教総長・佐々木芳照、「仏教徒の社会生活『大乗菩薩道』」中加女子青年会連盟顧問・京極逸蔵、「自然の子」王府（オークランド）仏教会開教使・山田素堂「仏教の女性観」フレスノ平智山、「こよなきさち」布市（フレスノ）仏教会開教使・益田宏巌、「南加の旅にて：本夏講習会の思ひ出」須市（スタクトン）仏教会開教使・東福夢郷、「短歌シヤスタの冷泉を汲みて」東福夢郷、「月を詠ふ」東福夢郷、「THE MIDDLE PATH: THE TRUE WAY OF THE LIFE OF WOMAN」Mr. Fujii〈藤井龍智〉、「SHIN SECT」Rev. K. Ogura〈小倉康性〉。

(23) 「中加仏教女子青年連盟の声」大田いさみ、「山を出でし釈尊」大田いさみ、「雑感」くもる、「我が心」奥田綾子、「願生」松田繁子、「哀調」マツダシゲ子、「我が姉」松村みさを、「面白かったと思った本」加藤佳榮、「日曜学校」二宮繁子、「ジョンの夢」三宅春野、「親を思ふ」松井清子、「私の小妹」清水みつ江、「数へ歌」大田いさみ、「自由詩　流浪者の若き胸から」三夜路、「今夜の月」濱中きぬ、「星空」志津、「中加仏教女子青年会連盟に就いて」大田いさみ、「EDITORIAL」〈豊田米子〉、「THE NIGHT IS DARK AND LONG」Haruye Minamoto〈皆本春枝〉、「THE THREE GUESTS」Shigeko Nagare〈流しげ子〉、「A MOTHER TO HER FRESHMAN DAUGHTER」Kazuko Matsumura〈松村一子〉、「MY HAPPINESS」Isami Outa〈大田いさみ〉、「FORTITUDE」Harue Yamasaki〈山崎春枝〉、「THE STENOGRAPHER IN THE BUSINESS

WORLD」Lillian S. Heyano〈部屋野さとり〉、「MY FAVORITE DOG」KimikoTaniguchi〈谷口君子〉、「PERSONALS」Alice Kondo〈近藤とし子〉、「THE GIRLS' OLYPMIC」Mae Matsui〈松井清子〉、「PERSONALITIES」Lillian Heyano〈部屋野さとり〉、「EXCHANGES」Flora Yae Tsuda〈津田八重子〉、「THE EDITOR'S DESK」〈豊田米子〉。

(24)　北米仏教青年会連盟・北米仏教女子青年会連盟発行誌『兄弟』（1934年）第２巻第２号。日英両語（日本語版33頁・英語版146頁に会員名簿）。英題『BHRATRI』はBrother（兄弟）の意。（龍谷大学アジア仏教文化研究センター編『資料集・戦時下「日本仏教の国際交流」汎太平洋仏教青年会大会関係資料』第２巻、2016年）。

(25)「光を求めて」北米仏教団開教総長・増山顕珠、「釈尊を中心として」京極逸蔵、「直接の見参」井上盡奥、「日本精神」塚本洸月、「青年期と模倣」川崎是日、「無題録」津村得誠、「米国に於ける仏教の将来」オークランド・佐藤登久美、「TRUE CITIZENSHIP」 the Bhikshu Shinkaku (E. H. HUNT), Honolulu、「THE SECOND GENERAL CONFERENCE OF PAN-PACIFIC YOUNG BUDDHISTS' ASSOCIATIONS」Rev. K. T. TERAKAWA, San Francisco, California、「BUDDHISM AS A WHOLE, NOT AS A SECT」Rev. I. KYOGOKU, Lompoc, California。

(26)「母性愛」門谷美恵子、「友に」高橋壽枝、「筆にまかせて」野村繁子、「青春」恵木ユキ子、「朝の祈り」坂本静子、「可愛い芽」皆本春枝、「WHERE DO WE GO FROM HERE?」Ann Oshima, Stockton Y. W.B.A.、「SILENT PEACE」Nobuye Tani, Oakland Y.W.B.A.、「LIFE' S FOUNDATION」Chiyo Fujimoto, Santa Cruz Y.W.B.A.、「ADVICE」Shizue Ohashi, Canoga Park Y.M.W.B.A.、「BOTH BUDDHISM AND CHRISTIANITY ARE VITALLY IMPORTANT TO SECOND GENERATION」Takako Fuchigami, Marysville Y.W.B.A.、「BE YOURSELF」Nobuye Tani, Oakland Y.W.B.A.、「WHERE DO WE STAND?」Thelma Yatabe, Sonoma Y.W.B.A.、「THE SECOND GENERATION ENVIRONMENT」Noriko Yamaguchi, San Mateo Y.M.W.B.A.、「BON VOYAGE: AMIDA BLESS YOU」 Yoshiko B. Hayashi, Watsonville Y.B.A.、「THE SUNDAY SCHOOLS OF AMERICA」Tomi Yoshimura, Sacramento Y.W.B.A.、「WHY JAPANESE?」Yoshiko B. Hayashi, Watsonville Y.B.A.、「RELIGION」Tama Yatabe, Sonoma Y.W.B.A.、「RELIGION AND WORK」Chiyo Fujimoto, Santa Cruz Y.W.B.A.、「WE MUST LIVE OUR IDEALS」Joshie Yoshiko Yatabe, Sebastopol, California、「OUR TIMES」Ella Yoshinaga, Florin Y.W.B.A.、「YOUNG WOMEN'S BUDDHIST

ASSOCIATION AND THE PREPARATION FOR LIFE」Mitsuko Wada, Bowles Y.W.B.A.、「PROGRESS THROUGH ACTIVITY」Tsuyoko Abe, Salinas Y.W.B.A.、「PLEASE, LORD BUDDHA」Dorothy Kimiko Taniguchi, Fowler Y.W.B.A.、「VISITING SPIRITUALIST」Katherine Nakaso, Alameda Y.W.B.A.、「JUST FOR TODAY」Grace Yoshiko Tajiri, San Martin Y.W.B.A.、「THOUGHTS OF A DEAR FRIEND」Toshi Doi, Fresno, California、「ENDURANCE」Ella Yoshinaga, Florin Y.W.B.A.、「ON TO JAPAN!」Sumako Fukuda, Salinas Y.W.B.A.、「THOUGHTS ON SECOND GENERATION YOUTHS」Yoshiko Yatabe, Sonoma Y.W.B.A.、「BHRATRI」Ida Onaka, Fowler Y.W.B.A.、「LIFE AND FIRE」Tomoye Nozawa, Berkeley Y.M.W.B.A.、「OUR ONE LIFE」Grace Yoshiko Tajiri, San Martin Y.W.B.A.、「MUSING WITH TIME」Harue Hirai, Oakland Y.W.B.A.、「SHOES」Ehimo Ohashi, Canoga Park Y.M.W.B.A.、「REGRET」Violet Sumiko Hamataka, Florin Y.W.B.A.、「Y.M.W.B.A.」Toshi Doi, Fresno California、「INNOCENCE」Shizue Ohashi, Canoga Park Y.M.W.B.A.、「THAT DAY, SUMMERS AGO」Minnie Nishida, Walnut Grove Y.W.B.A.。

(27)「第四編 各国仏教青年会現状報告：H北米仏教女子青年会連盟」中村久子、「8. North American Federation of Y.W.B.A. Leagues, Chapter IV DELEGATES' REPORTS ON THE PRESENT STATUS OF THE Y.B.A. MOVEMENT」Hisako Nakamura。

(28) 1887-1928。大谷光瑞・鏡如宗主実妹。1907年、仏教婦人会の統轄のために西本願寺に「仏教婦人会連合本部」が設立され、総裁に鏡如宗主内室・籌子裏方（1882-1911）、本部長に武子が就任。1909年には籌子の弟・九條良致男爵と結婚する。1911年籌子が30歳という若さで急逝し、その遺志を継ぎ京都高等女子専門学校設立等の多くの功績を成し遂げ、今日の仏教婦人会の基礎を築く。なお1923年の関東大震災において、自身も被災しながらも負傷者・孤児の救援活動し、あそか病院の設立等さまざまな事業を推進し、42歳で敗血症を発症し逝去。

(29)『白蓮華』巻頭 i-iii 頁。

(30) 1887-1953。島根県生まれ。3歳の頃、両親と祖父の自坊、広島県安芸郡奥海田村の本願寺派長谷寺に入る。金沢第四高等学校（大谷派・崇信学舎に同時期止宿）に進学後、東京帝国大学英文科に進学・卒業（大谷派・浩々洞に同時期参加）。25歳で秋山きよと結婚後、1916年に広島で長女・ゆりい（BCA 開教使）を授かる。1919年32歳で渡米しロサンゼルス仏教会（1919-22）、フレスノ仏教会（1922-31）で開教に従事。

1932年ランポークにて日本語学校教師。1934年三女・マヤが１歳で死亡。1941年７月スタックトン仏教会に赴任するが、９月に心臓発作でバークレーにて療養。第２次世界大戦が勃発し、加州タンフォーランを経て、ユタ州トーパズ敵性外人収容所に収容。1944年10月日本語「直心」・英語「ツリラトナ」発刊。1945年終戦後フレスノに帰還。二誌の文書伝道を続け、教団依頼により日曜学校英語伝道の教材を制作。1953年９月４日に持病であった心臓病によりフレスノで往生。行年66歳。なお、京極の六波羅蜜教示に関しては、以下拙論に詳細を述べている。釋氏真澄「アメリカにおける念仏者の実践：京極逸蔵と六波羅蜜」(『真宗研究会紀要』43・44合併号、2012年)、「アメリカ浄土真宗の六波羅蜜の受容：京極逸蔵の目指した生死を超える道」(『宗教における死生観と超越』〈共著〉龍谷大学人間・科学・宗教 ORC 叢書、方丈堂出版、2013年、217–235頁)。

(31)　『白蓮華』２頁。

(32)　1877–1952。宮崎県都城市攝護寺第二代住職（1914–1930)。本願寺文学寮にて就学後、1922年台湾開教に従事し、1924年台北別院輪番就任後、1926年一時日本へ帰国。1926年北米開教区監督（総長）に就任。総長就任期間は1926年10月５日から1928年７月。本誌の佐々木の肩書には「北米仏教開教総長」と記してある。1928年病のため帰国。(1929年妻が宮崎の自坊で病死）日本で衆議院議員（1930–1932）に就任。1933年に再渡米しロサンゼルス別院輪番。1935年病のため再度帰国。1936年同別院輪番を正式辞任。

(33)　『白蓮華』１–２頁。

(34)　1892–1986。広島生まれ。1915年仏教大学、1918年京都大学卒業(1924年南カリフォルニア大学卒業)。1919年アメリカ着。以下各仏教会を開教使として歴任。1919年フレスノ、1920年ロサンゼルス、1924年フレスノ、1931年ロサンゼルス、1933年ガーデナ。1934年離職後、アシスタントとして勤務。1936年ベニス日本語学校教師。強制収容後、1947年ハワイ別院、1950年ヒロ別院（輪番代理)。1959年引退後は医師の息子が住む本土サバストポールに居住（同地で死亡)。1961年京都大学文学博士。

(35)　Mr. Fujii, *BHRATRI*, pp.22–23.

(36)　『白蓮華』23頁。

(37)　1876–1967。イギリス生まれ。英国国教会派の聖職者になる儀礼前夜にキリスト教を捨てて仏教に入る。1915年にハワイに移住し妻ドロシーとハワイ島で複数の日曜学校を開き、日系二世のこどもや若者たちに教える。1924年ハワイ教団総長今村恵猛より夫婦で得度を受け、1927年に

教団英語伝道部主任に就任。英語礼拝聖典『Vade Mecum』を編纂し英語儀礼の基礎を作ったほか、日曜学校の英語教育カリキュラム確立等、二世や白人伝道に活躍する。しかし1935年上座部に傾倒した教学的理由に加え高給であったため、開教使から不満が出て教団を解雇される。解雇後はホノルルの曹洞宗僧侶として活動する。Ernest K. Shinkaku Hunt, *The Buddha and his teaching*, (Aoyama Shoin, 1962), Louise H. Hunter, *Buddhism in Hawaii: Its impact on a yankee community*, (University of Hawaii Press, 1971), pp. 152-157, HHMH, *A Grateful Past, A Promising Future*, pp. 57-66, Michihiro Ama, *Immigrants to the Pure Land*, (University of Hawaii Press, 2011), pp. 70-71.

(38) The Bhikshu Shinkaku (E. H. HUNT), Honolulu, *BHRATRI*, pp.16-17.

(39) 寺川湛済・清・Herbert。1893-1944。滋賀県生まれ。1916年仏教大学。1917年ハワイ教団。1921年北米教団に異動。1921年スタックトン仏教会開教使補（1924年カレッジ・オブ・パシフィック卒業）。1925年パロアルト仏教会開教使・スタンフォード大学で修学（1926年スタンフォード大学修士課程修了）、1926年北米教団仏教青年会連盟結成（初代会長）、機関誌『Bhrati』発行。1929年スタックトン仏教会開教使（1930年第一回汎太平洋仏教青年会大会に代表者引率〈ハワイ〉）。1934年スタックトン仏教会辞職、サンフランシスコ日本語学校校長・北米教団本部アドバイザー。第二回汎太平洋仏教青年大会引率。1939年オレゴン仏教会開教使。1942年アイダホ州ミニドカ強制収容所、1944年同所で死亡。

(40) Rev. K. T. TERAKAWA, San Francisco, California, *BHRATRI*, pp.19-20.

(41) 当時はランポーク出張所・日本語学校勤務。

(42) Rev. I. KYOGOKU, Lompoc, California, *BHRATRI*, p.87.

(43) 1904年佐賀県生まれ。1928年サリナス仏教会、1932年バークレー仏教会、1934年帰国（第二回汎太平洋仏教青年連盟大会引率）。

(44) 『白蓮華』7-8頁。

(45) 日本から両親と11歳で移民した大田が、7年間で英語を習得し成績優秀者でフレスノのワシントン高校卒業生総代になり代表演説をおこなったことは日系新聞でも大きく取り上げられている（*The Japanese American News*, 1926.6.12, p.8.）。なお大田は1933年に結婚してアラメダに移りミセスH. Moriyaとなる。アラメダ仏教青年会・仏教女子青年会会議で基調演説をおこなうことが話題となるほど日系人間では当時有名であった（*The Japanese American News*, 1933.4.28, p.8.）。

（46）『白蓮華』24頁。
（47）同書、41頁。
（48）同書、29頁。
（49）同書、38頁。
（50）『兄弟』25-26頁。
（51）同書、28頁。
（52）同書、32頁。
（53）同書、37頁。
（54）同書、37頁。
（55）NOBUYE TANI , Oakland Y.W.B.A.,*BHRA TRI*, p.6.
（56）NOBUYE TANI, Oakland Y.W.B.A.,*ibid*., p.25.
（57）CHIYO FUJIMOTO, Santa Cruz Y.W.B.A.,*ibid*., p10.
（58）CHIYO FUJIMOTO, Santa Cruz Y.W.B.A.,*BHRA TRI*., pp.92-93.
（59）NORIKO YAMAUCHI, San Mateo Y.M.W.B.A.,*ibid*., p.28.
（60）第二章はげみ「思慮ある人は、奮い立ち、努めはげみ、自制・克己によって、激流もおし流すことのできない島をつくれ」（中村元『ブッダの真理のことば 感興のことば』岩波書店、1978年、13頁）
（61）SHIZUE OHASHI, Canoga Park Y.M.W.B.A.,*BHRA TRI*, p.11.
（62）TSUYOKO ABE, Salinas Y.W.B.A.,*ibid*., p.97.
（63）ELLA YOSHINAGA, Florin Y.W.B.A.,*ibid*., p.129.
（64）ELLA YOSHINAGA, Florin Y.W.B.A.,*ibid*., p.94.
（65）TOMI YOSHIMURA, Sacramento Y.W.B.A.,*ibid*., p.88.
（66）ANN OSHIMA, Stockton Y.W.B.A.,*ibid*., p.5.
（67）TAKAKO FUCHIGAMI, Marysville Y.W.B.A.,*ibid*., pp.17-18.
（68）YOSHIKO B. HAYASHI, Watsonville Y.B.A.,*ibid*., p.90.
（69）TAMA YATABE, Sonoma Y.W.B.A.,*ibid*., p.91.
（70）SUMAKO FUKUDA, Salinas Y.W.B.A.,*ibid*., p.130.
（71）YOSHIKO YATABE, Sonoma Y.W.B.A.,*ibid*., p.130.
（72）VIOLET SUMIKO HAMATAKA, Florin Y.W.B.A.,*ibid*., p.136.
（73）MITSUKO WADA, Bowles Y.W.B.A.,*ibid*., pp.96-97.
（74）「H　北米仏教女子青年会連盟　中村久子」（全日本仏教青年会連盟『第二回　汎太平洋仏教青年会大会紀要』三秀舎、1935年、116-117頁。のち中西直樹編『汎太平洋仏教青年会大会関係資料』〈龍谷大学アジア仏教文化研究叢書・第１期第２巻、不二出版、2016年〉所収）。
（75）『白蓮華』41頁。
（76）同書、42頁。
（77）ANN OSHIMA, Stockton Y.W.B.A.,*BHRA TRI*., p.5.

(78) DOROTHY KIMIKO TANIGUCHI, Fowler Y.W.B.A.,*ibid*., p.120.

(79) GRACE YOSHIKO TAJIRI, San Martin Y.W.B.A.,*ibid*., p.124.

(80) EHIMO OHASHI, Canoga Park Y.M.W.B.A.,*ibid*., p.135.

(81) 田名大正『サンタフェー・ローズバーグ戦時敵国人抑留所日記』第4巻、山喜房佛書林、1989年、347頁。

(82) 釋氏真澄「戦時下における日本仏教のアメリカ化の諸相：強制収容所での真宗伝道」(『龍谷大学アジア仏教文化研究センター・2017年度研究報告書』、2018年、215-223頁)。

(83) 釋氏真澄「鉄条網のなかの浄土真宗：日系アメリカ人強制収容所における仏教伝道」(龍谷大学真宗学会『眞宗学』136号、2017年、27-29頁)。

自宅参り考
――地域性とその展望――

那須公昭

はじめに

日本の仏教寺院の多くは、伝統的に住職もしくは僧侶が門徒（檀家）宅に赴き、そのお宅の仏壇にお参りする法務が定着している。主に、年忌法要や祥月命日、月命日など故人の命日を機縁としたもの、お盆やお彼岸など時季に応じて行うもの、報恩講など宗祖を機縁としたもの、その他に地域の風習に根付いたもの、などがある。本論では、僧侶が門徒の自宅に赴き自宅の仏壇にお参りする、このような法務を「自宅参り」と呼び論じる。

筆者は、浄土真宗本願寺派総合研究所にて、十数年来、過疎地に立地する寺院（以下、過疎地寺院）の現況や課題について調査分析を行ってきた。過疎地寺院のさまざまな実態を見聞きし、運営方法や法務の有り様などは、宗旨や地域性によって多種多様であることに改めて気づかされた。多くの過疎地寺院は、人口減少化に伴い収入や所属門徒戸数も減少の一途をたどり、厳しい運営が続いている。これらの調査結果は、調査地で行った現地報告会や、本願寺派の機関誌である『宗報』などで、すでに報告している[(1)]。これらの調査から、一括りに同じ浄土真宗の寺院と言っても、その地域性に応じた独自の運営形態があり、さらにその独自性を現代社会に合わせていかに継承させていくかが、今後の寺院を運営するにあたってのポイントになる可能性があると考えている。さらに、郷里から離れた地域に暮らす門信徒（檀信徒）といかに接点を持つかが、今後の寺院運営に大きな影響を及ぼすこともわかった。そこで、本論で

は、僧侶が所属する門信徒宅に赴き仏事を行う、いわゆる訪問による寺院法務に焦点を当て、その地域性と課題について論じたい。

なお、本論では、2017年、2018年に浄土真宗本願寺派と過疎問題連絡懇談会[(2)]が行った能登地域寺院調査の結果を交え報告する。

2024年１月１日に令和６年能登半島地震が発生した。この地震で多くの方が被災された。当地の寺院も多くが深刻な被災を受け、現在（執筆時、2024年３月）も逼迫した状況である。実は、当地寺院を調査地に選択した理由は、過疎化のあおりを受け、厳しい寺院運営の現状がすでにあったことが一因であった。調査当時も深刻な寺院運営の実情を目の当たりにしたが、伝統的な運営方法や風習などは継承されていた。しかしながら、これらの伝統的手法や慣習は感染症や災害などによりその風化を加速化させ、消滅させる可能性があることは否めない。筆者は、こうした寺院運営に関する伝統的手法や慣習が今後の寺院運営を見直す手がかりになりうるものであり、記録しておくことに重要な意義があると考えているので、この調査結果も含め、報告する。

1、宗勢基本調査からみた「自宅参り」の地域性

1－1、教区別比較からみた「自宅参り」の実施率の地域性

浄土真宗本願寺派では、約５年に一度、宗派に所属する寺院を対象とした悉皆調査である宗勢基本調査を実施している。喫緊では、2021年７月を基準日とした第11回目となる宗勢基本調査（以下、11回調査と略称）が実施された。その結果をまとめた報告書（「第11回宗勢基本調査報告書」〈浄土真宗本願寺派編『宗報』2023年２月号所収。以下、「11回報告書」と略称〉）の中で、自宅参りに関する分析が報告されている。それによると、自宅参りは実施率の高い順に並べると、盆参り（実施率76.4％）、月忌参り（実施率63.6％）、祥月参り（実施率55.7％）、家庭報恩講（実施率

53.8%）であった。[3] その中、「11回報告書」では、家庭報恩講と盆参りについて教区別で比較を行い、次のように報告している。

> 5割以上の門徒宅での家庭報恩講のお参りを実施している割合は、備後教区が最も高く64.9%、次いで安芸61.7%、四州60.1%、石川教区57.9%と、中国・四国・北陸地方で多く実施されていることがわかります。一方、5割以上の門徒宅で盆参りを実施している寺院は北海道教区が89.3%と9割近くあり、北豊80.9%、佐賀教区74.0%と、北海道、九州地方に多く実施されています。このように門徒宅のお参りは、地域差が顕著であることも今回調査でわかりました。（51頁）

このように、地域によって、寺院が行う自宅参り（門徒宅参り）の実施状況が異なっていることが指摘されている。家庭報恩講がさかんな地域は比較的浄土真宗寺院の数が多く、特に広島県の西部は、古来より「安芸門徒」と呼び習わされるように真宗門徒が多い地域である。なお、北海道や九州各地域も本願寺派寺院の多い地域ではあるが、他の伝統仏教教団の寺院も多くあることから、このような差違が出たものと考える。

さらに、11回調査で尋ねた「自宅参り」のうち、月忌参り・盆参り・家庭報恩講について、各教区の平均値を比較すると、**表1**のとおりとなった。[4]

月忌参りがさかんな教区は高岡（6.07、1か寺あたりの門徒戸数の平均値の割合。以下同）、大阪（5.87）、奈良（5.82）、北豊（4.59）、国府教区（4.55）で、寺院に所属している門徒戸数の半数から6割程度にお参りしていることがわかる。一方、沖縄・鹿児島・宮崎・東京・備後・山陰の各教区は実施率自体が低く、月忌参りがあまり根付いていない地域であることがわかる。

また、盆参りをみると、さかんにお参りしている教区は、北海道（7.72）、北豊（6.84）、大分（6.75）と北海道や九州各教区に多く、少ない地域は沖縄（0.22）、富山（0.57）、高岡（0.59）、石川（1.15）といっ

表１　門徒宅参り　月忌参り・盆参り・家庭報恩講の平均値（教区別）

	月忌参り　平均値	盆参り　平均値	家庭報恩講　平均値
北海道	3.84	7.72	1.38
東　北	0.80	4.32	1.15
東　京	0.19	2.19	0.23
長　野	0.40	4.32	0.88
国　府	4.55	2.79	1.00
新　潟	4.10	2.69	0.43
富　山	4.48	0.57	4.22
高　岡	6.07	0.59	4.78
石　川	1.84	1.15	4.95
福　井	1.87	1.87	4.87
岐　阜	2.15	3.09	4.50
東　海	1.32	2.61	3.09
滋　賀	3.52	1.58	3.53
京　都	2.00	5.16	0.62
奈　良	5.82	3.87	3.31
大　阪	5.87	3.57	0.52
和歌山	1.85	6.25	0.78
兵　庫	3.30	4.57	1.66
山　陰	0.38	4.66	2.75
四　州	0.48	2.25	5.12
備　後	0.27	5.56	5.38
安　芸	1.43	1.51	5.35
山　口	0.48	6.11	4.94
北　豊	4.59	6.84	0.86
福　岡	1.62	4.45	0.70
大　分	2.26	6.75	2.63
佐　賀	1.17	6.61	0.94
長　崎	1.43	4.54	1.74
熊　本	3.19	2.23	4.08
宮　崎	0.17	2.66	1.65
鹿児島	0.14	1.19	0.70
沖　縄	0.00	0.22	0.00
合　計	2.53	3.71	2.71

た沖縄、北陸地方の各教区となった。

盆参りを実施していない地域では、家庭報恩講（お取り越し、お逮夜参りなど）を実施しているケースが多い傾向がある。家庭報恩講のさかんな教区は、備後（5.38）、安芸（5.35）、四州（5.12）、山口（4.94）など中国・四国地方の教区が最も多く、石川（4.95）、福井（4.87）、高岡（4.78）、富山（4.22）の北陸地方の教区も多いという結果となった。

これらの結果をまとめると、月忌参りは関西・北九州・北陸で、盆参りは北海道や九州で、家庭報恩講は中国・北陸で、お参りがさかんに行われていることがわかる。同じ本願寺派に所属する寺院であるが、自宅訪問による「自宅参り」の形態には、地域による違いが見受けられるのである。

1－2、自宅参りに代わる寺院法要の実施状況とその地域性

一方、こうした「自宅参り」をあまり積極的に行っていない地域もある。その代表的な教区が東京・宮崎・鹿児島の各教区である。宮崎・鹿児島については、すでに「第９回宗勢基本調査報告書[5]」の中、門徒戸数の比較において、

> 鹿児島県とその周辺では、江戸時代の念仏禁制の影響で、真宗寺院のあり方が特殊であることが知られていますが、ここにもそれが現れていると考えられるでしょう。(86頁)

と指摘されている。つまり、鹿児島や宮崎は、明治以降に開教された寺院が多いので、法務の形態も寺院でのお参りが根付いたものと推察される。そこで、ここでは、東京教区の法務を中心にみていく。

東京教区の盆参りでの１か寺あたりの門徒戸数の割合は平均2.19あるものの、月忌参りや家庭報恩講参り、春秋彼岸参りは１割を切っていた（**表１**参照）。一方、寺院での法要・行事の中、孟蘭盆会・春秋彼岸会について、北海道・東京・大阪・安芸・福岡といった大都市部を含む教区と比較すると、**図２**のとおりとなった。

図２　寺院での法要　春秋彼岸会・盂蘭盆会の実施率（主要都市を含む教区の比較）

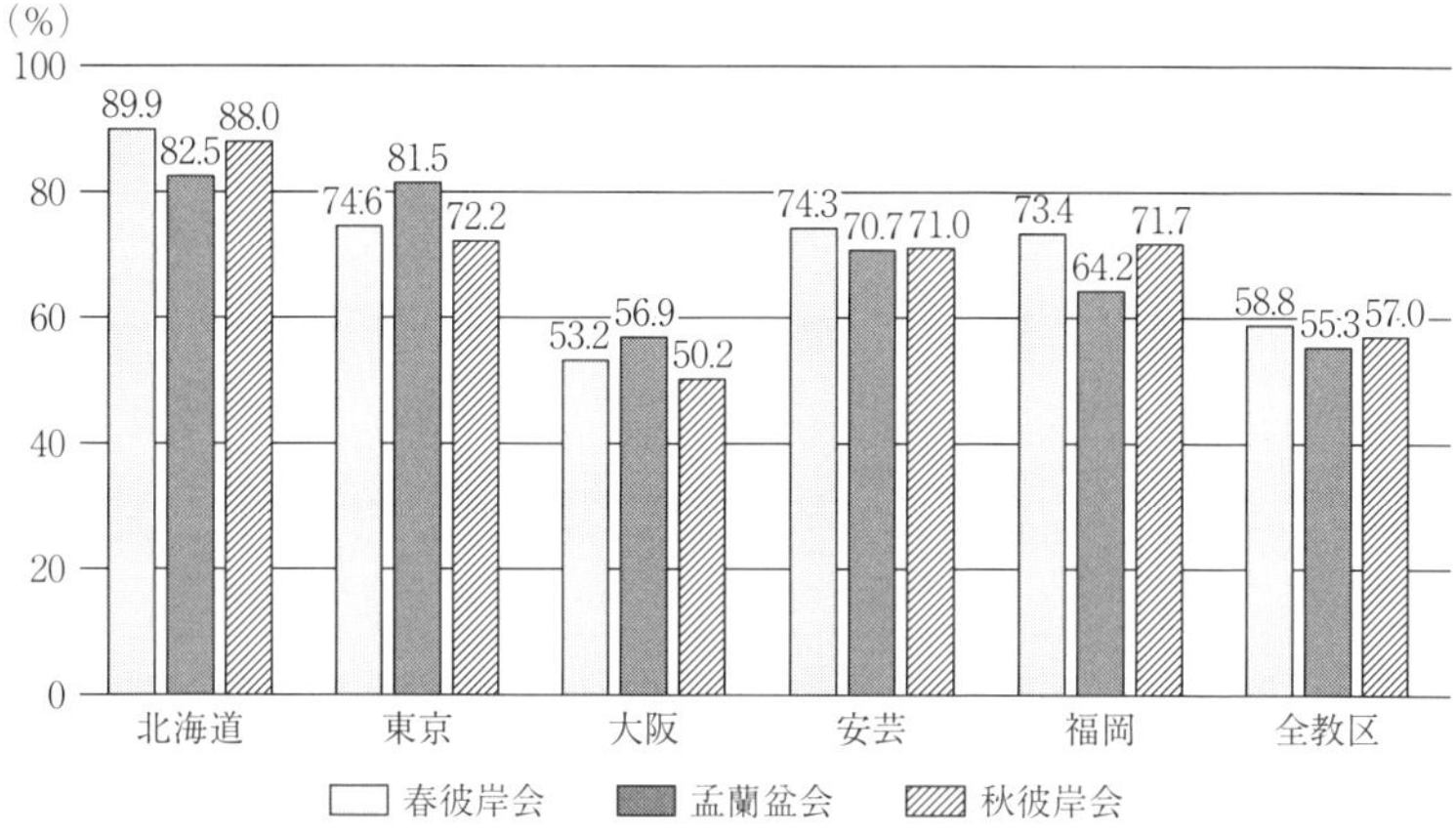

北海道は、どの教区よりも寺院で行う各法要の実施率が高い。一方、大阪は全教区と比べても、寺院法要の実施率がやや低い傾向がある。東京は北海道ほどではないが、春秋彼岸会ならびに盂蘭盆会の法要実施率が高い。特に盂蘭盆会の実施率は８割を超えている。

さらに、11回調査では、寺院で定期的に行われている定例法座の実施の有無と年間回数を尋ねている。そこで、**図２**と同じく、定例法座の実施率について大都市部を含む教区を比較すると、**図３**のとおりとなった。

定例法座は、安芸教区が９割近くと最も高く、次いで福岡（77.6）、北海道（74.1）の順となった。東京教区の定例法座は主要都市を含む各教区の比較では実施率が比較的平均的な割合となった。定例法座を実施している寺院の実施回数の平均を教区別にみると[(6)]、

北海道教区：11.89
東京教区　：12.86
大阪教区　： 9.62
安芸教区　：13.33
福岡教区　：12.90

図3　定例法座の実施率（主要都市を含む教区の比較）

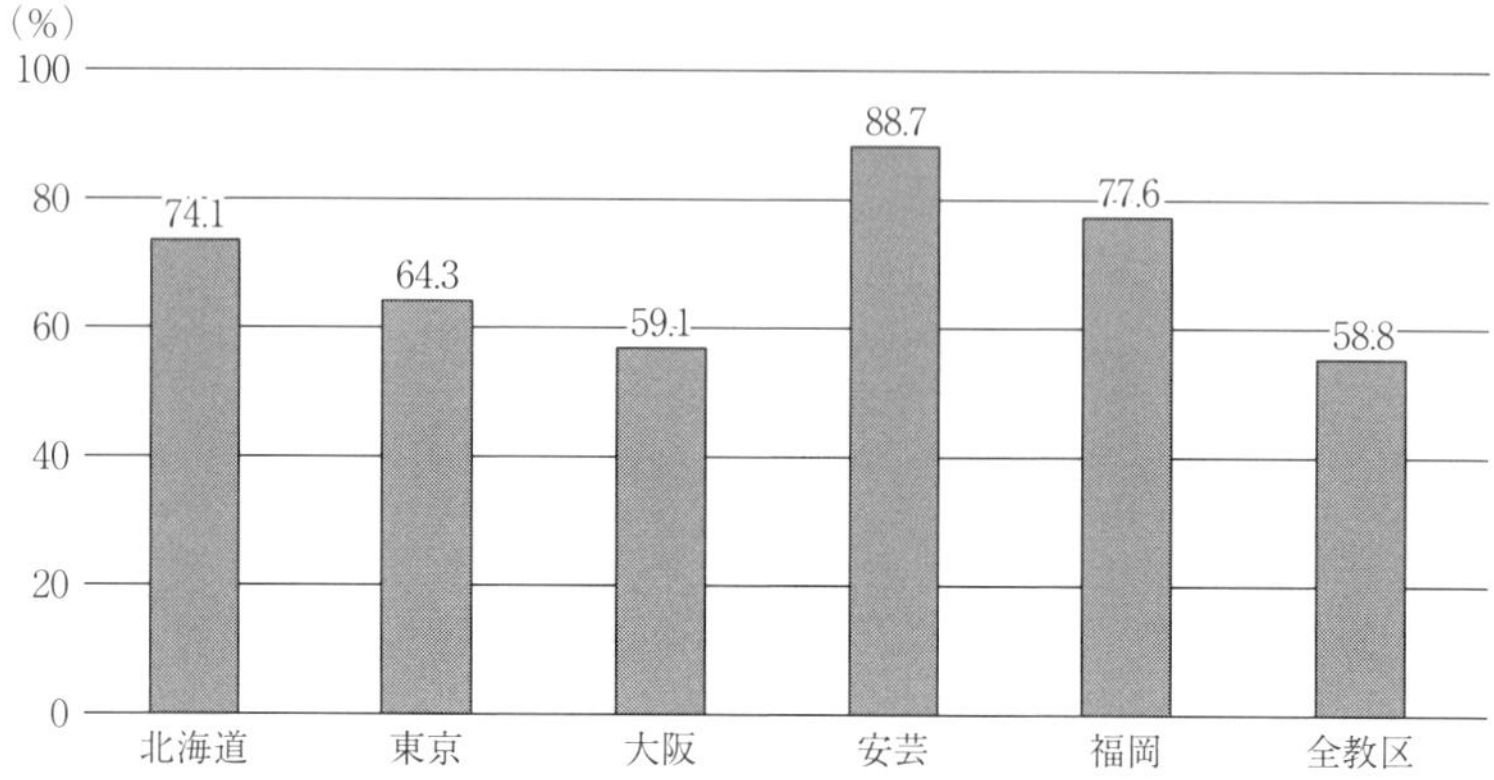

全教区　　：10.76

となった。安芸が最も高く、福岡・東京教区は年間平均12回を超えていた。つまり、これらの教区では月に1回以上定例法座を実施していることになる。このように、東京教区の定例法座は、実施率64.3%（11回調査。問13。全教区58.8%）で、実施している寺院の年間平均回数は12回を超えていた。また、先に示した寺院での法要行事の教区別比較をみると、東京教区は、春秋彼岸会（春74.6%、秋72.2%）、盂蘭盆会（81.5%）と、全教区の中でも実施率が高いことから、門信徒の仏事は寺院の法要行事で勤修されているケースが多いことがうかがえる。

このように、寺院の法務の形態については、地域による相違が大きいと考えられる。関東一円に山梨県・静岡県を範囲とする東京教区では、自宅参りの実施率はそれほど低くないが、そのお参りについて、1か寺あたりの門徒戸数の割合をみると、限られた門徒にお参りに行っていることが推察される。また、東京教区では、定例法座や各種法座で、門徒の仏事を勤めているケースが多い。さらに、門徒の年忌法要に関して、門徒宅でのお勤めの割合の平均をみたところ、以下のとおりとなった。(7)

北海道教区：6.48
東京教区　：1.90
大阪教区　：8.09
安芸教区　：5.60
福岡教区　：5.58
全教区　　：6.70

東京は２割弱であったが、大阪は８割程度であった。年忌法要の自宅参りの割合について、全教区で高い順にみると、奈良が一番高く平均8.30、次いで滋賀8.19、大阪8.09と関西圏の各教区の寺院に特に高い傾向があった。反対に門徒の年忌法要を門徒宅で行う割合の低い教区は、東京1.90、鹿児島2.17、宮崎3.12の順となった。鹿児島・宮崎は、先述したとおり明治以降に開教した影響の大きさがここでもうかがえる。東京教区では、これまでみたように、寺院で門信徒の仏事が行われることが多いことが推察される。ちなみに東京教区での門信徒の年忌は寺院で行うケースが多いなども伝聞している。

一方、関西は、他の地域に比べ法要の実施率や法座回数の平均値は低い。その分、月忌参りや年忌法要を中心とした門徒宅参りに力を入れていることが推察される。

このように、「自宅参り」を教区別に比較すると、地域性の差異が大きいことがわかった。つまり、「自宅参り」は地域の慣習と密接に関わった寺院法務であることが考えられる。それはどのような関連があり、どういう効果をもたらしているのか。能登地域で行った寺院調査をもとに、具体的な検証を試みる。

2、年忌法要の継続と地域の慣習との関わり(8)

2017年８月下旬、筆者の所属する浄土真宗本願寺派総合研究所は、過疎問題連絡懇談会との共催で、石川県七尾市周辺で寺院ならびに住民を

図4　解散・合併を考えている寺院（10回調査の教区比較）

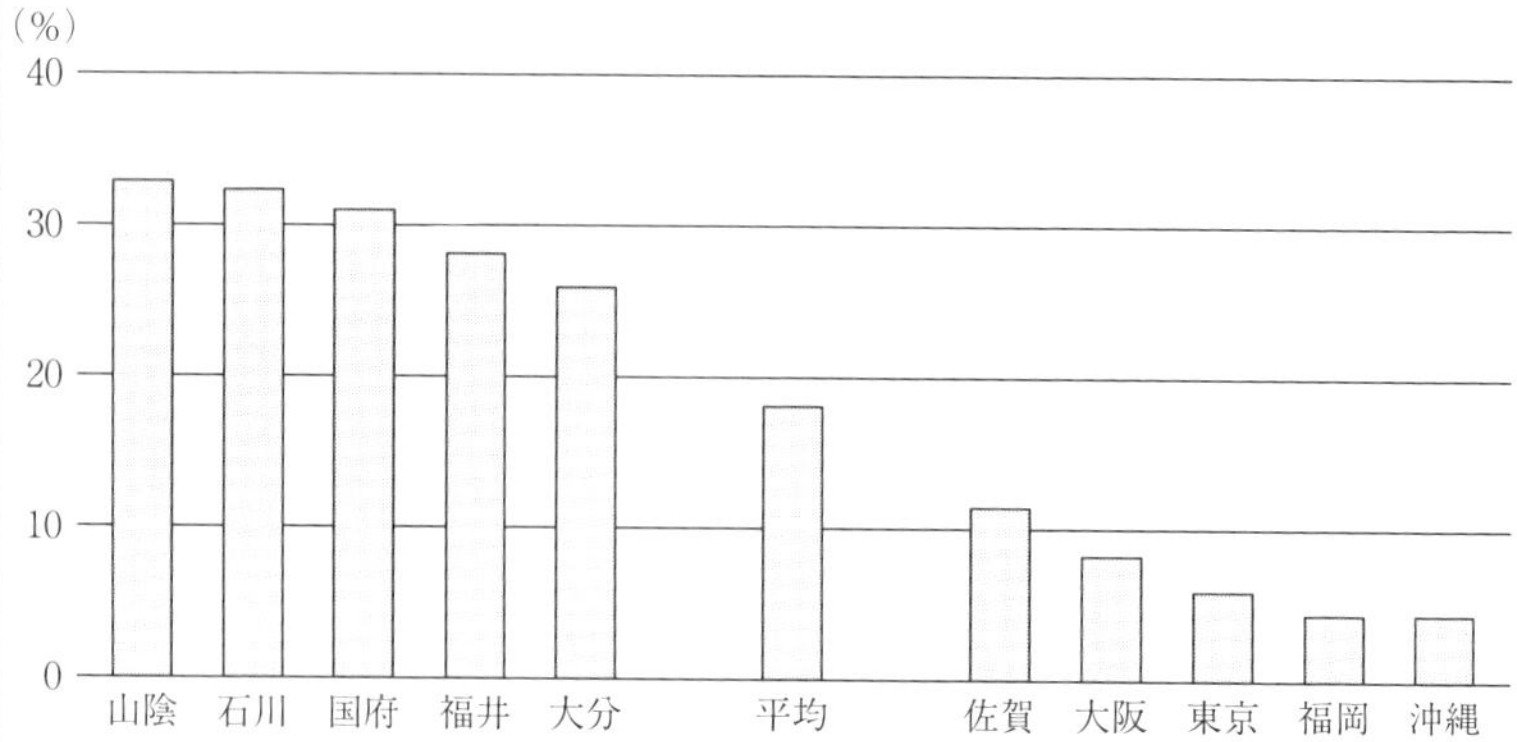

対象とした調査を行った。この調査の特徴は、本願寺派だけでなく、真宗大谷派、曹洞宗、日蓮宗、真言宗智山派、高野山真言宗、臨済宗妙心寺派と協力し、多くの教団が共同でさまざまな宗派の寺院の調査を行ったことにある。

また、七尾市仏教会の協力を得て、真宗大谷派、曹洞宗、日蓮宗、高野山真言宗、本願寺派に所属する20か寺にご協力いただき、寺院への聞き取り調査と、地域住民を対象とした集落調査を実施した。

七尾市を調査地に決めた理由は、本願寺派の第10回宗勢基本調査（2015年実施。以下、10回調査と略称）での調査結果にあった。この10回目で、本願寺派では初めての試みとして教区ごとの比較分析を行った。この中で「石川教区」について興味深い特徴が抽出された。まず、注目すべきは、「解散・合併を考えている寺院」の割合が非常に高い数値となっている点である。石川教区は、山陰の次に高く、ほぼ1/3の寺院が解散・合併を考えているという結果となった（石川32.3%）。全国平均が18.1%なので、非常に高い数値と言える（**図4**）。

「解散・合併」は寺院の年間収入との関係が深い。寺院収入については、寺院が密集している滋賀教区や、人口減少が著しい山陰教区などが

低い。石川教区も低い教区の一つではあるが、「解散・合併」の理由として推測されるほど極端に低いわけではない。

また、同じく10回調査から、石川教区は法事が継承されにくいという点が指摘された。10回調査では、「寺院の門信徒では、年忌法要は、通常、何回忌までおつとめしていますか」と、所属する門信徒の年忌の継続について尋ねている。「50回忌まで」「50回忌以上」と年忌が継続されている教区がある一方で、「13回忌まで」「７回忌まで」という教区もある。石川教区は、「３回忌しか続かない」寺院が25.3％（全教区中２位）にのぼり、年忌が続きにくい地域であることがわかった。このことから、法事の続かない状況が生じていることが、寺院運営への不安となっていると推測される。このような結果をふまえ、寺院運営に弱体化の傾向が見受けられる石川教区の中、特に過疎指定地域の多い能登地域を選定した。七尾市仏教会から調査内容の承諾をいただき、過疎問題連絡懇談会にはかり、七尾市仏教会に所属する寺院を対象として調査を実施することとなった。

2－1、寺院周辺地域の人口変化と信徒の分散状況

七尾市では、1980年当時７万人近くあった人口が、調査前の2015年当時では、５万５千人と大きく減少していた。そこで、寺院の周辺状況について尋ねた結果が**図５**である。

図５　七尾周辺の人口変化
（ここ10年、2017年能登地域寺院調査）

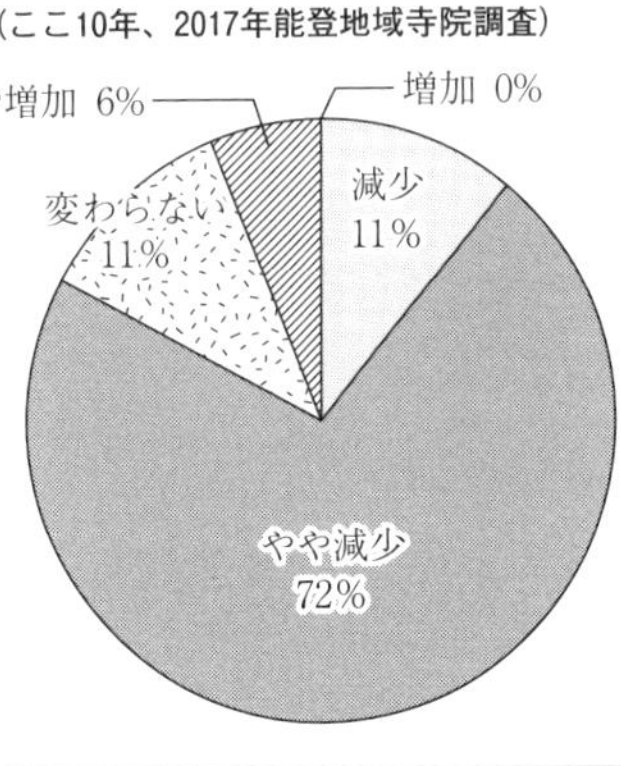

ここ10年の周辺人口について、増加から減少の５段階で尋ねたところ、「減少」「やや減少」と回答している寺院が８割以上となった。また、寺院周辺状況の活気についても尋ねたが、「弱

図６　信徒数の変化
（増減、2017年能登地域寺院調査）

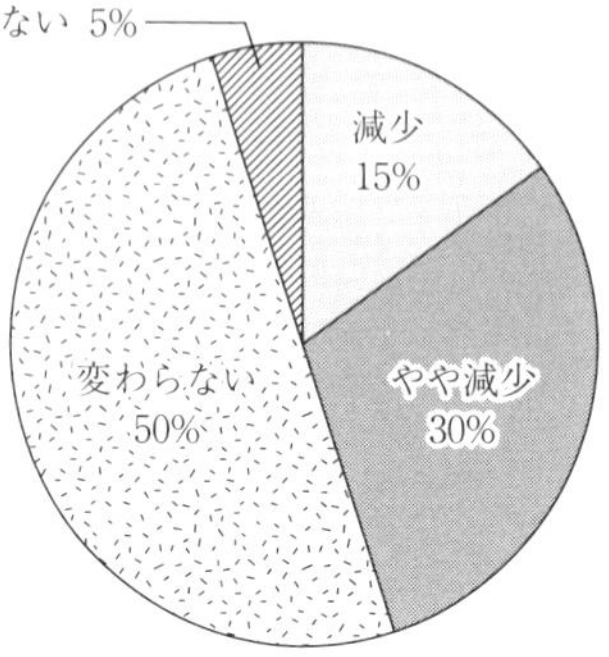

図７　信徒の変化
（分散、2017年能登地域寺院調査）

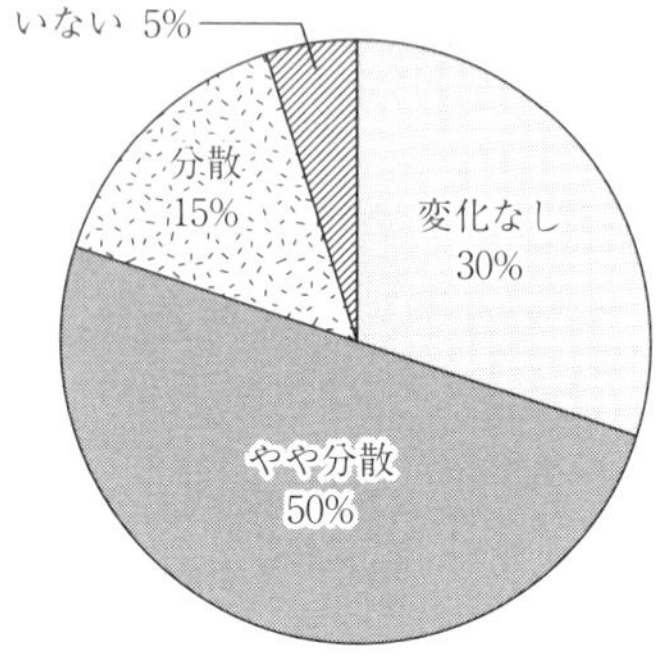

体化」「やや弱体化」が７割以上という結果が出た。やはり地域の状況は厳しいことがうかがえる。

また、調査した寺院の信徒（檀家、門徒）数は30～100戸に集中しており、比較的小規模な寺院が多く確認されたが、信徒数のここ10年の増減・分散傾向を尋ねると、**図６**、**７**のとおりとなった。

信徒数は半数近くの寺院で減少が見られるものの、**図５**と比べると「変わらない」の数値が高いことがわかる。それは、**図７**のとおり、信徒の分散結果が直接リンクしていると考えることができる。つまり、寺院周辺地域の人口が流出していることは間違いないが、寺院に所属する信徒は、地域から離れて居住するようになっても、寺院との寺檀関係は継続されていることが、これらの結果からうかがえるのである。これは、周辺地域から離郷した信徒に対して、継続的に関わり続けた寺院活動の成果だとみることができるだろう。

２－２、七尾市周辺地域の年忌の継続の実態

先に述べたように、10回調査にて、本願寺派の石川教区は「年忌法要」が続かないという結果が出た。そこで、寺院の檀家（もしくは門徒）

で、通常、何回忌まで続くのかを尋ねると、13回忌までしか続かない寺院と33回忌以上継続される寺院に、半々で分かれる結果となった。また、33回忌以上続くと回答した寺院のほとんどが、50回忌まで続くことが多いと回答している。この関連を探ると、地区別であることが判明した。この調査結果について、エリアを６地区に分けて、各地区の年忌継続をグラフにしたのが**図８**である。Ｂ・Ｃ・Ｆ地区は７回忌までが多く、Ｄ・Ｅ地区は33回忌以上継続していることがわかった。

図８　年忌継続　地区別（2017年能登地域寺院調査）

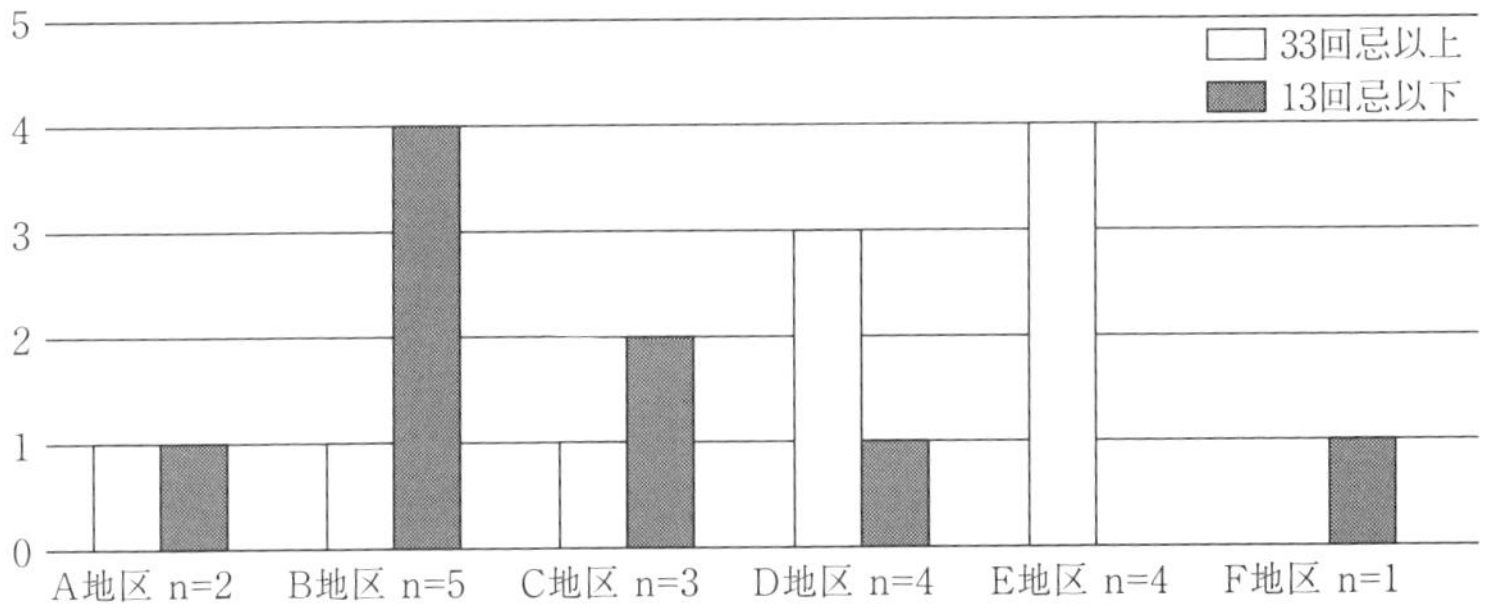

また、すべての寺院が33回忌以上まで続くと回答したＥ地区では、法事に100人以上が参列されるケースもあることを知った。つまりこの地区では、親族だけでなく地域住民までもが法事に参列していることとなる。地域内のつながりの力が非常に強く、こうしたつながりが寺院を媒介として形成されており、そのことが法事の継続をもたらしているのではないかと予想した。そこで、当地の寺院や仏事の地域性についてみてみよう。

２－３、七尾市Ｅ地区の仏事に関する主な風習[9]

まず、Ｅ地区では、烏帽子親子の風習が確認された。烏帽子親子とは、元服の際に特定の人物に依頼して仮親になってもらい、元服する当人に

烏帽子を着けさせる役を務めることを言う。主に武士で行われていた仮の親子関係を持つ関係性であるが、これを地域単位で行う風習が、E地区には残っていた。調査時（2017年）には、この烏帽子親子関係も薄れつつあることが指摘されてはいたが、結婚式や年忌法要、葬儀などに烏帽子親が参列しているなど、関係が続いていることも確認がとれた。

また、能登地域の寺院では、年間、多いところで20以上もの法要・法座が開かれている。その中には、「御崇敬」など古くからの浄土真宗の伝統を守った特徴ある行事がみられた。「御崇敬」は講の一つとして、能登や鹿島の36か寺が持ち回りで開催される３日８座の大法要である。この講は蓮如にさかのぼるとも言われるが、本願寺第20代広如に本如の御影像と御消息を請い、文政12（1829）年から再興された能登の代表的な伝統行事となっている。

これに対して、はじまりが不明確で、能登・氷見地域に脈々と継承されている特徴的で示唆に富む伝統行事と言えるのが、「こんごう参り」である。こんごう参りはその名称の意味も不明であり、魂供・金剛・魂合・魂倶・魂具・魂仰・魂講・今遇・婚後などと表記するほか、「こんごう」や「こんぐ」とするだけで、漢字表記を避ける寺院も多い。由来については、「金剛心（信心）」がもととなった説や、中能登地域で古来よりある石道山信仰（山岳信仰）から派生したとみる説などあり、未だ定説はない。当地では、あるお寺の門徒宅から他のお寺の門徒宅へ結婚した人を、「孫門徒（まごもんと）」と表現していた。つまり、こんごう参りは、その孫門徒の実家のご両親が亡くなった後、毎年決まった日に実家のお寺に参詣する法要を言う。こんごう参りの中心地帯では、８月１日・７日に集中して行われていることから、盆入りの行事とも言われているが、実施時期は場所によってさまざまである。また、浄土真宗のお寺だけでなく、曹洞宗や真言宗のお寺でも勤修されていた。

2017、2018年の能登地域寺院調査では、どの宗派の寺院からも上記の「こんごう参り」に関する現状について教えていただいた。その中で本

願寺派、大谷派の寺院から得られた「こんごう参り」に関する内容の一部を以下に列挙する。

A寺：真宗大谷派、名称「魂迎会」。12月４日に行う。特に案内はなし。ほとんどが在所の方で、門徒かどうかは関係ない。

B寺：真宗大谷派、名称「魂迎会」。村では、おしっちゃ（七昼夜、11月28日までの７日間）期間中の１日を当てている。嫁・婿に行った者（孫門徒・コンゴ門徒）が、年に一度実家の寺の法要へ参る。県内、近隣在住の「コンゴ門徒」へ「魂迎会」の案内を出す。約25名が参ってくる。お斎を出す。

C寺：真宗大谷派、名称「魂迎会」。多い時には140名が参拝。精進料理を出す。

D寺：真宗本願寺派。８月７日、孫門徒も含め140通の案内を出す。

E寺：真宗本願寺派、名称「こんごう参り、金剛会」。他の法座と併せて行う。お斎を出す。

この中、門徒に限定していない寺院や、お盆との関連がない寺院もあるなど、寺院によって「こんごう参り」の位置づけが異なることもわかった。ただ、どの寺院でも、この「こんごう参り」が年間を通じて多くの参拝者が来る法要の一つであり、能登地域の寺院にとって、欠かせない法要となっている。

2018年７月、E地区に所在するN寺のご協力を得て、こんごう参りの法要を調査した。同寺では夏と冬、年３回こんごう参りが行われ、このうち在所の外の対象の法要は７月中旬に実施される。

法要は午前11時から始まった。案内対象は同町内の在所外や七尾市内の門徒出身者である。この日の参拝者は20名ほどで大半が女性であった。前住職・住職の勤行の後、住職による法話があった。その後、参列者にはお斎がふるまわれた。お膳は伝統の黒漆の器に盛られた精進料理、サラダや揚げ物などが別盛りにされているほか、缶ビールも出されていた。その際、七尾市からこられた70代の男性は「小さい頃当たり前にながめ

ていた風景や、遊びの場だったお寺の境内。生まれ育った空気にふれたいし、このお参りはふるさとに来るよい機会です。同窓会の感覚で来ています」と述べられた。また、E地区に住む60代の女性は「実家の両親が亡くなり、50歳くらいからこんごう参りに参加するようになりました。こんごう参りのイメージは、島では、実家の親が亡くなったことを機縁に参加するものです。親が長生きになったのでこんごう参りも高齢化しています。ただ、県外に出た人は参加しなくなりました。こんごう参りのある地域と違い、この習慣のない地域では結婚先の理解を得ることも難しいようです」と語られた。石川県内、車で1時間近くの場所から姉妹でお参りの方は「集落（在所）に家がもうありません。このお寺には先祖のお墓があるため、お墓参りもかねて来ることのできるよい機会になっています。今まで何度も参拝していますが、集落の懐かしい方々とも会えるので、とても有り難い行事です。これからも参拝していきたいと考えています」と述べられた。

このように、N寺での「こんごう参り」は、参列者にとって、仏事をいとなむことと、地域単位での同窓会的な役割を担っている。後述する他出子との関わりとの関連も指摘できるものと考える。

さて、E地区では、このように多様な風習が残っていた。それは、地

図9　法事参加人数　N=71（2017年、2018年　能登地域寺院調査）

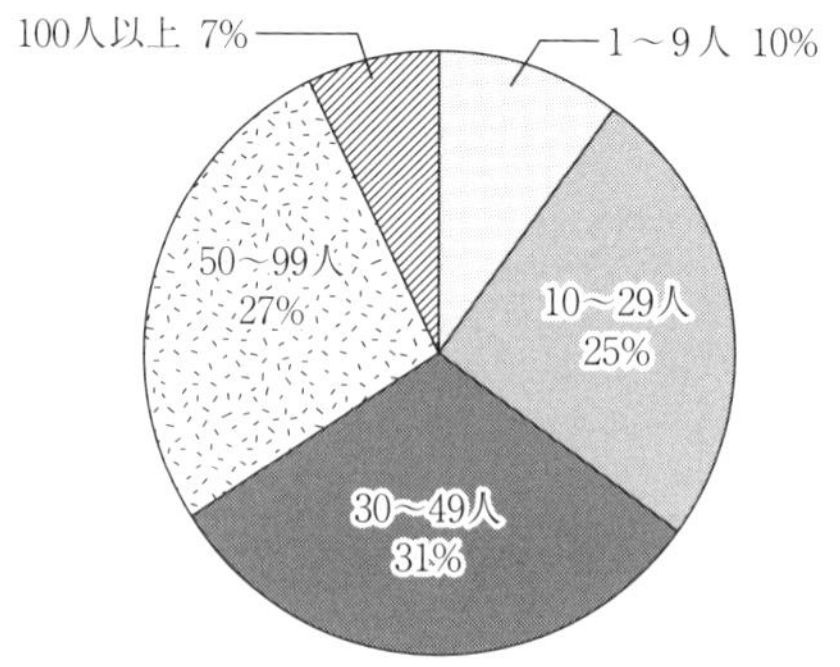

域コミュニティが濃密であることは自明であると言えよう。そこで、集落調査の中、法事の参加人数の平均を尋ねた結果が**図９**である。

法事の参加人数について50人以下でみると６割、50人以上で４割となった。50人以下の中でも、「30－49人」の参加人数が多くを占めている。Ｅ地区の一般家庭の法事の参加人数が多いことがきわだった結果となった。

同じく集落調査では「法事にくる親戚の範囲」を尋ねているが、30人以上の参加がある回答者の多くは、「いとこ」「Ａ町内」「昔からの親戚」「血族と烏帽子親」などであり、血縁関係も三親等以上が多く、近隣をはじめ地域住民を招くケースが多いことがわかる。

3、「自宅参り」の可能性

3－1、年忌告知の有効性

さて、能登地域寺院調査の結果に戻りたい。年忌の継続には、地域のつながりの濃淡が大きく関連することは指摘した。この年忌の状況を受け、年忌に関して信徒に告知をしているか否かを尋ねた。その結果が**図10**である。

図10　年忌告知の有無（2017年能登地域寺院調査）

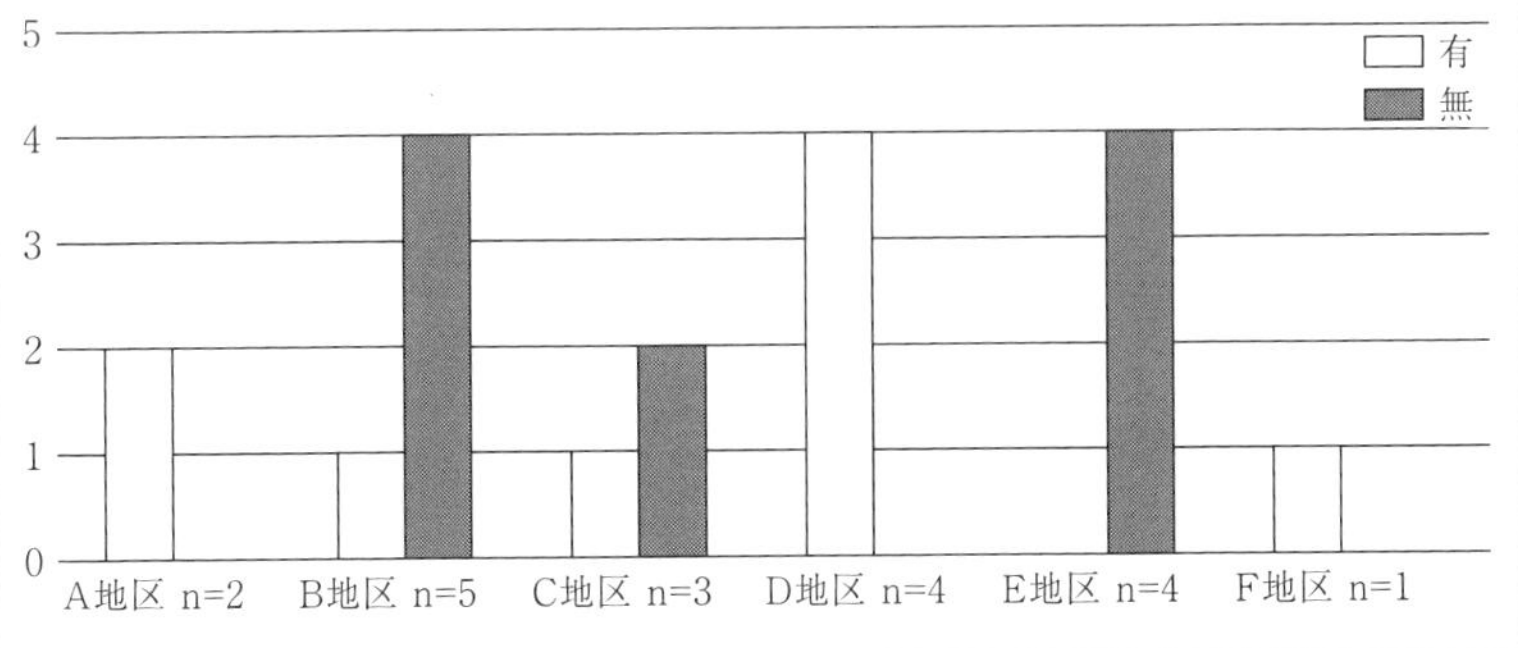

全体としては、「知らせている」「知らせていない」が半々の結果となった。基本的に、年忌告知に取り組んでいる寺院では年忌が継続されているという結果が出ている。実際、Ｄ地区では全ての寺院で年忌告知を実施していた。しかし、年忌の続くＥ地区では告知は一切行っていなかった。

七尾市内には、Ｅ地区だけではなく、先述した「御崇敬」をはじめとする講が盛んであり、「こんごう参り」や「烏帽子親子関係」など、昔からの習慣である習俗が現在も維持されている。他の地区でもこうした習俗の継続は確認できたが、Ｅ地区はより色濃く維持されていた。また、先に述べた「法事に100人以上参列」は稀なケースだが、Ｅ地区では法事参列者の平均が30～50人と多いので、地区内で執行されている法事には地域の人の参列がうかがえることもわかった。このような状況では、地域住民同士の声かけなどがあることは想像できるだろう。「○○さんにはおせわになったから、来月の法事には参列するわ」や「あなたのとこ、今年は７回忌があたっているね」など、地域住民同士のはたらきかけがあるので、寺院側が告知しなくても、継続されるのである。

一方、Ｄ地区でも講や「こんごう参り」などの習俗は確認できたが、法事参列者がＥ地区のように地域住民が参列することは稀なケースとなっている。つまりＤ地区は、Ｅ地区に比べ、地域のつながりが薄らいでいることがうかがえる。このつながりの衰退について、Ｄ地区の寺院はみな認識しており、この危機感の表れが年忌の告知活動へと展開しているものと思われる。年賀状やはがき、修正会の際に本堂に掲示する、また、仏壇に置けるような年忌の案内（法名と年忌を記したもの）を配布する寺院など、Ｄ地区ではそれぞれの寺院の創意工夫による告知が行われている。

すなわち、年忌の継続については、従来型の人々のつながりの力があれば、それによっても継続される。しかし、それが強力でない場合は、告知など寺院からのはたらきかけの有無によって差が生じている。調査

対象の母数が多くないため断言することは困難であるが、つながりの希薄化が生じている現状があるのであれば、寺院側から積極的に関わりを持つことも重要であろう。

法事告知の有効性について述べてきたが、それは移動する人々へ対応する有効性ともイコールであると考えている。告知などの連絡があると、法要やイベントなどに参加した際の満足度が高いという調査結果もある。また、ある法要で、遠方から老婦人が参列され、「毎年送られてくるお寺さんからのはがきをみて、いつか帰りたいと願い、ようやく今日来ることができました」と涙ながら語られたという事例をうかがったこともある。年忌の継続は、仏縁となるきっかけの一つであり、寺院運営にとっても重要な要素だと言える。年忌継続については、「告知」が一つの課題と言えよう。

3－2、他出子・他出者の動向把握の必要性

2017年、2018年の能登地域寺院調査では、能登島にて猪瀬優里氏（龍谷大学教授）主導による集落調査を実施した。この集落調査では、郷里から離れて暮らす「他出子」「他出者」の動向を中心に調査分析を行った。2018年に実施した現地報告会において、この「他出子」に関しては、徳田剛氏（大谷大学教授）に分析をお願いし、報告いただいた。ここでは、徳田氏から現地報告会で述べられた要点をまとめ、「他出子」の動向把握の必要性を指摘したい。

徳田氏は、郷里から離れて暮らす子どもである「他出子」を把握することは、地域を支えうる「潜在的なマンパワー」の存在を確認することであるとし、郷里に戻ってくることのできる距離に住む「近郊他出信徒」に注目した。七尾市を含む中能登地域からみると、50～70㎞圏内にあたる金沢都市圏などが「近郊」に該当する。

この集落調査は能登島町にて実施したが、主に郷里に暮らす住民の子どもの現在地、帰郷理由（家族の世話、家業の手伝いなど）、寺院行事へ

の参加度合いを調査した。結果、100名を超える他出子の存在を確認し、そのうち能登半島内や金沢都市圏、近隣の富山県内などに住む「近郊他出子」は約80％いることがわかった。他出子の帰郷理由とその頻度を尋ねたところ、家業や買い物、家事、相談などの日常的な用件ではほとんど帰省しておらず、距離の遠近の影響はみられなかった。それに比べて、仏事に関する用件で帰省頻度が高いことが指摘された。

仏事については、葬儀や法事、お盆などの関与度を聞いている。葬儀は言うまでもなく高い数値が確認されたが、お盆も、石川・富山県内であれば９割近くの「他出子」が帰省していることがわかった。一方、法事への関与にはバラツキがみられるものの、石川県内程度の距離であれば、多くの他出子が帰省し参加していることがわかった。一方、真宗寺院ではほぼ勤修される「報恩講」は、参加が近郊に限られる上、同一町内でも不参加の人数が多い結果となった。こちらは他出子問題だけではなく、ライフスタイルや仕事などの変化の影響も考えられることが指摘された。

しかしながら、これらの課題や対策は、郷里に親・祖父母が残っている状態で「他出」した人のケースであることを前提としている。将来的に郷里に家族がいなくなってしまうと「他出子」は「他出者」となり、帰郷する理由や機会が失われてしまう。この際に、家や家にある仏壇、墓、そして寺院との関係などが問題として生じてくることが今後の検討課題であることを、徳田氏は述べられた。

徳田氏から示された、「他出子」が「他出者」となり、地域や寺院との「つながり」が希薄化するという分析は、寺院の具体的な活動を考える上で、現実的には非常に困難ではあるが、喫緊の課題ではないだろうか。中條暁仁氏も「他出者の対応が寺檀関係の持続可能性を大きく左右する」(10)と指摘している。筆者の具体案として、まずは寺院の信徒（檀家、門徒）名簿を整理しなおすということが考えられる。信徒は、どこの地域に、どのような層の人たちがいるのか、などを改めて把握しなおすこ

とで、情報の媒体や発信方法、活動の種類などが明確になり、新しいアイディアが生まれてくるのではないだろうか。「他出子」「他出者」の把握は、寺院のこれからを考える上で、基盤をなす情報になってくると考える。

11回調査では、この集落調査結果をふまえ、遠隔地に住む門信徒の把握状況について尋ねている。「11回報告書」では、この設問と、寺院の護持・運営状況を尋ねた設問をかけあわせて、「ほぼ把握している」と「ほとんど把握せず」の護持可能寺院は20％近くの違いがあることを理由に、「遠隔地門徒を把握しているかどうかが、護持に一定程度の影響を与えていることが推測されます[11]」と指摘している。現代社会は進学や就職にともない、主に若年層が移動することが自明であり、それは寺院に所属する門徒（檀家）にもあてはまる。こうした移動への対応は、寺院運営の今後を考える上においても軽視できない重要な課題である。さらに、遠距離に居住する他出子・他出者と寺院との接点は、盆参りや年忌法要などの「自宅参り」であることが多い。これまでみてきたように、この「自宅参り」は地域性の影響が強い。能登の事例から考えると、地域性が色濃くみられる「自宅参り」は、寺院と門徒とのコミュニケーションの積み重ねだとも考えられる。この独自のコミュニケーションの積み重ねが習慣化され、根付いていったのではないだろうか。こうした仮説を証明するためには、よりさまざまな地域の「自宅参り」の検証が必要になる。これについては、今後の課題としたい。

まとめ——自宅参りの展望——

寺院が門徒（檀家）宅に赴き門徒宅の仏事を行う「自宅参り」に焦点を当て検討を行い、「自宅参り」には地域性が非常に強いことを指摘した。「自宅参り」は、寺院の運営面を支える重要な法務である一方、門徒（檀家）一件一件とのコミュニケーションの一つでもある。この「自

宅参り」に地域性が色濃くみられるということは、寺院と門徒のコミュニケーションの取り方に、地域性や独自性が出ていると捉えることもできるだろう。この地域性、独自性を含んだ「自宅参り」が、これまで寺院を支えてきたと筆者は考える。

一方、現代人は進学や就職を機に移動することが当たり前となっている。門徒（檀家）が分散して所在する傾向は、「ムラのお寺」として位置づけられてきた寺院の存在理由が、改めて問われていることにもつながるだろう。この分散する門徒に対し、これまでの寺院はさまざまに努力を重ねて、つながり続けてきた。遠隔地に住む門徒との関わりは、これからの寺院のあり方にとって、欠かせない要素だと筆者は考える。

最後に、一つのデータを紹介して、本論を閉じたい。11回調査では、新型コロナの影響で表面化した寺院の課題について尋ねている（問62）。筆者は、その設問について、過疎指定地域に所在する寺院とその他地域の寺院で比較し、過疎地寺院とその他地域寺院で意識の差異を確認した。[(12)] それを示したものが**図11**である。

新型コロナ流行下での課題として、過疎地寺院の多くが「会食（お斎）などの減少」を挙げた。その他地域と比べて５ポイントの差異が出た。一方、その他地域は「仏事の減少」や「一緒にお勤めができない」「隣寺などとの関係性の希薄化」などが過疎地寺院よりも高い。この結果をふまえ、筆者は、新型コロナ流行下でも過疎地寺院ではまだ寺院と門信徒との「つきあい」はその他地域よりも維持されているものの、会食（お斎）など文化として根付いていた仏教の習慣が継続されにくくなることへの危機感が強いことを指摘した。「会食（お斎）」は一度止めてしまえば、なかなか再開することが難しくなってしまう。筆者の自坊では、感染症流行下ではお弁当の持ち帰りで対応してきたが、流行が終わった現在、世代交代が進んだこともあり、お斎をつくる料理の達者な門徒や地域の方々がいなくなってしまった。お斎は、真宗寺院の法要・行事を支え、門徒の参拝を促す重要な役割を果たしてきたことを改めて実

図11　新型コロナ流行下での課題　過疎地とその他地域の比較

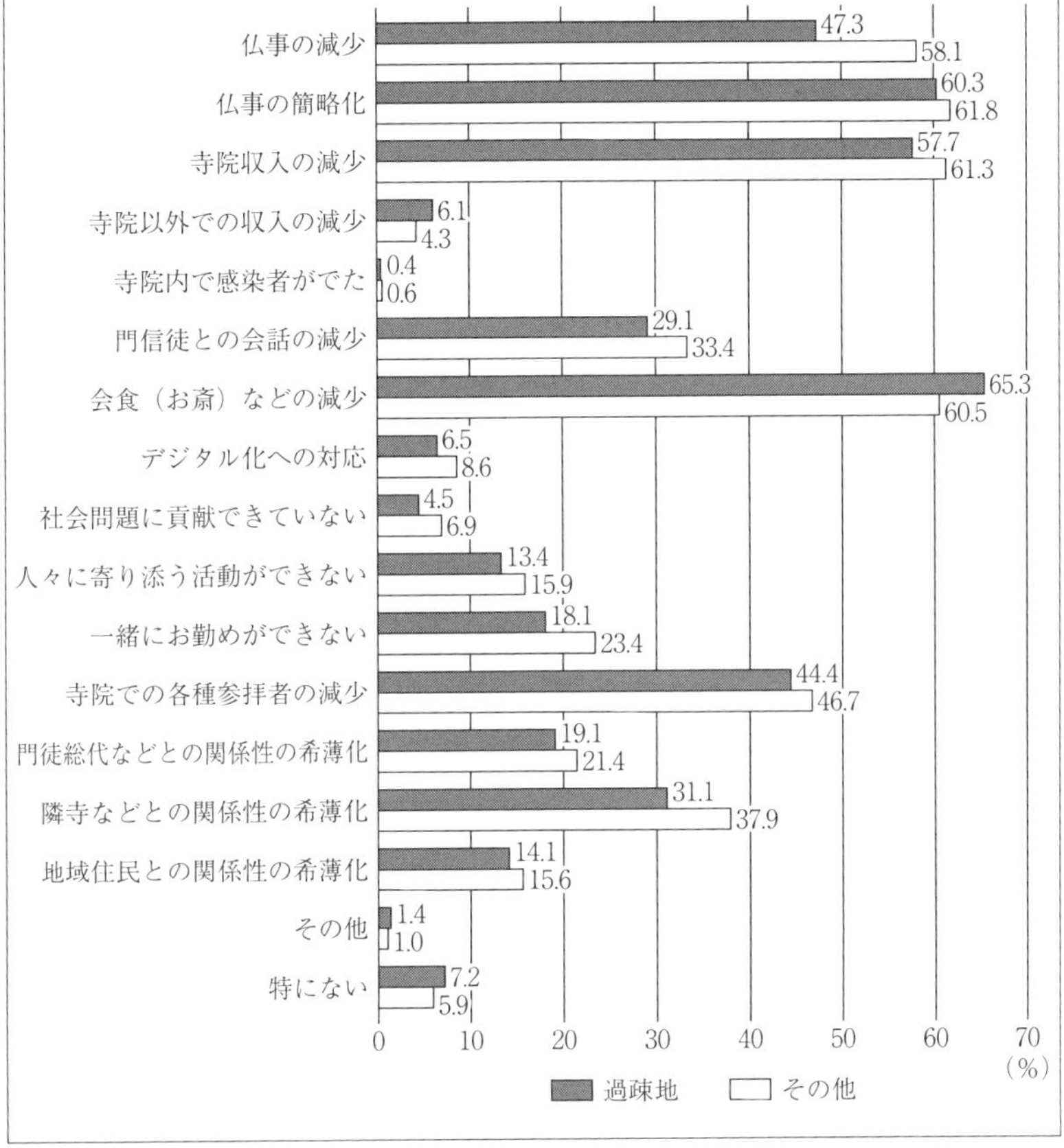

感している。ただ、「危機意識」を持つということは、物事を動かす原動力ともなる。感染症が収束したいま、寺院のお斎の継続や再開について、今一度、さまざまに検証することが、寺院の今後を考える上で必須の要素だと筆者は考える。

令和６年１月に起こった能登半島地震で、能登を支えてきた大勢の方がいまだに避難され、寺院運営にも大きな支障をきたしていると聞いている。このままでは、「こんごう参り」をはじめとする能登の重要な仏

教文化がなくなってしまうかもしれない。「こんごう参り」の果たしてきた役割を現代の視点で再検証することが、今後より必要になるものと思われるが、それについては別の機会に論じたい。

註

（1）　本論で取りあげる能登地域寺院調査は、2018年３月13日に大谷派能登教務所において現地報告会を実施した。その調査結果は「地域が紡ぐお寺の力」（浄土真宗本願寺派編『宗報』2017年11月・12月合併号、本願寺出版社）、「離郷者の心に届くご縁～能登・氷見地域の「こんごう参り」について～」（浄土真宗本願寺派編『宗報』2019年１月号、本願寺出版社）にて報告した。

（2）　2015年、真宗大谷派と浄土真宗本願寺派の共催で、過疎問題に関する勉強会として発足。過疎問題に従事する伝統仏教教団の担当者や研究者の情報交流の場として開催している。

（3）「11回報告書」49頁

（4）　このデータをはじめ、本論で使用する第11回宗勢基本調査に基づく数値については、第11回宗勢基本調査実施センターが浄土真宗本願寺派総合研究所に提供されたものによる。筆者は、その提供されたデータをもとに、浄土真宗本願寺派の兵庫教区や東京教区などで出講し、教区・教区内でのブロック分析を行った。ここでは研修会などで公開したものを使用している。

（5）　浄土真宗本願寺派編『宗報』2011年８月号所収

（6）　註（４）に同じ

（7）　註（４）に同じ

（8）　2017、2018年に実施した能登地域寺院調査については、拙稿「宗派をこえた能登の寺院調査からの提言」（興山舎『月刊住職』2018年11月号所収）に詳しい。

（9）　本項は「離郷者の心に届くご縁～能登・氷見地域の「こんごう参り」について～」（浄土真宗本願寺派編『宗報』2019年１月号所収）を参照としたところが大きい。

（10）　中條暁仁「過疎地域における寺檀関係の持続性――他出子の動向に注目して――」（日蓮宗現代宗教研究所編『教化学研究』８、2017年）

（11）「11回報告書」91頁

（12）　拙稿「第11回宗勢基本調査からみた本願寺派の過疎地寺院のいま」（浄土真宗本願寺派総合研究所編『浄土真宗総合研究』第17号、2023年）